中国商事争议解决年度观察

2021

Commercial Dispute Resolution in China:
An Annual Review and Preview（2021）

中国法制出版社
CHINA LEGAL PUBLISHING HOUSE

前　言

2020 年是极不寻常的一年，各国共同经历了人类历史上一段艰难时期。在全球疫情持续蔓延和经济全球化继续深化的新形势下，在国内有序复工复产和经济增长由负转正的大背景下，中国商事争议解决面临新的挑战、出现新的变革、迎来新的发展。

在商事仲裁领域，《民法典》的颁布、《关于内地与香港特别行政区相互执行仲裁裁决的补充安排》的出台等，助推仲裁法治建设跃上新的台阶。包括北京仲裁委员会 / 北京国际仲裁中心（以下简称北仲）在内的仲裁机构适时推出配合疫情防控的安排和举措，确保仲裁办案的有序开展。在此之外，我国仲裁司法监督、仲裁对外开放等方面亦亮点纷呈、引人关注。

在商事调解领域，调解规范建设取得新进展，商事调解组织持续壮大、案件数量稳步提升；"一站式"多元解纷体系建设全面推进，诉调对接、仲调对接机制不断完善；在线调解机制快速发展，适应疫情防控常态化新要求；中外联合调解机制逐步建立，国际商事调解规则体系不断完善。

在重点专业领域，于"疫情影响和应对"的主题之外，法律制度建设和争议解决实践等方面都不乏热点和亮点。在建设工程领域，《民法典》实施前的过渡期内新旧理念和裁判规则并存，PPP 争议仲裁解决迎来新发展。在房地产领域，"房住不炒"监管政策持续从严，房地产企业经营、房地产开发模式、长租公寓监管等热点引发社会关注。在能源领域，能源结构转型落地已成规模，"能源法"基本成型；"碳中和"力度加大，碳排放权交易市场蓬勃发展、监管机制陆续出台。在金融领域，新型金融产品出险并及时化解，证券投资人维权机制进一步完善；个人金融信息保护力度强化，个人破产制度探索提速。在投资领域，疫情直接关系投资者对于企业估值及收益预期，监管部门和法院不断完善投资监管及审判规则，都对投资争议解决产生了深远的影响。在国际贸易领域，以维护国家安全和中国企业权益为目的的多件法律法规及部门规章出台，司法机关在遵循国际贸易规则的前提下主动探索认定新交易模式。在知识产权领域，《专利法》和《著作权法》完成修订，多件司法解释和指导文件密集发布；多元化争议解决方式不断丰富，仲裁、调解愈显重要。在民用航空领域，多项民航法规、规章颁布和修订；影响航空业发展的航权限制、出口管制、知识产权歧视等现象时有发生。在影视娱乐领域，业态发展"危"与"机"并存，影视合同履行纠纷增多、直播新业态纠纷频发、著作权法作品类型屡遭挑战。在体育领域，兴奋剂违法行为的制裁机制不断完善，体育无形资产的知识产权保护力度加大，与体育产业相关争议呈上升趋势。

为深度化、系统性呈现前述各领域的实践与发展，北仲组织行业资深实务人士编写《中国商事争议解决年度观察（2021）》（以下简称《2021年度观察》）；并以中英文双语面向全球发布，为境内外各界人士了解中国商事争议解决状况提供了便利。《2021年度观察》的编写理念和主要特点体现如下：

第一，注重前沿性。《2021年度观察》力图展现相关领域行业发展、法治建设和司法实践的最新前沿动向，并专门筛选年度前沿热点问题进行深度分析，在汇集翔实讯息的同时，彰显观察的及时性和内容的前沿性。

第二，延续体系性。《2021年度观察》延续往年的编写体例，对年度行业概览、重点法规政策、典型案例分析、热点问题观察和来年行业展望等方面进行系统梳理，以便读者多层次、整体性了解各重点领域的实践和发展状况。

第三，突出实务性。《2021年度观察》以实务为落脚点，以期助力商事主体增进风险防范和纠纷化解能力。编写团队均为行业资深实务人士，基于丰富一线从业经验所形成的观察意见，可为读者提供实务层面的启发或借鉴。

第四，彰显国际性。《2021年度观察》包括中英文两个版本，旨在同时向域外读者展现中国商事争议解决发展成果，向国际社会传播商事争议解决的"中国声音"。各篇目中英文版本的撰写均由同一作者团队完成，这也确保了内容的一致和准确性。

今年是"中国商事争议解决年度观察"走过的第九个年头，这离不开参与"年度观察"项目的各位行业专家的辛勤付出，缺不了关注"年度观察"的广大读者的持续支持，特此致以诚挚感谢！

继往，开来，久久为功。我们期待继续和业界同仁及读者朋友一道，推动中国商事争议解决的知识分享和行业交流更进一步！

《中国商事争议解决年度观察》编委会

2021年4月

作者简介

《中国商事仲裁年度观察（2021）》

费 宁

北京汇仲律师事务所管理合伙人，中国国际经济贸易仲裁委员会（CIETAC）、深圳国际仲裁院（SCIA）、国际商会仲裁院（ICC）、香港国际仲裁中心（HKIAC）、新加坡国际仲裁中心（SIAC）和大韩商事仲裁院（KCAB）仲裁员，第一位出任HKIAC理事的内地律师，环太平洋律师协会（IPBA）争议解决委员会副主席。曾在国内外各大仲裁机构代理中外客户处理数百起商事仲裁案件，同样也以仲裁员和专家证人身份参与国内外各大仲裁机构的仲裁案件。多次代表投资者与东道国政府进行投资仲裁/磋商。自2006年以来，长期被钱伯斯列为中国争议解决领域的第一等级（Band 1）律师。钱伯斯评价"费宁律师是仲裁领域的权威"。

赵 芳

北京汇仲律师事务所上海办公室管理合伙人，中国国际经济贸易仲裁委员会（CIETAC）和香港国际仲裁中心（HKIAC）仲裁员，伦敦ADR-ODR国际调解中心调解员，英国伦敦内殿律师学院终身成员。于2017年由伦敦内殿律师学院和英格兰大律师协会授予英格兰及威尔士开庭大律师资格。执业逾二十年，曾代表客户在最高人民法院、其他各级法院及诸多境内外知名仲裁机构处理数百起诉讼案件和国际商事仲裁案件。凭借在涉外诉讼仲裁领域的丰富经验，位列钱伯斯争议解决仲裁业务领域领先律师。钱伯斯评价"她的经历非常独特，在案件涉及外国法情况下，能应用普通法向客户提供建议"。

陈菁菁

北京汇仲律师事务所上海办公室合伙人，上海国际经济贸易仲裁委员会（SHIAC）仲裁员。执业逾十五年，曾代表客户在最高人民法院、其他各级法院及诸多境内外知名仲裁机构处理数百起诉讼案件和国际商事仲裁案件，被钱伯斯在争议解决仲裁业务领域评为"潜质律师"。

《中国商事调解年度观察（2021）》

朱华芳

北京市天同律师事务所高级合伙人、仲裁业务负责人，多家仲裁机构仲裁员，拥有近二十年的法律风险管控、处理境内及涉外商事诉讼和仲裁案件的经验，代理了诸多央企和金融机构在各主要仲裁机构、最高人民法院及地方各级法院的仲裁和诉讼案件并取得了良好效果。曾任职世界500强企业中化集团，熟悉能源、化工、地产、金融和农业等多个领域的业务运作和法律工作，能迅速精准地理解和响应客户的具体需求和关注焦点，从外部律师和内部法务两个角度出发，制订适宜的争议解决方案。连续被《商法》评为2019年度和2020年度100位中国业务优秀律师，并入选钱伯斯2020年度和2021年度"争议解决（仲裁）领先律师"。主笔和主持天同诉讼圈"仲裁圈"栏目，撰写及发表了50余篇实务研究文章，并连续数年牵头完成中国仲裁司法审查实践观察报告。

顾 嘉

北京市天同律师事务所合伙人，毕业于南京大学（法学学士）、美国杜克大学（法学硕士）和美国华盛顿大学圣路易斯（法学硕士和法律博士），持有中国和美国纽约州律师执照。职业专长是国际商事仲裁和涉外、跨境争议解决，曾代表中国大型国有企业和跨国公司参与境内外仲裁程序，包括按照国际商会仲裁院、伦敦国际仲裁中心、香港国际仲裁中心、新加坡国际仲裁中心、瑞典斯德哥尔摩国际仲裁院和中国国际经济贸易仲裁委员会仲裁规则进行的仲裁案件。代理的国际仲裁案件类型，涉及国际贸易纠纷、技术许可协议或保密协议纠纷、中外合资、股权转让和公司并购纠纷、大型基础设施和建筑项目纠纷与创新性金融产品和金融衍生品纠纷等，涉案总金额高达数亿美元。是新加坡国际仲裁中心中青年委员会和用户委员会的委员，中国仲裁法学研究会理事。

郭佑宁

北京市天同律师事务所律师，对民商法领域仲裁和诉讼问题具有比较深入的研究，撰写多篇相关领域专业文章，曾参与境外投资、自然资源产权、金融信息服务、融资担保、财产保全责任险等多项课题研究。曾为国家开发银行、中国出口信用保险公司、中国电子进出口有限公司、中国平安财产保险股份有限公司、中植资本管理有限公司等企业提供案件代理、专项法律咨询等法律服务，取得良好业绩。

《中国建设工程争议解决年度观察（2021）》

周显峰

君合律师事务所基础设施组合伙人。加入君合之前，先后在中外领先承包商联营体从事合约管理工作，在中国精品法律服务机构从事海内外基础设施与建设工程法律业务，并作为中外联合创始人之一，组建英国品诚梅森与合森中国律师联盟。

现为天津大学—何伯森国际工程管理教育发展基金理事、中国国际经济贸易仲裁委员会仲裁员、北京仲裁委员会/北京国际仲裁中心仲裁员，拥有英国皇家特许建造师（MCIOB）、英国皇家特许测量师（MRICS）资格。

拥有工程与法律复合背景，是中国境内首位工程法律研究方向博士，在大型公共建筑、工业生产线、能源与基础设施等工程建设领域拥有丰富经验，擅长在国内外大型能源与基础设施项目全过程风险管理、EPC总承包、索赔与反索赔、工程保险与保函、争议解决、海外经营合规等领域，为当事人提供"国际化品质、中国式服务"。

连续多年入选《钱伯斯全球法律指南》及《钱伯斯亚太法律指南》（Chambers and Partners）"项目与基础设施"和"建筑工程"顶尖律师榜单，以及《法律名人录》（Who's Who Legal）"建设工程"杰出律师榜单。

汪派派

君合律师事务所基础设施与项目融资组律师，南开大学法学院经济法专业硕士研究生，师从何红锋教授，在境内外建设工程ECP总承包、索赔与反索赔、独立保函、争议解决及境内外基础设施项目投资并购等领域拥有丰富经验。

王颖飞

君合律师事务所律师，武汉大学法学院法学学士、中国人民大学法院学法学硕士（民事诉讼法方向）。

《中国房地产争议解决年度观察（2021）》

赵显龙

金杜律师事务所管理合伙人，至今有长达 21 年的律师执业经验，其主要执业领域为房地产及基础设施、建筑工程、证券、公司等专业领域的诉讼 / 仲裁与非诉讼业务，被 Asia Pacific Legal 500 评为争议解决领域特别推荐律师 (2021)。代理过涉及香港新世界、美国通用、沃尔玛、广东大鹏液化天然气公司等客户在内的多宗房地产及基础设施、建筑工程类的诉讼 / 仲裁业务；承办过多起涉及证券及公司领域的诉讼、仲裁业务和非诉讼法律业务。参与编撰了《高新技术交易中的律师实务》等著作，曾为《金融时报》房地产金融专栏特约撰稿人。目前为深圳国际仲裁院（SCIA）仲裁员、鄂尔多斯仲裁委员会仲裁员。

陶章启

金杜律师事务所资深合伙人，至今有长达 27 年的律师执业经验，其主要执业领域为房地产和金融、基础设施和商事诉讼仲裁，被 Asia Pacific Legal 500 评为房地产和建筑领域特别推荐律师 (2021/2019/2018)。毕业于吉林大学法律系，获法学学士学位，后就读于吉林大学研究生院，获民商法硕士学位。曾在吉林大学法学院任教，参与编写了《中国当代合同法论》《经济合同法学》等多部专业著作。目前为中国国际经济贸易仲裁委员会（CIETAC）和深圳国际仲裁院（SCIA）仲裁员。

齐　元

金杜律师事务所合伙人，其主要执业领域为跨境争议解决，以及与资本市场及房地产相关的诉讼 / 仲裁及非诉业务。曾在中国各级法院及国内外仲裁机构，包括但不限于中国国际贸易经济仲裁委员会（CIETAC）、深圳国际仲裁院（SCIA）、上海国际经济贸易仲裁委员会（SHIAC）、香港国际仲裁中心（HKIAC）、新加坡国际仲裁中心（SIAC）等代理了大量涉外诉讼和仲裁案件，案件类型包括国际贸易、金融、股权纠纷等。于山东大学获得法学学士学位，于新加坡国立大学获得海商法法学硕士学位。曾于新加坡本地律师事务所担任注册外国法律师，已入选"广东省涉外律师领军人才库"及"深圳市涉外律师领军人才库"。

《中国能源争议解决年度观察（2021）》

齐晓东

北京市兰台律师事务所高级合伙人／资深顾问，从事法律工作已达24年，在商事、能源领域具有丰富的从业经验。现任香港国际仲裁中心、北京仲裁委员会／北京国际仲裁中心、中国国际经济贸易仲裁委员会、深圳仲裁院等仲裁机构仲裁员；山西省能源法学会的副会长。曾任众美集团副总裁（负责风控法务）、跨国公司斯伦贝谢中国及北亚区总法、IBM大中华区总法等职务。

崔轶凡

从事法律工作已有15年，目前主要负责思科大中华区产品销售和服务法律事务；曾任斯伦贝谢远东及澳洲大区合同经理（海外外派），斯伦贝谢公司中国及北亚区（包括日、韩及中国台湾地区）、维斯塔斯风力技术（中国）有限公司法律经理、美国格威·舒伯·拜耳律师事务所北京代表处的中国法律顾问等。

付国敏

北京市兰台律师事务所律师，拥有10余年大型央企法律事务、合同管理、合规管理和企业管理经验，曾在中国石油天然气股份有限公司北京公司负责相关法律事务和公司合规管理。

《中国投资争议解决年度观察（2021）》

鲍　治

北京市奋迅律师事务所合伙人，亦担任奋迅律师事务所与美国贝克·麦坚时国际律师事务所自贸区联营办公室联营代表。专攻投资法律事务，包括与投资有关的交易、合规以及争议解决。加入奋迅之前，曾分别在中华人民共和国商务部和另外一家中国律师事务所工作多年。曾以仲裁员、代理律师、法律专家证人等身份，处理了涉及北京仲裁委员会／北京国际仲裁中心（BAC/BIAC）、中国国际经济贸易仲裁委员会（CIETAC）、香港国际仲裁中心（HKIAC）等机构的上百件涉及与投资有关的争议解决案件。

程振杨

北京市奋迅律师事务所资深律师，专攻公司法、投融资及与其相关的争议业务。

《中国国际贸易争议解决年度观察（2021）》

王雪华

北京市环中律师事务所的首席合伙人，对外经济贸易大学法学博士，曾任中国对外经济贸易大学法学院副院长、全国律师协会国际业务和 WTO 法律专业委员会主任、北京市律师协会反倾销专业委员会主任、国际贸易和投资专业委员会主任。现任北京仲裁委员会/北京国际仲裁中心（BAC/BIAC）仲裁员、中国国际经济贸易仲裁委员会（CIETAC）仲裁员、上海国际仲裁中心（SHIAC）仲裁员、深圳国际仲裁院（SCIA）仲裁员、海南国际仲裁院（HIAC）仲裁员、对外经济贸易大学法学院兼职教授、中国法学会 WTO 法学会常务理事、中国仲裁法学研究会常务理事、中国国际投资仲裁常设论坛副主席、中国国际法协会理事等。处理了大量国际仲裁案件，在不同的仲裁案件中担任过代理人、仲裁员和中国法专家证人，有丰富的国际商事仲裁经验。曾多次发表国际商法和反倾销法方面的论文。因其在国际贸易领域作出的卓越贡献，连年被钱伯斯评选为"业界贤达"。2017 年，被中国政府指派为 ICSID 仲裁员，任期六年。此外，其还兼任环中商事仲裁以及环中投资仲裁微信公众号的总编和撰稿人。

邢　媛

北京市环中律师事务所合伙人，对外经济贸易大学法学硕士，海南国际仲裁院（HIAC）仲裁员，中国国际投资仲裁常设论坛副秘书长。曾参加英国大律师公会组织的交流项目，在伦敦的著名出庭律师事务所交流访问。主要执业领域为国际贸易法、外商投资法、公司法、特许经营法、海商法。自从业以来，处理了大量这些领域内的争议案件，其中包括在北京仲裁委员会/北京国际仲裁中心（BAC/BIAC）、中国国际经济贸易仲裁委员会(CIETAC)、国际商会仲裁院（ICC）、香港国际仲裁中心（HIKAC）、亚洲国际仲裁中心（AIAC）等各大仲裁中心的仲裁案件，以及在国内法院具有重大影响的涉外经济类诉讼案件，具有丰富的争议解决经验。

《中国金融争议解决年度观察（2021）》

吕 琦

中国民生银行股份有限公司法律事务部副总经理，中国人民大学法律硕士毕业，美国天普大学法律硕士，金融从业 20 年，法律从业 22 年，中英双语工作，熟悉金融创新研发、金融法律争议解决和银行法律风险管理等。北京仲裁委员会 / 北京国际仲裁中心仲裁员、海南仲裁委仲裁员，全国"六五"普法先进个人，首届银行业协议法律专家库成员，中国银行法学研究会副秘书长，多次应邀为北京大学法学院、中国国际贸易促进委员会、中国银行业协会、中国银行保险监督管理委员会北京监管局、世界银行邀请就供应链金融、资管业务、金融创新、互联网金融、知识产权质押等主题的讲座与培训。曾有《浅析资管业务中有限合伙保底安排结构设计与裁判思路》《中国信贷资产证券化法律问题辨析》等多篇论文发表或获奖。

宋少源

简法（海南）法律服务有限公司特邀法律顾问，中国人民大学法学硕士，12 年法律从业经验，主要从事银行、信托、资产管理等金融领域法律服务工作。曾在北京市某中级法院工作 7 年，一级法官，审理各类民商事案件 1000 余件。有近 5 年全国制大型商业银行总行法律事务部工作经验，从事重大项目重组、重大风险事件处置等工作。

《中国知识产权争议解决年度观察（2021）》

谢冠斌

北京市立方律师事务所创始合伙人。主要业务领域为知识产权纠纷、反垄断与竞争法、高科技公司法律顾问等。凭借深厚的理论基础、政府经验及敬业精神，高超的业务能力，在执业领域取得了良好的业绩，赢得了极高的声誉。曾先后就职于国家科委和国务院知识产权办公会议办公室，参与国家知识产权及科技立法与政策的起草与修订，并参与对美国、日本、欧盟等外国政府的知识产权谈判；从 1999 年开始担任司法部批准设立的华科知识产权司法鉴定中心主任；2002 年创办北京市立方律师事务所。目前担任最高人民法院知识产权案例指导研究（北京）基地专家咨询委员会专家、中共北京市委法律专家库成员、世界知识产权组织

（WIPO）仲裁员、香港国际仲裁中心 (HKIAC)/ 亚洲域名争议解决中心专家、北京仲裁委员会 / 北京国际仲裁中心仲裁员、武汉仲裁委员会仲裁员、南京仲裁委员会仲裁员、重庆仲裁委员会仲裁员、珠海仲裁委员会仲裁员、中国国际经济贸易仲裁委员会域名争议解决中心专家等。

李凤凤

北京市立方律师事务所合伙人。主要业务领域为知识产权与竞争法、民商事争议解决。曾先后任职于北京市两家中级人民法院，从事审判工作近 10 年，办理各类民商事、知识产权案件千余件。加入立方后，办理过一批重要的知识产权、反不正当竞争和反垄断诉讼及仲裁案件，服务过多家知名央企或外企客户，并担任多家企业的知识产权法律顾问，具有丰富的诉讼和仲裁案件经验。凭借深厚的法律功底、扎实的业务能力及敬业精神，在执业领域取得了良好的业绩。目前还担任北京多元调解发展促进会调解员、北京阳光知识产权调解中心调解员、北海仲裁委员会 / 北海国际仲裁院仲裁员。

李 纯

北京市立方律师事务所专职律师，具备处理国际知识产权业务的能力。在立方律师事务所的工作期间，参与了各类知识产权案件。在专利领域，参与某国际知名化工企业公司、某知名电子行业巨头等诉讼案件，协助专利团队应对诉讼问题及客户日常咨询；在著作权领域，协助众多知名软件企业处理在华软件维权；参与并组织、协调某国内互联网领军企业作品维权业务等；在商标领域，参与商标行政诉讼案件等；此外，还担任多家国内外企业的知识产权顾问律师。

《中国影视娱乐争议解决年度观察（2021）》

周俊武

北京金诚同达律师事务所高级合伙人、知识产权业务组负责人，北京大学法律硕士，担任北京律师协会传媒与新闻出版法律事务专业委员会主任，北京市文化娱乐法学会常务理事，九三学社中央经济专门委员会委员等职务。于文化娱乐及知识产权领域执业超过 25 年，代理过多起该等领域的争议解决案件，这些案件多次被最高人民法院、中华全国律师协会评选为典型案例。曾获得钱伯斯《2020—2021 年亚太法律指南》"传媒与娱乐"领域上榜律师，《亚洲法律杂志》（ALB）

"2019 中国十五佳诉讼律师""2019 中国十五佳 TMT 律师",《亚洲法律概况》（Asialaw Profiles）2020 亚洲法律领先律师榜单媒体及娱乐领域知名律师，北京市律师协会评选的"北京市优秀知识产权律师"（2013）等荣誉，是国内文化娱乐传媒法领域最著名的律师之一。凭借卓越的声誉，自 2012 年起至今一直为中华人民共和国文化和旅游部提供法律服务。同时也是业内最早的娱乐法微信公众号"周公观娱"的创始人和负责人。撰写及主编的娱乐法著作包括：《星路律程：行走娱乐圈法律之道》《当明星撞上法律》《周公观娱：娱乐法江湖》《周公观娱：玩转娱乐法》。

陈　曦

北京金诚同达律师事务所高级合伙人，四川大学法律硕士，北京市律师协会司法改革促进委员会委员。精通知识产权等民商事法律，执业领域包括娱乐与传媒、互联网不正当竞争、知识产权、人格权、税法及税务筹划等，并且在影视、音乐、传媒、游戏、短视频、艺人经纪、互联网等行业的诉讼和非诉讼法律事务具备丰富的经验。同时还擅长处理公司法律事务，综合运用知识产权法、合同法、税法、侵权责任法等为公司内部和外部法律事务提供最佳解决方案。代理的案件不仅总是取得令客户满意的成果，还多次被评为最高人民法院、律师协会等评选的典型案件。参与撰写的娱乐法著作包括《星路律程：行走娱乐圈的法律之道》《当明星撞上法律》《周公观娱：娱乐法江湖》《周公观娱：玩转娱乐法》，论文《电影作品相关元素的法律保护探微》还曾获得中华全国律师协会知识产权专业委员会 2013 年度"十佳论文奖"。

米新磊

北京金诚同达律师事务所合伙人，中国人民大学法学硕士，北京律师协会传媒与新闻出版法律事务专业委员会秘书长，北京市文化娱乐法学会演艺与经纪法律专业委员会主任。具有文化娱乐和资本市场复合法律业务背景及经验，熟悉文化娱乐传媒行业，在知识产权、商事类争议解决方面有丰富经验。此外，对于公司投融资业务、私募股权与风险投资法律业务也有较为广泛的涉猎。曾主办华谊兄弟、儒意影业、瑞力投资等多家影视文娱公司及基金公司的多个股权投资法律项目，参与"中国好声音"诉前禁令和商标侵权及不正当竞争纠纷案、完美时空等七公司与网文作家"匪我思存"关于电视剧《人生若如初相见》著作权纠纷案等文娱行业知名案件。也是娱乐法微信公众号"周公观娱"的责任编辑和主要撰稿人之一。参与撰写的娱乐法著作包括：《当明星撞上法律》《周公观娱：娱乐法江湖》《周公观娱：玩转娱乐法》。

《中国体育争议解决年度观察（2021）》

蔡 果

上海市金茂律师事务所合伙人，是中国市场稀缺的、专注国际法与体育产业的涉外法律人才。毕业于哈佛法学院并专攻宪法，创造性地将仲裁、宪法分析专长与对体育的热爱相结合，开创了体育争议解决职业道路。深度参与体育产业可追溯自 2008 年为北京奥运会担任专业志愿者。2016 年里约奥运会期间的国际奥委会诉陈欣怡一案促使她投身体育法律，以在中国当事人需要时，有中国律师具备能力提供对标国际的专业法律服务。迄今，在国际国内层面的争议解决程序中成功代理了体育专业人士、国际及国内体育组织，特别擅长处理新兴、疑难问题。作为律师执业的同时，积极投身公益事项，常通过公开发表文章、接受高公信力媒体采访、演讲、为学生开展讲座及代理影响力案件等方式普及体育法治，希冀对中国体育事业有所助益，共同成长。

Jeffrey Benz

FCIArb/FCCA，是一名专攻体育、娱乐及科技领域且颇受业界肯定的国际仲裁员。此前执业于美国高特兄弟律师事务所，并曾担任美国奥林匹克委员会总法律顾问、职业拳击经纪人，以及科技公司管理者。名列国际体育仲裁院（CAS）仲裁员及调解员名录（全球范围内仅约四百人），也是美国司法仲裁调解服务有限公司（JAMS）的领先仲裁员及调解员，被当事人或仲裁机构选任为仲裁员或调解员处理过几百起体育案件。现担任全国大学体育协会（NCAA）违规审查委员会主席及 NCAA 独立争议解决小组成员。也是美国（加利福尼亚州、科罗拉多州、夏威夷州及纽约州）的执业律师，以及英格兰与威尔士的执业大律师。2016 年，英国广播公司（BBC）评价 Jeffrey Benz 是世界体育"公认经验最丰富的仲裁员之一"。《法律名人录：英国大律师》（Who's Who Legal UK Bar）2019 年版认为 Jeffrey Benz"'一流的仲裁经验广受认可'，受访者们认为他处理体育领域复杂争议'自成一格'"。

《中国民用航空争议解决年度观察（2021）》

高 峰

目前是北京仲裁委员会/北京国际仲裁中心的独立仲裁员，同时还是中国国际经济贸易仲裁委员会、中国海事仲裁委员会、上海国际经济贸易仲裁委员会、上海仲裁委员会、南京仲裁委员会、沈阳仲裁委员会、海南国际仲裁院以及广州仲裁委员会等国内仲裁机构的仲裁员，是中国法学会航空法学研究会常务理事，中国政法大学航空法研究中心研究员，中国民航管理干部学院客座教授，中国民航大学以及对外经济贸易大学的校外硕士导师。

金 喆

国浩律师（北京）事务所合伙人，航空业务团队负责人。英国伦敦玛丽女王大学、中国人民大学法学硕士，从事民航领域相关工作17年。充分了解航空公司、通用航空、公务机、民航机场、航空维修企业、航空制造企业的业务运行和法律风险防范，擅长航空租赁/买卖、航空争议解决、航空并购重组、航空保险、航空合规等领域。服务的客户包括中国民用航空局、中国航协、国航、国货航、东航、东航物流、中货航、山东航空、厦门航空、深圳航空、中国商飞、马来西亚航空、新加坡航空等国内外航空企业。其航空团队被《商法》评为卓越律所。

李志宏

北京仁人德赛（上海）律师事务所合伙人、航空团队负责人。受聘担任上海国际经济贸易仲裁委员会（上海国际仲裁中心）仲裁员、中国法学会航空法学研究会理事、上海市法学会航空法研究会理事、华东政法大学兼职硕士生指导教师、中国民航大学兼职研究员、滨州学院兼职研究员。是原民航总局与北京大学联合定向培养的首批航空法学员，先后就职于航空公司、飞机制造企业，担任法律顾问、飞机销售合同主管等职务。主要业务领域为航空制造、公共航空运输、通用航空及延伸法律服务，目前担任多家大型航空制造企业、航空公司、机场、通用航空企业的法律顾问，与国内外航空界有着紧密的联系。

目　录

中国商事仲裁年度观察（2021）

费 宁 赵 芳 陈菁菁[①]

一、概述

2020 年对于世界各国来说是一个非同寻常的年份。2020 年年初，新冠肺炎疫情在全球范围内迅速演化成了一场传播速度快、感染范围广、防控难度大的重大突发公共卫生事件，[②]导致世界各国政府相继采取了出入境、旅行限制及社交隔离等防疫政策，疫情和防疫政策带来的影响贯穿全年。与此同时，贸易战余烟未了，逆全球化和单边主义、保护主义抬头，世界经济陷入深度衰退，全球治理体系面临重重考验。

世纪疫情和百年变局交织，这对于以全球化为依托的商事仲裁而言，无疑是一次前所未有的巨大冲击。在此背景下，全球主要国际仲裁机构纷纷针对新冠肺炎疫情的影响面向仲裁当事人、律师和仲裁员推出了实践指引，提出线上立案、在线庭审和无纸化办公等应对措施。有的机构还修订了仲裁规则，于实体审理中加强了对不可抗力、情势变更等相关问题的研究，力争减轻疫情对仲裁发展带来的不利影响。在变与不变的对立统一中，仲裁在寻找适应局势的最佳方案。

尽管外部环境发生剧变，中国商事仲裁在 2020 年的前进脚步并未放缓，并在仲裁法治建设、仲裁办案、仲裁司法监督、仲裁对外开放和国际化以及仲裁研究和学术交流等方面取得了许多值得关注、值得赞许的新成果。本文将回顾和述评

① 费宁，汇仲律师事务所管理合伙人。赵芳和陈菁菁，汇仲律师事务所合伙人。同时，作者感谢汇仲律师事务所仲裁团队的其他成员王生长、吴霁霁、姚若辰、龚一朵、马汉、詹仁海、孙瑶洁、汪若文、郑小和、何隽铭、潘晓东对本报告的贡献。

② 2020 年 3 月 11 日，世界卫生组织（"WHO"）宣布新冠病毒（COVID-19）疫情为全球大流行（pandemic）。

这些领域所取得的成果，从中我们可以得出如下几个主要观察结论：

第一，仲裁法制建设有了新进展。2020 年 5 月颁布并自 2021 年 1 月 1 日起实施的《中华人民共和国民法典》（以下简称《民法典》）是中国首部调整民商事法律关系的法典，其中直接提及"仲裁"的法律条文有 18 条，对仲裁范围、仲裁员裁判权、仲裁时效等根本问题作出重要规定。2020 年 11 月，最高人民法院（以下简称最高院）和香港特区律政司签署了《关于内地与香港特别行政区相互执行仲裁裁决的补充安排》，补充和进一步完善了 1999 年签订的《内地与香港特别行政区相互执行仲裁裁决的安排》。司法部牵头组织若干部门对 1994 年颁布的《中华人民共和国仲裁法》（以下简称《仲裁法》）安排修订，且工作取得突破性进展，有关修改草案已经初步成型并在征求意见过程之中。深圳市人大常委会于 2020 年 8 月审议通过《深圳国际仲裁院条例》（以下简称《深国仲条例》），首开先河，以地方立法支持仲裁机构对标国际标准安排机构改革和制度创新。良法为善行之始，仲裁法制的不断进步是推动中国仲裁向前发展的基础力量。

第二，仲裁办案取得了新成就。尽管新冠疫情影响巨大，但中国仲裁机构不忘初心、从容应对、不断创新、锐意进取，2020 年仲裁办案工作不退反进，仲裁办案数量和办案效率又上新台阶。以北京仲裁委员会／北京国际仲裁中心（以下简称北仲）为例，在受疫情影响数月无法现场办公的情况下，北仲受理案件量虽有所下降但仍突破 5000 大关，争议总金额达 940.06 亿元，与上年基本持平。与此同时，北仲受理的国际案件数量不降反升，案件总标的同比增长 90.94%，平均案件标的 6174 万元，同比增长 44.76%。又如，中国国际经济贸易仲裁委员会（以下简称贸仲）多种措施并举，并降低疫情的不利影响，案件数量、质量双升：2020 年受理案件 3615 件，同比增长 8.5%，争议金额 1121.3 亿元人民币，再破千亿元大关，在办案件 3148 件，同比增加 34%。[①] 在世界经济遭受重创的 2020 年，中国仲裁机构办案数量逆行而上，引人瞩目。

第三，仲裁司法监督有了新突破。中国法院在对仲裁的司法监督中继续坚持了司法谦抑、支持仲裁的政策，尽量使仲裁协议有效，倾向于支持仲裁裁决的承认（认可）和执行，对撤销仲裁裁决持慎重态度。后文述评的九个典型案例就是中国法院对仲裁监督与支持并重的体现。特别需要指出的是，经最高院核准并由广州市中级人民法院作出的"布兰特伍德案"民事裁定（见后文第三部分案例 8）

---

① 《贸仲委 2020 年工作总结和 2021 年工作计划（文字版）》，载贸仲官网，http://cietac.org/index.php?m=Article&a=show&id=17427，访问时间：2021 年 3 月 11 日。

填补了《仲裁法》的空白，确定了境外仲裁机构在中国内地作出仲裁裁决的籍属问题，彰显了中国司法机关顺应仲裁潮流、勇于突破创新的强烈意识。

第四，仲裁对外开放措施落地落细，境外仲裁机构来华仲裁走进新时代。继国务院于2019年8月批复允许境外知名仲裁机构在上海自贸区设立业务机构之后，国务院又于2020年9月批复允许境外知名仲裁机构及争议解决机构在北京市特定区域设立业务机构，就国际商事、投资等领域发生的民商事争议提供仲裁服务。世界知识产权组织在2020年所设立的仲裁与调解上海中心（以下简称WIPO仲调上海中心）成为首家在中国境内开展实质性业务的境外仲裁机构。随着上海、北京等地设立措施的进一步细化，境外仲裁机构在中国内地受理和管理涉外仲裁案件的大门已经徐徐开启。中国仲裁和世界仲裁相互合作、彼此交融的新局面即将形成。

第五，仲裁研究和仲裁人才队伍培养出现了繁荣新气象。新冠疫情减少了出行，增加了社交距离，但也带来了机遇。中国多家仲裁机构借此机会加强了自身建设，不断研究制定应对疫情的程序管理措施，开展在线仲裁员培训，举行在线仲裁模拟比赛和组织召开仲裁学术会议。2020年，北仲出版了《中国商事争议解决年度观察（2020）》（中英文），在海内外仲裁界倍受好评。贸仲出版了《中国国际商事仲裁年度报告（2019—2020）》（中英文）。仲裁实务界和学术界发表的与仲裁有关的研究文献不胜枚举。"中国仲裁周"和"上海仲裁周"等例会以及北京、上海等地仲裁模拟比赛均如期举办，绝大部分仲裁会议得以通过在线虚拟会议的方式成功举行。

二、新仲裁法律法规、其他规范性文件及仲裁规则述评

（一）新法律法规及规范性文件

1.《民法典》中对仲裁的规定及其对仲裁的影响

十三届全国人民代表大会三次会议于2020年5月28日表决通过了《民法典》。《民法典》自2021年1月1日起施行，共有18个条文与"仲裁"相关。这些条文可以分为四类：

第一类与仲裁是否能作为争议解决方法相关（第229、233条和第944条）。合同纠纷可以仲裁素无争议，但是，对于物权纠纷和物业服务纠纷等近年出现的新类型纠纷能否仲裁的问题，此前法律并无明确规定。《民法典》规定，物业相关

纠纷和物业服务纠纷可以交付仲裁解决，且仲裁机构出具的法律文书有物权变动的效力。

第二类与仲裁时效相关（第 195、198、594、694 条）。仲裁时效属于程序性问题还是实体性问题，不同法域各有规定。如果属于程序性问题，则仲裁庭通常有权决定不受理或者直接驳回超时效后提出的仲裁请求；如果属于实体性问题，则仲裁庭不宜主动考虑当事人的诉求是否超过了仲裁时效，而需要当事人提出与时效相关的抗辩。《民法典》继承了我国司法实践传统，将仲裁时效规定于实体法中，明确了仲裁庭处理时效问题时应采取的立场。

第三类是关于仲裁机构对特定争议有裁判权的规定（第 147、148、149、150、151、533、565、580、585 条）。仲裁具有契约性和国家授权性的双重属性，在《民法典》中明确仲裁庭有权处理一些可能产生歧义的特定问题有助于消除分歧，协助平衡司法机关和仲裁机关的权力分配，容许当事人事前在仲裁和诉讼两种法律手段中作出理性选择。《民法典》规定涉及重大误解、欺诈、胁迫、显失公平、情势变迁、合同解除、合同终止、违约金调整等争议，仲裁机构和人民法院一样，对相应请求有确认权和裁判权。

第四类是关于一般保证人承担保证责任行使"先仲裁抗辩权"的规定（第 687、693 条）。《民法典》将保证责任划分为一般保证责任和连带保证责任。一般保证责任的保证人享有先诉抗辩权。《民法典》规定，先诉抗辩权亦适用于主合同选择仲裁作为争议解决方式的情形。

值得关注的是，虽然《民法典》有效融合了原《合同法》体系下与仲裁有关的内容，却没有将原《合同法》第 128 条予以适当吸收，而是直接做删除处理。原《合同法》第 128 条曾明确规定了合同争议的多元化、多层次解决方式以及争议解决的优先顺位，即当事人可以通过协商、调解、仲裁或诉讼解决争议；协商、调解不成的，可以依据仲裁协议将争议提交仲裁机构申请仲裁；没有仲裁协议或仲裁协议无效的，则可向人民法院提起诉讼。这一规定为合同当事人在商业交易时选择符合需求的争议解决方式提供了有益指引，而这些指引和政策事关我国仲裁的基础和原则。《民法典》废止了原《合同法》，却没有考虑纳入上述基础原则，令人疑惑。我们猜测这其中有两个可能的原因。一个原因可能与我国签署加入《联合国关于调解所产生的国际和解协议公约》（以下简称《新加坡公约》）有关。我国于 2019 年 8 月 7 日正式签署《新加坡公约》，该公约旨在解决跨境执行国际商事调解所达成的和解协议。考虑到我国目前与商事调解相关的立法付之阙如，《新加坡公约》在国内的落地实施需要国内特别立法与之配套。因此，《民法典》先将相关规定留白，留待进一步立法解决，同时亦可避免新法与《民法典》总原则之间发生冲突。另一个可能的原因是，考虑到我国经济发展和改革不断加深，我国法治系统也与时俱进、力争与国际接轨。而尊重当事人意思自治应为未来法治之导向。原《合同法》第128条的部分规定已不适应目前商事仲裁和调解的需求。例如，最高人民法院国际商事法庭的一站式服务平台相关规定允许当事人可先选择诉讼解决争议，之后仍可寻求仲裁和调解安排。该规定与原《合同法》第128条之间已然存在一定冲突，因此有待新法予以进一步调整。

2. 政府和司法机关为应对新冠疫情颁布文件中涉及仲裁的内容

（1）司法部《疫情防控和企业复工复产公共法律服务工作指引》

2020年全球遭遇新冠疫情，疫情对各行各业影响较大。为充分发挥法律援助、公证、司法鉴定、仲裁以及公共法律服务平台职能作用，司法部于2020年3月3日印发了《疫情防控和企业复工复产公共法律服务工作指引》（以下简称《公共法律服务工作指引》）。该指引旨在依法防控疫情和协助企业复工复产。

《公共法律服务工作指引》中与仲裁相关的内容主要包括以下五点：第一，提供灵活有效的仲裁法律服务。仲裁案件如确需线下开庭审理，且延期审理不影响企业复工复产的，可依法依规延期审理。仲裁裁决结果可能有利于复工复产的，则需快审快结。第二，为疫情防控、企事业单位复工复产所需的仲裁服务开通绿色通道。如不违反相关规定，且能确保仲裁服务质量和公平性，需优先受理、快速办理。第三，为防疫一线人员的仲裁法律服务需求提供便利。根据实际情况，可提供上门服务，并减免相关费用。第四，加强仲裁信息化。加快推进互联网仲裁系统建设，如仲裁线上办案系统、案件管理系统等。第五，加大仲裁调解工作力度。积极引导、支持当事人尽可能运用调解方式妥善解决纠纷。

（2）《最高人民法院关于依法妥善审理涉新冠肺炎疫情民事案件若干问题的指导意见》和《最高人民法院关于依法妥善办理涉新冠肺炎疫情执行案件若干问题的指导意见》

最高院分别于2020年4月16日、2020年5月15日以及2020年6月8日，发布了三则司法指导意见，即《最高人民法院关于依法妥善审理涉新冠肺炎疫情民事案件若干问题的指导意见》之（一）、（二）和（三）（以下简称《指导意见》），并于2020年5月15日发布《最高人民法院关于依法妥善办理涉新冠肺炎疫情执行案件若干问题的指导意见》（以下简称《执行意见》）。其中，《指导意见（三）》第5条对疫情期间人民法院依法对仲裁案件行使司法审查的相关事项提供了指引。

该条文明确：申请承认和执行仲裁裁决如受新冠疫情影响，可适用诉讼时效中止。[①]
而《执行意见》对疫情影响期间如何通过司法程序强制执行生效法律文书提出全方位指导意见。生效仲裁裁决在生效法律文书之列，因此《执行意见》也适用于仲裁裁决执行。

（3）各地方法院发布地方司法文件

为应对新冠疫情，各地方法院亦陆续发布了多个司法文件，以指导辖区内各级法院的审判活动。这些司法文件部分内容进一步落实和细化了仲裁司法审查的相关规定。例如，2020 年 2 月 8 日，湖北省高级人民法院发布《关于新型冠状病毒感染肺炎疫情防控期间涉外商事海事审判工作的指引》。[②] 该指引要求，如受疫情影响，当事人申请承认、执行和撤销仲裁裁决或将超过法定期间，则当事人应提交当地疫情防控指挥部门的通知，或本人被界定为"四类人员"[③] 的证据，证明确因当地防控措施影响，因而无法及时提起主张。又如，2020 年 2 月 11 日，连云港市中级人民法院发布了《关于为依法防控疫情提供有力司法服务和保障的意见》，[④] 其中第 11 条明确，对于撤销仲裁裁决等有起诉期限规定的案件，如当事人起诉期限即将届满时恰逢疫情，则应当依法扣除合理期间，充分保护当事人的合法诉权。

3. 最高院和香港特区律政司签署关于相互执行仲裁裁决的补充安排

2020 年 11 月 27 日，最高院与香港特区律政司签署了《关于内地与香港特别行政区相互执行仲裁裁决的补充安排》（以下简称《补充安排》），补充和进一步完善了 1999 年签订的《内地与香港特别行政区相互执行仲裁裁决的安排》。《补充安排》要点有四：其一，明确执行裁决包括"认可"和"执行"两个程序；其二，完善"仲裁地"概念，在内地仲裁产生的仲裁裁决或者在香港仲裁产生的仲裁裁决，

---

① 《指导意见（三）》第 5 条："根据《中华人民共和国民事诉讼法》第二百三十九条和《最高人民法院关于适用〈中华人民共和国民事诉讼法〉的解释》第五百四十七条的规定，当事人申请承认和执行外国法院作出的发生法律效力的判决、裁定或者外国仲裁裁决的期间为二年。在时效期间的最后六个月内，当事人因疫情或者疫情防控措施不能提出承认和执行申请，依据《中华人民共和国民法总则》第一百九十四条第一款第一项规定主张时效中止的，人民法院应予支持。"

② http://pkulaw.cn/fulltext_form.aspx?Gid=406a61249dfaf426de068f96c6230814bdfb，访问时间：2021 年 3 月 11 日。

③ 根据《关于新型冠状病毒感染肺炎疫情防控期间涉外商事海事审判工作的指引》第 2 条的条文内容，"四类人员"系指确诊的新型冠状病毒感染的肺炎患者、疑似的新型冠状病毒感染的肺炎患者、无法明确排除新型冠状病毒感染肺炎可能的发热患者、确诊患者的密切接触者。

④ https://www.pkulaw.com/lar/50169ac8ffbce7dc2135a086ced50847bdfb.html，访问时间：2021 年 3 月 1 日。

都可以相互执行；其三，允许申请人同时向内地和香港法院申请执行；其四，在两地法院申请执行仲裁裁决时，无论申请执行前或申请执行后，债权人都可依法申请保全措施。

4.国务院批复允许境外仲裁机构在北京市特定区域设立业务机构

2020年9月7号，国务院发布了《国务院关于深化北京市新一轮服务业扩大开放综合试点建设国家服务业扩大开放综合示范区工作方案的批复》（国函〔2020〕123号）①（以下简称《国务院深化方案批复》）。根据该函，国务院允许境外知名仲裁机构及争议解决机构经登记和备案手续，在北京市特定区域设立业务机构，并就国际商事、投资等领域发生的民商事争议提供仲裁服务。同时，国务院将依法支持和保障中外当事人在仲裁前和仲裁中的财产保全、证据保全、行为保全等临时措施的申请和执行。

北京市司法局随后于2020年12月31日出台《境外仲裁机构在中国（北京）自由贸易试验区设立业务机构登记管理办法》，② 为《国务院深化方案批复》提供配套措施，也为境外仲裁机构在中国（北京）自由贸易试验区设立业务机构提供具体指引。

《国务院深化方案批复》是国务院继2019年8月6日印发《中国（上海）自由贸易试验区临港新片区总体方案》，③ 允许境外仲裁机构在上海自贸区临港新片区设立业务机构后，对境外仲裁机构在境内设立业务机构采取的进一步政策支持，体现了我国行政机关对于仲裁市场对外开放的积极态度，以及对提高商事仲裁国际化程度的坚定决心。

在国务院和京、沪等地政府不断为境外仲裁机构境内开展仲裁提供政策支持的同时，各级法院也通过司法实践，为相关政策落地提供支持。2020年8月，广州市中级人民法院（以下简称广州中院）在"布兰特伍德案"④ 中明确境外仲裁机构在我国境内仲裁的仲裁协议有效，机构所作裁决属于国内涉外裁决，可以执行。

---

① 《国务院关于深化北京市新一轮服务业扩大开放综合试点建设国家服务业扩大开放综合示范区工作方案的批复》，中国政府网，http://www.gov.cn/zhengce/content/2020-09/07/content_5541291.htm，访问时间：2021年3月11日。

② 《北京市司法局关于印发〈境外仲裁机构在中国（北京）自由贸易试验区设立业务机构登记管理办法〉的通知》，载首都之窗网，http://www.beijing.gov.cn/zhengce/zhengcefagui/202012/t20201231_2191825.html，访问时间：2021年3月11日。

③ 《国务院关于印发中国（上海）自由贸易试验区临港新片区总体方案的通知》，中国政府网，http://www.gov.cn/zhengce/content/2019-08/06/content_5419154.htm，访问时间：2021年3月11日。

④ （2015）穗中法民四初字第62号。

该裁定意义十分重大，其不仅十分有利于吸引境外仲裁机构在中国境内进一步开展业务活动，还可视为对上述国务院等系列行政措施的司法支持。该案关键事实及裁判观点将在第三部分"典型仲裁案例述评"中详述。

5. 最高院发布《关于人民法院服务保障进一步扩大对外开放的指导意见》，拟在国际商事法庭一站式平台中适当引入域外知名商事仲裁机构

2020 年 9 月 25 日，最高院发布《关于人民法院服务保障进一步扩大对外开放的指导意见》（法发〔2020〕37 号）。该指导意见第 9 点"完善国际商事纠纷多元化解决机制"规定，为了完善国际商事法庭制度，优化"一带一路"国际商事法律服务，提高多元性，国际商事法庭将在其仲裁体系中引入域外知名商事仲裁机构。

根据已出台的国际商事法庭相关规则，国际商事法庭可处理仲裁协议、仲裁保全、国际商事仲裁裁决的撤销或强制执行申请案件。最高院将符合条件的国际商事仲裁机构纳入国际商事法庭体系，将有助于构筑仲裁和诉讼有机衔接的一站式纠纷解决平台，形成我国独具特色的国际商事纠纷解决机制。

2018 年 6 月，国际商事法庭已经公布了纳入体系的首批五家国内仲裁机构名录。北仲凭借长期坚守和广为称道的公平高效仲裁服务而名列其中。虽然目前国际商事法庭尚未正式公布拟纳入体系的境外商事仲裁机构名录，但最高院发布上述指导意见后，境外知名仲裁机构进入国际商事法庭一站式纠纷解决平台指日可待，我国仲裁环境将日臻完善。

6. 深圳市人大常委会通过《深国仲条例》，多项创新规定引发关注

2020 年 8 月 26 日，深圳市人大常委会审议通过《深国仲条例》。同年 10 月 1 日，《深国仲条例》正式实施。该条例全文共七章三十七条，并在六个方面作出创新性规定。

第一，仲裁机构独立性。《深国仲条例》力图通过规则构建更加完善的法人治理仲裁机制，强调政府与机构之间的距离，以进一步保障深圳国际仲裁院（以下简称深国仲）的独立性。例如，《深国仲条例》第 4 条规定："仲裁院独立于行政机关。仲裁依法独立进行，不受行政机关、社会团体和个人的干涉。"

第二，提高仲裁机构国际化程度。《深国仲条例》致力于邀请更多域外法律、工商和其他相关领域专业人员加入仲裁院决策机构和担任仲裁员，从而提高机构国际影响力。为落实上述目标，《深国仲条例》第 9 条规定，"理事由境内外法律界、工商界和其他相关领域的知名人士担任，其中来自香港特别行政区、澳门特别行政区以及其他境外的人士不少于理事总人数的三分之一"。

第三，强化财务和人力资源管理制度。《仲裁法》并未规定仲裁机构的财务和人力资源管理制度。《深国仲条例》对此展开有益探索。《深国仲条例》第27条力求明确仲裁院的经费来源、用人机制、收费及薪酬制度，以便促进其管理体制优化，推动仲裁院人才队伍建设，为进一步提高仲裁服务能力和水平提供制度支撑。

第四，健全多元化争议解决机制。《深国仲条例》结合仲裁院的多年实践和当事人的实际需求，将多元化争议解决方式纳入机构服务范围。在《仲裁法》所规定的仲裁和调解相结合的传统机制外，《深国仲条例》第5条还规定可采用"谈判促进、专家评审以及当事人约定或者请求的其他与仲裁有机衔接的方式"作为替代性争议解决方式，协助当事人定分止争。

第五，建立健全监督体系。有效地制衡监督机制是仲裁机构独立、公平、公正处理争议的基础。《深国仲条例》第六章着眼于司法审查、理事会监督执行机构、理事会专门委员会监督、财政与审级监督、社会监督等多个方面，锐意加强对仲裁员的有效监管。

第六，推进互联网仲裁，提高信息化水平。科技发展日新月异，互联网仲裁、智慧仲裁已成为仲裁最重要的发展方向之一。为增强信息技术在仲裁工作中的应用，扩大深圳国际仲裁服务的深度和广度，更好地服务境内外当事人，《深国仲条例》采纳了一系列创新规定，对互联网仲裁和智慧仲裁提供了规则依据和指引。例如，《深国仲条例》第7条规定："仲裁院应当充分利用互联网、大数据、人工智能等信息技术，建设智慧仲裁，为当事人提供高效、便捷的纠纷解决服务。"

（二）仲裁机构新动向、新仲裁规则

1. 北仲发布《关于采用小时费率计收仲裁员报酬的操作指引（征求意见稿）》

在国际仲裁实操中，[①] 仲裁员报酬模式主要可分为以下两种：（1）按照案件争议金额比例计费；（2）按照仲裁员实际工作小时费率计费。前者以争议金额为参数计算，确定性较强，但弊端在于难以区分案件复杂程度，也无法精准实现仲裁员按劳取酬；后者以仲裁员实际工作小时和小时费率作为参数计费，虽然能够更好体现仲裁员报酬与其具体工作量的相适性，但缺点在于当事人对仲裁成本无法

---

① 可参见 HKIAC、ICC、SIAC 和 LCIA 等境外知名仲裁机构的仲裁规则与实际做法。HKIAC：https://www.hkiac.org/arbitration/fees；ICC：https://iccwbo.org/dispute-resolution-services/arbitration/costs-and-payments/；SIAC：https://siac.org.sg/fees/siac-schedule-of-fees；LCIA：https://www.lcia.org/Dispute_Resolution_Services/schedule-of-costs.aspx，访问时间：2021 年 3 月 11 日。

预测也无法控制。

就国内仲裁而言，我国绝大多数仲裁机构将仲裁费分为"案件受理费"和"案件处理费"两类，并按照案件争议金额比例计费，但仲裁员报酬的计付标准由机构内部掌握，对外不透明。仅个别仲裁机构允许当事人在涉外或国际仲裁案件中约定适用小时费率计收仲裁员报酬。这种单一的收费模式虽然有助于当事人在提起仲裁前就预估仲裁成本，以衡量仲裁请求的合理性及性价比，并在一定程度上降低了申请人"漫天要价"的可能性，但也同时凸显了仲裁机构的绝对主导地位，弱化了仲裁员对于具体案件的投入及作用，剥夺了当事人根据个案具体情况灵活选择费用方案的可能。

北仲于 2019 年 9 月 1 日起实施最新版仲裁规则（以下称《北仲 2019 仲裁规则》）。[①] 新规则突破了国内仲裁机构将仲裁费严格区分为"案件受理费"和"案件处理费"的固有收费模式，不区分国内、涉外或国际仲裁案件，统一按照"仲裁员报酬"和"机构费用"计收仲裁费。同时，《北仲 2019 仲裁规则》附录 1"北京仲裁委员会案件收费标准"规定，如当事人有约定，仲裁员报酬可以按照小时费率计算，在国内仲裁机构中首创了"以争议金额计费为原则，以小时费率计费为例外"的仲裁员报酬预收费制度。

2020 年 9 月 1 日，为进一步明确按小时计费的具体操作细节，以便引导更多有需求的当事人采用该种计费方式，北仲发布了《关于采用小时费率计收仲裁员报酬的操作指引（征求意见稿）》（以下简称《小时费率征求意见稿》），[②] 对如何确定小时费率、费用预交、预付仲裁员报酬、确定工作小时、结算仲裁员报酬与承担等问题，作出全面细致的规定。

《小时费率征求意见稿》一方面充分尊重仲裁员时间投入和专业付出，另一方面也充分尊重当事人意思自治，以当事人约定采用小时费率计收仲裁员报酬为适用前提，同时允许当事人和仲裁员协商确定仲裁员小时费率。为了缓解当事人采取小时费率仲裁员报酬制度无法预测和控制费用的担忧，《小时费率征求意见稿》设置了人民币 5,000 元的费率上限，并引入仲裁员工作小时复核制度，要求仲裁员自行记录工作小时，同时允许当事人对于仲裁员工作小时提出异议。

① 《仲裁规则》，载北京仲裁委员会网站，https://www.bjac.org.cn/page/zc/guize_cn2019.html，访问时间：2021 年 3 月 11 日。

② 《北京仲裁委员会/北京国际仲裁中心发布〈关于采用小时费率计收仲裁员报酬的操作指引（征求意见稿）〉》，载北京仲裁委员会网站，https://www.bjac.org.cn/news/view?id=3796，访问时间：2021 年 3 月 11 日。

《小时费率征求意见稿》进一步规定，在按照小时费率计收仲裁员报酬的情况下，北仲可在仲裁程序的不同阶段通知双方当事人共同预缴仲裁员报酬。若一方当事人未按期预缴费用，北仲可通知另一方当事人补足；若各方当事人均未能在规定期限内预缴费用，仲裁员可决定中止审理，甚至有权决定视该情况为双方均已撤回相关请求。

《北仲2019仲裁规则》和《小时费率征求意见稿》是北仲针对仲裁员报酬制度改革所采取的有效举措，旨在积极响应中共中央办公厅、国务院办公厅于2018年12月31日联合发布的《关于完善仲裁制度提高仲裁公信力的若干意见》。该仲裁员报酬计费方式一方面可有效反映仲裁员报酬与其工作进展和工作量的相适性，提高仲裁员积极参与案件管理的积极性，有助于提高仲裁工作的整体质量；另一方面也兼顾当事人意思自治，有助于满足当事人和仲裁员各方诉求，平衡各自利益。

2. 海南国际仲裁院全面完成机构改制工作

2018年7月29日挂牌成立的海南国际仲裁院（原名"海南仲裁委员会"）依据海南省委深改委制定的《海南国际仲裁院（海南仲裁委员会）管理办法》，实行全面机构改革：以公益性法定机构为定位，实行理事会主导的法人治理结构，建立决策、执行、监督有效制衡的治理机制，作为非营利法人独立运作。理事会是决策机构，其成员由中国、欧美、新加坡等地的国际商事仲裁领域资深人士组成，国际化程度高，专业能力强。2020年7月，仲裁院成立第一届理事会并召开第一届理事会会议，标志着仲裁院改制工作全面完成。这项改革比较彻底，在全国较为领先，将对海南自由贸易港法治化、国际化、便利化的营商环境建设发挥重要作用。①

3. 深圳国际仲裁院发布仲裁规则修正案

2020年9月25日，深国仲发布《关于修正仲裁规则》的公告，对《深圳国际仲裁院2019仲裁规则》（以下简称《深国仲2019规则》）和《深圳国际仲裁院金融借款争议仲裁规则》（以下简称《深国仲金融借款规则》）部分内容作出修正。②该修正案已于2020年10月1日生效。本次修正安排的主要目的是扩大仲裁庭的程序权力，尤其是赋予仲裁庭在仲裁程序中采用信息技术的权力。

原《深国仲2019规则》第6条第5款规定，仲裁庭仅在当事人同意的情况下才有权要求当事人直接将仲裁文书和证据发送给其他当事人或要求当事人通过仲

---

① 《海南国际仲裁院努力打造国际仲裁新高地》，载微信公众号"海南政法"，https://mp.weixin.qq.com/s/fhQegSoJznAmpRyP-R5ITQ，访问时间：2021年3月11日。

② 《深圳国际仲裁院关于修正仲裁规则的公告》，载深圳国际仲裁院网站，http://www.scciietac.org/home/index/newsdetail/id/2886.html，访问时间：2021年3月11日。

裁院的网络仲裁服务平台提交文书和证据。而根据修正后的规则，只要当事人没有相反约定，仲裁庭有权要求当事人直接将仲裁文书和证据发送给其他当事人或发送至平台。与之类似，第 23 条和第 67 条规定，如当事人没有相反约定，仲裁院或仲裁庭在有权要求当事人以电子方式提交仲裁申请书、答辩书等书面文件，有权通过网络安排立案、送达、开庭和质证。

此外，《深国仲金融借款规则》新增条文规定，在银行借款及其担保合同争议等适用《深国仲金融借款规则》的案件中，仲裁庭有权主动决定书面审理或开庭审理。值得关注的是，该条并未规定当事人如有相反约定可以构成例外。

4. 厦门仲裁委员会发布 2020 年版《厦门仲裁委员会仲裁规则》

厦门仲裁委员会（以下简称厦仲）第六届委员会第四次会议于 2020 年 1 月 12 日审议通过了 2020 年版《厦门仲裁委员会仲裁规则》（以下简称《厦仲 2020 规则》），[①] 该新规则是在厦仲 2007 年版仲裁规则基础上的修订版，并已于 2020 年 7 月 1 日起正式施行。

厦仲 2007 年版仲裁规则自颁布至修订前已实施 13 年，《厦仲 2020 规则》的发布是适应仲裁发展新形势、应对厦仲深化改革与发展的必要之举。

与厦仲 2007 年版仲裁规则相较，《厦仲 2020 规则》体现了多项改革和创新。例如，全面引入线上审理方式且肯定了电子签章在仲裁中的应用；制定"排除法"规则确定首席仲裁员和独任仲裁员的委任；为防止仲裁中当事人滥用管辖权异议，限制管辖权异议的提出时限，规定当事人提出管辖权异议不影响仲裁程序进行；细化仲裁员费率规定并引入"搁置裁决"制度。此外，厦仲在本次修订中积极回应了仲裁发展的新需求。例如，为快速推进仲裁程序，提高了适用简易程序的争议金额上限，并简化送达流程；新增"行为保全"及紧急仲裁员程序等。

5. 北仲、贸仲、深国仲等发布应对新冠疫情的相关指引

2020 年 5 月 8 日，北仲发布了《北京仲裁委员会 / 北京国际仲裁中心关于网上开庭的工作指引（试行）》（以下简称《北仲指引》）。[②] 该指引明确，其仅在整个疫情防控期间临时适用，不构成北仲仲裁规则一部分。根据《北仲指引》，如仲裁庭认为有必要安排网上开庭且各方当事人未提出异议，则仲裁庭可以决定采取网上开庭以审理案件。同时，北仲亦对网上开庭需要的庭前准备、开庭步骤与注

---

① http://www.xmac.org.cn/Home/Index/detail?ArticleId=215&ClassifyId=12，访问时间：2021 年 3 月 11 日。

② 《北京仲裁委员会 / 北京国际仲裁中心关于网上开庭的工作指引（试行）》，载北京仲裁委员会网站，https://www.bjac.org.cn/news/view?id=3705，访问时间：2021 年 3 月 11 日。

意事项等问题予以提示说明，并提供保密协议模板供当事人参考。

同期，贸仲发布了《关于新冠肺炎疫情期间积极稳妥推进仲裁程序指引（试行）》（以下简称《贸仲指引》）以及《视频庭审规范（试行）》，① 该指引同样仅在新冠疫情期间临时适用，不构成贸仲正式仲裁规则的一部分。与《北仲指引》类似，《贸仲指引》也建议当事人积极考虑以电子方式送达文件和提交材料。不同的是，《贸仲指引》第 2 条第 6 款明确在线开庭是一种具体的开庭方式，符合仲裁规则规定，因此仲裁庭有权决定是否在线开庭。此外，在《视频庭审规范（试行）》中，贸仲对视频庭审的保密性与当事人参与方式等作出细化规定。

深国仲在 2020 年 9 月 25 日正式公布《深圳国际仲裁院仲裁规则修正案》（以下简称《深国仲修正案》），② 修订后的规则允许仲裁庭以其认为适当的方式审理案件，如以电子方式提交各类证明材料和书面文件，以及借助信息技术立案、送达、开庭、质证。

此外，深国仲还于 2020 年 2 月 6 日发布了《深圳国际仲裁院关于共同应对疫情减免部分案件仲裁费的特别决定》，③ 对于网络远程仲裁案件的仲裁费用进行适当减免。例如，符合条件的国内案件受理费全免，案件处理费减半收取；符合条件的国际、涉外及涉港澳台案件立案费全免，仲裁费用减半收取。该决定可有效降低当事人选择网络仲裁方式所产生的仲裁费用，以鼓励当事人主动选择网络仲裁，提高仲裁效率，减少疫情对仲裁程序造成的迟延。

6. 广州仲裁委员会发布《互联网仲裁推荐标准》

2020 年 10 月，广州仲裁委制定并发布了《互联网仲裁推荐标准》④（以下简称《广州标准》），该标准是国内机构制定的首个互联网仲裁标准。据媒体报道，该标准已经得到多家内地仲裁机构以及来自全球 18 个国家和地区的境外机构的共同认可和推广。⑤

---

① 《贸仲发布〈关于新冠肺炎疫情期间积极稳妥推进仲裁程序指引（试行）〉》，载中国国际经济贸易仲裁委员会网站，http://www.cietac.org.cn/index.php?m=Article&a=show&id=17048，访问时间：2021 年 3 月 11 日。

② 《深圳国际仲裁院关于修正仲裁规则的公告》，载深圳国际仲裁院网站，http://www.sccietac.org/home/index/newsdetail/id/2886.html，访问时间：2021 年 3 月 11 日。

③ 《深圳国际仲裁院关于共同应对疫情减免部分案件仲裁费的特别决定》，载深圳国际仲裁院网站，http://www.sccietac.org/home/index/newsdetail/id/2807.html，访问时间：2021 年 3 月 11 日。

④ 《〈互联网仲裁推荐标准〉（广州标准）正式发布》，载广州仲裁委员会网站，https://www.gzac.org/gzxw/63533.jhtml，访问时间：2021 年 3 月 11 日。

⑤ 《广州仲裁委发布全球首个互联网仲裁标准》，载新华网，http://www.xinhuanet.com/legal/2020-10/12/c_1126593528.htm，访问时间：2021 年 3 月 11 日。

《广州标准》的出台将在多方面显示重要意义。短期而言，全球疫情发展形势严峻，国内疫情多次卷土重来，采取互联网方式安排仲裁活动，既有助于减少人员流动、防控疫情，也有助于及时解决纠纷，防止案件久拖不决。因此，进一步推广和落实互联网仲裁，符合社会对仲裁活动的需求。长期而言，互联网仲裁符合仲裁便利化和线上经济发展的趋势，《广州标准》的出台顺应了社会发展趋势，因而有利于开展互联网仲裁。

但在另一方面，《广州标准》虽然有利于协助互联网仲裁发展，但互联网仲裁本身存在的一系列问题仍有待进一步解决。例如，采取互联网仲裁可能导致对当事人平等听证权的影响：当事人能力不同，所配备的软硬件设备也各有差异，因此能实现的线上庭审效果也不尽相同。这种差异有可能影响仲裁庭对不同当事人意见听取的效果和效率。又如，尽管有着众多的保障措施，相比线下庭审，线上庭审实现保密性的难度更高，开销更高。最后，线上庭审虽然旨在降低仲裁成本，但如需实现优良的庭审效果，采购所需的软硬件设备、网络稳定接入和人力资源方面的花销并不一定比线下庭审更为低廉。这些问题均需在互联网仲裁发展中不断予以解决。

7. 中国国际贸易促进委员会发起的"国际商事预防与解决组织"正式成立

2020 年 10 月 15 日，国际商事争端预防与解决组织（以下简称争端预防解决组织）在北京正式宣布成立。争端预防解决组织是第二届"一带一路"国际合作高峰论坛成果清单中的一项，其属于非政府间、非营利性国际组织。该组织由中国国际贸易促进委员会、中国国际商会根据"共商、共建、共享"的理念，联合有关国家商协会、法律服务机构等共同发起设立。亚洲、欧洲、非洲、北美洲和南美洲 20 多个国家和地区的 45 家商协会、法律服务机构和高校智库等均共同参与了该组织的发起设立。

争端预防解决组织旨在构建一站式、全链条、多元化的争端解决机制，提供从争端预防到争端解决的相关商事法律服务。该组织的成立将有效促进"一带一路"参与国在司法层面进行合作，共同构建争端解决国际对话通道，进一步提升我国国际营商环境，实现多方共赢。

多国共同参与设立争端预防解决组织，具有重大意义。这意味着国际社会已形成共识，高度关注争端预防在整个争端解决中的作用和影响力。但是，考虑到争端预防机制具有多样性和复杂性，如何公平、有效地运行机制，仍需参与各国进一步协商后安排制度设计。因此，该组织具体将如何运作，国际争端预防工作如何开展，各国之间如何协调并参与相关工作，以及该组织是否与国际商事法庭等已经建立的国际商事争端解决体系整合和衔接等问题，有待相关部门制定详细司法解释或其他指引文件。

8. 中国海事仲裁委员会设立北京、上海双总部

为积极落实国家"一带一路"、交通强国、海洋强国建设等重大战略部署，助力上海实现建立国际航运中心和面向全球的亚太仲裁中心的双中心目标，推动我国海事仲裁事业迈向新高度，2020年11月6日，第二届上海国际仲裁高峰论坛会上，中国海事仲裁委员会（以下简称中国海仲）上海分会升格并更名为"中国海事仲裁委员会上海总部"。中国海仲成立上海总部，旨在建立中国海仲海事仲裁业务核心、海事仲裁品牌重心，并打造核心业务的宣传窗口和创新平台。上海总部与位于北京的总会遥相呼应，形成"北京＋上海"跨区域联动的双总部发展格局。

9. 首家境外仲裁机构落地上海并实质性运作

2019年10月18日，世界知识产权组织仲裁与调解中心在中国（上海）自由贸易试验区设立WIPO仲调上海中心。

世界知识产权组织仲裁与调解中心是一个中立性国际非营利争议解决机构，长期提供多种经济高效的替代性争议解决服务。该组织2019年公布的年度数据显示，该机构2019年度受理的案件，首先多数为专利相关的纠纷，其次为信息和通信技术、商标和著作权相关纠纷。争议所涉协议类型主要为研发协议、专利许可协议、商标共存协议、分销协议、软件协议、电影联合制作协议等。[①]

WIPO仲调上海中心经司法部批复设立，并由上海市司法局登记，为首家由国际仲裁机构在我国设立的业务机构。WIPO仲调上海中心主要从事中国境内的涉外知识产权仲裁与调解业务，包括：（1）案件受理、听证、调解、开庭审理、裁决；（2）业务咨询和指引；（3）业务研讨、培训、交流、推广等活动。

目前，WIPO仲调上海中心尚未公开其受理案件具体数据。但公开信息显示，2020年7月，WIPO仲调上海中心成功调处了首例涉外知识产权案件。[②]此外，上海市高级人民法院也在积极落实与WIPO仲调上海中心的诉调对接工作。上海各级法院均已指定专人负责，在案源提供、案件移送、调解场所以及相应保障等方面给予大力支持。截至2020年10月20日，上海各级法院已委托WIPO仲调上

---

① "2019 Review: WIPO Arbitration and Mediation Center"，载世界知识产权组织网站，https://www.wipo.int/amc/en/new/2019review.html，访问时间：2021年3月11日。

② 《全国首家：国际组织仲裁机构落地上海并实质化运作》，载司法部网站，http://www.moj.gov.cn/Department/content/2020-10/22/612_3258457.html，访问时间：2021年3月11日。

海中心调解案件 17 件，成功调解 2 件，其余案件仍在调解过程中。①

WIPO 仲调上海中心的设立是上海市有效落实国务院《中国（上海）自由贸易试验区临港新片区总体方案》的重要举措之一，对于我国进一步强化知识产权保护，推动和完善国际知识产权多元化纠纷解决机制，并打造上海自贸区临港新片区国际一流的法治化营商环境，具有重要意义。

三、仲裁司法审查大数据统计和典型仲裁案例述评

商事仲裁由于其固有的保密性特点，使得外界极难获取各仲裁机构办理案件的具体情况，也无法从中遴选具有典型意义的案件予以述评。与仲裁保密性相反，司法的公开性使得仲裁司法审查的相关数据和案例能够对社会公众开放。得此便利，本文主要从仲裁司法审查的角度检视 2019 年度的司法大数据统计和 2020 年度的典型仲裁案例。

（一）司法审查大数据统计

2020 年 12 月 23 日，最高院首度以中英文双语公开发布《中国仲裁司法审查年度报告（2019 年度）》（以下简称《2019 年度报告》）。② 该报告归纳总结了最高院承办的仲裁司法审查报核案件以及下级法院的典型案例，形成统一的法律适用规则，以规范仲裁协议效力认定、裁决撤销和不予执行的司法审查程序。该报告的发布对于统一法律适用、深化多元纠纷解决机制改革、加强仲裁法治的国际传播，具有重要意义。发布中国仲裁司法审查年度报告是最高院司法公开的最新举措，也是国内和国际社会了解人民法院仲裁司法审查工作的宝贵渠道。可以合理预计，最高院在今后将继续发布类似的年度报告。

《2019 年度报告》有效统计了 2019 年度全国仲裁机构案件受理数量、全国仲裁司法审查案件数量、撤裁案件数量、仲裁保全案件数量、报核案件统计、我国对其他国家和地区司法协助情况以及认可和执行外国仲裁裁决案件情况等多个关键数据，有利于法律从业人士进一步深入了解和研究我国目前仲裁司法现状，并明确未来发展方向。同时，该报告对于中国商事仲裁的教学研究、人才培养和法

---

① 《图文直播：第十七届上海知识产权国际论坛开幕式》，载国家知识产权局网站，https://www.cnipa.gov.cn/col/col2185/index.html，访问时间：2021 年 3 月 11 日。

② 《〈中国仲裁司法审查年度报告（2019 年度）〉新闻发布会》，载最高人民法院国际商事法庭网站，http://cicc.court.gov.cn/html/1/218/149/156/1926.html，访问时间：2021 年 3 月 11 日。

治宣传也具有重要意义。

全国仲裁司法审查案件数量

《2019 年度报告》显示，2019 年，全国法院旧存仲裁司法审查案件 1649 件，新收 20528 件，审结 20513 件，结案率 92.6%。2019 年，最高院共受理高级法院报核的仲裁司法审查案件 204 件，审结 201 件，结案率 98.5%。

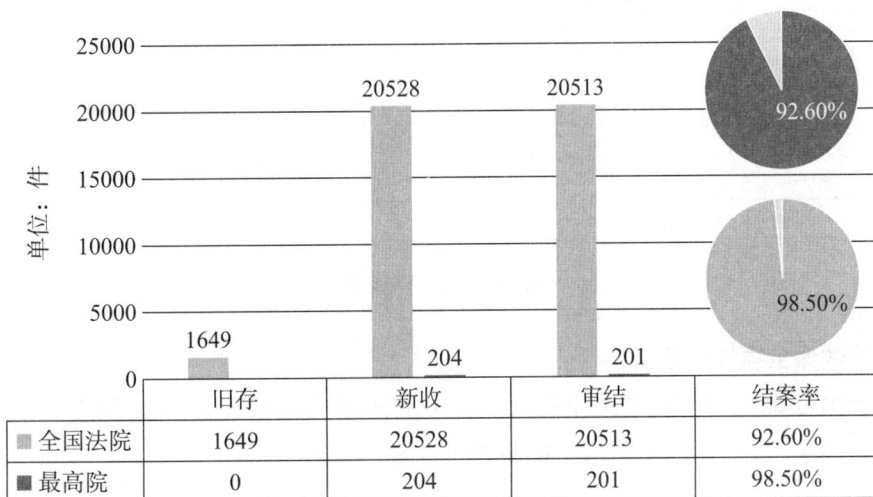

	旧存	新收	审结	结案率
全国法院	1649	20528	20513	92.60%
最高院	0	204	201	98.50%

2019 年仲裁司法审查案件数量

撤裁案件数量

2019 年，全国法院审结撤裁类案件 11029 件，其中 637 件被撤销或部分撤销，撤裁率为 5.8%，较 2018 年撤销裁决的案件数量 714 件，同比降低 10.8%。

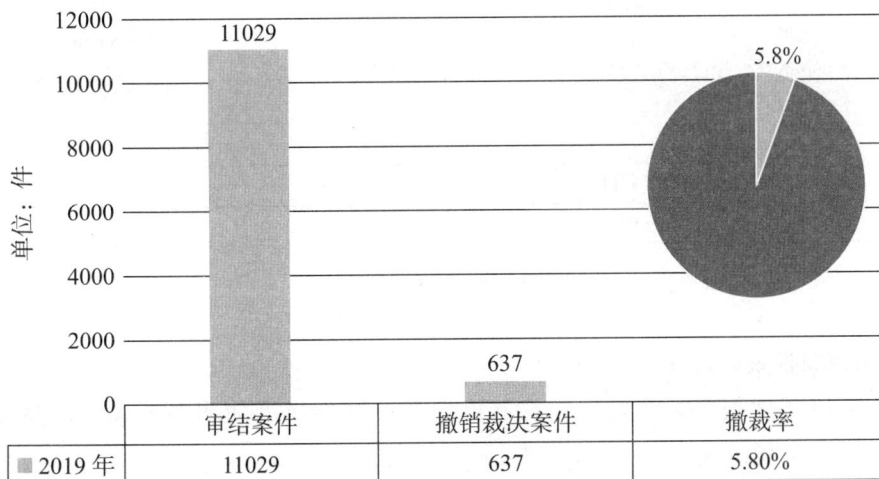

	审结案件	撤销裁决案件	撤裁率
2019 年	11029	637	5.80%

2019 年撤裁类案件数量

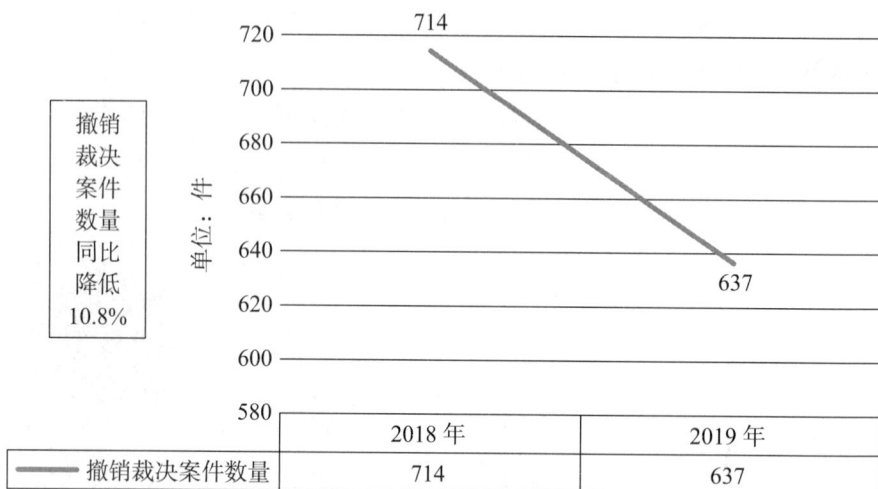

撤销裁决案件数量同比降低10.8%

	2018 年	2019 年
撤销裁决案件数量	714	637

撤销裁决案件数量

仲裁保全案件数量

2019 年，全国法院审结仲裁保全案件 3959 件，其中 3428 件得到支持，保全率为 86.6%，充分体现了司法支持仲裁的立场。

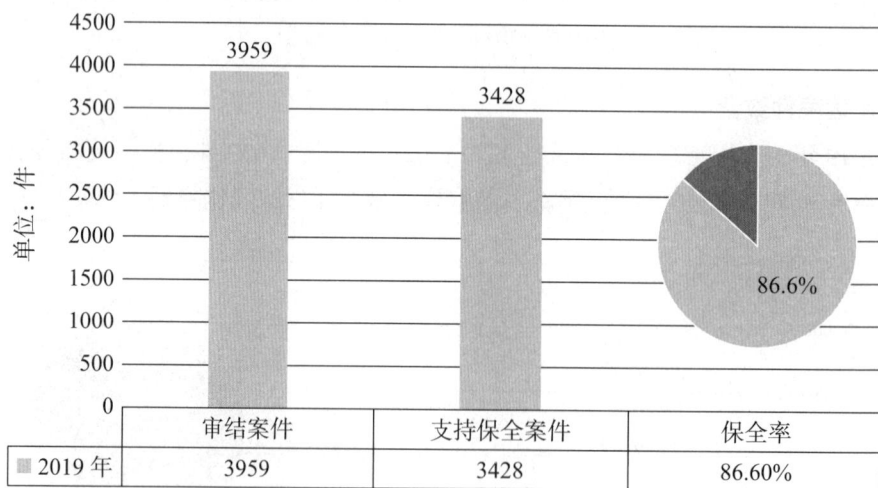

	审结案件	支持保全案件	保全率
2019 年	3959	3428	86.60%

2019 年仲裁保全案件数量

报核案件统计情况

《2019 年度报告》肯定了报核制度对统一裁判尺度的明显效果。最高院于 2017 年 11 月 20 日通过《最高人民法院关于仲裁司法审查案件报核问题的有关规定》（以下简称《报核规定》），并自 2018 年 1 月 1 日起施行。根据该规定，下级法院对仲裁司法审查案件拟作否定性评价的，需逐级报核。《2019 年度报告》显示，2019 年最高院审结的 201 件案件中，114 件支持报请法院的处理意见，占 57%；65 件不同意报请法院的处理意见，占 32%；3 件部分变更报请处理意见，占 2%；另有 19 件以其他方式结案（因不符合报核条件或者需要补充查明事实而退回高级法院），占 9%。最高院运用复函的方式明确对报核案件的处理思路，有效发挥了统一裁判尺度的作用。

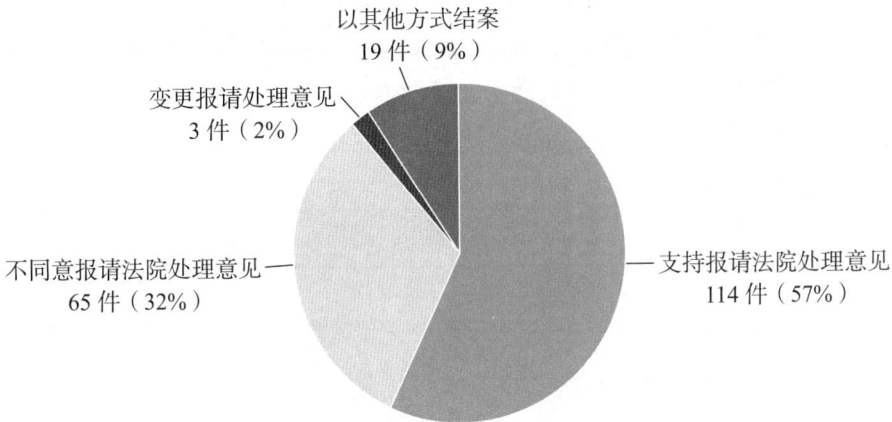

以其他方式结案
19 件（9%）

变更报请处理意见
3 件（2%）

不同意报请法院处理意见
65 件（32%）

支持报请法院处理意见
114 件（57%）

2019 年最高院审结的司法审查案件情况

我国对其他国家和地区司法协助情况

2019 年，人民法院共审结申请承认和执行外国仲裁裁决案件 32 件，全国法院协助香港仲裁程序保全案件 11 件。

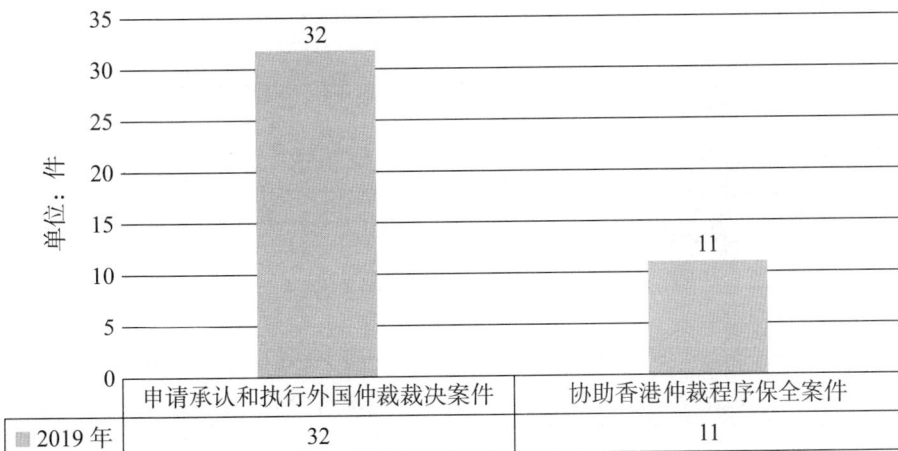

单位：件	申请承认和执行外国仲裁裁决案件	协助香港仲裁程序保全案件
■ 2019 年	32	11

2019 年我国法院司法协助情况

认可和执行外国仲裁裁决案件

2019 年，全国法院适用《承认及执行外国仲裁裁决公约》（以下简称《纽约公约》），依法审结申请承认和执行外国仲裁裁决案件共 32 件。除 1 件因超出仲裁协议约定范围而裁定部分不予承认与执行外，裁定承认与执行 20 件；准许当事人撤回申请 6 件；驳回申请 1 件；涉及管辖权异议等其他案件 4 件。全部 32 起案件所涉当事人分别来自韩国、新加坡、日本、俄罗斯、乌克兰、美国等 18 个国家和地区，所涉仲裁机构包括国际商会仲裁院、新加坡国际仲裁中心、大韩商事仲裁院、日本商事仲裁协会、斯德哥尔摩商会仲裁院、国际体育仲裁院等 9 家国际仲裁机构。涉及临时仲裁的 13 件案件中，11 件仲裁地在英国伦敦，1 件仲裁地在瑞典斯德哥尔摩，1 件仲裁地在瑞士。

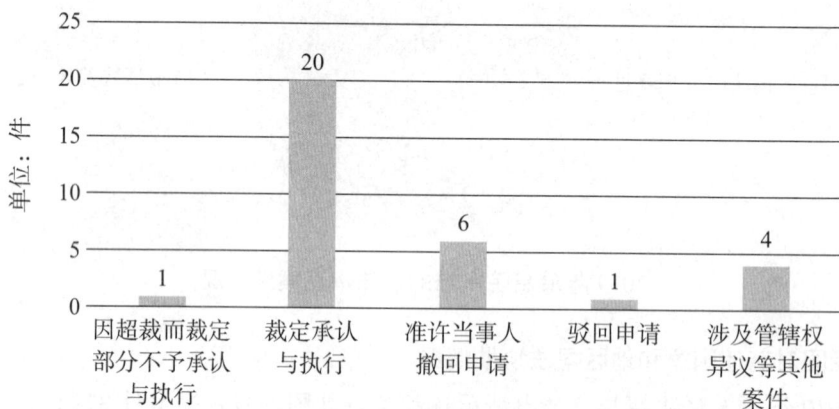

2019 年认可和执行外国仲裁裁决案件情况

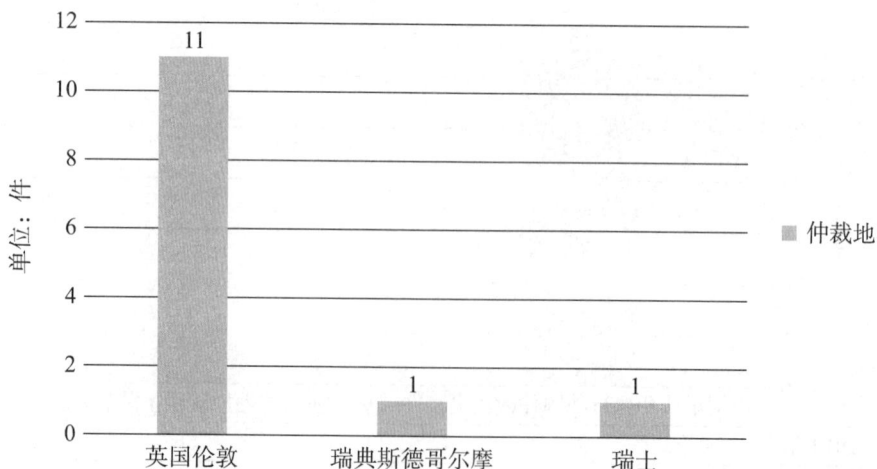

2019 年认可和执行临时仲裁裁决案件情况

仲裁的健康发展，离不开司法的支持与监督。从《2019 年度报告》内容来看，全国法院受理的仲裁司法审查案件总数虽持增长趋势，但撤裁率降低而保全率提高，充分体现了司法支持仲裁的立场。报告所体现的报核制度统一裁判尺度效果明显，支持国际商事仲裁、加强区际司法协助特点明显，表明司法系统为我国仲裁事业的进一步发展营造了良好的软环境。

下文述评的九个代表性案例选自我国人民法院 2020 年度公开发布的裁判案件，涉及仲裁协议效力认定、仲裁裁决的撤销和执行三大主题。从案例的处理结果来看，2020 年度司法审查继续秉持了《2019 年度报告》所述司法支持仲裁的立场，仲裁司法监督保持了较高水准。同时，法院面对多层次仲裁协议效力认定、比特币裁决执行等新前沿问题，也勇于探索、严肃司法，提出了解决问题的实用方案。

（二）仲裁条款有效性相关案例

【案例 1】"先裁后审"仲裁协议效力：部分有效 [①]

【基本案情】

原告 A 公司与被告某集团有限公司签订了《并购财务顾问服务协议》，A 公司为法国公司，某集团有限公司为上海公司。双方在协议中约定："因本协议所引起的或与本协议有关的任何纠纷或争议，首先通过新加坡国际仲裁中心进行仲裁解决。若双方对新加坡国际仲裁中心的仲裁结果无法达成一致，任何一方均有权将争议提交于甲方（即被告某集团有限公司）住所所在地有管辖权的商业法庭以诉讼方式解决。"

双方在履行合同过程中发生纠纷，原告 A 公司向上海市浦东新区人民法院（以下简称浦东法院）提起诉讼。浦东法院认定双方之间已达成有效仲裁协议，并裁定驳回起诉。[②]

A 公司不服裁定，向上海市第一中级人民法院（以下简称上海一中院）提起上诉，理由是所涉协议第 6.2 条的约定违反了仲裁"一裁终局"的基本原则，属于"或裁或审"条款，应当认定无效。A 公司据此请求撤销原审裁定，依法裁定本案由浦东法院审理。

上海一中院经审理并报上海市高级人民法院审核后作出终审裁定，驳回上诉，维持原判。

---

① （2020）沪 01 民辖终 780 号。
② （2020）沪 0115 民初 34710 号。

【争议焦点】

本案争议焦点为该"先裁后审"仲裁协议是否有效。

【裁判观点】

上海一中院认为，本案所涉《并购财务顾问服务协议》第6.2条约定双方争议"首先通过新加坡国际仲裁中心进行仲裁解决"，已在仲裁方式和诉讼方式之间明确仲裁优先，同时所选择仲裁机构具体、明确、唯一，无"或裁或审"约定所体现的选择性特征，故对该仲裁条款的约定予以认定。而双方当事人进一步约定"若双方对新加坡国际仲裁中心的仲裁结果无法达成一致，任何一方均有权将争议提交于甲方住所所在地有管辖权的商业法庭以诉讼方式解决"，该约定不符合《仲裁法》第9条第1款关于"仲裁实行一裁终局"的规定，违反了仲裁排除法院管辖的基本原则，应认定为无效。本案应提交新加坡国际仲裁中心仲裁解决。

【纠纷观察】

从本案所涉仲裁条款表述来看，双方既约定了新加坡国际仲裁中心仲裁，又约定了豫商集团有限公司住所地法院管辖，表面看近似于"或裁或审"条款。但本案下仲裁条款的特殊之处在于其明确了仲裁与诉讼适用的先后顺序，即先由仲裁机构仲裁，对仲裁结果有异议，再进行诉讼，因此实质上并不包含对于争议解决方式的选择性，即非"或裁或审"，而是"先裁后审"。此外，案涉条款所约定的仲裁方式，能确定具体、明确、唯一的仲裁机构，因而具备了《仲裁法》下仲裁协议有效性的基本要素。但人民法院也考虑到本案条款"先裁后审"结果将违反仲裁特有的"一裁终局"法律属性，因此在技术上对后半部分进行了处理，即判定双方约定的"后审"无效，以保障仲裁条款的有效性。

值得关注的是，类似于"先裁后审"的约定是否属于"或裁或审"，司法实践中的观点并不统一。部分在先判决认为"先仲裁，后诉讼"的约定无效。这类判决的主要理由是《仲裁法》第9条第1款关于"仲裁实行一裁终局"的规定已明确仲裁排除法院管辖的基本原则，而这类约定违反法定要求。[1] 但与此同时，也有法院认为，当事人已明确将争议先提交仲裁，如无《仲裁法》所规定的无效情形，不应直接判令此类约定无效。[2] 事实上，上述两种裁判思路都将当事人关于

---

[1] 内蒙古吉祥煤业有限公司与天津冶金集团贸易有限公司买卖合同纠纷管辖权异议二审民事裁定书，（2013）民二终字第81号。

[2] 安徽地龙管道非开挖工程有限公司与南京鸿坤电信工程设计有限公司建设工程施工合同纠纷申诉、申请民事裁定书，（2017）苏民申4452号。

仲裁和诉讼的约定视为一个整体，要么整体有效，要么整体无效，判决结果难免非此即彼，容易从一个极端走向另一个极端。而本案判决跳出了上述窠臼，视同一争议解决条款中的仲裁和诉讼手段具有可分性，并按照适用法律分别审查和解释，并作出部分约定无效不影响其余部分效力的结论，从而在法律技术上比较巧妙地解决了"先裁后审"条款的效力难题。在构建多元化纠纷解决机制的新时期，人民法院判决"先裁后审"仲裁协议部分有效，也为推动非诉讼纠纷解决机制的建设作出积极贡献。

在人民法院认可"先裁后审"条款有效性的基础上，亦可以进一步反思"或裁或审"条款的有效性。一方面，"或裁或审"条款的解读可体现当事人仲裁合意，排斥诉讼解决机制，人民法院如考虑当事人意思自治因素，不宜直接判定"或裁或审"条款无效。但另一方面，随着仲裁机制进一步发展，仲裁逐渐发展为和诉讼并行的争议解决方式。在此情形下，也应同时考虑具体案件下当事人的确定意思和对争议解决路径的选择，从而决定"或裁或审"具体条款的效力。但无论如何，考虑到当前推进和落实多元化纠纷解决机制的发展趋势，响应习近平总书记"把非诉讼纠纷解决机制挺在前面"的号召，对于"或裁或审"条款有效性的认定宜宽不宜紧。

【案例2】合同约定冲突情况下仲裁条款的效力：不同争议解决方式应当以双方最后一次意思表示为准①

【基本案情】

2017年10月，A公司发行"A公司2017年度第一期短期融资券"，融资总金额5亿元，发行日2017年10月12日，期限为365天。

2018年8月2日，某证券公司管理的广州证券粤汇通8号集合资产管理计划购入上述债券，所购入债券的票面总额为5000万元。

2018年11月，某证券公司向贸仲申请仲裁，主张发行人到期未能偿还本期短期融资券本息，贸仲受理后未组成仲裁庭，亦未开庭审理。后A公司于2019年向北京市第四中级人民法院（以下简称北京四中院）提起诉讼，要求确认《募集说明书》下仲裁协议无效。

本案所涉债券《募集说明书》约定有多重争议解决方式，且各争议解决方式散

---

① （2019）京04民特135号。

见于不同条款。部分条款写明诉讼解决争议，部分条款写明仲裁解决争议。但《募集说明书》全文最后一段规定："……发行人违反上述约定，投资人有权向中国国际经济贸易仲裁委员会按照申请仲裁时其有效的仲裁规则在北京进行仲裁……"

【争议焦点】

本案争议焦点为《募集说明书》所约定争议解决方式存在冲突时，应当如何认定双方应采取的争议解决方式。

【裁判观点】

北京四中院认为，《募集说明书》上下文中对于纠纷解决方式同时约定了诉讼及仲裁，且没有作出特别区分。根据《最高人民法院关于适用〈中华人民共和国仲裁法〉若干问题的解释》第7条，《募集说明书》项下的仲裁协议应属无效。北京四中院作出决定后，依法报上级法院核定。

经报核程序，最高院推翻了北京四中院的相关认定。最高院认为，《募集说明书》最后一段仲裁条款所属全段文字内容均指向"本期债务融资工具"，因此仲裁条款中"上述约定"应代指《募集说明书》全文。《募集说明书》前后约定了不同的争议解决方式，应当以双方最后一次意思表示为准。案涉仲裁条款符合《仲裁法》第16条规定的形式要件，是有效的仲裁条款，不宜认定《募集说明书》下的仲裁协议无效。

【纠纷观察】

本案中最高院针对案涉互相冲突的争议解决条款进行了解释，以双方最后一次意思表示为准，认定了仲裁条款的有效性。该案再次表明最高院支持仲裁、尽力认可而非否认仲裁条款有效性的基本态度。这与此前《最高人民法院关于审理仲裁司法审查案件若干问题的规定》第14条下的司法精神相一致。[1] 但本案并未释明如何判断一个条款属于双方最后的意思表示。在商业实践中，出现在协议最后的条款未必是双方最后达成的条款。但在没有相反证据的情况下，出现在合同文本最末的争议解决条款或能成为佐证双方最后一次意思表示的优势证据。但由于本案情况较为特殊，最高院在本案下的条文解释方法是否能推而广之在其他类似案件中加以应用，则需要视案件具体情况而定。

---

[1] 《最高人民法院关于审理仲裁司法审查案件若干问题的规定》第14条："人民法院根据《中华人民共和国涉外民事关系法律适用法》第十八条的规定，确定确认涉外仲裁协议效力适用的法律时，当事人没有选择适用的法律，适用仲裁机构所在地的法律与适用仲裁地的法律将对仲裁协议的效力作出不同认定的，人民法院应当适用确认仲裁协议有效的法律。"

【案例 3】非涉外案件约定境外仲裁效力：两内地公司非涉外案件可在香港仲裁①

【基本案情】

A 酒业有限公司（以下简称 A 酒业）是一家在上海设立的个人独资公司，B 酒业（北京）有限责任公司（以下简称 B 酒业）是一家在北京设立的外资公司。双方订有一份《独家经销协议》，由 B 酒业授权 A 酒业在指定经销区域内经销其指定产品。双方在后续履行协议过程中发生争议，B 酒业通知 A 酒业解除双方之间协议。而 A 酒业不同意解除协议，遂向北京市朝阳区人民法院（以下简称朝阳法院）提起诉讼，请求确认 B 酒业解除《独家经销协议》的行为无效。

A 酒业起诉后，双方对本案中争议解决条款的适用产生争议。《独家经销协议》约定："友好解决：如果因本协议，其解释，执行或终止产生任何争议或纠纷，双方将共同寻求友好解决；未能友好解决：如果在 60 天内未能达成友好协议，诉讼将提交给辩护方的国家法院。但是，对于至少有 50 万元人民币以上的争议，最尽职的一方将根据以下事项向香港国际仲裁中心（HKIAC）提交争议：仲裁程序的语言：英文；仲裁法：法国法（无衡平裁决）；仲裁员人数：一人。"A 酒业公司主张本案属于确认解除合同行为无效的确认之诉，不存在争议金额，因此无须适用仲裁条款。

【争议焦点】

本案争议焦点为双方约定的争议解决条款如何适用，本案应由法院主管还是交由仲裁管辖。

【裁判观点】

朝阳法院经一审认定，人民法院受理诉讼的前提条件是法院有权管辖案件。由于本案下双方订有仲裁条款，人民法院不应受理起诉。据此，朝阳法院判定其对本案无管辖权，并驳回 A 酒业的起诉。A 酒业不服该判决，上诉至北京市第三中级人民法院（以下简称北京三中院）。但北京三中院观点与朝阳法院一致，认为本案请求虽涉及确认解除行为无效，但实质上属于财产案件，应以合同所涉金额确定争议金额。鉴于合同标的及未履行部分金额均超过 50 万元，且双方约定的仲裁条款有效，人民法院对本案并无管辖权。

---

① （2020）京 03 民终 3818 号。

【纠纷观察】

当事人针对无涉外因素的纯国内纠纷能否约定境外仲裁，这一问题一直是我国仲裁理论界和实务界争论的热点。

我国法律虽无明文禁止内地公司在非涉外合同中约定境外仲裁，但过去的司法实践一般对此持否定态度。各级人民法院根据最高院的有关规定或复函，通常认为纯国内争议不允许提交境外仲裁。例如，最高院民四庭《涉外商事海事审判实务问题解答（一）》对此曾作明确规定。[①] 此外，最高院在一些典型案例中也提出过同样的观点，例如江苏航天万源案和北京朝来新生案。[②] 过去的司法实践或者认定相关仲裁协议无效，或者不予承认和执行依据此类仲裁协议作出的仲裁裁决。

本案中双方均为中国公司，且其所涉及的《独家经销协议》也未见明显的涉外因素。北京三中院的判决虽然看似肯定了无涉外因素案件可约定境外仲裁的合同安排，但事实上，在案件审理过程中，涉案双方从未就争议解决条款的有效性产生争议。双方争议主要在于确认解除行为无效所对应的争议标的应如何确定，从而再确定争议解决方式。因此，两审法院的判决均是在双方并未讨论仲裁条款是否有效的情况下作出的。从既判力角度考虑，本案判决并不能作为司法实践允许非涉外案件可以约定境外仲裁的有效先例。一则本案的争议焦点并未涉及仲裁条款有效性的讨论，二则北京三中院并不专门管辖确认仲裁协议效力和申请承认与执行仲裁裁决的相关案件。本案判决的示范效应相应有限，对于无涉外因素争议是否能够提交境外仲裁，仍需进一步谨慎观望。

【案例 4】PPP 协议的可仲裁性：具有商事性质的 PPP 协议可以仲裁[③]

【基本案情】

2017 年 11 月 7 日，诸暨市人民政府审批通过《诸暨袜艺小镇综合配套 PPP

---

① 《涉外商事海事审判实务问题解答（一）》第 83 条规定："……但法律并未允许国内当事人将其不具有涉外因素的争议提请外国仲裁。因此，如果国内当事人将其不具有涉外因素的合同或者财产权益纠纷约定提请外国仲裁机构仲裁或者在外国进行临时仲裁的，人民法院应认定有关仲裁协议无效。"

② 江苏航天万源案见最高院（2012）民四他字第 2 号复函；朝来新生案见《最高人民法院关于北京朝来新生体育休闲有限公司申请承认大韩商事仲裁院作出的第 12113—0011 号、第 12112—0012 号仲裁裁决案件请示的复函》[（2013）民四他字第 64 号]。

③ （2020）浙 06 民特 4 号。

采购项目实施方案》，并授权诸暨市人民政府某街道办事处（以下简称某办事处）作为项目实施机构，具体负责项目相关工作。

2018 年 2 月 7 日，经公开招投标确定的中标方某建设集团有限公司（以下简称某公司）与某办事处签署《诸暨袜艺小镇综合配套 PPP 投资协议》（以下简称《PPP 项目投资协议》），对项目总投资、双方权利义务、违约及处理、免责条款、争议解决等作出约定。该协议第 5 条约定，若在协议履行过程中发生争议，任一方有权向绍兴仲裁委员会诸暨分会提起仲裁解决。

2019 年 12 月 20 日，因某公司未按约履行出资等义务，造成项目停滞，某办事处就《PPP 项目投资协议》向绍兴仲裁委员会诸暨分会申请仲裁。

2020 年 3 月 5 日，某公司向绍兴市中级人民法院（以下简称绍兴中院）申请确认《PPP 项目投资协议》下仲裁条款无效。理由是《PPP 项目投资协议》为行政协议，相关纠纷属于行政争议，不具有可仲裁性。

【争议焦点】

本案争议焦点为，案涉《PPP 项目投资协议》是否属于行政协议，协议下仲裁条款是否有效。

【裁判观点】

绍兴中院于 2020 年 4 月 14 日作出裁决，认定《PPP 项目投资协议》下仲裁协议合法有效。绍兴中院认为，《PPP 项目投资协议》不属于行政协议。首先，案涉项目非无偿、单一向社会公众提供公共服务。其次，合同订立过程及合同内容不能充分表明行政机关享有单方优越和主导地位。再次，合同主要内容体现了双方当事人平等、等价、协商一致的合意。因此，案涉《PPP 项目投资协议》具有明显的民商事法律关系性质，应当定性为民商事合同，不属于行政机关为实现公共利益或者行政管理目标所订立的具有行政法上权利义务内容的行政协议。最后，大塘办事处的仲裁请求涉及《PPP 项目投资协议》的履行，不涉及具体行政行为。因此，本案争议不属于行政争议，具有可仲裁性，案涉《PPP 项目投资协议》下的仲裁条款合法有效。

【纠纷观察】

2020 年 1 月 1 日生效的《最高人民法院关于审理行政协议案件若干问题的规定》（法释〔2019〕17）（以下简称《行政协议司法解释》），以司法解释的形式首次明确，行政机关为了实现行政管理或者公共服务目标协商所订立的、具有行政法上权利义务内容的政府特许经营协议，以及政府与社会资本合作协议，属于行政协议。[①] 由该等协议引发的争议属于行政诉讼范畴，该等行政协议中约定的仲裁条款无效。[②]《行政协议司法解释》第 28 条同时规定，该司法解释仅适用于 2015 年 5 月 1 日后[③] 所订立的行政协议。[④]

案涉《PPP 项目投资协议》于 2018 年 2 月 7 日订立，相关纠纷也发生于《行政协议司法解释》生效之后。因此，本案是我国人民法院在《行政协议司法解释》生效后对 PPP 协议仲裁条款效力认定的一次实践，具有重要参考意义。

根据本案的裁判观点，PPP 协议中的仲裁条款是否有效取决于 PPP 协议的法律性质。但 PPP 协议并不当然属于行政协议，对于 PPP 协议的性质不能一概而论，需要结合相关主体、订约目的、意思表示和具体内容，个案个判，具体情况具体分析。如相关协议属于"行政机关为了实现行政管理或者公共服务目标，与公民、法人或者其他组织协商订立的具有行政法上权利义务内容的协议"，如涉及行政规划、许可、处罚、管理、监督等与行政职能相关的规定，则属于行政协议。相反，如果 PPP 协议下约定涉及民事权利义务，有关于协议的履行、变更、解除等，且能够体现双方当事人平等协商、等价有偿的合意，具有明显的民商事法律关系性质，则应当被定性为民商事合同，具有可仲裁性。

---

① 即 PPP（Public-Private Partnership）协议。

② 《行政协议司法解释》第 1 条："行政机关为了实现行政管理或者公共服务目标，与公民、法人或者其他组织协商订立的具有行政法上权利义务内容的协议，属于行政诉讼法第十二条第一款第十一项规定的行政协议。"第 2 条："公民、法人或者其他组织就下列行政协议提起行政诉讼的，人民法院应当依法受理：（一）政府特许经营协议；……（五）符合本规定第一条规定的政府与社会资本合作协议；……"第 26 条："行政协议约定仲裁条款的，人民法院应当确认该条款无效，但法律、行政法规或者我国缔结、参加的国际条约另有规定的除外。"

③ 2015 年 5 月 1 日为《最高人民法院关于适用〈中华人民共和国行政诉讼法〉若干问题的解释》（法释〔2015〕9 号，已被《最高人民法院关于适用〈中华人民共和国行政诉讼法〉若干问题的解释》（法释〔2018〕1 号）废止）的生效日期。这是因为，2015 年版的行政诉讼法司法解释第 11 条首次明确行政协议的定义，即"行政机关为实现公共利益或者行政管理目标，在法定职责范围内，与公民、法人或者其他组织协商订立的具有行政法上权利义务内容的协议，属于行政诉讼法第十二条第一款第十一项规定的行政协议。公民、法人或者其他组织就下列行政协议提起行政诉讼的，人民法院应当依法受理：（一）政府特许经营协议；……（三）其他行政协议。"

④ 《行政协议司法解释》第 28 条："2015 年 5 月 1 日后订立的行政协议发生纠纷的，适用行政诉讼法及本规定。2015 年 5 月 1 日前订立的行政协议发生纠纷的，适用当时的法律、行政法规及司法解释。"

（三）撤销仲裁裁决相关案例

【案例 5】违反一裁终局被撤销：根据案件当事人、争议标的、仲裁请求等进行程序性审查判断是否属于"同一纠纷"①

【基本案情】

2005 年 3 月 4 日，国勘公司与 UNI–TOP 公司签订《代理协议》。根据协议，国勘公司委托 UNI–TOP 公司协助国勘公司直接或通过国勘公司的关联公司间接获得 PK 公司股份。该协议约定适用中国法，仲裁条款约定仲裁机构为贸仲，在北京仲裁。此后，PK 公司收购项目改为以公开招标方式进行，案涉 PK 公司股权于 2005 年 8 月由中石油集团取得。2007 年 5 月 17 日，中石化集团和中石油集团签署《专题会议纪要》，同意就 PK 公司股权转让事宜成立工作小组。

2012 年 8 月 30 日，UNI–TOP 公司基于本案所涉《代理协议》向贸仲申请仲裁，要求国勘公司支付代理酬金，并赔偿预期利益等损失。仲裁庭认为国勘公司实际取得 PK 公司的股权收购应得收益或与以此相关的其他权益之前，《代理协议》约定的酬金支付条件不成就，并于 2013 年 12 月 30 日作出（2013）中国贸仲京裁字第 0907 号仲裁裁决书，驳回了 UNI–TOP 公司全部仲裁请求（以下简称前案）。

2015 年 9 月 30 日，UNI–TOP 公司以前案裁决后有"新的事实"为由再次向贸仲提起仲裁（以下简称后案）。所称的"新的事实"是指 2015 年 UNI–TOP 公司委托律师向中石油集团发函，要求其披露与国勘公司在 PK 项目中的协商等信息，而根据中石油集团的回复，UNI–TOP 公司认为从 2006 年起国勘公司怠于履行《代理协议》的义务，未向中石油集团追索 PK 公司股权和其他权益补偿，刻意阻碍对 UNI–TOP 公司给付义务的成就。2017 年 6 月 30 日，贸仲作出（2017）中国贸仲京裁字第 0836 号裁决，裁决国勘公司向 UNI–TOP 公司支付《代理协议》项下的酬金等。国勘公司嗣后向北京四中院申请撤销（2017）中国贸仲京裁字第 0836 号裁决。

【争议焦点】

本案争议焦点为两案是否属于"同一纠纷"，后案是否存在"新的事实"。

【裁判观点】

北京四中院于 2020 年 4 月 27 日作出裁定，认定两案属于"同一纠纷"，认定

---

① （2017）京 04 民特 39 号。

的主要理由是前案裁决与后案裁决的当事人相同，两案的争议标的相同，两案的仲裁请求基本一致。北京四中院认为，依据《中华人民共和国民事诉讼法》（以下简称《民事诉讼法》）的相关标准，"新的事实"须在当事人之间产生"权利义务"的法律效果，且基于"新的事实"所产生的权利义务不受前案判决效力的约束。本案中，前案仲裁裁决作出后，国勘公司仍未"实际取得"PK 公司的股权或其他相关权益，UNI-TOP 公司与国勘公司之间的"权利义务"并无新的变化，前案裁决后并无"新的事实"发生。据此，考察两案是否属于《仲裁法》规定的"同一纠纷"，根据案件当事人、争议标的、仲裁请求等进行程序性审查即可做出判断，无需审理案件实体。由于两案应属于"同一纠纷"，而贸仲分别针对两案作出了两次裁决，明显违反了《仲裁法》第9条规定的"一裁终局"制度，裁决应当予以撤销。①

本案符合《报核规定》要求，因此撤裁决定应逐级报核至最高院。北京四中院逐级报核后，最高院复函也认为"新的事实"必须导致权利义务发生变化，并指出《最高人民法院关于适用〈中华人民共和国民事诉讼法〉的解释》（以下简称《民诉法解释》）第248条只适用于民事诉讼程序，②《仲裁法》并未规定仲裁机构有权在发生"新的事实"后再次仲裁。

【纠纷观察】

本案结果在业界引起了巨大争议。根据《仲裁法》和《民事诉讼法》相关规定，人民法院对于仲裁裁决的司法审查一般仅限于程序性事项，并不应干涉仲裁庭对案件实体问题的判断。人民法院在实体问题上的谦抑性处理方式，是保证仲裁制度稳定运行的基础。但本案的难点在于，现行法律没有明文规定，违反"一裁终局"的行为究竟是违反程序性规定还是实体性规定，而法院在司法实践中的观点也极不统一。据此，当事人申请撤销仲裁裁决时，法院的司法审查范围是否包括"一裁终局"也就成为需要进一步解答的疑问。事实上，在司法实践中，无论是诉讼案件还是仲裁案件，考察两案是否属于"同一纠纷"均涉及较为复杂的过程。裁判者往往需要综合考虑两案下请求范围、案件事实、相关证据和庭审情况等各项因素后方能作出决定。此外，考虑到认定"同一纠纷"可能会导致剥夺当事人救

---

① 《仲裁法》第9条："仲裁实行一裁终局的制度。裁决作出后，当事人就同一纠纷再申请仲裁或者向人民法院起诉的，仲裁委员会或者人民法院不予受理。裁决被人民法院依法裁定撤销或者不予执行的，当事人就该纠纷可以根据双方重新达成的仲裁协议申请仲裁，也可以向人民法院起诉。"

② 《民诉法解释》第248条："裁判发生法律效力后，发生新的事实，当事人再次提起诉讼的，人民法院应当依法受理。"

济权，裁判者的决定往往慎之又慎。因此，本案下，北京四中院仅仅通过审查程序，就否定后案仲裁庭实体审理结论是否妥当，是否可作为先例在今后的案件中进一步参照，值得业界进一步探讨。

关于重复仲裁的例外情形，即如何认定"新的事实"，最高院的复函确认，判断是否属于"新的事实"应当考察该事实是否导致权利义务发生变化。但判断权利义务是否变化，将不可避免地涉及对原权利义务和新权利义务作出认定。只有审理案件实体情况才能对此予以准确判断。而本案中，前案仲裁裁决认定，在国勘公司实际取得 PK 公司股权或其他相关权益后，UNI-TOP 公司有权对代理酬金进行索取，国勘公司也有义务向 UNI-TOP 公司支付代理协议约定的酬金。后案中，仲裁庭根据新证据认定，国勘公司怠于向中石油集团方面主张 PK 公司股权或其他相关权益，该事实也可以导致双方之间的权利义务变化。北京四中院仅凭程序性审查即否定仲裁庭审理后认定的"新的事实"，似乎也不符合人民法院在仲裁司法审查尽量不触及实体问题的谦抑性基本态度。

最后，最高院复函指出《民诉法解释》第 248 条只适用于民事诉讼程序，《仲裁法》并未规定仲裁机构有权在发生"新的事实"后再次仲裁。不能否认，最高院该复函的内容精确指出了国家司法和仲裁双分体系下，不同类型法律文书裁判力之间可能产生无法调和之矛盾和冲突的窘境。正如北京四中院所指出的，基于"新的事实"所产生的权利义务不受前案判决效力的约束。如前后案件均在人民法院审理，上级人民法院均可通过审判监督制度，或撤销或改判，直接否定在先判决的效力，从而达到前后案件判决结果的一致性。但仲裁裁决并非如此。除非当事人根据仲裁司法审查制度撤销在先裁决或不予执行在先裁决，否则，在后仲裁裁决并不能直接否决在先仲裁裁决的效力。在极特殊情况下，有可能导致仲裁裁决既判力冲突，且无法解决。因此，本案下最高院的复函其实也精确指出了上述冲突，并且为避免未来可能产生的冲突向仲裁实践提供了有益指引。

【案例 6】判断可仲裁性：是否"先刑后民"属于仲裁庭实体审查范围①

【基本案情】

2019 年 4 月 15 日，北仲根据钱某芸向该会提交的仲裁申请以及钱某芸与新

---

① （2020）京 04 民特 187 号。

三板公司、某证券公司所签订基金合同中的仲裁条款，依法受理了三方当事人之间因上述合同所产生的争议。该案适用自 2015 年 4 月 1 日起施行的《北京仲裁委员会仲裁规则》。

2019 年 11 月 21 日，某证券公司向北仲寄送了一份中止审理申请书，主张本案应中止审理，理由为新三板公司涉嫌非法集资，被公安机关行使立案侦查，刑事案件涉及新三板公司管理的方际五号并购私募基金等多个基金，案件结果与仲裁案处理结果将密切相关。次日，北仲收发室签收了该文件。

2019 年 11 月 22 日，北仲作出（2020）京仲裁字第 2840 号裁决，裁决某证券公司败诉。2020 年 4 月 1 日，某证券公司向北京四中院申请撤销仲裁裁决，理由是仲裁所裁决事项涉及刑事案件，不属于仲裁机构可以仲裁的事项；以及仲裁程序已违反法定程序，即仲裁案涉及刑事案件，仲裁庭应当驳回钱某芸的仲裁申请，将案件材料移送公安部门，但仲裁庭却径直作出仲裁裁决。据此两点，某证券公司主张裁决应予撤销。

【争议焦点】

本案争议焦点为，仲裁案件事项涉及刑事案件是否属于仲裁机构的仲裁事项，以及仲裁庭对仲裁案件先刑后民的认定是否构成违反法定程序。

【裁判观点】

北京四中院于 2020 年 4 月 24 日作出裁决，驳回某证券公司申请。针对案涉第一个争议焦点，北京四中院认为，仲裁案中钱某芸的仲裁请求和仲裁庭裁决的事项均属于各方当事人签署之仲裁协议的约定范围。根据《仲裁法》第 3 条，仲裁机构无权仲裁的事项是涉及身份关系的事项及行政事项，本案不属于上述范围。针对案涉第二个争议焦点，北京四中院认为，仲裁案件是否涉及刑事犯罪、刑事犯罪行为是否影响仲裁案件审理、仲裁审理是否应中止并等待刑事案件处理完毕，均属于仲裁庭对案件实体审查的范畴，某证券公司未能证明案涉仲裁裁决有违反仲裁法和仲裁规则下仲裁程序的情形，故案涉裁决未"违反法定程序"。北京四中院据此驳回某证券公司撤销仲裁裁决的申请。

【纠纷观察】

仲裁案件中出现刑民交叉情形，当事人据此提出中止审理的情况相当多见。在此情况下，仲裁庭究竟应如何处理，值得探究。《仲裁法》及其相关司法解释并未提及仲裁案件中如涉及刑事案件应如何处理。各大机构仲裁规则对此情形也鲜有涉及。此外，虽然大多数仲裁规则均包含仲裁程序可中止的相关规定，但很少列明中止的具体情形。《最高人民法院关于当前商事审判工作中的若干具体问题》①对人民法院审理刑民交叉案件的处理提供了指引。根据该规定，人民法院对于涉及刑民交叉案件的处理，往往取决于该民商事案件与刑事案件法律事实的关联程度，如民商事案件下法律事实是否与刑事案件下法律事实完全相同，或民商事案件必须以另一刑事案件的审理结果为依据等。人民法院应当根据刑民案件的关联程度决定案件是否应继续审理、中止、不予受理或驳回起诉。本案中，北京四中院事实上也遵循了最高院的上述司法解释思路。北京四中院认为，判定刑事案件对于民事案件审理的影响力，属于仲裁庭实体审查范围，仅有仲裁庭有权予以判定。如仲裁庭认为案件不应当中止审理，该决定属于仲裁庭权限范围，人民法院不予干涉。本案虽然对于仲裁庭未来如何处理刑民交叉案件提供了一定的指引，但仍遗留相关问题未予解决。如相关刑事案件最终处理结果显示仲裁庭在先裁决中认定的事实和刑事案件判决冲突，则仲裁当事人应如何主张救济？由于对仲裁裁决的司法审查主要不涉及实体监督，在此情况下当事人的救济方式将十分有限。相关问题应如何处理，还有待司法实践进一步予以解决。

【案例7】仲裁程序的起始阶段：仲裁前未依约协商不违反仲裁程序②

【基本案情】

2018年，IM公司与FSOJ公司向天津市第一中级人民法院（以下简称天津一中院）申请承认和执行美国独立电影电视联盟国际仲裁院仲裁庭针对某电影集团有限公司（以下简称某电影集团）所作出的两份仲裁裁决。

---

① 《最高人民法院关于当前商事审判工作中的若干具体问题》就商事审判与刑事、行政诉讼等交叉的正当法律程序问题提出了指导性意见。其中指出，第一，要注意区分商事案件法律事实与刑事诉讼所涉法律事实是否相同。第二，要注意区分商事案件与刑事诉讼涉及相同法律事实下的不同处理。如果商事案件与刑事诉讼所涉事实完全相同，而且案件事实在根本上也属于刑事案件，那么在立案阶段就应不予受理商事案件。受理后在商事审判中发现的，应当裁定驳回起诉。如果商事案件与刑事诉讼涉及的法律事实部分相关时，判断商事案件是否继续审理的标准应当是《民事诉讼法》第150条第1款第5项"本案必须以另一案的审理结果为依据"的规定。据此，如果审理商事案件必须以另一刑事案件审理结果为依据，那么在刑事案件尚未审结时，应当中止商事案件审理。反之，如果商事案件审理无需以刑事案件审理结果为依据，则商事案件不得中止审理。实践中要切实防止以涉及刑事案件为由对商事案件一律中止或拖延审理的做法。

② （2018）津01协外认2号，以及（2018）津01协外认3号。

IM 公司和 FSOJ 公司主张和某电影集团签署有两份《交易备忘录》。该两份《交易备忘录》下均订有仲裁条款："交易备忘录项下任何争议，在一方就此发出通知之后，应在各方之间协商解决。如果通知后 120 日内未能达成和解协议，交易备忘录项下任何争议均排他性地接受独立电影电视联盟国际仲裁院按照该仲裁院有效的仲裁规则在洛杉矶仲裁。"

在案涉仲裁裁决承认和执行过程中，某电影集团提出多项抗辩，其中之一是主张上述两份裁决的仲裁程序与仲裁条款约定不符，因为 IM 公司与 FSOJ 公司未遵守仲裁协议中的协商期约定，从未向某电影集团发出协商通知而径行提起仲裁，违反了《纽约公约》第 5 条第 1 款（丁）项之规定，即"仲裁机关之组成或仲裁程序与各造间之协议不符"。

【争议焦点】

本案争议焦点之一为 IM 公司与 FSOJ 公司在仲裁前未依约与某电影集团协商是否违反仲裁程序。

【裁判观点】

天津一中院于 2020 年 5 月 18 日同日就两案分别作出裁定书，驳回 IM 公司与 FSOJ 公司承认和执行仲裁裁决的申请。但天津一中院认为，某电影集团提出 IM 公司和 FSOJ 公司未经与其协商即申请仲裁的做法违反仲裁程序的主张不能成立。《纽约公约》第 5 条明确将"仲裁机关之组成"和"仲裁程序"限定为进入仲裁程序后的事项。而某电影集团主张的协商期系进入仲裁程序之前的事项。是否按照约定协商并非"仲裁机关之组成"问题，也非"仲裁程序"问题。并且，《交易备忘录》下"法律选择／仲裁／仲裁机构"之（B）段虽约定"协商解决"，但难以界定其履行标准。再者，从案涉情况来看，IM 公司与 FSOJ 公司已提交仲裁，应认定双方争议难以协商解决。因此，某电影集团的主张不能成立。

【纠纷观察】

最高院曾在《关于润和发展有限公司申请不予执行仲裁裁决一案的审查报告的复函》[①] 中回复，如果当事人在仲裁协议中约定发生纠纷应当先协商解决，但未明确协商期限，难以界定履行标准，则一方申请仲裁的行为应视为已经出现了协商不成的结果，仲裁庭有权依据该仲裁协议受理案件。

---

① ［2008］民四他字第 1 号。

本案中，天津一中院明确将协商义务与仲裁程序加以区分，进而得出未开展仲裁前协商不影响仲裁程序的结论。值得关注的是，虽然本案仲裁裁决未得到承认和执行的理由不是双方未开展仲裁协商，但由于案涉仲裁裁决存在《纽约公约》第5条第1款（乙）项情形，本案经报核最高院后，法院最终裁定不予承认和执行相关裁决。考虑到最高院已对天津一中院裁定内容予以认可，这意味着最高院再次肯定了前述润和案确定的裁判规则，即仲裁前的协商义务并不必然影响当事人提请仲裁的权利。

值得注意的是，虽然本案相关结论间接得到最高院认可，但该结论不宜简单直接适用于未来司法审查实践。就多层次争议解决机制而言，双方在争议实质性产生前所约定的替代性争议解决方式属于一种独立的纠纷解决机制。纠纷前的协商机制有利于实现多层次争议解决方式并举，从而达到更有效解决纠纷的目的。因此，司法机构应当对此机制予以关注，不宜轻易否定其存在意义。特别是如果争议前协商机制明确而具体，具有可操作性，且与仲裁条款相融合，成为更广泛意义上的大仲裁协议，则法院应当关注提起仲裁的条件是否得以满足，并应适当分配举证责任，因为满足仲裁条件方可提起仲裁是双方仲裁合意的前提。不宜简单以协商机制发生在仲裁程序之前，就径行判定该机制无必要在双方之间展开。否则，将有悖于尊重当事人意思自治的基本原则，也不利于鼓励多层次纠纷解决机制更健康、全面地发展。

（四）执行仲裁裁决相关案例

【案例8】执行境外仲裁机构在内地所作裁决：视为中国仲裁裁决，按照《民事诉讼法》第273条规定申请执行 ①

【基本案情】

2010年4月13日，布兰特伍德公司与A机械成套设备工程有限公司（以下简称A公司）、广州市正启贸易有限公司签订购买链板式刮泥机合同，该合同第16条仲裁约定："凡因本合同引起的或与本合同有关的任何争议……应提交国际商会仲裁委员会根据国际惯例在项目所在地进行仲裁……"第17条适用法律约定："本合同适用法律为中华人民共和国法律。"案涉合同的项目所在地为中国广州。

---

① （2015）穗中法民四初字第62号。

2011 年 5 月，布兰特伍德公司向广州中院申请确认案涉合同中的仲裁协议无效，广州中院于 2012 年 2 月作出（2011）穗中法仲异字第 11 号民事裁定书，确认仲裁条款有效。同年 8 月，布兰特伍德公司向国际商会仲裁院提起仲裁。2014 年 3 月，国际商会仲裁院的仲裁庭作出裁决。

2015 年 4 月 13 日，布兰特伍德公司向广州中院申请承认并执行该裁决。布兰特伍德公司认为，中国法院司法实践通常依仲裁机构所在地确认仲裁裁决国籍，据此，应当认定涉案裁决为法国裁决，并按照《纽约公约》执行。如果法院认为涉案裁决由国际商会仲裁院香港分支机构作出，则该裁决为香港裁决，应当根据《关于内地与香港特别行政区相互执行仲裁裁决的安排》的规定承认并执行。A 公司则辩称，案涉裁决由外国仲裁机构作出，既不是国内裁决，也不是涉外裁决，该裁决不具有中国国籍。案涉裁决也不是在《纽约公约》另一缔约国领土内作出的，不具有另一缔约国国籍。案涉裁决不应依照《纽约公约》予以承认与执行。

【争议焦点】

本案争议焦点为确定案涉裁决的籍属和执行裁决的法律依据。

【裁判观点】

广州中院于 2020 年 8 月 6 日作出裁定，认定案涉裁决系外国仲裁机构在中国内地作出的仲裁裁决，可视为中国涉外仲裁裁决。案涉仲裁裁决的被申请人不履行仲裁裁决的，布拉特伍德公司可参照《民事诉讼法》第 273 条的规定向被申请人住所地或者财产所在地的中级人民法院申请执行。

【纠纷观察】

在本案之前，虽然最高院已经通过"龙利得"和"北仑利成案"等案两次确认境外仲裁机构在境内管理仲裁相关仲裁条款的有效性，但是在执行层面，依据此类仲裁条款所产生的仲裁裁决籍属问题，却一直悬而未决，未有法院判决予以确认。布兰特伍德一案，是中国法院首次明确境外仲裁机构在中国内地作出裁决的籍属，具有标杆意义。该案中，广州中院既没有按照"仲裁机构所在地"的标准认定案涉裁决为法国裁决或香港裁决，也没有认定本案裁决为《纽约公约》下的"非内国裁决"，而是以"仲裁地标准"确定裁决具有仲裁地国籍，符合国际仲裁的主流观点。此外，本案历时五年，由广州中院层报至最高院后，在最高院指导下最终作出裁定，提出仲裁裁决执行可参照适用《民事诉讼法》第 273 条（该条原本适用于中国涉外仲裁机构裁决），足见此认定是我国法院审慎考虑后作出的务实选择，也为以后同类案件的裁判和执行提供了指引。

广州中院的这一认定同样体现了我国司法机关支持仲裁发展的基本政策。在这一大原则下，各级法院的司法实践均体现了对《仲裁法》日益灵活的理解和适用，符合国家鼓励境外仲裁机构在中国内地设立业务机构并提供仲裁服务的国策，并为解决境外仲裁机构在中国内地仲裁的疑难问题开启了绿色通道。

值得注意的是，本案仲裁裁决之所以被视为"涉外"仲裁裁决，并非仅因为本案由境外仲裁机构在中国内地管理仲裁，更主要的是因为案件本身具有明显的涉外因素，即双方当事人主体位于不同国家。鉴于目前上海、北京等地允许境外仲裁机构落地开展仲裁业务的案件仅限于涉外案件，如果境外仲裁机构在中国内地径直办理纯国内案件，其仲裁裁决能否享受"涉外仲裁裁决"同等待遇，则颇成疑问。

【案例 9】因违反公共利益不予执行：仲裁裁决当事人支付比特币等值的人民币违反公共利益[①]

【基本案情】

2017 年 12 月 2 日，云丝路企业、高某宇、李某签订了《股权转让协议》。各方约定，高某宇分三期将李某委托其进行理财的货币资产（20.13 个比特币、50 个比特币现金、12.66 个比特币钻石）全部归还至李某的电子钱包。该协议签订后，高某宇未履行合同义务。李某遂根据《股权转让协议》中的仲裁条款向深圳仲裁委员会申请仲裁，要求高某宇归还数字货币资产 20.13 个 BTC（比特币）、50 个 BCH（比特币现金）、12.66 个 BCD（比特币钻石）资产相等价值的美金 493,158.40 美元和利息，并支付违约金人民币 10 万元。

仲裁庭经审理认为，高某宇未依照案涉合同的约定交付双方共同约定并视为有财产意义的比特币等，构成违约，应予赔偿。仲裁庭参考李某提供的 okcoin.com 网站公布的合同约定履行时点有关 BTC（比特币）和 BCH（比特币现金）收盘价的公开信息，估算应赔偿的财产损失为 401,780 美元。仲裁庭进而作出（2018）深仲裁字第 64 号仲裁裁决，裁决高某宇向李某支付 401,780 美元（按裁决作出之日的美元兑人民币汇率结算为人民币），并支付违约金人民币 10 万元。

---

① （2018）粤 03 民特 719 号。

　　高某宇嗣后诉至深圳市中级人民法院（以下简称深圳中院），请求深圳中院撤销上述仲裁裁决，撤裁的主要理由是该仲裁裁决违反我国公共利益。具体而言，高某宇主张，根据《中国人民银行、中央网信办、工业和信息化部、工商总局、银监会、证监会、保监会关于防范代币发行融资风险的公告》（以下简称《防范代币发行融资风险的公告》），自2017年9月4日起，任何交易平台不得从事法定货币与"虚拟货币"之间的兑换业务，不得买卖或作为中央对手方买卖代币或"虚拟货币"，不得为代币或"虚拟货币"提供定价、信息中介等服务。因此，自2017年9月4日起，okcoin.com网站提供数字货币的交易及定价均为非法。仲裁裁决认定高某宇归还与数字货币等值的美元，并按裁决作出之日美元兑换人民币汇率结算为人民币，实质变相支持了数字货币和法定货币的交换，因而违背社会公共利益，故仲裁裁决应予撤销。

【争议焦点】

　　本案争议焦点为案涉仲裁裁决是否违背社会公共利益。

【裁判观点】

　　深圳中院于2020年4月26日作出裁定，撤销了深圳仲裁委员会的仲裁裁决。深圳中院认为，《中国人民银行、工业和信息化部、中国银行业监督管理委员会、中国证券监督管理委员会、中国保险监督管理委员会关于防范比特币风险的通知》（以下简称《防范比特币风险的通知》）规定，比特币不具有与货币等同的法律地位，不能且不应作为货币在市场上流通使用。《防范代币发行融资风险的公告》重申了这一规定，并进一步提出任何所谓的代币融资交易平台不得从事法定货币与代币、"虚拟货币"相互之间的兑换业务，不得买卖或作为中央对手方买卖代币或"虚拟货币"，不得为代币或"虚拟货币"提供定价、信息中介等服务。涉案仲裁裁决高某宇赔偿李某与比特币等值的美元，再将美元折算成人民币，实质上是变相支持比特币与法定货币之间的兑付、交易，不符合上述规定，故认定该裁决违反社会公共利益，应予撤销。

【纠纷观察】

　　本案为全国首例涉比特币的仲裁裁决撤销案件，亦是近年来法院确认仲裁裁决违背公共利益并予以撤销的极少数案件之一。根据《报核规定》第3条，人民法院认为我国内地仲裁机构作出之仲裁裁决违背公共利益而拟予撤销的案件必须逐级上报最高院批准。据此，本案结论已得到最高院背书，因此结论具有可参照性和可复制性，对未来司法和仲裁实践均具有重要意义。此外，自《防范代币发行融资风险的公告》公布以来，司法实践中已有多个法院判决涉及比特币之合同非法无效。① 本案中，深圳中院认为仲裁裁决要求债务人赔偿与比特币等值的人民币等同于变相支持比特币的兑付和交易，并据此认定裁决违反公共利益，沿袭了《防范代币发行融资风险的公告》和上述司法实践精神，体现国家对货币监管的重视。

但与此同时，《防范比特币风险的通知》亦认可比特币属于"一种特定的虚拟商品"。其虽不具有与货币等同的法律地位，但仍具有财产性价值。如一概拒绝予以保护，对当事人而言恐有失公平。因此，在闫某东等与李某艳等财产损害赔偿纠纷一案中，② 上海一中院明确认可比特币作为虚拟财产具有价值，支持了原审原告基于侵权所提出的返还比特币的请求，并判决原审被告如无法返还比特币，则应当赔偿与之相应的人民币金额。唯在确定比特币的价值时，上海一中院并未如上述仲裁裁决一样采用第三方平台所公布的比特币市场价格，而是采用当事人共同认可的价格作为标准，以此避开了《防范代币发行融资风险的公告》对虚拟货币的兑付、定价和信息中介的禁止性规定。

对比两案可以看出，裁判者在面对涉及虚拟货币的争议时容易陷入两难境地。一方面，当事人在发生争议后鲜少能就赔偿标准达成一致，因此裁判者通常无法依赖当事人的约定确定虚拟货币的价值。另一方面，以第三方平台公布的"市场价格"认定虚拟货币的价值将会有违反国家货币监管规则之虞，导致裁决违背公共利益。因此，如何在不违反国家货币政策的前提下客观公平地确定虚拟货币的财产价值并对其予以保护，是未来司法实践需要解决的难题。

四、热点问题观察

（一）境外仲裁机构在内地仲裁的新发展：裁决籍属、性质、撤销和执行

境外仲裁机构在内地仲裁而产生的仲裁裁决籍属、撤销和执行，长期以来在理论界和实务界均存在很大争议。问题的症结在于《仲裁法》并未明确境外仲裁机构能否在内地从事仲裁活动，更未明确境外机构如在内地管理仲裁程序、作出

---

① 例如，中亚智能数字科技（深圳）有限公司诉长沙市盛大实业有限公司确认合同有效纠纷案判决书，（2017）湘 0105 民初 6277 号。

② 闫某东等与李某艳等财产损害赔偿纠纷二审案件二审民事判决书，（2019）沪 01 民终 13689 号。

仲裁裁决，相关裁决属于什么性质，在中国法院申请执行的法律依据为何。在商事仲裁中，仲裁裁决的籍属决定了哪个国家的法院对其享有撤销权，以及对其承认执行的审查范围。在我国法律体系下，从司法审查的角度看，仲裁裁决可以分为内国裁决和外国裁决两类，其中，内国裁决又分为国内仲裁裁决和涉外仲裁裁决，分别依据《仲裁法》第 63 条和第 71 条审查是否执行；外国仲裁裁决的执行依据则是《纽约公约》或者是互惠条约。

如何认定仲裁裁决的籍属，根据我国的立法和司法实践，存在仲裁机构所在地、非内国裁决地、裁决作出地三种认定标准。

仲裁机构所在地标准是指，以仲裁机构所在地作为判断仲裁裁决籍属的根据。由于《民事诉讼法》第 237 条和第 283 条规定的"依法设立的仲裁机构的裁决"和"国外仲裁机构的裁决"分别对应《仲裁法》第 58 条和第 63 条规定的国内仲裁裁决的撤销与执行、外国仲裁裁决的撤销及执行，因此似乎可以认为我国法律采用了该标准。但是一般认为，仲裁机构所在地标准背离了国际通行做法，无法满足实践需求。

非内国裁决地标准是《纽约公约》下的概念。[①] 该公约第 1 条第 1 款规定："因自然人或法人间之争议而产生且在申请承认及执行地所在国以外之国家领土内作成者，其承认及执行适用本公约。本公约对于公断裁决经申请承认及执行地所在国认为非内国裁决者，亦适用之。"同时《纽约公约》的导言明确非内国裁决包括"裁决虽然是在强制执行地所在国作出的，但由于程序中的某种涉外因素，如适用另一国的程序法，根据该国法律此种裁决作为'外国'裁决对待"。但是，我国在加入《纽约公约》时，对非内国裁决作出了互惠保留。因此，在我国，《纽约公约》仅适用于"另一缔约国领土内"作出的裁决。

裁决作出地标准是指以裁决作出地判断仲裁裁决的籍属。2009 年，最高院出台《关于香港仲裁裁决在内地执行的有关问题的通知》，规定在香港作出的国际商会仲裁院等国外仲裁机构的裁决在内地承认与执行适用《关于内地与香港特别行政区相互执行仲裁裁决的安排》，而非《纽约公约》。可见，这意味着最高院明确采用了裁决作出地标准，确认在香港作出的国际商会仲裁院的裁决为香港

---

① 关于"非内国裁决"的讨论，可以参考《联合国国际贸易法委员会秘书处对于适用〈承认及执行外国仲裁裁决公约〉的指南》（UNCITRAL Secretariat Guide on the Convention on the Recognition and Enforcement of Foreign Arbitral Awards）以及《国际商事仲裁委员会对 1985 年纽约公约的指导解释之法官手册》（ICCA's Guide to the Interpretation of the 1958 New York Convention: A Handbook for Judges）中有关《纽约公约》第 1 条的相关论述。

裁决。

中国司法实践对待境外仲裁机构在内地仲裁的态度也可反映其裁决籍属的观点。

早期，人民法院对境外机构在内地仲裁持否定态度。1996 年的"诺和诺德案"、2004 年的"旭普林案"等案件中，最高院均认定境外机构在内地仲裁的相关仲裁协议无效。随着仲裁相关司法实践进一步发展，2013 年以来，人民法院对此问题的态度有了较大转变，司法实践渐趋一致。"龙利得案"和"北仑利成案"让很多人看到了曙光，认为境外仲裁机构在内地仲裁已经可以破冰起航，即将迎来新的发展机遇。

2020 年广州中院处理并裁判的"布兰特伍德案"亦见证了上述相关问题的重大突破（详见前文第三部分案例 8）。

2013 年，在"龙利得案"中，最高院在相关答复中明确表示国际商会仲裁院为当事人选定之"明确具体的仲裁机构"，首次在司法实践层面确认了当事人约定境外仲裁机构在中国内地仲裁的仲裁协议有效。但是，由于案件性质和请示范围所限，最高院的相关答复并未涉及国际商会仲裁院在上海仲裁后作出的仲裁裁决籍属，以及该类仲裁裁决如在内地执行是否有法律依据等。

最终，"布兰特伍德案"就上述疑难问题之一给出了答案。广州中院在执行该案仲裁裁决的裁定书中明确，外国仲裁机构在中国内地作出的具有涉外性质的仲裁裁决，可以视为中国涉外仲裁裁决，可参照《民事诉讼法》第 273 条的规定向被申请人住所地或者财产所在地的中级人民法院申请执行。

广州中院的上述司法认定是中国法院首次在司法实践中明确境外仲裁机构在中国内地作出裁决的性质，具有重大意义。在作出相关认定时，人民法院未采纳"仲裁机构所在地标准"，而采用"仲裁地标准"确定仲裁裁决具有仲裁地所在国国籍，符合国际仲裁的主流观点。同时，法院亦指明了裁决的执行依据，为以后同类裁决的执行提供了方向。如依照本案的裁判理由，则撤销境外仲裁机构在内地所作仲裁裁决，或可参照《仲裁法》第 70 条和《民事诉讼法》第 274 条下的司法监督程序。而按照通例，仲裁地法院对仲裁裁决的撤销均享有专属管辖权。

从 2013 年"龙利得案"到 2020 年"布兰特伍德案"，在仅仅七年时间内，司法实践对于境外仲裁机构在内地仲裁的态度大踏步前进，体现了人民法院支持仲裁、开放务实、填缺补漏、解决问题的实践态度。随着政策层面的进一步放宽，即有条件允许境外仲裁机构在中国内地设立业务机构并提供仲裁服务，同时与时俱进地修订《仲裁法》并提供配套法律依据，可以预见，中国的仲裁事业将迎来下一段发展高峰。

（二）新冠疫情对仲裁的影响和相关机构的应对措施

1. 规则与指引

如前所述，国内各大仲裁机构为了应对疫情纷纷出台相关规则和指引，以通过互联网开庭、电子送达等电子化程序有效安排疫情期间的仲裁活动，对机构和当事人行为进行双向指导。从大多数规则和指引的内容来看，相关规定将仅在疫情期间有效，并不直接构成对仲裁机构正式仲裁规则的修改。

具体而言，北仲较为重视当事人的意思自治，没有赋予仲裁庭自主决定线上开庭的权力。[①] 与此相较，深国仲则直接对仲裁规则进行了修改，赋予仲裁庭自行决定线上开庭的更大程序权力。但深国仲仍然规定，在当事人对电子程序存在异议的情况下，仲裁庭应充分考虑当事人的意见，保障当事人对程序的自主权。而贸仲的做法相对折中：贸仲规定仲裁庭可自行决定是否安排远程开庭，但是否采取电子文件送达则需要当事人达成一致。[②] 在一定程度上，这种安排兼顾了仲裁程序的有效性和当事人对仲裁程序的自主性。

各大仲裁机构针对新冠疫情出台的解决方案各有特色，但目标均是为了尽量减少新冠疫情对于仲裁程序的不利影响，提高仲裁效率，体现了我国商事仲裁机构争议处理方式的务实和灵活性。

放眼其他国际主流仲裁机构的疫情指引，亦有不少内容值得借鉴。国际商会（以下简称 ICC）于 2020 年 4 月推出《国际商会关于减轻新冠肺炎疫情影响的若干可参考措施的指引》，要求仲裁庭在决定仲裁程序时，充分考虑新冠肺炎疫情所致的后果、会议或庭审的性质及时长、案件复杂程度及出席人的数量、是否存在不得迟延的特别理由、重新制定庭审时间表是否会导致不必要或过度迟延，以及在个案情形下当事人是否需要为庭审做适当准备等。并且，如果仲裁庭不考虑当事人异议决定在线庭审，则仲裁庭应当谨慎考虑上述因素以及裁决最终能否依法

---

① 《北京仲裁委员会／北京国际仲裁中心关于网上开庭的工作指引（试行）》第 1 条第 2 款，载北京仲裁委员会网站，https://www.bjac.org.cn/news/view?id=3705，访问时间：2021 年 3 月 11 日。

② 《中国国际经济贸易仲裁委员会关于新冠肺炎疫情期间积极稳妥推进仲裁程序指引（试行）》第 2 条第 1、2、3 款和第 6 款，载中国国际经济贸易仲裁委员会网站，http://www.cietac.org.cn/index.php?m=Article&a=show&id=17048，访问时间：2021 年 3 月 11 日。

执行，并提供作出该决定的理由。[①] ICC 的上述要求归根结底是为了保护当事人对仲裁程序开展的意思自治权利，在仲裁庭权威和当事人自主之间取得良性平衡，同时兼顾裁决执行风险的相关考虑，颇具实操性。又如，新加坡国际仲裁中心于 2020 年 8 月推出《新加坡国际仲裁中心指引远程进行您的仲裁》。[②] 该指引的一大亮点在于将远程庭审全程需要考虑的大小事项以检查表的形式呈现，并为每个项目单独附上说明，以便仲裁庭与当事人逐项讨论及核对，具有较强的可操作性。

2. 远程庭审

如仲裁庭决定线上开庭，则后续如何安排远程庭审也成为摆在当事人与仲裁庭面前的又一难题。在疫情发生之前，尽管部分仲裁机构已率先推出网上仲裁规则，但疫情的出现在事实上又倒逼各仲裁机构大幅提升远程庭审的优先程度。

从各大机构所发布的指引内容来看，仲裁机构均比较关注远程庭审的流程与操作规范，很少涉及具体的技术细节安排。但从长远考虑，如当事人在仲裁程序中采用信息技术，如远程庭审等，则如何有效采纳和应用信息技术，使得信息技术能实现双方约定目的，确保仲裁程序安全有效，也是十分的重要议题。毕竟并非所有当事人、律师乃至仲裁庭都能熟练运用信息技术。无论是仲裁机构还是当事人，均需不断关注该问题并持续开发解决方案。以香港国际仲裁中心为例，在其远程庭审指引[③] 第 7 条中，香港国际仲裁中心建议当事人在远程庭审期间全程安排一名庭审管理员，香港国际仲裁中心也可以为当事人提供庭审管理员，负责监控远程庭审程序并处理庭审期间出现的信息技术问题。而伦敦海事仲裁员协会（以下简称 LMAA）的指引则建议当事人制作一份囊括所有庭审参与者的通讯录，收录各方及信息技术人员的姓名、单位以及除了证人、翻译人员和书记员以外其他人员的电话和邮箱等联系信息，以备通信连接出现故障时各方能够及时

---

① "ICC Guidance Note on Possible Measures Aimed at Mitigating the Effects of the COVID-19 Pandemic" 第 18、22 条，载国际商会网站，https://iccwbo.org/content/uploads/sites/3/2020/04/guidance-note-possible-measures-mitigating-effects-covid-19-english.pdf，访问时间：2021 年 3 月 11 日。

② "SIAC Guides Taking Your Arbitration Remote"，载新加坡国际仲裁中心网站，https://www.siac.org.sg/images/stories/documents/siac_guides/SIAC%20Guides%20-%20Taking%20Your%20Arbitration%20Remote%20（August%202020）.pdf，访问时间：2021 年 3 月 11 日。

③ "HKIAC Guidance for Virtual Hearings"，香港国际仲裁中心网站，https://www.hkiac.org/sites/default/files/ck_filebrowser/HKIAC%20Guidelines%20for%20Virtual%20Hearings_3.pdf，访问时间：2021 年 3 月 11 日。

取得联系。①

3. 举证

与线下庭审相比，远程庭审对于证据开示及证人出庭都是全新的挑战。是否允许以电子形式提交证据、如何确认电子证据与电子签名的真实性、是否需要现场核对证据原件、如何确保证人作证时没有受到干扰与指导等，都是远程庭审需要慎重考虑的问题。

《北仲指引》规定，对于无法以电子文档方式呈现的材料，可以使用拍照、录像等方式提交电子版本。但为了降低由于兼容性问题产生的数据错乱以及数据被篡改的风险，当事人应当以 PDF 格式提交文件。但这并不妨碍仲裁庭仍然可以要求当事人同时提交 Word 文档。如果一方明确要求现场核对证据原件，仲裁庭可依据仲裁规则安排当事人庭前自行核对，并结合此种证据核对的必要性综合考虑是否决定该方当事人负担因此发生或增加的费用。

而深国仲则早在 2019 年 2 月即推出了《深圳国际仲裁院网络仲裁规则》，其中对于证据的提交方式、身份认证与签名、调取及电子数据的审查等问题均作出相应规定。②

贸仲《视频庭审规范（试行）》第 6 条要求证人、专家、鉴定人等应在仲裁庭指定或认可的场所参加视频庭审，原则上不得与当事人、仲裁代理人及其他仲裁参与人于同一房间参加庭审，以确保证人、专家及鉴定人的独立公正。而 HKIAC 与 LMAA 等机构则要求各方在庭审环节开始前 360 度展示房间内的情况，或在相关人员身后设置第二机位，以便仲裁庭与当事人观察相关人员周边情况及其屏幕显示内容，排除场外干扰因素。③

考虑到疫情期间的临时指引对于举证的规定通常较为原则，且目前尚没有成熟的网上仲裁举证作证操作规范可供当事人参考选用，证据开示与证人出庭在远程庭审实践过程中如何落地，主要将由仲裁庭根据个案情况具体处理。

4. 司法审查

在司法审查方面，目前尚未看到疫情期间因远程开庭或网上仲裁而导致仲裁

---

① "Guidelines for the Conduct of Virtual and Semi-virtual hearings" 第 2.1 条，载伦敦海事仲裁员协会网站，https://lmaa.london/wp-content/uploads/2021/02/Virtual-Hearing-Guidelines-V2.pdf，访问时间：2021 年 3 月 11 日。

② 《深圳国际仲裁院网络仲裁规则（2019 年 2 月 21 日起施行）》，载深圳国际仲裁院网站，http://www.sccietac.org/index.php/Home/index/rule/id/796.html，访问时间：2021 年 3 月 11 日。

③ 见 HKIAC 指引第 11.b 条与 LMAA 指引第 4.2 条。

程序瑕疵而被撤销的案件。但远程开庭的不断普及必然会给司法审查提出新的挑战。不同仲裁规则授予仲裁庭的权限有所不同，不排除会发生因仲裁庭不顾当事人反对而依然决定远程庭审，事后遭当事人申请撤裁的情形。如何在充分保障当事人正当程序权利的同时，兼顾仲裁应有的合理高效性，是仲裁机构与仲裁庭需要考虑的首要问题。

深国仲在疫情期间修订了仲裁规则，为仲裁庭自由行使远程庭审裁量权提供了规则依据。北仲则规定网上开庭应制作开庭笔录并录屏，在当事人同意的情况下可以用录屏代替笔录入卷。而贸仲选择搭建智慧庭审平台以保障在线庭审拥有稳定可靠的技术环境。但不论以何种形式、何种程序仲裁，其核心要义依然是尊重当事人意思自治，并为双方提供公正、平等的争议解决途径。其中的难点主要是如何把握当事人正当的程序权利与仲裁程序有序高效推进之间矛盾，并加以平衡，减少因疫情或远程庭审给仲裁程序带来的负面影响，避免仲裁裁决在司法审查过程中遭遇"滑铁卢"。

五、总结和展望

中国商事仲裁在世纪疫情和百年变局的交织中依旧展现了旺盛的生命力，这说明中国仲裁具有很强的适应性，当事人对以中国为仲裁地的争议解决机制有充分信心。围绕国内国际双循环、"十四五"规划及二〇三五远景目标等国家发展战略，围绕京津冀协同发展、长三角一体化建设、粤港澳大湾区、自贸区以及"一带一路"等国家发展战略，面对我国发展重要战略机遇期，中国仲裁在未来大有可为。

把握发展机遇，继续创造辉煌。在未来的几年内，中国商事仲裁应在总结已有成绩并借鉴域外经验的基础上，着力做好以下几项工作：

第一，按照立法规划，加快《仲裁法》和相关配套法律的修订完善工作，在2023年之前推出新修订的《仲裁法》。2019年1月，习近平总书记在中央政法工作会议提出，"把非诉讼纠纷解决机制挺在前面"。这是适应新时代我国社会主要矛盾变化，推动社会治理创新的重要论断，为推动包括仲裁在内的多元化纠纷化解体系建设，促进国家治理体系和治理能力现代化，指明了方向，提供了基本原则。

新《仲裁法》要坚持稳定性与适度创新相统一，坚持中国特色与国际融合相统一，重点对标《联合国国际商事仲裁示范法》，重点修改制约仲裁制度完善和公信力提高的相关内容和条款，顺应国际潮流，解决实际问题（如仲裁机构性质和治理结构、仲裁员自裁管辖、仲裁保全、临时仲裁、境外仲裁机构在华仲裁、仲裁收费、仲裁免责等），创造友好于仲裁的法律软环境，使中国成为受欢迎的仲裁地和东方仲裁中心。

第二，中国仲裁机构要加快机构改革和内部治理调整，落实《中共中央办公厅、国务院办公厅关于完善仲裁制度提高仲裁公信力的若干意见》提出的各项要求，改革完善内部治理结构和管理机制，参照国际惯例改革仲裁员报酬和机构管理费的收取、分配制度，增强机构之于外界的透明度，尽早把仲裁委员会建设成公益性、非营利性质的争议解决机构，提升中国仲裁的质量和公信力。在仲裁机构的改制和转型方面，深圳国际仲裁院和海南国际仲裁院已经率先垂范，完成了全面改制任务，他们的经验对于国内其他仲裁机构颇有参考借鉴意义。

第三，仲裁司法监督水平要进一步提高。仲裁离不开司法机关的监督和支持。中国法院在过往的司法监督中体现了越来越高的水准，这是无可置疑的。但是在少数案件中，司法机关的监督也存在偏差。例如，在前文典型案例 5 UNI-TOP 公司诉国勘公司申请执行贸仲仲裁裁决一案中，北京四中院以后案和前案纠纷系"同一纠纷"、后案裁决违反"一裁终局"原则为由撤销后案裁决，在程序和实体问题上都引发了较大争议。严格来说，违反一裁终局原则并非《仲裁法》规定的撤销裁决的理由，更何况法院在不同案件中对"同一纠纷"的判断标准也不尽统一。在《仲裁法》规定不明朗或者存在疏漏情况下，谦抑行使司法监督权和努力做到类案同判非常重要。

第四，要重视发展互联网仲裁。新冠疫情改变了世界，在传统仲裁的基础上催生了互联网仲裁的巨大需求。利用现代科技信息技术，建设一体化、便利化、多接口的智能办案系统，建立面向世界和未来、开放多元的在线纠纷仲裁资源整合平台，在管辖范围、程序设计、电子证据的认定以及裁决的执行等方面进行具体构建，提升智慧仲裁服务水平，是现代仲裁的当务之急。法律、规则和技术之间的有机联系从来没有像今天这样迫切。中国仲裁要迎难而上，在未来几年加快推进仲裁与信息技术和新兴行业领域的深度融合，迎接仲裁新时代的到来。

中国商事调解年度观察（2021）

朱华芳　顾　嘉　郭佑宁[①]

一、概述

在我国，商事调解作为商事争议解决机制的重要组成部分，并无权威定义，范畴亦有不同。[②] 狭义的商事调解是指商事调解组织开展的对商事纠纷的调解；而广义的商事调解是指在中立第三方协助下，通过各方当事人平等协商解决商事纠纷的方式，[③] 其调整对象系平等主体间的商事纠纷，以此区别于解决劳动、家事、土地承包经营等类型纠纷的调解机制。在我国大调解工作格局背景下，广义商事调解的主体主要包括人民法院、仲裁机构、商事调解组织、行业协会、律师调解工作室/律师调解中心等，人民调解委员会和行政机关也会调解一些商事纠纷。考虑到目前我国从事商事调解活动的主体多样，而商事调解组织开展的调解并非我国现阶段以调解解决商事纠纷的主要形态，本报告将以广义的商事调解为观察

[①]　朱华芳，北京市天同律师事务所高级合伙人，仲裁及涉外业务负责人。顾嘉，北京市天同律师事务所合伙人。郭佑宁，北京市天同律师事务所律师。北京市天同律师事务所高级顾问吴颖和律师叶一丁亦有参与。

[②]　调解可以按照解纷主体的性质、纠纷类型等不同标准进行分类，实践中商事调解既可能被用于指称商事调解组织开展的调解，也可能被用于指称解决商事纠纷的调解。例如，《最高人民法院关于人民法院进一步深化多元化纠纷解决机制改革的意见》（法发〔2016〕14号）、《最高人民法院关于人民法院深化"分调裁审"机制改革的意见》（法发〔2020〕8号）等规范性文件将商事调解与司法调解、人民调解、行政调解、行业调解、律师调解并列提出，系根据解纷主体的性质对调解进行分类，商事调解即商事调解组织开展的调解；而在范愉教授《商事调解机制的发展与建构》《商事调解的过去、现在和未来》等文中，从纠纷类型的角度，将商事调解界定为"各种以调解方式解决商事纠纷的机构组织、程序、制度及实践"。

[③]　参见范愉：《商事调解的过去、现在和未来》，载《商事仲裁与调解》2020年第1期，第126页。

范围。

不同于诉讼、仲裁，调解强调中立第三方仅对当事人争议解决提供协助，以调解员无权将解纷办法强加于当事人为基本特征。[①] 作为一种高效且具有成本效益的商事争议解决方式，商事调解能够使当事人在考虑到自身利益并避免非赢即输的情况下防止或解决争议。商事调解在程序上具有高度灵活性，不依赖复杂的形式和程序规则，通常比诉讼或仲裁更节省时间和成本，而且，商事调解注重解决当事人之间的深层问题和利益，这有利于为当事人管理交易和建立长远商务关系奠定基础。[②] 由于具有相对于诉讼、仲裁的多种独特优势，商事调解日益受到人们重视，呈现出蓬勃的发展态势。

党的十八大以来，中央出台一系列推动社会纠纷多元化解决的政策文件，我国商事调解步入快速发展阶段。党的十九大明确提出打造共建共治共享的社会治理格局，为商事调解进一步发展完善开辟了广阔空间。2020 年，尽管遭受新冠肺炎疫情冲击，但我国商事调解仍取得了不少积极进展，为统筹疫情防控和经济社会发展，推进全面依法治国作出了有益贡献。本报告着眼于立法及实践情况，对我国商事调解在 2020 年的发展情况进行总结和评述。

（一）商事调解继续稳步发展，在争议解决中的作用持续提升，商事调解标准建设取得新进展

诉讼调解、仲裁调解[③]稳步推进。在诉讼调解方面，截至 2020 年底，全国 3,502 家法院全部实现与人民法院调解平台对接，平台入驻调解组织 32,937 个、调解员 165,333 人，累计调解案件超过 1,360 万件，其中，2020 年平台新增调解成功案件 519.88 万件，调解成功率达 65.04%；2020 年全国法院诉前成功调解的民事案件量

---

① 《贸易法委员会国际商事调解和调解所产生的国际和解协议示范法》第 1 条："3. 在本法中，'调解'指当事人请求一名或者多名第三人（'调解员'）协助其设法友好解决合同关系或者其他法律关系所产生的或者与之相关的争议的过程，而不论此种过程以调解或者类似含义的措词称谓。调解员无权将解决争议的办法强加于当事人。"

② 参见《贸易法委员会调解安排说明》，载联合国国际贸易法委员会网站，http://undocs.org/ch/A/CN.9/1027，访问时间：2021 年 3 月 10 日。

③ 本报告所称诉讼调解，是指在当事人诉至法院后，于立案前或诉讼程序中进行的调解，包括法官自行组织或委派、委托调解组织／调解员开展的调解。本报告所称仲裁调解，是指当事人将纠纷提交仲裁机构后，于仲裁程序中进行的调解，包括仲裁庭自行组织、仲裁庭委托或当事人选定调解组织／调解员开展的调解。

为 424 万件，相较于 2018 年的 56.8 万件增长了 6.5 倍；[①] 全国法院受理的民事案件在以年均 10% 的速度增长 15 年后首次下降，诉源治理取得显著成效。[②] 以部分地方法院为例，北京法院 2020 年通过"多元调解 + 速裁"机制结案 324,395 件，全市法院新收案件实现多年来首次下降，降幅达 14.7%；[③] "上海法院一站式多元解纷平台"自 2020 年运行以来，在线委派、委托调解案件 8.1 万件，调解成功 3.2 万件；[④] 江苏全省法院 2020 年诉前成功调解纠纷 20.1 万起，同比增长 2.2 倍；[⑤] 广东全省法院 2020 年依托社会力量调解案件 66.5 万件，同比上升 89%；[⑥] 福建全省法院 2020 年诉前成功化解纠纷 19.78 万件，同比增加 3.06 倍。[⑦] 在仲裁调解方面，以主要仲裁机构为例，北京仲裁委员会 / 北京国际仲裁中心（BAC/BIAC，以下简称北仲）2020 年共审结仲裁案件 5,274 件，其中调解结案 821 件，以撤销案件形式结案 1,265 件，总体调撤率达到 39.55%；[⑧] 截至 2020 年 11 月，广州仲裁委员会 2020 年的总体调撤率高达 27.5%，同比增长 12%，案件调撤率创近年新高。[⑨]

商事调解组织持续快速发展。商会调解组织不断壮大。截至 2020 年，全国共有各级工商联组织 3,400 多家，所属商会 4.7 万个，工商联系统商会调解组织

---

① 最高人民法院"人民法院调解平台应用成效暨《中国法院的多元化纠纷解决机制改革报告（2015—2020）》新闻发布会"文字报道，载中华人民共和国最高人民法院网站，https://www.chinacourt.org/chat/fulltext/listId/52754/template/courtfbh20210220.shtml 访问时间：2021 年 3 月 10 日。

② 《最高人民法院工作报告（摘要）》，载中华人民共和国最高人民法院网站，http://www.court.gov.cn/zixun-xiangqing-289731.html 访问时间：2021 年 3 月 10 日。

③ 《北京市高级人民法院工作报告》，载北京法院网，http://bjgy.chinacourt.gov.cn/article/detail/2021/03/id/5829309.shtml，访问时间：2021 年 3 月 10 日。

④ 《上海市高级人民法院工作报告》，载上海市高级人民法院网站，http://snsfbh.hshfy.sh.cn/shfy/web/xxnr.jsp?pa=aaWQ9MjAyMDU2NDEmeGg9MSZsbWRtPWxtNTgzz，访问时间：2021 年 3 月 10 日。

⑤ 《江苏省高级人民法院工作报告》，载江苏法院网，http://www.jsfy.gov.cn/art/2021/01/28/9_103026.html，访问时间：2021 年 3 月 31 日。

⑥ 《一图读懂广东省高级人民法院工作报告》，载广东政法网，http://www.gdzf.org.cn/wzsjb/sjbsz/202101/t20210126_1066682.htm，访问时间：2021 年 3 月 31 日。

⑦ 《福建省高级人民法院工作报告》，载福建法院网，http://fjfy.chinacourt.gov.cn/article/detail/2021/02/id/5817112.shtml，访问时间：2021 年 3 月 10 日。

⑧ 《北京仲裁委员会 / 北京国际仲裁中心 2020 年度工作报告》，载北京仲裁委员会 / 北京国际仲裁中心网站，https://www.bjac.org.cn/news/view?id=3890，访问时间：2021 年 3 月 10 日。

⑨ 《广州仲裁委打造大调解格局》，载广州市人民政府网站，http://www.gz.gov.cn/xw/gzyw/content/post_6989996.html，访问时间：2021 年 3 月 10 日。

约 1,520 家。① 以安徽省为例，在 2019 年 12 月，安徽已实现省、市、县三级商会人民调解组织全覆盖，截至 2020 年底，安徽全省商会人民调解组织共聘请调解员 1436 人，受理调解案件 22,710 件。② 跨境商事争议调解组织建设取得新进展。2020 年 6 月，广东省粤港澳合作促进会组织设立因疫企业跨境纠纷调解委员会，利用疫情防控期间积累的调解机制和经验，助力解决大湾区企业之间产生的因疫跨境纠纷。③ 2020 年 7 月，全国首家由境外仲裁机构设立的业务机构"世界知识产权组织仲裁与调解上海中心"成功调解一起涉外知识产权案件。④ 2021 年 1 月 23 日，三亚国际商事调解中心揭牌成立，在推动海南自贸港建设多元化国际商事纠纷解决机制方面发挥重要作用。⑤ 商事调解组织行业合作机制建设迈出新步伐。2021 年 1 月 8 日，由上海经贸商事调解中心倡议，北京融商"一带一路"法律与商事服务中心、中证资本市场法律服务中心、上海银行业保险业纠纷调解中心等 20 家调解机构发起设立的中国商事调解发展合作机制在上海成立，该合作机制的成立将为我国商事调解事业搭建交流平台，⑥ 推动中国商事调解行业组织的规范化发展。

商事调解规范建设取得新进展。2020 年 12 月 30 日，司法部印发《全国人民调解工作规范》（SF/T 0083–2020），规定了人民调解组织、人民调解员、调解程序、调解制度、工作保障和工作指导等多方面要求。2020 年 11 月 18 日，中国国际贸易促进委员会商业行业委员会和中国国际贸易促进委员会/中国国际商会调解中心（以下简称中国贸促会调解中心）牵头起草的《商事调解服务规范》团体标准

① 《中国法院的多元化纠纷解决机制改革报告（2015—2020）》，载中华人民共和国最高人民法院网站，http://www.court.gov.cn/upload/file/2021/02/20/16/19/20210220161916_60128.pdf，访问时间：2021 年 3 月 10 日。

② 《安徽实现三级商会人民调解组织全覆盖》，载中华人民共和国司法部网站，http://www.moj.gov.cn/Department/content/2021-01/06/611_3264039.html，访问时间：2021 年 3 月 10 日。

③ 《因疫企业跨境纠纷调解委员会正式成立为大湾区企业开展公益性跨境纠纷调解工作》，载广东省粤港澳合作促进会网站，http://www.ygahzcjh.gd.gov.cn/Item/1981.aspx，访问时间：2021 年 3 月 10 日。

④ 《全国首家：国际组织仲裁机构落地上海并实质化运作》，载中华人民共和国司法部网站，http://www.moj.gov.cn/Department/content/2020-10/22/612_3258457.html，访问时间：2021 年 3 月 10 日。

⑤ 《三亚国际商事调解中心揭牌成立》，载海南省人民政府网站，http://www.hainan.gov.cn/hainan/zmqjxs/202101/a985a2c3368e496da62829057a31be3d.shtml，访问时间：2021 年 3 月 10 日。

⑥ 《中国商事调解发展合作机制在上海成立》，载微信公众号"上海经贸商事调解中心SCMC"，https://mp.weixin.qq.com/s/P9ImULr8XqkuhcVejR4cEA，访问时间：2021 年 3 月 10 日。

正式发布，将为商事调解服务机构的规范化、标准化和可持续发展提供重要参考。2020年，四川、河北、海南、吉林等多地出台实施有关调解的地方法规，明确行业协会等可以设立行业性、专业性调解组织，商会、商事仲裁机构等可以设立商事调解组织。[①]

（二）一站式多元解纷体系建设全面推进，繁简分流改革落地实施，诉调对接、仲调对接机制不断完善，金融、知识产权、破产等专业领域调解机制建设持续推进

深化繁简分流改革，优化调解协议司法确认程序。最高人民法院（以下简称最高院）将全面推进一站式多元解纷和诉讼服务体系建设列为2020年人民法院的工作要点。根据全国人大常委会授权决定，2020年1月，最高院印发《民事诉讼程序繁简分流改革试点方案》（法〔2020〕10号，以下简称《繁简分流试点方案》）、《民事诉讼程序繁简分流改革试点实施办法》（法〔2020〕11号，以下简称《繁简分流实施办法》），从司法确认制度适用范围、管辖规则等方面优化调解协议司法确认程序。2020年2月，最高院印发《关于人民法院深化"分调裁审"机制改革的意见》（法发〔2020〕8号），进一步对诉非分流、调裁分流对接机制的完善提出要求。2020年4月、10月，最高院印发两批民事诉讼程序繁简分流改革试点问答口径，对改革试点过程中的具体问题予以明确。一年来，各试点法院诉前委派调解169.66万件，纠纷诉前化解率达32%，受理司法确认申请13.31万件，确认有效率达97%；试点法院全部建立特邀调解名册，2020年纳入名册的特邀调解组织4,062家、特邀调解员26,433名，同比上升44%、58%。[②]各地也纷纷出台相关文件、采取措施，贯彻落实加强诉源治理、深化繁简分流改革的要求。2020年8月，上海市高级人民法院、上海市司法局发布《关于探索先行调解推进诉源治理工作的意见（试行）》，提出要吸引当事人优先选择调解，并对先行调解的案件登记、调解程序、调解期限、诉调对接等事项作出规定。2021年1月20日，北京法院国际商事纠纷一站式多元解纷中心在北京市第四中级人民法院挂牌成立，着

[①] 例如，《四川省纠纷多元化解条例》第19条、《吉林省多元化解纠纷促进条例》第18条、《海南省多元化解纠纷条例》第14—15条、《河北省多元化解纠纷条例》第26条等。

[②] 《最高人民法院关于民事诉讼程序繁简分流改革试点情况的中期报告》，载中国人大网，http://www.npc.gov.cn/npc/c30834/202102/7232c144bd824d3d8348e4558cceeb02.shtml，访问时间：2021年3月10日。

力打造集国际商事纠纷诉讼、调解、仲裁于一体的一站式多元解纷机构。①

诉讼、仲裁与调解对接机制持续完善，多地法院、仲裁机构与调解组织加强合作对接。2020 年 5 月，厦门仲裁委员会发布《仲裁规则（2020）》，规定在仲裁案件审理过程中，当事人可以向仲裁委认可的调解机构申请独立调解，仲裁庭也可以根据当事人的请求或在征得当事人同意下委托调解组织进行独立调解，或者由仲裁庭与调解组织开展联合调解。2020 年 7 月，广州市中级人民法院与广州仲裁委员会签订诉调对接工作机制合作协议。②2020 年 7 月，海南国际仲裁院与海口国际商事调解中心签署战略合作框架协议，创新"调解 + 仲裁"的争议解决新模式。③2020 年 9 月，海南省海口市中级人民法院与海口国际商事调解中心签署多元解纷合作框架协议，搭建民商事领域诉调对接平台。④

金融、知识产权、破产等专业领域调解机制建设持续推进。证券领域调解方面，2020 年 3 月，最高院、中国证券监督管理委员会（以下简称证监会）联合构建的证券期货纠纷在线诉调对接机制落地实施。⑤2020 年 8 月，最高院印发《关于为创业板改革并试点注册制提供司法保障的若干意见》，提出持续健全"示范判决 + 委托调解"机制，加强与证券调解组织的协同配合，构建立体化、多维度的纠纷解决机制。2020 年 12 月，北京市高级人民法院与北京银保监局、中国人民银行营业管理部共同签署《金融纠纷多元化解机制合作备忘录》，同步上线全国首个金融案件多元解纷一体化平台，⑥自 2020 年 8 月试运行以来已调解成功金融纠纷2,300 余件。⑦2020 年 12 月 29 日，上海金融法院与上海经贸商事调解中心签署诉

---

① 《北京法院国际商事纠纷一站式多元解纷中心在北京四中院成立》，载微信公众号"京法网事"，https://mp.weixin.qq.com/s/A2ep8TEw1opTQE-WS8LI7w，访问时间：2021 年 3 月 10 日。

② 《诉调对接解纷争，协心勠力促和谐 | 广仲与广州中院签订诉调对接工作机制合作协议》，载广州仲裁委员会网站，https://www.gzac.org/gzxw/63456.jhtml，访问时间：2021 年 3 月 10 日。

③ 《海口国际商事调解中心与海南国际仲裁院签署合作协议》，载海南日报网站，http://hnrb.hinews.cn/html/2020-08/01/content_58469_12165327.htm，访问时间：2021 年 3 月 10 日。

④ 《海口中院与海口国际商事调解中心签署多元解纷合作框架协议》，载澎湃网，https://www.thepaper.cn/newsDetail_forward_9294006，访问时间：2021 年 3 月 10 日。

⑤ 《证券期货纠纷在线诉调对接机制落地实施》，载中国法院网，https://www.chinacourt.org/article/detail/2020/03/id/4848227.shtml，访问时间：2021 年 3 月 10 日。

⑥ 《北京上线金融案件多元解纷一体化平台》，载新华网，http://www.xinhuanet.com/local/2020-12/16/c_1126865369.htm，访问时间：2021 年 3 月 10 日。

⑦ 《中国法院的多元化纠纷解决机制改革报告（2015—2020）》，载中华人民共和国最高人民法院网站，http://www.court.gov.cn/upload/file/2021/02/20/16/19/20210220161916_60128.pdf，访问时间：2021 年 3 月 10 日。

调对接机制合作协议。① 知识产权领域调解方面，2020 年 12 月 29 日，最高人民法院办公厅与国家知识产权局办公室联合印发《关于建立知识产权纠纷在线诉调对接机制的通知》，指导建立"总对总"在线诉调对接机制。首都版权协会在北京市委宣传部（北京市版权局）的指导下，建成全国首个版权线上调解平台，2020年 7 月，北京互联网法院司法审判平台与北京版权线上调解平台进行全面合作对接。② 天津、福建、海南、南京等地也积极推进知识产权纠纷的多元化解。③ 破产领域调解方面，2020 年 12 月，无锡市成立全国首家破产纠纷人民调解委员会，受理法院破产审查期间的委托调解、债权人 / 债务人提出的预重整申请和预和解申请等。④

（三）适应新冠肺炎疫情常态化防控要求，在线调解机制快速发展

近年来，创新在线纠纷解决方式、推广现代信息技术在多元化纠纷解决机制中的运用一直是商事调解的发展方向。2020 年，突如其来的新冠肺炎疫情和常态化疫情防控形势，客观上推动了在线调解机制的快速发展。

全国法院及仲裁机构大力推行在线调解。为确保疫情防控与纠纷化解两不误，2020 年 2 月 14 日，最高院印发《关于新冠肺炎疫情防控期间加强和规范在线诉讼工作的通知》（法〔2020〕49 号），要求依托在线纠纷多元化调解平台，促进矛盾纠纷在线化解，提出完善诉调对接机制，加大对在线纠纷多元化解的司法保障力度。各地法院、仲裁机构也纷纷鼓励广泛开展在线调解。⑤2020 年 2 月至 10 月，

---

① 《调解中心与上海金融法院签署诉调对接工作机制合作协议》，载上海经贸商事调解中心网站，http://www.scmc.org.cn/page111?article_id=568，访问时间：2021 年 3 月 10 日。

② 《北京版权线上调解平台调成首批涉案金额巨大的涉著作权纠纷案件》，载中国国际贸易促进委员会专利商标事务所网站，https://www.ccpit-patent.com.cn/zh-hans/node/12280，访问时间：2021 年 3 月 10 日。

③ 例如，《天津市高级人民法院关于加强知识产权司法保护的实施意见》提出要探索建立非诉讼调解、仲裁优先推荐机制，探索设立知识产权纠纷调解工作室，建立知识产权诉调对接机制、知识产权纠纷调解协议司法确认机制；《南京市中级人民法院关于知识产权民事诉讼程序繁简分流改革试点的实施方案（试行）》对知识产权纠纷的调解协议司法确认作出特别规定，明确委派调解的，调解期间不超过 60 日。

④ 《优化营商环境！无锡市成立全国首家预重整调解机构》，载川观新闻网站，https://cbgc.scol.com.cn/news/619194，访问时间：2021 年 3 月 10 日。

⑤ 例如，《广东省高级人民法院、广东省司法厅、广东省律师协会关于在新冠肺炎疫情防控期间加强和规范在线诉讼的意见》第 4 条、《中国国际经济贸易仲裁委员会关于新冠肺炎疫情期间积极稳妥推进仲裁程序指引（试行）》第 8 条等。

全国法院网上调解 234 万次，同比增长 267%；①2020 年上半年，北京法院线上调解案件 13 万余件；②2020 年 1 月 1 日至 7 月 20 日，广东法院网上调解量达 26.7 万件，同比上升 121%；③ 2020 年 1 月至 7 月，安徽法院在线调解纠纷 155,865 件，结案 136,075 件。④

在线诉调对接机制、在线调解平台加快建立。2020 年 3 月，为便利投资者和市场主体低成本、高效率解决纠纷，最高院与证监会共同推动"人民法院调解平台"与"中国投资者网证券期货纠纷在线解决平台"实现数据交换，建立证券期货纠纷在线诉调对接机制。⑤2020 年 10 月 30 日，最高院与中华全国工商业联合会合作建立的工商联商会调解服务平台正式运行。⑥2020 年 6 月 30 日，中国国际贸易促进委员会杭州市委员会与杭州市中级人民法院部署"中国（杭州）知识产权·国际商事调解云平台"，截至 2020 年 12 月 2 日，该平台已收案 5,736 件，调解成功 1,141 件，履行率高达 98%。⑦

（四）中外联合调解机制逐步建立，《联合国关于调解所产生的国际和解协议公约》（以下简称《新加坡公约》）正式生效，国际商事调解规则体系不断发展完善

中外联合调解机制逐步建立。与其他争议解决方式相比，商事调解的非对抗

---

① 《最高人民法院关于人民法院加强民事审判工作依法服务保障经济社会持续健康发展情况的报告》，载中华人民共和国最高人民法院网站，http://www.court.gov.cn/zixun-xiangqing-263731.html，访问时间：2021 年 3 月 10 日。

② 《北京法院"多元调解＋速裁"机制让正义提速》，载中国法院网，https://www.chinacourt.org/article/detail/2020/11/id/5565589.shtml，访问时间：2021 年 3 月 10 日。

③ 《广东法院网上立案数同比增四成网上调解数增 1.2 倍》，载广东新闻网，http://www.gd.chinanews.com/2020/2020-07-20/408927.shtml，访问时间：2021 年 3 月 10 日。

④ 《全省法院"网上调""掌上调"1—7 月在线调解纠纷 15 万件》，载合肥晚报网站，http://newspaper.hf365.com/hfwb/pc/content/202009/02/content_192497.html，访问时间：2021 年 3 月 10 日。

⑤ 《证监会和最高人民法院建立证券期货纠纷在线诉调对接机制》，载中国证券监督管理委员会网站，http://www.csrc.gov.cn/pub/newsite/zjhxwfb/xwdd/202003/t20200313_372038.html，访问时间：2021 年 3 月 10 日。

⑥ 《工商联商会调节服务平台正式上线》，载法制网，http://www.legaldaily.com.cn/index/content/2020-11/04/content_8346530.htm，访问时间：2021 年 3 月 10 日。

⑦ 《上线 5 个月成功调解千余案件杭州商事调解"上云"》，载杭州网，https://hznews.hangzhou.com.cn/chengshi/content/2020-12/03/content_7865826.html，访问时间：2021 年 3 月 10 日。

性和灵活性使得其更适合于开展机构间合作。① 中国贸促会调解中心是中国最早从事涉外商事调解的机构，截至 2021 年 2 月，已与有关国家和地区建立 21 个中外联合调解工作机制。② 2020 年 9 月 15 日，由上海经贸商事调解中心与美国司法仲裁调解服务有限公司（JAMS）共同建立的中美国际商事联合调解机制正式启动。③ 中外联合调解机制的不断发展有助于高效解决跨境商事争议，也有利于提升中国商事调解组织和调解员的专业水平和影响力。

《新加坡公约》正式生效，中国如何批准、实施公约仍待观察。截至 2021 年 3 月 10 日，共有 53 个国家签署《新加坡公约》，其中新加坡、斐济、卡塔尔、沙特阿拉伯、白俄罗斯、厄瓜多尔等 6 个国家相继批准公约。④ 根据《新加坡公约》规定，公约于第三个国家批准后的 6 个月，即 2020 年 9 月 12 日正式生效。目前我国尚未批准《新加坡公约》，如何解决公约与国内法衔接问题、推动《新加坡公约》批准和落地实施成为当前业界关注的重点。关于《新加坡公约》在国内的批准、实施方式，存在制定司法解释、制定商事调解法、借鉴新加坡等公约批准国做法等不同建议。⑤ 2020 年全国两会召开期间，有全国人大代表提交关于制定《商事调解法》的议案，⑥ 也有机构提出《〈商事调解法〉立法建议》。⑦ 值得关注的是，为促进《新加坡公约》的顺利实施，新加坡国会于 2020 年 2 月 4 日通过《新加坡调解公约法》（Singapore Convention on Mediation Act 2020）。《新加坡调解公约法》

---

① 参见王芳：《建设具有独特优势的商会调解机制》，载《人民法院报》2017 年 9 月 1 日，第 5 版。

② 《中国贸促会 / 中国国际商会广西调解中心与南宁市青秀区人民法院共建商事纠纷诉调对接机制》，载中国国际贸易促进委员会 / 中国国际商会调解中心网站，https://adr.ccpit.org/articles/340，访问时间：2021 年 3 月 10 日。

③ 《中美国际商事联合调解机制正式启动》，载上海经贸商事调解中心网站，http://www.scmc.org.cn/page111?article_id=522，访问时间：2021 年 3 月 10 日。

④ 《状况：〈联合国关于调解所产生的国际和解协议公约〉》，载联合国国际贸易法委员会网站，https://uncitral.un.org/zh/texts/mediation/conventions/international_settlement_agreements/status，访问时间：2021 年 3 月 10 日。

⑤ 2020 年 11 月 23 日，商务部条法司行政法律处杨秉勋先生在北仲"中国商事仲裁及调解年度观察（2020）发布会"上所作发言。

⑥ 《全国两会 | 丁光宏：加快制定〈商事调解法〉》，载政协头条网站，http://www.icppcc.cn/newsDetail_1034814，访问时间：2021 年 3 月 10 日。

⑦ 《一带一路服务机制主席团专家会议在京召开发布一带一路服务机制年度报告（2020）》，载一带一路服务机制调解委员会（一带一路国际商事调解中心）网站，http://www.bnrmediation.com/Home/Article/detail/id/650.html，访问时间：2021 年 3 月 10 日。

共有 13 条，主要内容包括：（1）规定当事人可以向新加坡高等法院提出申请，将国际和解协议记录为法院命令，从而在新加坡执行该协议，或者在新加坡任何诉讼程序中援引该协议以证明相关事项已得到解决（第 4、5 条）；（2）授权有关部门就该法的实施制定法院规则或规章制度（第 10、11 条）；（3）对《新加坡调解法》（Singapore Mediation Act 2017）有关条款进行补充修订，明确《新加坡公约》项下的国际和解协议亦可以适用《新加坡调解法》（第 12 条）。

国际商事调解规则体系修订完善。2020 年 7 月，在联合国国际贸易法委员会（以下简称贸法会）第五十三届会议上，秘书处将修订后的《联合国国际贸易法委员会调解规则草案》（A/CN.9/1026，以下简称《调解规则 2020（草案）》）以及拟定的《〈贸易法委员会国际商事调解和调解所产生的国际和解协议示范法〉（2018 年）颁布和使用指南草案》（A/CN.9/1025，以下简称《调解示范法指南（草案）》）、《联合国国际贸易法委员会调解安排说明草案》（A/CN.9/1027，以下简称《调解安排说明（草案）》）提交审议。其中，《调解规则 2020（草案）》旨在反映国际商事调解实践新发展，并与《新加坡公约》和《联合国国际贸易法委员会国际商事调解和调解所产生的国际和解协议示范法》（以下简称《调解示范法 2018》）相适应，为当事人提供可供选择的国际商事调解规则，正式通过后将更新取代《联合国国际贸易法委员会调解规则》（1980）。① 《调解示范法指南（草案）》系以评注的形式对《调解示范法 2018》进行逐条解释，以为各国政府和人士参考、使用《调解示范法 2018》提供背景和解释性资料。② 《调解安排说明（草案）》从调解的主要特点、法律框架、调解程序等角度阐述国际商事调解的相关事项，意在由调解从业人员和争议当事人自愿选择使用。③ 对于《调解规则 2020（草案）》和《调解安排说明（草案）》，中国政府提出了 26 条修改建议，④ 是贸法会成员国中提出建议最多的国家。按照计划，上述三项草案将由贸法会第二工作组进一步审查，以便

---

① 《第二工作组（争议解决）第七十二届会议（2020 年 9 月 21 日至 25 日，维也纳）工作报告》（A/CN.9/1043），载联合国国际贸易法委员会网站，https://undocs.org/ch/A/CN.9/1043，访问时间：2021 年 3 月 10 日。

② 《〈贸易法委员会国际商事调解和调解所产生的国际和解协议示范法〉（2018 年）颁布和使用指南草案》（A/CN.9/1025），载联合国国际贸易法委员会网站，https://undocs.org/ch/A/CN.9/1025，访问时间：2021 年 3 月 10 日。

③ 《贸易法委员会调解安排说明草案》（A/CN.9/1027），载联合国国际贸易法委员会网站，https://undocs.org/ch/A/CN.9/1027，访问时间：2021 年 3 月 10 日。

④ 《贸易法委员会调解规则草案和调解安排说明政府意见汇编》（A/CN.9/1031/Add.1），载联合国国际贸易法委员会网站，https://undocs.org/ch/A/CN.9/1031/Add.1，访问时间：2021 年 3 月 10 日。

在 2021 年贸法会第五十四届会议上快速获得通过。① 届时，三项文件将进一步充实和完善国际商事调解规则框架，为各国进行商事调解立法和当事人参与商事调解提供更为详细的参考和指引。

关于《调解规则 2020（草案）》，有以下内容值得关注：（1）不同于《新加坡公约》的强制性，本规则的适用以当事人特别约定为前提，且允许当事人对相关条款进行排除或变更（第 1 条）；（2）明确被指定为调解员的人/调解员应当披露可能对其公正性或独立性产生正当怀疑的任何情形（第 3 条第 6 款）；（3）与《新加坡公约》《调解示范法 2018》措辞保持一致，将《贸易法委员会调解规则》（1980）的"解决争端协议"修改为"和解协议"，并明确当事人在调解员协助下签署的和解协议，可以作为证明和解协议产生于调解的证据，并可以作为依据《新加坡公约》等规则寻求救济的依据（第 8 条）；（4）规定不论是否已经提起仲裁程序、司法程序或其他争议解决程序，均可随时根据本规则进行调解（第 10 条）；（5）参照《联合国国际贸易法委员会仲裁规则》，规定除蓄意不当行为外，在适用法律允许的最大限度内，当事人放弃向调解员索赔（第 13 条）。

二、新出台的法律法规或其他规范性文件

（一）深化繁简分流改革试点、优化调解协议司法确认程序系列文件

根据全国人大常委会的授权，最高院于 2020 年 1 月 15 日印发《繁简分流试点方案》《繁简分流实施办法》，着力优化调解协议的司法确认程序；并于 2020 年 4 月 15 日、10 月 23 日相继印发《民事诉讼程序繁简分流改革试点问答口径（一）》（法〔2020〕105 号）、《民事诉讼程序繁简分流改革试点问答口径（二）》（法〔2020〕272 号），对改革试点期间司法确认程序出现的具体问题作出统一答复。2020 年 1 月 22 日，为进一步规范特邀调解中的委派调解工作，最高院发布《关于进一步完善委派调解机制的指导意见》，从立案管辖、材料衔接、调解期限、阻碍调解的惩戒机制等方面作出规定。2020 年 2 月 10 日，最高院发布《关于人民法院深化"分调裁审"机制改革的意见》（法发〔2020〕8 号），就诉非分流、调裁分流、繁简分流等机制的完善提出意见，要求全面开展调解分流、强化在线调解、健全调裁

---

① 《第二工作组（争议解决）第七十二届会议（2020 年 9 月 21 日至 25 日，维也纳）工作报告》（A/CN.9/1043），载联合国国际贸易法委员会网站，https://undocs.org/ch/A/CN.9/1043，访问时间：2021 年 3 月 10 日。

一体登记流转机制，并明确诉前调解先诉管辖原则。上述方案和文件有如下重要改革内容值得关注：

1. 健全特邀调解制度

第一，法院建立特邀调解名册。特邀调解组织应当是根据相关规范性文件确定的条件和程序成立，经民政部门或者市场监管部门等登记备案，取得相应资质证书的调解组织。① 纳入特邀调解名册的调解组织应当依法成立，有明确的组织章程和规范的运行流程，有固定的办公场所、明确的负责人、必备人数的调解员和必要的运行经费，受明确的主管部门或者行业自治组织监督管理；纳入调解名册的调解员应当具有良好的品行记录、丰富的调解经验和相应的专业能力。②

第二，合理拓宽司法确认程序适用范围。除人民调解委员会外，经律师调解工作室（中心）等特邀调解组织、特邀调解员达成民事调解协议的，当事人可向法院申请司法确认。③ 同时，为了确保特邀调解和司法确认紧密衔接，防范化解风险、发挥调解优势，对于经特邀调解名册以外的调解组织、调解员调解达成的调解协议，法院将不予受理司法确认申请。④

第三，明确调解材料可作为诉讼材料。在调解阶段已告知当事人相关权利和法律后果，并经当事人签字确认的调解材料，经法院审查符合法律及司法解释规定的，效力可以及于诉讼阶段。该等材料主要包括送达地址确认书、送达的起诉状及证据副本。⑤

2. 完善司法确认案件管辖规则

第一，司法确认案件适用法定管辖规则。法院受理司法确认案件不以对纠纷具有诉讼管辖权为前提，⑥ 当事人不能协议选择司法确认案件管辖法院。⑦ 委派调

---

① 最高人民法院《民事诉讼程序繁简分流改革试点问答口径（二）》（法〔2020〕272号）第1条。

② 最高人民法院《民事诉讼程序繁简分流改革试点问答口径（二）》（法〔2020〕272号）第2条。

③ 最高人民法院《民事诉讼程序繁简分流改革试点方案》（法〔2020〕10号）第2条第1款。

④ 最高人民法院《民事诉讼程序繁简分流改革试点问答口径（一）》（法〔2020〕105号）第4条。

⑤ 最高人民法院《民事诉讼程序繁简分流改革试点问答口径（二）》（法〔2020〕272号）第5条、《最高人民法院关于进一步完善委派调解机制的指导意见》第8条。

⑥ 最高人民法院《民事诉讼程序繁简分流改革试点问答口径（一）》（法〔2020〕105号）第5条。

⑦ 最高人民法院《民事诉讼程序繁简分流改革试点问答口径（二）》（法〔2020〕272号）第8条。

解的，由作出委派的法院管辖；当事人选择人民调解委员会或者特邀调解组织调解的，由调解组织所在地基层法院管辖；当事人选择特邀调解员调解的，由调解协议签订地基层法院管辖。在调解组织所在地 / 调解协议签订地与管理特邀调解名册的法院辖区不一致的情况下，由管理特邀调解名册的法院管辖。[①] 案件符合级别管辖或者专门管辖标准的，由对应的中级法院或者专门法院管辖。[②]

第二，明确级别管辖恒定规则。中级法院委派调解成功后申请司法确认的，即使因标的额减少达不到级别管辖标准，仍应由委派调解的中级法院管辖。[③]

3. 优化司法确认案件审查程序

第一，列示不能申请司法确认的典型情形，包括：（1）应当通过其他特别程序解决的担保物权优先受偿纠纷；（2）所有权分割、代持股权权属认定等确权类纠纷；（3）当事人已达成仲裁协议的纠纷等。[④]

第二，司法确认案件以独任制为原则、合议制为例外。标的额巨大、存在虚假调解可能的案件，可以由合议庭审查；中级法院、专门法院受理的案件，如果标的额不大、法律关系简单，也可以进行独任审查。[⑤]

第三，明确调解协议内容存在问题时的处理规则：（1）调解协议内容不明确的，应当裁定驳回申请；（2）调解协议内容存在瑕疵的，如果对该瑕疵的纠正将导致协议约定的权利义务实质变动，应当裁定驳回申请，如果该瑕疵属于笔误等显而易见的细微失误，且当事人对立即纠正瑕疵不存在争议的，可以在当事人共同纠正瑕疵后依法作出裁定；（3）调解协议不具备可执行性的，应当裁定不予受理（案件受理时发现）或者驳回申请（案件受理后发现）。[⑥]

---

① 最高人民法院《民事诉讼程序繁简分流改革试点问答口径（一）》（法〔2020〕105号）第6条，最高人民法院《民事诉讼程序繁简分流改革试点问答口径（二）》（法〔2020〕272号）第6条。

② 最高人民法院《民事诉讼程序繁简分流改革试点实施办法》（法〔2020〕11号）第4条。

③ 最高人民法院《民事诉讼程序繁简分流改革试点问答口径（二）》（法〔2020〕272号）第7条。

④ 最高人民法院《民事诉讼程序繁简分流改革试点问答口径（二）》（法〔2020〕272号）第11条。

⑤ 最高人民法院《民事诉讼程序繁简分流改革试点问答口径（一）》（法〔2020〕105号）第7条。

⑥ 最高人民法院《民事诉讼程序繁简分流改革试点问答口径（二）》（法〔2020〕272号）第9条。

（二）《中华人民共和国证券法》（以下简称《证券法》）、《最高人民法院关于证券纠纷代表人诉讼若干问题的规定》（法释〔2020〕5 号，以下简称《证券纠纷代表人诉讼规定》）关于证券纠纷调解制度的新规则

持续推进证券期货纠纷多元化解机制建设是保护投资者合法权益、增强投资者信心、营造良好营商环境的重要举措。2020 年 3 月 1 日施行的《证券法》增设投资者保护专章，建立以保护投资者为价值导向的新型证券纠纷调解机制。《证券法》第 94 条第 1 款规定："投资者与发行人、证券公司等发生纠纷的，双方可以向投资者保护机构申请调解。普通投资者与证券公司发生证券业务纠纷，普通投资者提出调解请求的，证券公司不得拒绝。"该规定突破了商事调解在当事人合意启动方可进行的一般原则，体现了消费者保护在证券纠纷调解中的价值优位。

《证券法》第 95 条对证券纠纷代表人诉讼制度作出重大完善和发展。2020 年 7 月 30 日，最高院印发《证券纠纷代表人诉讼规定》，进一步细化完善证券纠纷代表人诉讼制度，并提出充分发挥多元解纷机制的功能，引导和鼓励当事人通过调解等非诉讼方式解决证券纠纷，法院审理过程也应当注重调解。[①] 鉴于代表人诉讼中调解协议的内容不一定符合全体原告意志，《证券纠纷代表人诉讼规定》就调解书的出具作出了特殊规定，主要包括：（1）代表人与被告达成调解协议草案的，代表人应当向法院提交制作调解书的申请及调解协议草案，其中申请书应当列明草案对原告的有利因素和不利因素；[②]（2）法院经初步审查，认为调解协议草案不存在违法、违背公序良俗以及损害他人合法权益等情形的，应当向全体原告发出通知，告知调解协议草案、代表人申请书、原告发表权利和提出异议的具体方式等；[③]（3）对调解协议草案有异议的原告，有权出席听证会或提交书面说明，代表人和被告可以根据听证会情况修改调解协议草案，修改后的调解协议草案亦应向全体原告通知；[④]（4）法院应当综合考虑当事人赞成和反对意见、本案所涉法律和事实情况、调解协议草案的合法性、适当性和可行性等因素，决定是否制作调解书；[⑤]（5）法院准备制作调解书的，提出异议的原告可以申请退出调解，法院制作的调解书经代表人和被告签收，对被代表的原告发生效力，申请退出原告的诉讼

---

① 《证券纠纷代表人诉讼规定》第 3 条。

② 《证券纠纷代表人诉讼规定》第 18 条。

③ 《证券纠纷代表人诉讼规定》第 19 条。

④ 《证券纠纷代表人诉讼规定》第 20 条。

⑤ 《证券纠纷代表人诉讼规定》第 21 条第 1 款。

则继续审理。①

（三）《关于建立知识产权纠纷在线诉调对接机制的通知》

近年来，为贯彻创新发展理念，推动经济高质量发展，应对国际上保护主义逆流，科技创新和知识产权保护上升至前所未有的战略高度。2020年中央经济工作会议首次将强化国家战略科技力量作为全年首要重点任务，这对我国更高水平的知识产权保护制度提出迫切需求。自2019年中共中央办公厅、国务院办公厅印发《关于强化知识产权保护的意见》以来，多地出台相关实施意见，提出强化知识产权纠纷诉源治理、加大调解力度、推进知识产权纠纷的多元化解。②

2020年12月29日，最高人民法院办公厅、国家知识产权局办公室联合印发《关于知识产权纠纷在线诉调对接机制的通知》，决定建立健全知识产权纠纷多元化解机制，开展知识产权纠纷在线诉调对接工作。主要内容包括：（1）建立"总对总"在线诉调对接机制，法院与知识产权管理部门建立协调机制，指导全国知识产权纠纷调解组织和调解员入驻法院调解平台，开展全流程在线调解、在线申请司法确认或调解书等诉调对接工作；③（2）知识产权管理部门择优推荐调解组织和调解员，通过调解平台推送到法院，法院对于符合条件的调解组织和调解员，应当纳入特邀调解名册中，并在调解平台上予以确认；④（3）细化在线诉调对接业务流程，通过调解平台完成调解委派、委托，开展调解工作，进行在线司法确认等，并规定线下调解成功的案件亦可通过调解平台进行在线司法确认；⑤（4）建立调解组织和调解员绩效评估激励体系，引导调解组织和调解员优质高效参与知识产权

---

① 《证券纠纷代表人诉讼规定》第21条第2、3款。

② 例如，《中共上海市委办公厅、上海市人民政府办公厅关于强化知识产权保护的实施方案》《中共海南省委办公厅、海南省人民政府办公厅关于强化知识产权保护的实施意见》《福建省高级人民法院关于强化知识产权司法保护更好服务保障创新创业创造的意见》《天津市高级人民法院关于加强知识产权司法保护的实施意见》《南京市中级人民法院关于知识产权民事诉讼程序繁简分流改革试点的实施方案（试行）》等。

③ 《最高人民法院办公厅、国家知识产权局办公室关于建立知识产权纠纷在线诉调对接机制的通知》第6条。

④ 《最高人民法院办公厅、国家知识产权局办公室关于建立知识产权纠纷在线诉调对接机制的通知》第9条。

⑤ 《最高人民法院办公厅、国家知识产权局办公室关于建立知识产权纠纷在线诉调对接机制的通知》第10条。

纠纷多元化解工作。①

三、典型案例

【案例1】中国国际贸易促进委员会港籍调解员联合调解跨境商事纠纷案②

【基本案情】

广州 W 公司从事模具制造、电子产品及其设备制造等业务，西班牙籍商人 M 与 W 公司在指定电子产品及模具加工方面开展了广泛合作，但从 2017 年起，M 开始延迟付款，欠付 W 公司大量出口产品款项及利息。在就案涉纠纷提起诉讼前，双方聘请的律师团队结合粤港澳大湾区法律服务"调解为先"的安排，决定采用调解的方式解决争端。

【调解过程】

基于与各自当事人的充分沟通，双方律师团队在第一次调解会议上确认一名熟悉跨境贸易、了解境内外文化风格、能够熟练运用电子设备的港籍调解员调解本案。双方律师团队细致汇总案件，详尽整理编排证据，并代表当事人利益与调解员保持密切沟通，为调解工作的展开奠定了良好基础。调解员在前期沟通中通过调解技巧向当事人阐明，如果选择其他纠纷解决方式，将需要办理相关公证认证手续，纠纷解决时间也往往较长，且可能对双方的国际声誉造成不利影响。通过电子邮件、微信、电话等电子方式的沟通，调解员归纳了双方开展调解的共有基础，包括：双方具有长期合作关系，都有良好的信誉；对所涉纠纷大部分事实无异议，在调解前可以确定"无争议的事实"；双方自愿以调解方式解决纠纷。在此基础上，调解员充分调动双方律师团队的作用，通过测试各方的方案不断拉近双方距离，并利用互联网选择合适时机随时开展调解工作，最终促成双方达成调解协议。

【纠纷观察】

商事调解具有低成本、高效率、保密性高、程序灵活等优势，尤其在跨境纠

---

① 《最高人民法院办公厅、国家知识产权局办公室关于建立知识产权纠纷在线诉调对接机制的通知》第 14 条。

② 《疫情期间在线"联合调解"帮助企业排忧解难》，载中国国际贸易促进委员会/中国国际商会调解中心网站，https://adr.ccpit.org/articles/279，访问时间：2021 年 3 月 10 日。

纷解决过程中，无需当事人对相关手续文件进行公证认证，可以提升纠纷解决的便利度。该案调解主要有以下亮点：一是结合案件涉及跨境纠纷、需要远程调解的特点，引入具备相关专业能力的港籍调解员进行联合调解，在调解过程中充分发挥调解员在法律、商业、心理学、调解技巧方面的专业能力；二是事先向当事人阐明调解相较于其他纠纷解决方式的优势，引导当事人自愿接受调解，归纳双方的调解基础，从而提高调解协议达成的成功率及后续履行率；三是充分发挥律师在纠纷多元化解中的作用，使律师在当事人与调解员之间发挥沟通桥梁作用，有效促进调解协议的达成。

该案亦系商事调解组织独立进行调解的典型案例。总体来看，目前我国商事调解组织的案源多数来自诉调对接机制，商事调解组织独立案源占比较低。这种现象的原因有多个方面：其一，商事调解以当事人共同申请或一方申请而另一方未表示拒绝为前提，要求当事人就事先接受调解组织的调解达成合意，但在双方产生争议的情况下，形成合意的可能性较小，一方当事人调解的意愿往往也不强；[1]其二，对于诉讼程序中达成的调解协议，当事人可以申请法院出具调解书（国际商事法庭还可制作判决书[2]），赋予调解协议强制执行力，出于保障权益切实实现的考虑，当事人更加信赖具有国家强制力保障的纠纷解决方式；其三，商事调解组织进行调解会收取一定的调解费用，而法院诉前委派调解通常不收费，调解成功后的司法确认亦不收取费用，法院立案后自行组织或委托开展调解并成功的案件，诉讼费用也会减半收取，故从节约纠纷解决成本的角度看，即使愿意调解，部分当事人也倾向于选择诉讼调解的方式。为逐步扩大商事调解组织的独立案源，建议通过完善调解倡导机制等方式，逐步提升商事调解组织调解的权威性、独立性和公信力。[3]本案中，当事人聘请的律师团队引导当事人将争议提交商事调解组织调解，这也启示，商事调解组织可尝试通过加强与法律服务机构的合作，扩大独立案源。

---

[1] 《提高商事纠纷调解成功率的几点思考——以一起涉自贸区商事案件司法调解实例为视角》，载上海市法学会网站，https://sls.org.cn/levelThreePage.html?id=10265，访问时间：2021年3月10日。

[2] 《最高人民法院关于设立国际商事法庭若干问题的规定》（法释〔2018〕11号）第13条。

[3] 参见朱华芳、顾嘉、郭佑宁：《中国商事调解年度观察（2020）》，载《中国商事争议解决年度观察2020》，中国法制出版社2020年版，第60页。

【案例 2】境外仲裁员在线调解融资租赁纠纷案 [①]

【基本案情】

台资企业 A 公司与东莞企业 B 公司、B 公司法定代表人分别签订《融资租赁合同》及《连带责任担保合同》，约定 A 公司根据 B 公司要求购买设备，并出租给 B 公司使用；B 公司向 A 公司按月支付租金，如出现逾期支付，A 公司有权要求 B 公司立即付清全部租金并支付违约金；B 公司法定代表人对 B 公司债务承担连带保证责任。因 B 公司自 2019 年 4 月起多次拖欠租金，且 B 公司法定代表人亦未承担连带保证责任，A 公司遂向广州仲裁委员会提起仲裁。

【调解过程】

本案首席仲裁员为中国台湾籍，通过远程视频的方式进行案件审理。在新冠肺炎疫情防控常态化背景下，A 公司和 B 公司均希望尽快解决纠纷、恢复正常经营。庭审过程中，仲裁庭发现双方当事人对于拖欠租金的事实和金额没有异议，仅对违约金的计算标准是否过高存在争议，故决定优先组织调解。经 A 公司请求、B 公司同意，A 公司在中国台湾地区的副总经理也通过远程视频方式加入调解。仲裁庭在开展调解时兼顾双方当事人利益，在保障 A 公司分期收回剩余租金权益的同时，为 B 公司争取附条件免除违约金。最终，A 公司和 B 公司当庭达成了调解协议。

【纠纷观察】

在新冠肺炎疫情发生后，为推进疫情防控、助力企业复工复产，仲裁机构更加鼓励当事人通过调解方式定分止争，但在新冠肺炎疫情防控的特殊背景下，当事人难以聚集参加调解，积极运用在线方式成为仲裁机构推进案件审理、组织调解并协助当事人解决争议的重要手段。在远程庭审技术的加持下，境外仲裁员参与内地法律服务的积极性显著提升。本案系涉台案件，仲裁机构指定中国台湾籍仲裁员进行审理，一定程度上可以增强当事人对于仲裁庭的信任，提升仲裁和调解的公信力。

在线调解具有打破时间、空间限制，降低纠纷解决成本、提高争议解决效率的优势，也存在亲历感降低、保密性难以保障等问题。应当看到的是，在线调解存在的弊端短期内可能难以在技术层面上根本解决，所以在适用和推广在线调解时，更应注重从制度上、规则上加强对当事人参与在线调解的约束。关于维护在线调解的保密性，笔者认为可以从以下几个方面建立和完善相关规则：第一，开

[①] 《境外仲裁员远程调解化解融资租赁纠纷》，载广州仲裁委员会网站，https://www.gzac.org/alfx/63640.jhtml，访问时间：2021 年 3 月 10 日。

展在线调解必须以当事人的同意为前提；第二，要求当事人及调解员事先签署保密承诺，强化其内心约束；第三，明确禁止当事人、调解员及调解平台运营主体对调解过程进行录音、录像或拍照，明确当事人为调解程序所准备或形成的材料、对调解过程任何形式的记录均不得作为其他程序中的证据；第四，在调解开始前对当事人、调解员所处空间进行360度全方位核查，确保没有无关人员在场；第五，在调解不成的情况下，对当事人是否遵守保密义务作为仲裁费用分担的考量因素之一；第六，允许当事人对违反保密要求的赔偿责任作出约定，允许当事人对另一方违反调解保密义务的行为进行索赔。

【案例 3】北京法院首次依托证券期货纠纷在线诉调对接机制化解证券虚假陈述责任纠纷案①

【基本案情】

上市公司 A 公司因证券虚假陈述被处罚，机构投资者 B 公司诉至北京市第一中级人民法院（以下简称北京一中院）请求赔偿。考虑到新冠肺炎疫情防控的实际需要，北京一中院借助证券期货纠纷在线诉调对接机制，将该案委托给中国证券投资者保护基金有限责任公司（以下简称投资者保护基金公司）开展调解。

【调解过程】

案件调解过程中，北京一中院参照投资者保护基金公司的损失计算结果，参考类似案例的判决情况，结合双方当事人的实际情况和诉求，指导投资者保护基金公司开展远程调解。最终在多方不断努力下，A 公司和 B 公司达成调解协议。5月 25 日，北京一中院依据当事人达成的调解协议出具生效调解书，B 公司成功获赔 1,050 万元。

【纠纷观察】

为便利投资者和市场主体低成本、高效率解决纠纷，进一步推动证券期货纠纷多元化解，最高院和证监会共同搭建了证券期货纠纷在线诉调对接机制。在该机制下，人民法院调解平台（tiaojie.court.gov.cn）与中国投资者网的证券期货纠纷在线解决平台（www.investor.org.cn）按照"总对总"对接方式，实现数据交换、互联互通。该案即北京法院系统通过证券期货纠纷在线诉调对接机制，成功达成

---

① 《北京法院首次依托证券期货纠纷在线诉调对接机制，助力投资者获赔 1050 万元》，载北京市第一中级人民法院网，http://bj1zy.chinacourt.gov.cn/article/detail/2020/05/id/5247249.shtml，访问时间：2021 年 3 月 10 日。

调解的首例案件。

证券纠纷往往涉案主体众多，且具有较强的专业性，在疫情防控期间，通过诉讼方式解决证券纠纷费时费力，矛盾纠纷难以及时化解。该案依托在线诉调对接平台，法院委托行业调解组织进行线上调解，为推动金融纠纷多元化解决、畅通投资者维权渠道提供了实践样本。一方面，在线调解有利于节约成本、提升效率，同时便于法院随时远程介入进行调解指导。另一方面，针对专业性较强的证券期货类纠纷，委托行业调解组织进行调解，便于纠纷快速妥当得到解决。本案中，受托调解的投资者保护基金公司是最高院和证监会确立的首批证券期货纠纷多元化解机制试点调解组织之一，近年来与北京一中院积极探索"示范判决＋委托调解＋共管账户"的调解模式，通过"示范判决＋委托调解"的多元化解机制实现大规模证券纠纷快速解决，并开创调解组织与上市公司"共管账户"调解赔付模式，在推动证券纠纷调解实践发展中探索出一系列创新做法。

【案例 4】诉前委派调解破产清算纠纷案 [1]

【基本案情】

A 公司是深圳一家颇有名气的建筑装饰企业，孙某某原系其员工，因 A 公司欠付离职工资报酬，孙某某提起劳动争议仲裁，并在取得生效的劳动争议民事调解书后申请强制执行。执行过程中，经审查 A 公司无财产可供执行，法院遂裁定中止执行。后孙某某以 A 公司无法清偿到期债务且明显缺乏清偿能力为由，向深圳市中级人民法院（以下简称深圳中院）申请破产清算。在本案审查过程中，深圳中院又陆续收到其他离职员工对 A 公司提起的破产清算申请。

【调解过程】

考虑到 A 公司如因拖欠员工工资进入破产清算程序，较为可惜，负责诉前联调的立案庭法官建议破产法庭的承办法官引入专业调解。在征求孙某某等申请人同意的基础上，深圳中院委派特邀调解组织进行调解，并对调解过程进行跟踪指导。

经深入沟通，调解员了解到 A 公司尚有在建工程项目，其股东及实控人也一直在努力进行重组，本案达成调解具有可能性。据此，调解员主动安抚员工情绪、动员 A 公司提出初步调解方案。在孙某某提交欠薪情况统计、A 公司出具解决方案后，调解员组织召开调解会议，并协调双方友好协商。因 A 公司有一笔 1000 多

---

[1] 《第一例！申请破产前先行调解成功》，载腾讯网，https://new.qq.com/rain/a/20201224A04LUO00，访问时间：2021 年 3 月 10 日。

万元的工程项目应收账款，调解员建议双方与执行法院沟通，共同推进以应收账款支付员工欠薪。经员工与 A 公司申请，执行法院将应收工程款支付给 A 公司的离职员工，孙某某等撤回破产申请。

【纠纷观察】

该案系深圳中院将申请破产清算案件纳入诉前委派调解范围后，调解成功的首个案件。企业破产案件因涉及多方利益的平衡，须适用专门程序进行审理，一直被排除在调解的范畴之外。[①] 在我国倡导商事纠纷多元化解的背景下，深圳中院委派特邀调解组织对破产清算案件先行调解并取得成功，对扩大商事调解的适用范围、协助困难企业化解债务危机具有一定示范意义。

破产程序中的调解主要包括三种情形：一是破产申请受理前的调解，申请人在达成协议后可以撤回破产申请；二是破产申请受理后、破产宣告前，在调解组织或调解员协助下进行的破产程序中和解，当事人达成协议后由法院裁定认可并终止和解程序；三是破产申请受理后、破产宣告前，在调解组织或调解员协助下进行的庭外和解，当事人达成协议后可以请求法院裁定认可并终结破产程序。后两种情形作为破产和解程序的内容规定于《中华人民共和国企业破产法》中，在性质上与解决特定主体间商事纠纷的调解实际并无不同。关于破产受理前调解的适用，在制度层面仍有一些问题需要解决：首先，因债务人已陷入资不抵债或明显缺乏清偿能力的状态，破产申请人与债务人之间达成的债务偿还协议可能对其他债权人利益造成损害；其次，鉴于《最高人民法院关于适用〈中华人民共和国民事诉讼法〉的解释》（2020 年修正）规定就破产案件达成的调解协议不能申请司法确认，调解协议达成后，破产申请人的权益实现缺乏强制力保障。

四、热点问题观察

（一）加快建设我国实施《新加坡公约》的配套机制

《新加坡公约》已于 2020 年 9 月 12 日生效，但我国目前尚未批准该公约。在

[①] 《最高人民法院关于适用〈中华人民共和国民事诉讼法〉的解释》（2020 年修正）第 357 条规定："当事人申请司法确认调解协议，有下列情形之一的，人民法院裁定不予受理……（四）涉及适用其他特别程序、公示催告程序、破产程序审理的……"《深圳市中级人民法院多元化纠纷解决机制诉前调解工作指引》第 4 条规定："……不适宜调解的纠纷有……（五）应当适用特别程序、公示催告程序和破产清算程序审理的案件……"

批准、实施《新加坡公约》的过程中，如何做好公约与国内商事调解制度的衔接，建设《新加坡公约》配套机制是核心问题之一。笔者曾在《中国商事调解年度观察（2020）》[①]中对部分问题进行探讨。当前，《新加坡公约》在我国批准、实施主要面临以下问题：一是《新加坡公约》第3条规定对经调解产生的国际和解协议采取直接执行机制，但我国《中华人民共和国民事诉讼法》（以下简称《民事诉讼法》）规定国内调解协议[②]须经司法确认程序才具有强制执行力，这就导致国际和解协议、国内调解协议的执行程序存在双轨制；二是《新加坡公约》未对协助达成国际和解协议的调解员作出资格限制，而我国在民事诉讼程序繁简分流改革试点相关文件中规定，当事人只能对人民调解委员会或者纳入法院特邀调解名册的调解组织、调解员调解达成的调解协议申请司法确认；[③]三是申请执行国际和解协议的材料要求、管辖法院、财产保全等事项尚有待明确。围绕上述问题，笔者建议重点从以下几个方面建设我国实施《新加坡公约》的配套机制。

第一，统一国内调解协议、国际和解协议的执行审查程序。《新加坡公约》没有采取类似"调解地"的概念，关于"国际性"的界定亦是以调解协议而非调解程序为标准，这就使得《新加坡公约》规定的国际和解协议执行机制与我国现行国内法规定的司法确认制度存在冲突。例如，两家在中国和国外均设有营业地的企业经中国调解组织调解达成调解协议，根据《新加坡公约》第1条的规定，该调解协议具有国际性，故可依公约规定直接向缔约方法院申请执行；但按照我国现行国内法，该调解协议须经司法确认方可向我国法院申请执行。又如，若中国企业甲和中国企业乙在中国贸促会调解中心达成了和解协议，到义务履行地韩国去申请执行可适用《新加坡公约》，但若向国内法院申请执行则须先经司法确认程序，[④]这种区别对待不具有正当性、合理性。

解决上述双轨制冲突，理论上存在两种方案：一是将调解协议司法确认制度解释为《新加坡公约》第3条规定的"本国程序规则"，要求对于国际和解协议的

---

① 参见朱华芳、顾嘉、郭佑宁：《中国商事调解年度观察（2020）》，载北京仲裁委员会 / 北京国际仲裁中心编：《中国商事争议解决年度观察2020》，中国法制出版社2020年版，第55—58页。

② 本报告所称"国内调解协议"与"国际和解协议"相对应，即不具有《新加坡公约》第1条第1款规定情形，但符合第2、3款要求，当事人营业地、义务履行地、争议事项最密切联系地均在中国境内的非在诉讼、仲裁程序中达成的商事调解协议。

③ 最高人民法院《民事诉讼程序繁简分流改革试点问答口径（一）》（法〔2020〕105号）第4条。

④ 参见杨秉勋：《再论〈新加坡调解公约〉与我国商事调解制度的发展》，载北京仲裁委员会 / 北京国际仲裁中心组编：《北京仲裁》2020年第1辑，中国法制出版社2020年版，第114页。

执行亦应经过司法确认程序；二是改革调解协议司法确认制度，将现行执行前的司法确认程序调整为进入执行程序后的司法审查，从而与《新加坡公约》的直接执行机制相匹配。考虑到在第一种方式下，国际和解协议实际将在司法确认程序和执行程序中历经双重审查，且要求当事人在执行需求产生前即申请司法确认易于造成制度空耗，① 笔者认为第二种处理方式更加高效合理。它不仅有助于当事人更好实现基于调解协议享有的合法权益，也有助于节省司法资源，营造更加市场化、国际化、法治化的营商环境。我国应以研究批准实施《新加坡公约》为契机，加快改革国内调解协议的审查执行制度，统一国内调解协议与国际和解协议的执行程序和标准。

第二，探索建立调解组织和调解员的准入与管理制度。根据我国现行规定，只有人民调解委员会或者纳入法院特邀调解名册的调解组织、调解员调解达成的调解协议，才能经司法确认程序取得强制执行力。② 作此限定的目的是防范化解风险，避免虚假调解。但因《新加坡公约》并未对协助达成国际和解协议的调解员作出资格限定，在《新加坡公约》施行的过程中可能出现如下情况：同一调解组织 / 调解员协助达成的国际和解协议能够顺利得到法院执行，而国内调解协议因该调解组织 / 调解员未被纳入法院特邀调解名册而无法得到执行。这既不利于贯彻落实平等保护原则、打造良好营商环境，也有违我国特邀调解制度的初衷。

笔者认为，为解决前述问题，可考虑将现行特邀调解及调解协议达成后的司法确认制度调整为，调解组织、调解员准入管理（事前监管）与调解协议不予执行审查 ③（事后审查）相结合的监督管理机制。其中，事前监管可考虑从调解机构登记管理及调解员资质认证两个方面进行：

---

① 参见杨秉勋：《再论〈新加坡调解公约〉与我国商事调解制度的发展》，载北京仲裁委员会 / 北京国际仲裁中心组编：《北京仲裁》2020 年第 1 辑，中国法制出版社 2020 年版，第 117 页。

② 关于能够申请司法确认的调解协议范围，我国民事诉讼法并未作出限定，最高院此前倾向于认为，具有调解职能的组织调解达成的协议均可以向法院申请司法确认。例如，最高院《关于建立健全诉讼与非诉讼相衔接的矛盾纠纷解决机制的若干意见》（法发〔2009〕45 号）在提出建立调解组织名册和调解员名册的同时，于第 20 条规定 "经行政机关、人民调解组织、商事调解组织、行业调解组织或者其他具有调解职能的组织调解达成的具有民事合同性质的协议……当事人可以申请有管辖权的人民法院确认其效力"，并未将司法确认的对象限于经人民调解委员会或在册调解组织 / 调解员调解达成的调解协议。但因最高院目前已于《民事诉讼程序繁简分流改革试点问答口径（一）》中对申请司法确认的调解协议范围作出明确限定，若此后当事人选择特邀调解名册以外的调解组织 / 调解员调解纠纷，在对达成的调解协议申请司法确认时，法院可能将直接裁定不予受理。

③ 即《新加坡公约》第 5 条规定的拒绝准予救济。

一方面，根据不同类型调解组织的实际情况，完善调解组织管理制度。目前，我国从事商事调解活动的组织机构包括人民调解委员会、法院及仲裁机构附设调解中心、依托行业协会组建的调解中心、商会等民间组织以自身资源设立的专业商事调解组织等多种类型。因不同调解组织的设立主体、机构性质、专业范围不同，确定统一的监管部门、监管标准和监管体制在短期内既不现实也无太大必要，现阶段可根据不同类型调解组织的实际情况，分别完善调解组织的设立、运作和监管规则。但是，对于调解组织协助达成的调解协议的司法确认、执行等事项，应当尽快在立法层面予以统一、完善，以为各种类型调解组织的发展奠定共同的坚实基础。

另一方面，探索建立调解员认证制度，逐步建立调解员资格、选任、考核和培训管理等制度标准。鉴于调解员在调解程序中居于核心地位，商事调解制度比较发达的我国香港地区、新加坡、奥地利等地普遍建立了调解员认证 / 注册制度。例如，新加坡指定新加坡国际调解学会（SIMI）为调解员认证机构，要求完成学会注册培训计划后方可成为 SIMI 认可的第一级调解员，此后调解员的认证级别根据 SIMI 认可的调解案件数量或时长以及当事人的反馈情况逐级晋升。[①] 从我国实际情况来看，由于我国商事调解人才目前仍然存在大量缺口，且现有调解员队伍目前主要由非专职调解员构成，缺少调解专业能力、技巧等方面的系统培训，我国可考虑按照"新老划断"的思路，探索建立调解员认证或注册制度，并随着行业的不断发展成熟，逐步提高认证或注册标准。关于调解员的认证机构，为保障认证的中立性、权威性和公信力，亦便利司法机关对调解协议的执行审查，可考虑由司法行政主管部门或者调解行业协会担任。此外，为了适应和引领国际商事调解的发展，我国应积极参与国际商事调解标准的制定，提升在国际商事调解领域的话语权与影响力。

第三，研究制定国际调解协议的执行程序规则。首先，明确申请执行文件。根据《新加坡公约》第 4 条规定，当事人申请执行国际和解协议应当提供该和解协议及显示和解协议产生于调解的证据。参照《最高人民法院关于人民法院执行工作若干问题的规定（试行）》第 19 条第 2 款关于申请执行外国仲裁裁决的规定，申请执行我国领域外形成的和解协议，还应同时提交经我国驻外使领馆认证或我国公证机关公证的和解协议中文译本。其次，明确国际调解协议的执行管辖规定。

---

① 参见黄一文、王婕：《新加坡商事调解制度的发展及其启示》，载《商事仲裁与调解》2020 年第 3 期，第 103—104 页。

可以考虑参照外国仲裁裁决在我国的承认与执行管辖规定，由被执行人住所地或被执行的财产所在地中级人民法院管辖，[①]并可参照《最高人民法院办理仲裁裁决执行案件若干问题的规定》第2条规定，允许中级法院将符合条件的执行实施案件指定基层法院管辖，但关于不予执行调解协议的审查仍应由中级法院管辖。再次，将国际调解协议执行程序区分为确认、执行实施、不予执行三个程序。确认程序涉及对调解协议合法性、有效性、可执行性的司法审查，可参考仲裁司法审查案件归口办理制度，先由涉外商事审判庭（合议庭）归口审查，裁定予以执行后交由执行部门执行。不予执行程序可根据《新加坡公约》第5条"拒绝准予救济的理由"，并参考我国现行不予执行仲裁裁决制度进行设计。为统一裁判尺度，确认程序、不予执行程序另可考虑参照仲裁司法审查案件报核制度建立调解协议执行报核程序，规定拟拒绝准予救济的案件应层报最高院审核。最后，建立调解协议执行保全制度。可以参照诉前、诉中财产保全的规则，建立调解协议申请执行前或执行中保全制度。目前我国的保全制度仅适用于国内诉讼、仲裁案件，虽然司法实践中有观点认为承认与执行外国仲裁裁决审查期间的财产保全应以国际条约或双方互惠为前提，[②]但鉴于《新加坡公约》未采用"调解地"概念、国际调解协议不存在籍属问题，从支持商事调解的角度出发，宜允许当事人在申请执行前或执行中提出保全申请。对于申请执行前的保全申请，以及不予执行审查程序中的保全措施，可以参考《民事诉讼法》第100条制定规则，要求申请执行人提供担保。

第四，明确和细化确认、不予执行调解协议的审查标准。我国目前仅针对人民调解协议的司法确认规定了审查标准，[③]部分事由已包含在《新加坡公约》第5条规定的拒绝准予救济理由中。建议最高院制定司法解释，对确认、不予执行的审查标准予以明确，并可根据国内调解协议和国际调解协议的特点对拒绝准予救济的事由作出合理区分。特别是，应进一步细化《新加坡公约》第5条的部分内容：一是明确不得以调解方式解决的争议事项；二是明确和解协议中的义务不清楚或者无法理解的标准；三是明确调解员的披露义务，细化严重不当行为的具体表现；

---

① 参见朱华芳、顾嘉、郭佑宁：《中国商事调解年度观察（2020）》，载北京仲裁委员会/北京国际仲裁中心组编：《中国商事争议解决年度观察2020》，中国法制出版社2020年版，第55页。

② 参见海口海事法院（2016）琼72协外认1号之一民事裁定书。

③ 《最高人民法院关于人民调解协议司法确认程序的若干规定》（法释〔2011〕5号）第7条。

四是明确公共政策的范围。[①]

第五，建立虚假调解审查及惩戒机制。因调解协议的达成完全基于当事人意思自治，且国际上缺乏对调解组织和调解员的统一管理体制，《新加坡公约》在施行过程中容易出现虚假调解。对此，可从以下几个方面着手规制：一是探索建立案外人申请不予执行调解协议制度，允许因虚假调解利益受损的案外人在调解协议执行审查程序中提出异议；二是借鉴惩治虚假诉讼的有关规定，明确规定对从事虚假调解的当事人采取罚款、拘留措施，将情节严重的虚假调解行为规定为刑事犯罪；三是针对虚假调解协议已经执行完毕的情况，通过执行回转或者要求申请执行人事先提供执行担保等方式建立有效的补救机制；[②] 四是推动建立惩治虚假调解的国际合作机制，如设立统一的调解组织和调解员名录，将参与虚假调解的调解组织或调解员列入黑名单，畅通法院与境外调解组织和调解员的沟通核实渠道。

（二）完善在线商事调解机制

目前我国在线调解实践主要有以下几种模式：一是由法院、政府主管部门等主导建立在线调解平台，通过引入法院、仲裁机构、人民调解委员会、商事调解组织、行业协会、律师调解工作室实现调解资源整合，当事人可以通过在线调解平台选定调解组织或调解员进行调解，法院也可以通过在线调解平台委派、委托调解案件；二是调解组织自行开发网上调解系统，并通过该系统完成申请交费、确定调解员、组织调解、签订调解协议等事项，如中国贸促会调解中心推出的网上调解系统；三是针对在线购物等交易过程完全在线的特定纠纷，电商平台根据《网络交易管理办法》建立在线调解机制，ODR 在线纠纷解决机制发展初期即主要系为解决 B2C 电子商务纠纷；四是部分争议解决机构直接通过微信、腾讯会议等第三方即时通信工具开展远程调解。

在线调解机制具有程序灵活、成本低、效率高、对抗性弱的优势，可以有效缓解审判压力、促进纠纷快速解决。但因互联网技术的局限性及相关制度规范的欠缺，我国在线调解机制在实际运行中也面临诸多挑战。一方面，囿于技术限制、

---

① 参见朱华芳、顾嘉、郭佑宁：《中国商事调解年度观察（2020）》，载北京仲裁委员会／北京国际仲裁中心组编：《中国商事争议解决年度观察2020》，中国法制出版社2020年版，第55—56页。

② 参见刘敬东、孙巍、傅攀峰、孙南翔：《批准〈新加坡调解公约〉对我国的挑战及应对研究》，载《商事仲裁与调解》2020年第1期，第52页。

当事人缺乏信任感等原因，在线调解并未在各省市实现全覆盖，实际使用率有待提高；另一方面，调解员与当事人通过虚拟空间进行交流，调解的保密性无法保障，依托于面对面接触的传统调解技巧无法施展。为解决前述问题，笔者对完善在线商事调解机制提出以下建议。

第一，建立健全在线调解的制度规则与技术标准。首先，应当要求调解员、当事人通过法院、调解组织等自行主导开发的在线平台参与调解，避免使用第三方平台可能产生的信息泄露问题。其次，开展在线调解必须以当事人明确同意为前提，而且并非所有案件均适合远程在线调解，对于涉及国家秘密、商业秘密等有较高保密要求的案件，应当明确不得进行在线调解。① 最后，在线调解在当事人身份核验、证据展示、调解保密性保障、调解协议的签署等方面均具有特殊性，应当探索完善相关规则。为此，调解行业不仅应加强制度建设，还应加强与相关技术行业的沟通交流，探索完善在线调解平台建设、运行的技术规范、技术标准，促进调解平台安全、便利水平不断提升。

第二，对法院在线调解平台进行整合优化。在新冠肺炎疫情期间，各地法院的在线调解工作得到大力发展，但也存在在线调解平台重复建设、发展不均衡等问题。在线调解平台混乱不仅会造成资源浪费，也对当事人的信息安全带来潜在风险。结合地域差异的现状，可以区分情况逐步推进在线调解平台的统一。对于在线调解发展相对滞后的地区，引导辖区内法院积极使用最高院开发的"人民法院调解平台"开展在线调解工作。对于多个在线调解平台并行的地区，应推动区域内在线调解平台、资源的整合。

第三，对调解员进行在线调解专业化培训。在线调解过程中，调解员可能因信息迟延、感官受限等原因无法迅速察觉到当事人的情绪变化，从而有针对性地组织调解。对此，一方面需要推动技术发展，使得系统能够有效识别当事人的情绪标签并反馈给调解员；另一方面也要结合在线调解的特点，对调解员进行有针对性的培训，增强其远程沟通把控能力和信息技术处理能力。

第四，加强在线调解的宣传力度。基于对信息安全、交流便利度的担忧，当事人往往更倾向于以线下方式解决纠纷。对此，可以通过媒体宣传、成功案例公示等方式，让当事人对在线调解的流程、优势有更为深入的了解，增强公众对在线调解机制的信任感。

---

① 例如，《安徽省法院在线调解工作规则（试行）》第6条。

（三）完善商事调解收费制度

根据《中华人民共和国人民调解法》第 4 条规定，人民调解委员会调解民间纠纷不收取费用，《诉讼费用交纳办法》也并未规定对诉讼调解另行收取费用，因此调解的公益性、无偿性成为人们对调解的固有印象。但是，商事调解不同于对一般民事纠纷的解决，在调解员的专业性上有着更高要求，调解程序往往也更具有规范性，为充分调动调解员积极性，提高商事调解服务质量，有必要完善商事调解收费制度。2019 年，上海市司法局、民政局、财政局印发《关于规范本市调解组织发展的规定》，规定调解组织可进行有偿的纠纷解决服务。实践中，北京仲裁委员会调解中心等调解组织也已制定市场化的调解案件收费办法。下一阶段，建议进一步从以下几个方面完善我国商事调解收费制度。

第一，在法律层面规定商事调解收费原则。目前，部分肯定调解服务有偿提供的政策文件系针对特定调解类型作出且规范层级较低，[1] 建议在制定《商事调解法》时明确调解收费原则，为商事调解收费提供正当性依据，促进商事调解的市场化运作。

第二，制定专门的商事调解收费办法。为规范调解组织的收费行为、促进商事调解市场发展，对调解收费可以实行市场定价为主、政府调控为辅的机制，通过制定商事调解收费办法，对收费范围、计费方式、费用承担、调解费减免及退还等事项作出规定。[2] 借鉴国内外知名商事调解机构的经验，商事调解费用主要包括机构管理费和调解员报酬两部分；费用计算方面可以采取按标的额计收或者按小时计收的方式，但无论采取何种计费方式，调解收费标准均应显著低于诉讼费、仲裁费标准，以体现调解在纠纷解决上的低成本优势。

第三，明确调解与其他争议解决方式对接时的商事调解收费模式。人民调解委员会、行政机关在进行调解时系由政府提供经费支持，法院、仲裁机构开展调解的费用也已包含在诉讼费用或仲裁费用中，因此需要向当事人单独收取调解费用以维持运转的主要是商事调解组织、律师调解工作室 / 律师调解中心等民间性调解组织。在调解与诉讼、仲裁对接情形下，如何协调诉讼费用 / 仲裁费用与调

---

① 例如，《最高人民法院关于扩大诉讼与非诉讼相衔接的矛盾纠纷解决机制改革试点总体方案》第 19 条、《最高人民法院、司法部关于开展律师调解试点工作的意见》（司发通〔2017〕105 号）第 14 条、《最高人民法院国际商事法庭程序规则（试行）》第 38 条等。

② 参见龙飞、江和平：《商事调解收费制度的构建》，载微信公众号"多元化纠纷解决机制"，访问时间：2021 年 3 月 10 日。

解费用的收取有待进一步明确。

调仲对接，即当事人将经由调解组织调解解决的案件提交至仲裁机构，由仲裁庭审查后按照调解协议的内容制作仲裁调解书或裁决书。对通过调仲对接机制提交的案件，仲裁机构一般仍作为独立仲裁案件进行受理并收取相应的仲裁费用。笔者认为，该种收费模式可能加重当事人费用负担，弱化调解的成本优势，不利于调仲对接机制的推广使用。为此，仲裁机构可考虑调整收费办法，如规定其收取的仲裁费用可以扣减当事人向调解组织交纳的调解费用。此外，当事人亦可通过在仲裁程序中选择小时计费的方式降低调仲对接的整体费用成本。

关于诉调对接、仲调对接情形下的调解收费，实践中的通常做法是：当事人自行选择调解组织调解的，按照调解组织的收费办法交纳调解费用；由法院、仲裁机构委派或委托调解的，按照法院、仲裁机构的规定或者调解组织与相关机构的合作协议处理。① 根据《最高人民法院关于人民法院特邀调解的规定》第 29 条的规定，在法院收取当事人交纳的诉讼费后，一般仅会对被委派或委托调解案件的调解员发放误工、交通等基本补贴。笔者认为，该种收费模式未能合理反映商事调解服务的价值，不利于调动调解员的积极性。为此，可以考虑规定法院、仲裁机构将案件委托或委派调解后仅保留与调解协议审查确认工作量相匹配的费用，并按照机构管理费和调解员报酬标准向调解组织、调解员转付费用、报酬；或者按照调解收费的市场化标准，以政府购买服务的方式与调解组织、调解员进行结算。

五、结语与展望

2020 年，面对新冠肺炎疫情的严重冲击，我国商事调解克服种种困难，持续取得积极进展，在服务复工复产、化解重大风险、优化营商环境、改善社会治理等方面发挥了重要作用，取得的成果来之不易。尤值一提的是，在人员交流因疫情遭受严重影响的情况下，调解与诉讼、仲裁等对接机制加快建立完善，在线调解平台加速建立和运用，我国商事调解在危机中寻得先机，实现了创新发展。放眼国际，《新加坡公约》正式生效标志着全球纠纷解决方式形成新格局。我国应抓

---

① 例如，《深圳市前海国际商事调解中心调解收费办法（试行）》第 6 条规定："……当事人申请或同意接受调解中心的调解，应当按照本办法及收费协议向调解中心交纳调解费用……人民法院、仲裁委员会或其他争议解决机构移送、委托调解的案件，商请协助、联合调解的案件，其收费执行该机构的规定或按双方的约定办理。"

住战略机遇，努力实现商事调解在我国的发展与繁荣，并争取充分发挥在构建国际争议解决新秩序中的领导力、影响力。

在肯定商事调解发展成果的同时，也应看到，我国商事调解领域仍存在不少短板，特别是商事调解基础法律法规不健全，现行国内法与《新加坡公约》存在诸多不协调之处，促进和保障调解行业高质量发展的措施不到位，在线调解发展缺乏有力规范与指导。笔者希望，各界人士以锐意进取的精神和改革创新的智慧，携手努力，共同解决制约我国商事调解发展的障碍。

第一，《新加坡公约》的生效补充了国际调解法律框架，为国际和解协议的跨境执行提供了制度保障，中国商事调解事业迎来发展新机遇。我国应加快建立《新加坡公约》在国内的落地实施机制，统一国内、国际调解协议的执行程序，推动制定《商事调解法》、修改《民事诉讼法》，通过制定司法解释等方式规定调解协议执行审查程序与标准，细化《新加坡公约》规定，为我国商事调解的发展繁荣奠定坚实法治保障。

第二，商事调解的质量取决于调解员的专业化水平，因我国调解制度肇始于以解决邻里纠纷为目的的人民调解，商事调解的发展相对缺乏配套制度保障，存在调解员专业素养不高、调解收费的社会接受度低等问题。为提高商事调解质量、增强商事调解吸引力、防范虚假调解，我国应当加快商事调解的调解员队伍建设，改革调解组织与调解员管理制度，完善调解收费制度，促进商事调解在市场化、法治化条件下的高质量发展。

第三，在线调解作为商事调解的新兴发展方向，为商事调解的开展提供了极大便利。新冠肺炎疫情客观上也为在线调解快速发展提供了条件。我国应加快建立健全在线调解的制度规则与技术标准，适度整合已有在线调解平台和资源，提升调解员在线调解的能力，加大在线调解普及宣传力度，助力在线调解持续健康发展。

中国建设工程争议解决年度观察（2021）

周显峰　汪派派　王颖飞 [①]

一、概述

（一）建设工程争议解决进入《民法典》时代

2020 年 5 月 28 日，全国人民代表大会表决通过了《中华人民共和国民法典》（以下简称《民法典》），自 2021 年 1 月 1 日起施行。

随着我国民事法律体系正式进入《民法典》时代，我国建设工程法律体系也相应面临着结构性的重大调整。其中，除《民法典》修订或创设的一系列与建设工程相关的重要法律制度外，《中华人民共和国民法通则》、《中华人民共和国担保法》、《中华人民共和国合同法》（以下简称《合同法》）、《中华人民共和国物权法》、《中华人民共和国侵权责任法》、《中华人民共和国民法总则》等与建设工程密切相关的原有法律同时废止；相应的，最高人民法院根据原有法律制定的大批司法解释也已同时废止，其中包括在建设工程争议解决领域长期发挥重要功能的《关于审理建设工程施工合同纠纷案件适用法律问题的解释》（以下简称原《施工合同司法解释（一）》）和《关于审理建设工程施工合同纠纷案件适用法律问题的解释（二）》（以下简称原《施工合同司法解释（二）》）。与此同时，最高人民法院根据《民法典》修订或颁布了大批新的司法解释，其中包括《关于审理建设工程施工合同纠纷案件适用法律问题的解释（一）》（以下简称新《施工合同司法解释（一）》）与《民法典》同时施行。

---

① 周显峰，君合律师事务所合伙人，我国首位工程法律研究方向博士。汪派派，君合律师事务所律师。王颖飞，君合律师事务所律师。

毫无疑问，随着《民法典》及配套司法解释的施行，建设工程争议解决的实践发展将面临一系列新课题、新挑战、新机遇。

（二）2020 版《建设项目工程总承包合同（示范文本）》

2020 年 11 月 25 日，住房和城乡建设部、国家市场监督管理总局公布了《建设项目工程总承包合同（示范文本）》（GF–2020–0216）（以下简称 2020 版《示范文本》），自 2021 年 1 月 1 日起执行。

2020 版《示范文本》在我国现有建设工程施工合同示范文本、工程总承包合同示范文本和标准总承包招标文件基础之上，充分借鉴和吸收了国际咨询工程师联合会（FIDIC）1999 版和 2017 版合同条件的架构和内容。

考虑到在实践中，建设工程合同示范文本不仅在具体项目中成为当事人订立合同、确定权利义务关系的基础依据，还在一定程度上影响着建设工程交易习惯的理解和适用。在此背景下，在博采众长基础上发展形成的 2020 版《示范文本》的发布和施行，将对我国的建设工程争议解决实践注入新元素、新活力，并将持续产生全面而深远的影响。

（三）对外承包工程业务受新冠肺炎疫情影响有所下降

2020 年，受新冠肺炎疫情持续影响，我国对外承包工程业务完成营业额 10756.1 亿元人民币，同比下降 9.8%（折合 1559.4 亿美元，同比下降 9.8%），新签合同额 17626.1 亿元人民币，同比下降 1.8%（折合 2555.4 亿美元，同比下降 1.8%）。[①]

在"一带一路"领域的对外承包工程方面，我国企业在"一带一路"沿线的 61 个国家新签对外承包工程项目合同 5611 份，新签合同额 1414.6 亿美元，同比下降 8.7%，占同期我国对外承包工程新签合同额的 55.4%；完成营业额 911.2 亿美元，同比下降 7%，占同期总额的 58.4%。

与对外承包工程业务受新冠肺炎疫情影响有所下降相比，在境外投资方面，我国企业在"一带一路"沿线对 58 个国家非金融类直接投资 177.9 亿美元，同比增长 18.3%，占同期总额的 16.2%，较上年同期提升 2.6 个百分点，主要投向新加坡、印尼、越南、老挝、马来西亚、柬埔寨、泰国、阿联酋、哈萨克斯坦和以色列等

---

① 《2020 年我国对外承包工程业务简明统计》，载商务部网站，http://hzs.mofcom.gov.cn/article/date/202101/20210103033290.shtml，访问时间：2021 年 2 月 18 日。

国家。① 这在一定程度上反映了针对新冠肺炎疫情的不利影响，我国企业的应对策略思路和未来发展趋势。

此外，在 2020 年度《工程新闻纪录（ENR）》"全球最大 250 家国际承包商"榜单中，中国内地企业共有 74 家企业入围，上榜企业数量继续蝉联各国榜首。此数量较上年减少 1 家，减少的主要原因是部分企业实施了合并重组，由母公司统一参评②。

（四）PPP 争议解决

2020 年 1 月 1 日，《最高人民法院关于审理行政协议案件若干问题的规定》（以下简称《行政协议司法解释》）实施。针对该司法解释中对行政协议的定义以及对行政协议可仲裁性的否定将如何影响政府与社会资本合作协议（以下简称 PPP 协议）约定的仲裁条款，笔者曾在《中国商事争议解决年度观察（2020）》中进行了分析和论证。在本文中，笔者将结合 2020 年北京市第四中级人民法院就某 PPP 协议的可仲裁性所作出的裁定，对近期相关司法实践进行实证分析。详见本文第三（三）【案例 3】部分。

二、新出台的法律法规或其他规范性文件

（一）《民法典》

《民法典》全文共计 1260 条，其中总则、物权编、合同编、侵权责任编等关系到建设工程及相关争议解决的方方面面。其中，与建设工程合同直接相关的是合同编第二分编典型合同中第十八章为"建设工程合同"。该部分内容基本沿袭了《合同法》分则第十六章关于建设工程合同的规定，但条文数由 19 条增加至 21 条——增加的 2 个条文主要吸收了原《施工合同司法解释（一）》中关于建设工程施工合同无效处理、建设工程合同法定解除权的相关规定。

1. 关于建设工程施工合同无效处理

《民法典》第 793 条吸收了原《施工合同司法解释（一）》第 2—3 条关于建设

---

① 《2020 年我对"一带一路"沿线国家投资合作情况》，载商务部网站，http://www.mofcom.gov.cn/article/tongjiziliao/dgzz/202101/20210103033292.shtml，访问时间：2021 年 2 月 18 日。

② 《2020 年度 ENR"全球最大 250 家国际承包商"榜单发布》，载微信公众号"中国对外承包工程商会"，2020 年 8 月 21 日。

工程施工合同无效的处理规则，但进行了如下三处重要修改：

第一，将建设工程"经竣工验收合格"修改为"经验收合格"，即建设工程即使未能进行竣工验收（如烂尾），已进行的分部工程、分项工程、单位工程等阶段性验收结果，也可以作为建设工程施工合同无效处理的依据。

第二，将可以请求参照工程价款的约定折价补偿的主体为"承包人"的表述予以删除，即在建设工程施工合同无效的情形下，发包人、承包人均可以请求参照无效合同中工程价款的约定折价补偿。

第三，将请求"参照合同约定支付工程价款"修改为"参照合同关于工程价款的约定折价补偿承包人"。"折价补偿"不仅更符合《民法典》关于合同无效的法律后果的表述，也有利于修正原条文"参照合同约定支付工程价款"在司法实践中被理解为无效合同按有效处理的误区。

2. 建设工程合同的法定解除

《民法典》第806条主要吸收了原《施工合同司法解释（一）》第8—10条关于发包人、承包人法定解除权的相关规定，但有如下几处变化：

（1）关于发包人的法定解除权

该条仅明确规定了发包人在承包人非法转包、违法分包两种情形下享有法定解除权，并未保留原《施工合同司法解释（一）》第8条规定的三种情形，即"（一）明确表示或者以行为表明不履行合同主要义务的；（二）合同约定的期限内没有完工，且在发包人催告的合理期限内仍未完工的；（三）已经完成的建设工程质量不合格，并拒绝修复的"。

对此，笔者理解由于《民法典》第563条第1款关于五种合同法定解除情形已可以覆盖以上三种情形，因此，《民法典》在第806条中的删减对发包人行使法定解除权应无实质性影响。

（2）关于承包人的法定解除权

该条仅明确规定两种情形致使承包人无法施工的，经催告后可以解除合同，一是发包人提供的主要建筑材料、建筑构配件和设备不符合强制性标准；二是发包人不履行协助义务。

首先，该条虽然未保留原《施工合同司法解释（一）》第9条规定的发包人"未按约定支付工程价款"，但考虑到该情形应可为《民法典》第563条第1款规定的第（三）种法定解除情形，即"当事人一方迟延履行主要债务，经催告后在合理期限内仍未履行"所覆盖，鉴于此，《民法典》的这项删减对承包人行使法定解除权应无实质性影响。

其次，该条还将原《施工合同司法解释（一）》第9条规定的发包人"不履行合同约定的协助义务"修改为"不履行协助义务"，即发包人的协助义务将不仅限于合同明文约定的各项协助义务，还包括默示协助义务。这项修改的现实意义在于，对于在实践中经常出现的建设工程合同中承包人解除权缺失或不足的情形，承包人将有可能通过以发包人不履行默示协助义务为由，通过主张法定解除权，更好地平衡发承包双方之间的权利义务关系。

当然，在《民法典》体系下，建设工程发承包双方行使解除权时，还需要注意通则部分的相关规定，特别是新规定，如《民法典》第564条规定的合同解除权的一年除斥期限等。限于篇幅，在此不予赘述。

（二）最高人民法院新《施工合同司法解释（一）》

2020年12月29日，最高人民法院发布《关于废止部分司法解释及相关规范性文件的决定》（法释〔2020〕16号），决定自2021年1月1日起，废止《最高人民法院关于建设工程价款优先受偿权问题的批复》（法释〔2002〕16号）、原《施工合同司法解释（一）》、原《施工合同司法解释（二）》等文件。同日，新《施工合同司法解释（一）》正式公布，并自2021年1月1日起施行。新《施工合同司法解释（一）》共计45条，条文架构如下表所示：

条文序号	条文主题
第1—7条	建设工程施工合同效力的认定以及无效情形下的损害赔偿
第8—10条	开工与竣工日期的认定及工期顺延
第11—16条	工程质量争议
第17—18条	质量保证金及保修责任
第19—21条	计价与结算
第22—24条	黑白合同的结算依据
第25—27条	垫资及工程价款利息
第28—34条	司法鉴定
第35—42条	建设工程价款优先受偿权
第43—44条	实际施工人的权利保护及代位权
第45条	施行日期

与原施工合同司法解释相比，新《施工合同司法解释（一）》的实质性变化集

中体现在如下三个方面：

1. 已由《民法典》吸收的条文

由于原《施工合同司法解释（一）》第2—3条有关建设工程施工合同无效的处理规则，以及第8—10条有关建设工程合同法定解除权的规定已分别被《民法典》第793条和第806条所吸收，因此，新《施工合同司法解释（一）》未再重复规定。

2. 完全删除的条文

首先，新《施工合同司法解释（一）》删除了原《施工合同司法解释（一）》第4条关于人民法院收缴当事人非法所得的规定。

其次，由于施工合同备案制度已经取消，且大量工程建设行业实际也并未采取施工合同备案制度，原《施工合同司法解释（一）》第21条关于"以备案的中标合同作为结算工程价款的根据"的规定已不再适用，因此，新《施工合同司法解释（一）》将该条规定予以删除。

3. 新增或作出重大修改的条文

这方面的变化主要集中在建设工程价款优先受偿权。首先，新《施工合同司法解释（一）》增加的第36条规定"建设工程价款优先受偿权优于抵押权和其他债权"，这实际吸收了《最高人民法院关于建设工程价款优先受偿权问题的批复》的相关内容。其次，新《施工合同司法解释（一）》第41条将原《施工合同司法解释（二）》第22条关于"承包人行使建设工程价款优先受偿权的期限为六个月"的规定修改为"承包人应当在合理期限内行使建设工程价款优先受偿权，但最长不得超过十八个月"。

（三）《最高人民法院关于依法妥善审理涉新冠肺炎疫情民事案件若干问题的指导意见》（一）（二）（三）

2020年爆发的新冠肺炎疫情的影响覆盖建设工程领域的各个环节，对建设工程合同的履行构成重大影响。关于新冠肺炎疫情是否构成不可抗力，是否构成情势变更，因受疫情影响而导致的各类损失和风险后果应当如何根据适用法律及合同约定予以分配，笔者在《中国商事争议解决年度观察（2020）》中进行了前瞻性分析。

2020年4月16日、5月15日和6月8日，最高人民法院分别发布《关于依法妥善审理涉新冠肺炎疫情民事案件若干问题的指导意见》（以下简称《新冠疫情案件指导意见》）（一）（二）（三）。其中，针对建设工程合同履行，《新冠疫情案件指导意见》（二）特别规定：

"7. 疫情或者疫情防控措施导致承包方未能按照约定的工期完成施工，发包方请求承包方承担违约责任的，人民法院不予支持；承包方请求延长工期的，人民法院应当视疫情或者疫情防控措施对合同履行的影响程度酌情予以支持。

疫情或者疫情防控措施导致人工、建材等成本大幅上涨，或者使承包方遭受人工费、设备租赁费等损失，继续履行合同对承包方明显不公平，承包方请求调整价款的，人民法院应当结合案件的实际情况，根据公平原则进行调整。"

最高人民法院的上述指导意见，对于有效处理因新冠肺炎疫情导致的工期和 /或费用等方面的争议，具有非常重要的司法实践价值。

（四）《国家发展和改革委员会关于进一步做好〈必须招标的工程项目规定〉和〈必须招标的基础设施和公用事业项目范围规定〉实施工作的通知》（以下简称《通知》）

2020 年 10 月 19 日，针对《必须招标的工程项目规定》（国家发展改革委 2018 年第 16 号令，以下简称 16 号令）和《必须招标的基础设施和公用事业项目范围规定》（发改法规规〔2018〕843 号，以下简称 843 号文）的具体实施细节，国家发展改革委发布《通知》。《通知》主要对如何准确理解依法必须招标的工程建设项目范围进行了进一步明确规定。

首先，关于使用国有资金的项目，《通知》明确规定 16 号令第 2 条第 1 项中"预算资金"，是指《中华人民共和国预算法》规定的预算资金，包括一般公共预算资金、政府性基金预算资金、国有资本经营预算资金、社会保险基金预算资金。第 2 项中"占控股或者主导地位"，参照《中华人民共和国公司法》第 216 条关于控股股东和实际控制人的理解执行，即"其出资额占有限责任公司资本总额百分之五十以上或者其持有的股份占股份有限公司股本总额百分之五十以上的股东；出资额或者持有股份的比例虽然不足百分之五十，但依其出资额或者持有的股份所享有的表决权已足以对股东会、股东大会的决议产生重大影响的股东"；国有企事业单位通过投资关系、协议或者其他安排，能够实际支配项目建设的，也属于占控股或者主导地位。项目中国有资金的比例，应当按照项目资金来源中所有国有资金之和计算。

其次，《通知》还就"项目与单项采购的关系""同一项目中的合并采购""总承包招标的规模标准"等问题进行了明确规定。

此外，《通知》还着重强调 16 号令和 843 号文在确定依法必须进行招标的工程建设项目范围和规模标准方面的权威性，明确规定"没有法律、行政法规或者国务院规定依据的，对16号令第五条第一款第（三）项中没有明确列举规定的服务事项、843号文第二条中没有明确列举规定的项目，不得强制要求招标""各地方应当严格执行16号令和843号文规定的范围和规模标准，不得另行制定必须进行招标的范围和规模标准，也不得作出与16号令、843号文和本通知相抵触的规定"。

该《通知》不仅是对现行招标制度的重要补充，还是《中华人民共和国招标投标法》（以下简称《招标投标法》）全面修订工作的重要组成部分，是持续深化招标投标领域"放管服"改革，努力营造良好市场环境的一项重要举措。

（五）住房和城乡建设部《建设工程企业资质管理制度改革方案》

近些年来，我国持续深入建筑业"放管服"改革。在此背景下，对于建设工程企业资质等级管理制度这一建筑业的根本制度的改革，将是建筑业"放管服"改革成功的关键。

2020年11月30日，经国务院常务会议审议通过的《建设工程企业资质管理制度改革方案》（以下简称《资质改革方案》）由住房和城乡建设部正式印发。《资质改革方案》旨在按照国务院深化"放管服"改革部署要求，持续优化营商环境，大力精简企业资质类别，归并等级设置，简化资质标准，优化审批方式，进一步放宽建筑市场准入限制，降低制度性交易成本，破除制约企业发展的不合理束缚，持续激发市场主体活力，促进就业创业，加快推动建筑业转型升级，实现高质量发展。

《资质改革方案》明确了包括工程勘察、设计、施工、监理企业在内的建设工程企业资质改革方案，对部分专业划分过细、业务范围相近、市场需求较小的企业资质类别予以合并，对层级过多的资质等级进行归并。改革后，工程勘察资质分为综合资质和专业资质，工程设计资质分为综合资质、行业资质、专业和事务所资质，施工资质分为综合资质、施工总承包资质、专业承包资质和专业作业资质，工程监理资质分为综合资质和专业资质。资质等级原则上压减为甲、乙两级（部分资质只设甲级或不分等级）。具体内容如下：

1.工程勘察资质。保留综合资质；将4类专业资质及劳务资质整合为岩土工程、工程测量、勘探测试等3类专业资质。综合资质不分等级，专业资质等级压减为甲、乙两级。

2.工程设计资质。保留综合资质；将21类行业资质整合为14类行业资质；将

151 类专业资质、8 类专项资质、3 类事务所资质整合为 70 类专业和事务所资质。综合资质、事务所资质不分等级；行业资质、专业资质等级原则上压减为甲、乙两级（部分资质只设甲级）。

3. 施工资质。将 10 类施工总承包企业特级资质调整为施工综合资质，可承担各行业、各等级施工总承包业务；保留 12 类施工总承包资质，将民航工程的专业承包资质整合为施工总承包资质；将 36 类专业承包资质整合为 18 类；将施工劳务企业资质改为专业作业资质，由审批制改为备案制。综合资质和专业作业资质不分等级；施工总承包资质、专业承包资质等级原则上压减为甲、乙两级（部分专业承包资质不分等级），其中，施工总承包甲级资质在本行业内承揽业务规模不受限制。

4. 工程监理资质。保留综合资质；取消专业资质中的水利水电工程、公路工程、港口与航道工程、农林工程资质，保留其余 10 类专业资质；取消事务所资质。综合资质不分等级，专业资质等级压减为甲、乙两级。

（六）住房和城乡建设部、国家市场监管总局《建设项目工程总承包合同（示范文本）》（GF-2020-0216）（2020 版示范文本）

2020 年 11 月 25 日公布的 2020 版《示范文本》自 2021 年 1 月 1 日起执行，原《建设项目工程总承包合同示范文本（试行）》（GF-2011-0216）（以下简称 2011 版《示范文本》）同时废止。相较于同样适用于工程总承包项目的 2011 版《示范文本》，2020 版《示范文本》无论从体例还是内容上，都进行了较大幅度的修订和优化。

此外，对比《建设工程施工合同（示范文本）》（GF-2017-0201）（以下简称 2017 版《示范文本》），2020 版《示范文本》总体延续了 2017 版《示范文本》的章节安排、条款结构、标题和部分内容，但增加了一系列体现工程总承包项目特征的条款，如第 5 条"设计"。

值得注意的是，2020 版《示范文本》在与 2020 年 3 月 1 日起施行的《房屋建筑和市政基础设施项目工程总承包管理办法》（以下简称《工程总承包管理办法》）的衔接方面比较充分，同时还根据 2020 年 5 月 1 日实施的《保障农民工工资支付条例》集中就人工费支付安排进行了特别约定。

考虑到 2020 版《示范文本》对我国建设工程争议解决实践将发挥的重要影响，笔者将在本文第四部分"热点问题观察"，集中就 2020 版《示范文本》中若干特征性问题进行分析和讨论。

三、典型案例

（一）工程总承包领域典型案例

【案例1】EPC 合同约定目的与质量责任分配机制及发包人索赔程序[①]

【基本案情】

2013 年 9 月 9 日，承包人作为牵头方与设计院组成总承包联合体，与发包人签订 EPC 合同，该 EPC 合同采用了 2012 版《标准设计施工总承包招标文件》（以下简称 2012 版《标准招标文件》）通用合同条款，约定采用设计—采购—施工（EPC）总承包方式，由联合体进行由 A–F 子项工程组成的屋顶光伏发电项目的工程建设（以下简称本案工程）。本案合同约定竣工结算价的 5% 作为质保金，自本案工程竣工验收之日起 36 个月后释放全部质保金，专用条款还特别约定"如无扣款项则释放全部质保金"。

承包人与案外人设计院签订的《联合体协议》中约定，由承包人负责接收发包人的所有付款。

本案工程已于 2014 年 12 月 31 日通过发包人竣工验收。竣工结算价款为 1.5 亿元，发包人尚有 750 万元质保金未付。

承包人认为本案工程质保期已于 2017 年 12 月 31 日届满，因此发包人应当支付质保金。发包人则认为在质保期内，由于工程质量问题，发包人多次通知承包人履行保修义务，但承包人拒不履行保修义务，给发包人造成一系列经济损失，因此损失金额应从质保金中予以扣除。发包人主张承包人应就各子项中存在的质量问题承担责任。

2019 年 9 月 11 日，承包人向北京仲裁委员会／北京国际仲裁中心发起仲裁申请，请求裁决发包人支付欠付质保金，并在欠付质保金范围内对本案工程享有优先受偿权。

随后，发包人提出仲裁反请求，请求裁决承包人赔偿损失并对屋顶子项存在的问题采取修复措施。

发包人在答辩中，还主张根据第三方出具的《分布式光伏电站检测报告》，主

[①] 本案例来源于北京仲裁委员会／北京国际仲裁中心于 2021 年 2 月审结的某系列屋顶光伏发电 EPC 合同纠纷仲裁案。为本文撰写之目的，对案件细节进行了加工整理。

张因大约 4000 块太阳能光伏板发电效率低，不符合设计要求而需要更换，但承包人拒绝履行保修义务，相应更换费用应从质保金中扣除（该项费用发包人未提出仲裁反请求）。

此外，发包人还对承包人未与联合体成员共同发起仲裁提出异议，主张：第一，根据《联合体协议书》现有约定内容，无法对联合体成员对本案合同项下的工程款利益份额进行合理区分；第二，在联合体各方共享工程款利益，且无法查明联合体各方利益份额的情形下，如果联合体一方单方就全部工程款利益申请仲裁申请，那么必将导致联合体另一方的工程款利益也被纳入仲裁申请范围，而在联合体另一方未授权联合体一方申请仲裁的情形下，仲裁庭的审理权限存在瑕疵；第三，《联合体协议书》虽然约定承包人"负责接收、统筹安排业主方在 EPC 主合同约定的所有付款"，但仲裁涉及对工程款利益的处分，而以上约定并不足以解释为承包人对联合体各方共享的工程款利益拥有单方处分权限。

【争议焦点】

第一，承包人作为总承包联合体一方，是否有权单独发起仲裁申请；

第二，承包人是否有权以其设计符合相关规范为由，不承担质量责任；

第三，承包人能否以质保期满为由不承担质量赔偿责任，发包人能否在质保期满后要求承包人继续履行保修义务；

第四，发包人在未提出反请求，且未执行合同约定索赔程序的情形下，能否直接从质保金中扣除索赔款项；

第五，承包人是否有权主张建设工程价款优先受偿权。

【裁判观点】

1. 承包人作为总承包联合体一方，是否有权单独发起仲裁申请？

仲裁庭经审理认为，《联合体协议书》约定承包人"负责接收、统筹安排业主方在 EPC 主合同约定的所有付款"，由于无证据显示在合同履行过程中，存在承包人向联合体成员设计院沟通确认支付款项的情形，依据上述约定以及合同履行事实，仲裁庭认定联合体各方对于由承包人向发包人主张相关款项应已达成合意，故承包人有权单方向发包人提起仲裁申请。

2. 承包人是否有权以其设计符合相关规范为由，不承担质量责任？

在本案中，承包人提供第三方检测机构出具的《检测报告》、联合体成员设计院出具的《建筑物承载能力符合说明》《计算书》，用以证明案涉屋顶光伏发电项目设计符合规范，经专业机构评估符合承载力要求。

仲裁庭经审理认为，本案合同为设计—采购—施工总承包合同，即 EPC 合同。

根据本案合同第一节通用合同条款第4.1.3、4.1.4款，承包人既有义务"满足合同约定的目的"，也有义务"对所有设计、施工作业和施工方法，以及全部工程的完备性和安全可靠性负责"。换言之，与常规建设工程施工合同的责任分配机制相比，在该EPC合同项下，承包人需要承担更全面、更严格的义务和责任，包括对所有设计负责，对全部工程的安全可靠性负责，并满足合同约定目的。在此责任分配机制下，即使承包人的设计、施工均满足相关标准规范要求，不存在过错，但是只要工程出现不安全、不可靠或者不能满足合同目的情形，且非发包人过错所致，承包人就应当按照合同约定承担违约责任。

关于本案合同约定目的，根据本案合同第二节专用合同条款相关约定，仲裁庭认定性能试验测定的功率曲线达到主设备确定的功率曲线，输出电功率达到约定值，以及质保期内年发电量达到设计条件下的承诺值，应为本案合同约定目的。

根据以上责任分配机制，仲裁庭认为，即使承包人提供的两份证据能够证明其初始设计无缺陷，但在案涉子项工程出现屋顶坍塌事故，即安全可靠性出现重大缺陷，进而导致合同目的无法实现的情形下，根据本案通用合同条款第4.1.3、4.1.4款的约定，承包人仍应当向发包人承担违约责任。

3. 承包人能否以质保期满为由不承担质量赔偿责任？发包人能否在质保期满后要求承包人继续履行保修义务？

首先，关于承包人能否以质保期满为由不承担质量赔偿责任，仲裁庭经审理认为，尽管质量事故发生时已经超过质量保修期，承包人已无保修义务，但由于本次质量事故是因承包人未按照《光伏发电站设计规范》设计和施工所导致的，而根据《合同法》第282条规定，"因承包人的原因致使建设工程在合理使用期限内造成人身和财产损害的，承包人应当承担损害赔偿责任"[①]，承包人仍应当就本案工程合理使用年限内因该质量事故造成的财产损失承担赔偿责任。据此，仲裁庭对发包人请求的屋顶彩钢瓦维修费予以支持。

其次，关于发包人能否在质保期满后要求承包人继续履行保修义务，仲裁庭经审理认为，根据我国的建设工程质量保修制度的相关规定，在质量保修期内，建设工程发包人与承包人形成特定的权利义务关系，即对于因承包人原因导致的质量缺陷，承包人有义务（也有权利）负责维修并承担维修费用；相应的，发包人也有权利（也有义务）先通知承包人履行保修义务——只有在承包人拒绝履行

① 本案仍适用《合同法》。这里需要注意的是，关于《合同法》第282条最后一句"承包人应当承担损害赔偿责任"，《民法典》第802条已修改为"承包人应当承担赔偿责任"，即删除了"损害"二字。

保修义务的情形下，发包人才有权利委托第三方维修，并要求承包人赔偿相应损失。在质量保修期届满之后，建设工程发承包双方在质量保修期内的特定权利义务关系终止，即对于因承包人原因导致的质量缺陷，承包人不再有义务（和权利）采用维修的特定方式来承担质量责任；相应的，发包人也不再有权利（和义务）先通知承包人维修，而是有权在法定诉讼时效内，向承包人主张因其违约而产生的损失赔偿责任。例如，要求承包人赔偿因委托第三方维修而发生的费用损失。在本案中，仲裁庭认定本案工程质量保修期已于2017年12月31日届满。据此，由于承包人的保修义务已经终止，因此发包人已无权要求承包人采用继续履行保修义务的方式承担质量责任。但是，对于发包人有证据证明承包人未按约定履行合同义务导致的质量缺陷，发包人应当仍然享有向承包人另行主张赔偿损失的权利。

4. 发包人在就某项质量赔偿金未提出反请求，且未执行合同约定索赔程序的条件下，能否直接从质保金中予以扣除？

仲裁庭经审理认为，本案合同专用合同条款约定"如无扣款项则释放全部质保金"，该约定可以作为发包人无需通过反请求，直接主张从质保金中扣除质量赔偿金的合同依据。尽管如此，仲裁庭注意到，本案合同通用条款第23.4款针对发包人的索赔，明确约定了程序条件。其中，第23.4.2款明确约定"发包人按第3.5款商定或确定从承包人处得到赔付的金额和（或）缺陷责任期的延长期"。

通用合同条款第3.5款"商定或确定"约定如下：

"3.5.1 合同约定总监理工程师应按照本款对任何事项进行商定或确定时，总监理工程师应与合同当事人协商，尽量达成一致。不能达成一致的，总监理工程师应认真研究后审慎确定。

3.5.2 总监理工程师应将商定或确定的事项通知合同当事人，并附详细依据。对总监理工程师的确定有异议的，构成争议，按照第24条的约定处理。在争议解决前，双方应暂按总监理工程师的确定执行，按照第24条的约定对总监理工程师的确定作出修改的，按修改后的结果执行。"

根据上述通用合同条款第3.5款和第23.4.2款之约定，仲裁庭经合议认为，发包人可以直接主张从质保金扣除质量赔偿金的程序条件之一，是获得总监理工程师根据第3.5款作出的确定，否则发包人应当无权直接从质保金中扣除质量赔偿金。在本案中，由于发包人并未提供已满足以上条件的证明，因此，仲裁庭不支持其从质保金中直接扣除质量赔偿金的答辩主张。

5. 承包人是否有权主张建设工程价款优先受偿权

仲裁庭经审理认为，原《施工合同司法解释（二）》第22条规定："承包人行使建设工程价款优先受偿权的期限为六个月，自发包人应当给付建设工程价款之日起算。"

在本案中，本案工程的质保金的支付日期为 2017 年 12 月 31 日，但是承包人迟至 2019 年 9 月 11 日才通过仲裁申请主张行使建设工程价款优先受偿权，显然已经超出了前述 6 个月期限。据此，对于承包人关于行使建设工程价款优先受偿权的仲裁请求，仲裁庭不予支持。

【纠纷观察】

本案属于典型的 EPC 合同纠纷案，其中涉及的几个主要争议焦点均具有较强的代表性。

第一，关于承包人作为总承包联合体成员之一能否单方发起仲裁申请，这在实践中是容易被忽略，但实际又是非常重要的问题。在本案中，仲裁庭最终对《联合体协议书》中约定的承包人"负责接收、统筹安排业主方在 EPC 主合同约定的所有付款"作出了有利于支持承包人单方申请仲裁的解释，即认定承包人实际已获得联合体成员的授权。尽管如此，如果联合体成员之间的份额无法确定，而一方又未授权另一方申请仲裁，那么联合体成员单方申请仲裁的行为可能存在权利瑕疵。对此，联合体成员在订立《联合体协议书》时，有必要对此类容易产生"僵局"的事项进行明确约定。例如，事先明确约定联合体的牵头方获得其他成员方授权，有权以自身名义，代表联合体对外发起诉讼或仲裁。

第二，关于 EPC 合同约定目的与质量责任分配机制，也是本案值得高度关注的热点问题之一。在本案中，尽管承包人提供初步证据证明其设计符合相关规范要求，但是，由于其交付工程不能满足合同约定的目的，因此仍应当向发包人承担质量责任。在常规的设计合同或施工合同中，设计人、施工人承担质量责任通常是过错责任，主要表现为设计、施工不符合相关标准、规范。但是，在 EPC 合同中，如果约定承包人有满足合同约定目的的义务，那么承包人的质量责任将转化为无过错责任，即使设计、施工等环节均符合相关标准、规范，但只要不能满足合同约定目的，承包人就要承担质量责任。EPC 合同以"满足合同目的"（fit for purpose）本质特征的责任分配机制，需要 EPC 合同当事人各方予以高度关注。

第三，关于承包人在质量保修期内的保修义务和保修期满后的质量责任，虽然并非新问题，但在建设工程争议解决实践中，仍然存在诸多争议和认识误区。在本案中，仲裁庭对处理这两类常见争议的适用法律依据以及与保修有关的权利义务相统一的原理进行了集中梳理和分析，这对于今后正确处理此类争议应具有积极的借鉴意义。

第四，关于发包人的索赔程序，我国借鉴 1999 版 FIDIC 合同条件第 2.5 款关于"雇主索赔"（Employer's Claims）的机制和原理，通过 2012 版《标准招标文件》，在我国建设工程合同示范文本体系中首次引入了发包人的索赔程序机制，目的是对发包人滥用索赔扣款权的行为进行合理限制。在本案中，仲裁庭正是根据 2012 版《标准招标文件》关于发包人索赔程序的相关约定，对发包人要求直接从质量保修金中进行索赔扣款的答辩主张未予支持。

（二）境外工程领域典型案例

【案例 2】独立反担保函欺诈情形的认定[①]

【基本案情】

2010 年 11 月 2 日，韩国现代工程建设株式会社（以下简称受益人）与卡塔尔洪炯工业有限公司（以下简称供应商）签订供货合同，约定由供应商向受益人供应钢管桩等原材料并提供装配服务，后洛阳航空工程（卡塔尔）有限公司（以下简称分包商）与供应商就此项目签署分包协议，并于 2010 年 12 月 8 日与洛阳航空工程建设有限公司（以下简称洛阳航建）签署分包协议的转让协议，约定由洛阳航建具体负责分包协议履行，由洛阳航建或其关联公司向银行申请开立独立保函并向开立保函的银行提供反担保。

2010 年 12 月 25 日，分包商的关联公司凯迈（洛阳）航空防护装备有限公司向中国银行股份有限公司河南省分行（以下简称反担保行）申请向受益人开立保函。

2010 年 12 月 31 日，反担保行以阿拉伯及法兰西联合银行（香港）有限公司（以下简称担保行）为受益人开具了《反担保预付款保函》（以下简称反担保函），其中约定："自供应商从受益人处收到的预付款收益汇给分包商之日起，我行反担保保函即告生效。"同日，担保行向受益人出具了预付款保函（以下简称担保函）。

2011 年 1 月 27 日，受益人向供应商支付预付款；2011 年 2 月 7 日、8 日和 10 日，供应商分三笔将预付款汇入分包商账户。

2011 年 2 月 11 日，担保行向反担保行发送电文，称由于分包商开户行告知供应商已把预付款转给分包商，因此反担保行于 2010 年 12 月 31 日开立的反担保函，在预付款转入分包商账户当日生效。

2011 年 12 月 6 日，受益人依据担保函向担保行发出书面索赔请求，要求担

---

① （2018）最高法民终 1216 号（2020 年 5 月 6 日）。

保行支付担保函项下金额。同日，反担保行告知担保行其已收到洛阳市中级人民法院的法庭止付令，并称分包商告知反担保行其尚未收到预付款，要求担保行确认预付款是否已实际支付。

2011年12月9日，担保行向反担保行发出书面索赔请求，称担保行已收到受益人提交的书面索赔请求，要求反担保行支付反担保函项下金额。

2011年12月14日，担保行通过银行电文告知受益人，由于受益人的索赔存在不符点，且有证据表明该索赔构成欺诈，担保行拒绝支付索赔款项。

2011年12月15日，反担保行向担保行发出电文，以存在不符点和洛阳市中院已发出止付令为由拒绝支付索赔款。同日，担保行向反担保行发函，认为其于2011年12月9日发出的索赔并非不符索赔，并称其已收到受益人提交的相符索赔，再次要求反担保行支付反担保函项下款项。

2011年12月19日，受益人重新向担保行提交单据，申请索赔担保函项下金额。根据法院后续认定的事实，此次索赔为相符索赔。

【争议焦点】

第一，反担保函的效力和生效时间；

第二，担保人索兑反担保函是否构成独立保函欺诈。

【裁判观点】

1. 反担保函的效力和生效时间

法院认为，案涉反担保函中约定："当供应商将预付款转账给分包商后，反担保函即生效。"根据《国际商会见索即付保函统一规则》（"URDG 758"）以及《最高人民法院关于审理独立保函纠纷案件若干问题的规定》（以下简称《独立保函司法解释》），应视为双方为保函生效设置了条件。独立性是独立保函的核心特征之一，相关条件的单据化是独立性的重要体现，双方在保函中约定生效条件的同时，应规定满足该生效条件要求的单据。由于接收预付款的账户不是在反担保行或反担保行的其他关联企业开立，反担保行无法根据自身记录确定分包商是否收到预付款，双方约定的反担保函生效条件未规定满足该条件的单据。因此，反担保函一经开立即生效。

2. 担保人索兑反担保函是否构成独立保函欺诈

法院认为，担保行在收到受益人在担保函项下的第一次交单后，即向反担保行提出了第一次索赔。在担保行向受益人指出了其索赔的不符点之后，在其尚未收到受益人的相符索赔时，仍对反担保行坚称收到了相符索赔，并要求索兑反担保函项下的金额。因此，鉴于担保行向反担保行索赔时提交的单据与真实情况不符，且担保行对此知情，担保行在尚未收到受益人相符交单并已拒付受益人索赔的担保函项下金额的情况下，明知自身没有付款请求权仍隐瞒事实，向反担保行声称其已收到相符索赔，诱使反担保行付款的行为属于滥用付款请求权，构成欺诈。虽然审判时受益人已向担保行提出相符索赔，担保行也已付款，但由于担保行向反担保行索赔时自身存在欺诈，因此担保行对受益人的付款不属于《独立保函司法解释》规定的"善意付款"①。

【纠纷观察】

本案涉及独立反担保函的生效条件和欺诈索赔，最高人民法院通过此案确认了以下先例：

第一，保函生效条件的单据化要求：即对于未规定满足单据化要求的附条件生效独立保函，其生效时间为开立时间；

第二，担保行在索兑反担保函时本身存在欺诈的，即使其已对受益人付款，也不适用《独立保函司法解释》第 14 条第 3 款规定的担保行已善意付款的，法院不得裁定止付反担保函这一情形，不能被认定为担保行已向受益人善意付款。

此外，最高人民法院在"建设信贷银行股份公司埃森特佩企业银行业务中心分行、沈阳远大铝业工程有限公司信用证欺诈纠纷"一案终审判决中，②再次明确了"保函开立人善意付款"这一规则是"为了保护善意付款的保函开立人之合法权益，并在保函申请人、保函受益人、保函开立人及反担保保函开立人之间进行利益平衡而作出的规定"。但在本案中，由于保函开立人本身存在欺诈，并非善意付款，因此，本案不符合适用善意付款规则的适用情形，也有悖于此规则设立的目的。

（三）PPP 领域典型案例

【案例 3】PPP 合同与行政协议的关系及可仲裁性③

【基本案情】

为建设某国际旅游度假区景区工程项目，某县人民政府（甲方）与某实业有限

---

① 《独立保函司法解释》第 14 条第 3 款规定："开立人在依指示开立的独立保函项下已经善意付款的，对保障该开立人追偿权的独立保函，人民法院不得裁定止付。"

② 建设信贷银行股份公司埃森特佩企业银行业务中心分行、沈阳远大铝业工程有限公司信用证欺诈纠纷，（2020）最高法民再 265 号民事判决书（2020 年 8 月 26 日）。

③ （2020）京 04 民特 677 号民事裁定书。

公司（乙方）于 2016 年签订《某国际旅游度假区景区 PPP 项目协议》（以下简称《PPP 协议》），约定本项目采取政府和社会资本合作（PPP）模式，具体运作方式为 TOT+BOT，即存量资产采取 TOT 方式（移交—运营—移交）+ 增量资产采取 BOT 方式（建设—运营—移交）。其中甲方主要负责项目的监管以及为乙方提供土地使用权等外部保障条件，乙方须通过注册成立项目公司负责项目的融资、建设、运营等。

2017 年，某县人民政府（甲方）、某实业有限公司（乙方）与某基金管理有限公司（丙方）共同签订《某国际旅游度假区项目投资合作框架协议》（以下简称《框架协议》），约定由三方共同设立项目平台公司，负责本项目的投资开发和经营管理，并就项目平台公司的设立、注册资本以及各方违约责任等进行了约定。

2019 年，某县人民政府根据《投资合作合同》第 20.2 条关于仲裁条款的约定，以乙方和丙方未在《投资合作合同》解除后恢复原状和赔偿损失为由，向某仲裁委员会申请仲裁。此后，某实业有限公司向北京市第四中级人民法院提出确认《投资合作合同》仲裁条款无效的申请。

在该法律程序中，申请人某实业有限公司认为，根据最高人民法院《行政协议司法解释》第 1 条规定，行政机关为了实现行政管理或者公共服务目标，与公民、法人或者其他组织协商订立的具有行政法上权利义务内容的协议，属于《中华人民共和国行政诉讼法》（以下简称《行政诉讼法》）规定的行政协议。根据上述规定，《投资合作合同》显属行政协议。首先，《投资合作合同》约定某县人民政府的义务包括：（1）完成项目立项、规划、设计等政府审批手续；（2）负责项目实施范围内的征地拆迁和补偿工作；（3）优先于老城区安排该项目的建设指标，保证项目正常开展；（4）根据项目开发进度、位置及时配置合法用地等义务，这些内容均属于法律授予行政机关的行政管理职权。其次，《投资合作合同》所涉的开发项目属于大型的生态环境保护、旅游度假项目等，主要所指都是"政府特许经营项目"，具有公共服务的属性。综上，《投资合作合同》是为实现行政管理或者公共服务目标而订立的具有行政法权利义务内容的政府与社会资本合作协议，属于典型的关于"特许经营权"的行政协议，由该协议引发的争议必然属于行政诉讼的范畴。依照《行政协议司法解释》第 26 条规定的"行政协议约定仲裁条款的，人民法院应当确认该条款无效"，本案《投资合作合同》属于行政协议，行政协议约定仲裁条款的，应属无效条款。

被申请人某县人民政府答辩称，第一，《投资合作合同》为民事合同，一方主体为行政机关的协议不必然是行政协议，政府在市场交易情形下，与自然人、法人具有平等交易主体资格；第二，《投资合作合同》的目的是为实现经济价值，而非为实现行政管理，其本质是以财产权益为核心内容构建的等价有偿法律关系；第三，《投资合作合同》的内容非双方在行政法上的权利义务，双方之间并不存在行政管理关系，双方的合同是基于等价有偿置于市场交易框架下的行为，属民事合同；第四，《投资合作合同》的内容为返还已支付的现金，具有明显的民事纠纷的特点。

【争议焦点】

第一，《投资合作合同》是否属于行政协议；

第二，《投资合作合同》约定的仲裁条款是否有效。

【裁判观点】

法院认定《投资合作合同》属于民事合同，具有可仲裁性，因此其中约定的仲裁条款有效，主要基于以下几个方面理由：

首先，《投资合作合同》是否属于行政协议，涉案争议是否属于行政争议，应当根据协议的具体内容和当事人的争议事项及仲裁请求进行判断。

其次，从《投资合作合同》的内容来看，申请人某实业有限公司在订立合同及决定合同内容等方面享有充分的意思自治。协议的签订遵循了平等自愿、等价有偿的原则。有关双方的权利义务和违约赔偿等协议约定体现了当事人协商一致的合意，为当事人设定的是民事权利义务，而非行政法上的权利义务。因此，《投资合作合同》的性质应属平等主体之间的民商事协议，而非行政协议。

最后，从被申请人某县人民政府向仲裁机构提出的仲裁请求和双方争议事项来看，并未针对行政机关的具体行政行为。就本案纠纷而言，双方当事人处于平等的法律地位，可以提起仲裁解决。因此，本案争议具有可仲裁性，不属于依法应当由行政机关处理的行政争议。

【纠纷观察】

关于 PPP 协议的"二元性"，笔者在《中国商事争议解决年度观察（2020）》中，结合最高人民法院在《行政协议司法解释》发布前已有的一系列典型案例进行了系统分析和论证，并在文尾预判："在《行政协议司法解释》发布后，笔者认为各级法院基于 PPP 协议'二元性'已经形成的良好实践，仍然有必要持续和深入发展。"而本案的审理结果，则完全印证了笔者的上述观点。

在本案中，首先审理法院将《投资合作合同》认定为民商事协议，即并非所有的政府与社会资本合作协议（PPP 协议）都属于行政协议，只有符合《行政协议司法解释》第 1 条规定的 PPP 协议才属于行政协议。

其次，本案还表明了法院在评判 PPP 协议是否属于行政协议的思路，即主要从 PPP 协议的具体内容和当事人的争议事项及仲裁请求这两个方面进行判断。PPP 协议的具体内容方面主要看行政机关的相对方是否与行政机关处于平等主体地位，以及合同设立的权利义务是否属于行政法上的权利义务；当事人的争议事项与仲裁请求则主要看是否针对的是行政机关的具体行政行为。

四、热点问题观察

（一）人工费支付安排

2019 年 12 月 30 日，国务院正式发布《保障农民工工资支付条例》（国务院令第 724 号）（以下简称《支付条例》），该条例自 2020 年 5 月 1 日起施行。《支付条例》第四章专门针对工程建设领域进行了一系列特别规定，其中第 24 条第 2 款明确规定："建设单位与施工总承包单位依法订立书面工程施工合同，应当约定工程款计量周期、工程款进度结算办法以及人工费用拨付周期，并按照保障农民工工资按时足额支付的要求约定人工费用。人工费用拨付周期不得超过 1 个月。"

作为《支付条例》施行后的第一个发布的国家级建设工程合同示范文本，2020 版《示范文本》在将该行政法规关于人工费用支付的强制性规定转化为发承包双方之间的合同约定方面，进行了有益的探索和实践。其中，2020 版《示范文本》第 14.3.1 项第 1 目"人工费的申请"约定：

"人工费应按月支付，工程师应在收到承包人人工费付款申请单以及相关资料后 7 天内完成审查并报送发包人，发包人应在收到后 7 天内完成审批并向承包人签发人工费支付证书，发包人应在人工费支付证书签发后 7 天内完成支付。已支付的人工费部分，发包人支付进度款时予以相应扣除。"

考虑到在工程总承包模式下，发承包双方采用"里程碑式"付款计划的情形较为常见，2020 版《示范文本》在第 14.4.2 项"付款计划表的编制与审批"中还特别强调"人工费应按月确定付款期和付款计划"，即无论发承包双方如何约定付款节点或付款周期，人工费均应当采用按月付款方式。

除 2020 版《示范文本》中的上述条款外，《支付条例》中包含的下列规定也需要予以整体考虑：

首先，考虑到《支付条例》第 29 条第 1 款还规定建设单位应当"将人工费及时足额拨付至农民工工资专用账户，加强对施工总承包单位按时足额支付农民工工资的监督"，在实践中，发承包双方还应当特别注意在专用合同条件或《发包人要求》中，将上述强制性规定转化为具体的合同权利和义务。

其次，《支付条例》第 29 条第 3 款进一步规定，"建设单位应当以项目为单位建立保障农民工工资支付协调机制和工资拖欠预防机制，督促施工总承包单位加强劳动用工管理，妥善处理与农民工工资支付相关的矛盾纠纷"。这既是发包人的法定义务，也是发包人在建设工程合同项下享有的权利。2020 版《示范文本》通用合同条件并未涉及相关细节，这也需要发承包双方在专用合同条件或《发包人要求》中进行详细约定。

综上，2020 版《示范文本》在贯彻实施《支付条例》方面迈出了重要一步。但考虑到《支付条例》为发包人设立了一系列强制性义务，发承包双方有必要在建设工程合同中进行更详细的约定，以实现更有效地贯彻实施《支付条例》的目的。

（二）关于发包人提供资金来源证明及支付担保

1. 资金来源证明

《建设工程施工合同（示范文本）》（GF–2013–0201，以下 2013 版《示范文本》）借鉴 1999 版 FIDIC 合同条件 2.4 款"雇主资金安排（Employer's Financial Arrangement）"，通过第 2.5 款"资金来源证明及支付担保"，首次在我国建设工程合同示范文本体系中为发包人设立了提供"资金来源证明"义务，即"除专用合同条款另有约定外，发包人应在收到承包人要求提供资金来源证明的书面通知后 28 天内，向承包人提供能够按照合同约定支付合同价款的相应资金来源证明"。目的是加强对发包人及时履行支付义务的约束机制。

在 2013 版《示范文本》基础上，2020 版《示范文本》进一步借鉴 2017 版 FIDIC 合同条件第 2.4 款"雇主资金安排（Employer's Financial Arrangement）"，在 2.5.2 项中详细约定：

"发包人应当制定资金安排计划，除专用合同条件另有约定外，如发包人拟对资金安排做任何重要变更，应将变更的详细情况通知承包人。如发生承包人收到价格大于签约合同价 10% 的变更指示或累计变更的总价超过签约合同价 30%；或承包人未能根据第 14 条［合同价格与支付］收到付款，或承包人得知发包人的资金安排发生重要变更但并未收到发包人上述重要变更通知的情况，则承包人可随时要求发包人在 28 天内补充提供能够按照合同约定支付合同价款的相应资金来源证明。"

这里需要特别注意的是，由于 2013 版《示范文本》并未进一步设立发包人因违反该项义务而应当承担的不利后果，因此，该项创新机制实际并未能更有效地发挥其应有功能。鉴于此，2020版《示范文本》在一定程度上弥补了这一机制上的缺陷，即在第16.2.1"因发包人违约解除合同"中，将发包人不履行该项义务的违约行为，作为承包人有权以发包人违约为由解除合同的情形之一，这将能够更有效地保障提供资金来源证明义务对发包人及时履行工程价款支付义务的约束功能。

但是，略为缺憾的是，2020版《示范文本》并未将发包人不履行提供资金来源证明义务的行为列入第15.1.1项"发包人违约的情形"，这可能导致承包人无法直接根据第15.1.2"通知改正"行使停工权。在此情形下，如果承包人能够享有停工权，那么应是比承包人行使合同解除权更为有效的权利救济手段。

2. 支付担保

在2020版《示范文本》发布之前施行的大部分建设工程合同示范文本，均约定了发包人向承包人提供支付担保的义务。尽管如此，由于缺乏来自上位法以及合同自身的约束机制，该项义务在实践中的履行情况并不理想。

但是，随着《支付条例》的施行，缺乏上位法的局面已经从根本上发生改变。《支付条例》第24条第1款明确规定"建设单位应当向施工单位提供工程款支付担保"。该项规定在行政法规层面，为发包人设立了提供支付担保的法定义务。

就合同自身的制约机制而言，2020版《示范文本》第2.5.3项除保持发包人应当向承包人提供支付担保的约定义务外，还进一步约定发包人未履行该项合同义务的，将构成第16.2.1项"因发包人违约解除合同"的情形，从而建立了从违约行为模式到不利法律后果的"闭环"，这样将更有效地发挥对发包人履行提供支付担保义务的制约功能。

考虑到建设工程发承包双方市场地位不对等的现象普遍存在，尽管《支付条例》在行政法规层面设立了发包人提供支付担保的法定义务，但其能否真正得到贯彻落实，甚至是否可能加大因支付担保而产生的新型"黑白合同"问题的复杂性和处理难度，还有待在实践中进一步观察。

（三）关于《发包人要求》

1.《发包人要求》的定义与功能

在工程总承包合同的组成文件中，《发包人要求》不仅是界定承包人义务、风险和责任范围的关键性合同文件，也是界定工程变更的关键，还是发包人能否实现合同目的的关键。我国《工程总承包管理办法》第9条也相应规定，工程总承包项目招标文件应当包括"……（四）发包人要求，列明项目的目标、范围、设计和其他技术标准，包括对项目的内容、范围、规模、标准、功能、质量、安全、节约能源、生态环境保护、工期、验收等的明确要求"。

在我国建设工程合同示范文本体系中，最早引入"发包人要求"概念的是2012版《标准设计施工总承包招标文件》（以下简称2012版《标准招标文件》）。在2012版《标准招标文件》起草过程中，如何借鉴FIDIC合同条件中关于"雇主要求"（Employer's Requirements）的良好实践，形成适合我国工程总承包实践发展需要的《发包人要求》，是起草的重点工作之一，也是取得的重要成果之一。

继2012版《标准招标文件》之后，2020版《示范文本》再次明确组成合同的文件中包括《发包人要求》，其定义如下：

"1.1.1.6《发包人要求》：指构成合同文件组成部分的名为《发包人要求》的文件，其中列明工程的目的、范围、设计与其他技术标准和要求，以及合同双方当事人约定对其所作的修改或补充。"

关于《发包人要求》的具体内容，2020版《示范文本》附件1"发包人要求"完全继承了2012版《标准招标文件》的相关内容，规定：

"《发包人要求》应尽可能清晰准确，对于可以进行定量评估的工作，《发包人要求》不仅应明确规定其产能、功能、用途、质量、环境、安全，并且要规定偏离的范围和计算方法，以及检验、试验、试运行的具体要求。对于承包人负责提供的有关设备和服务，对发包人人员进行培训和提供一些消耗品等，在《发包人要求》中应一并明确规定。"

《发包人要求》包括十一个方面，分别是功能要求、工程范围、工艺安排或要求（如有）、时间要求、技术要求、竣工试验、竣工验收、竣工后试验（如有）、文件要求、工程项目管理规定、其他要求。

此外，为了进一步突出《发包人要求》的重要性，在合同文件优先解释顺序上，2020版《示范文本》修改了2012版《标准招标文件》中《发包人要求》劣后于专用合同条款、通用合同条款的安排，在第1.5款"合同文件的优先顺序"中，将《发包人要求》作为专用合同条件的附件，在合同文件优先解释顺序上与专用合同条件并列，优先于通用合同条件。

2.《发包人要求》错误的风险分配

由于《发包人要求》在工程总承包项目中的重要性，因此，《发包人要求》错误的风险分配，始终是工程总承包合同中发承包双方风险分配的核心内容。

在这个问题上，2011版《示范文本》、2012版《标准招标文件》和2020版《示范文本》规定的风险分配原则有所差异。值得注意的是，2012 版《标准招标文件》借鉴了 1999 版 FIDIC 不同合同条件的风险分配机制，创造性地设立了（A）（B）两种风险分配方案：方案（A）规定"发包人要求"中的错误导致承包人增加费用和（或）工期延误的，发包人应承担由此增加的费用和（或）工期延误，并向承包人支付合理利润；方案（B）则规定承包人发现发包人要求错误的，有权主张变更或索赔，但如果未发现发包人要求中存在错误的，承包人将自行承担费用增加和（或）工期延误的风险。显然，相比之下，方案（A）比方案（B）对承包人更有利。

2020 版《示范文本》总体上采用了方案（A）的风险分配原则，即对承包人最为有利的方案。第 1.12 款"《发包人要求》和基础资料中的错误"约定：

"承包人应尽早认真阅读、复核《发包人要求》以及其提供的基础资料，发现错误的，应及时书面通知发包人补正。发包人作相应修改的，按照第 13 条［变更与调整］的约定处理。

《发包人要求》或其提供的基础资料中的错误导致承包人增加费用和（或）工期延误的，发包人应承担由此增加的费用和（或）工期延误，并向承包人支付合理利润。"

无论是 2012 版《标准招标文件》还是 2020 版《示范文本》，均约定了承包人具有及时复核《发包人要求》的义务，但对于承包人因未及时履行复核义务而应承担的后果，并未进一步明确约定。对此，2011 版《示范文本》虽然也总体上将发包人提供的基础资料错误的风险分配给发包人，但在 5.2.2 款中同时约定承包人在收到发包人提供资料后 15 日内的复核义务；承包人未在该期限内履行复核义务的，需要自担工期延误和费用损失风险。笔者认为，2011 版《示范文本》所确定的上述风险分配机制，应具有一定的实践参考价值。

（四）关于竣工验收

在工程总承包争议解决实践中，特别是在工业 EPC 工程领域，相当比例的争议焦点源于竣工试验、接收等工程收尾阶段的里程碑节点约定不明，并导致与之相对应的一系列后果约定不明。例如，竣工日期不明、延误违约金截止日期不明、性能违约金适用条件不明、竣工结算和支付条件不明、工程照管责任及风险转移时间不明、缺陷责任期和／或保修期起算日期不明、履约担保和／或质保金返还日期不明等。这些约定不明情形，比较容易在当事人之间产生疑难复杂争议。导致此类约定不明的原因，概括起来主要有如下三个方面：

第一，合同文本的自身缺陷。以目前在工程总承包项目中应用较为广泛的2011版《示范文本》为例，该示范文本在实践应用中比较突出的问题，集中体现在工程收尾阶段各主要里程碑节点，如"竣工试验""施工竣工""竣工日期""工程接收""竣工后试验""试运行考核""工程竣工验收"这些定义之间的逻辑不清。其中，就竣工日期与竣工验收而言，2011版《示范文本》第8条"竣工试验"约定竣工日期在通过竣工试验（即达到"施工竣工"）时即可确定，但工程竣工验收则需要在完成工程接收、竣工后试验、试运行考核、承包人完成扫尾工程和缺陷修复甚至提交竣工结算资料后才能通过。2011版《示范文本》设定的从"施工竣工"到"工程竣工验收"机制可能适用于某些特定行业的交易习惯，但对其他大多数行业而言，在适用时较容易和该行业形成的竣工验收机制形成混淆和矛盾，进而引发复杂争议。事实上，即使当事人不采用2011版《示范文本》，实践中类似问题也比较容易出现。

第二，各行业竣工验收管理制度和交易习惯的差异性。受制于我国长期存在的"条块分割"的建设管理体制，不同工程建设行业的建设管理制度和交易习惯的差异性较大，这在"竣工验收"的实施主体、前置条件、实施程序等方面表现得尤为突出。例如，在房屋建筑工程领域，竣工验收是由建设单位（发包人）组织实施的；而在公路工程领域，由建设单位主持的验收环节为"交工验收"，"竣工验收"则由交通主管部门主持。又如，即使在市政基础设施工程领域（如污水处理厂），其竣工验收程序也与房屋建筑工程领域的竣工验收存在较大差异性，特别是前者往往涉及更复杂的环境保护验收环节，使得差异性更加突出。对此，2012版《标准招标文件》在起草过程中，考虑各行业竣工验收管理体制的差异性，特别引入了"国家验收"的概念，并规定"竣工验收"是"国家验收"的一部分，这在一定程度上起到了合同文本的兼容功能。

第三，我国现行建设工程法律在竣工验收相关规则方面的局限性。《中华人民共和国建筑法》（以下简称《建筑法》）、《合同法》、《建设工程质量管理条例》以及《民法典》关于竣工验收的相关规定，主要基于房屋建筑工程领域的竣工验收体制。如前所述，由于不同工程建设行业的竣工验收体制差异性较大，因此，如果简单机械地适用现行建设工程法律关于竣工验收的相关规则，那么将很容易出现合同解释偏差、法律适用错误的情形。

针对以上与竣工验收约定不明有关的三个方面问题，2020版《示范文本》按照竣工试验→竣工验收→工程接收→竣工后试验的常规流程进行条款安排，修正了2011版《示范文本》容易出现的约定不明的问题，这是值得肯定的。但是，考虑到在竣工验收问题上不同行业交易习惯的差异性以及我国现行相关法律的局限性，当事人在使用 2020 版《示范文本》的时候，均需要高度重视这两个方面的潜在不利影响，并针对特定项目的特定需求，有针对性地设置与竣工试验、接收等有关的条款细节，这对有效预防工程总承包合同纠纷是非常重要的。

（五）关于责任限制

在国际工程合同中，责任限制条款通常是最重要的合同条款之一。责任限制条款一般至少包括三个要素：一是最高赔偿限额；二是不予赔偿的损失类型，如使用工程损失（loss of use）、利润损失（loss of profit）以及间接损失（indirect loss）、后果损失（consequential loss）等；三是责任限制的除外情形，如欺诈、故意、重大过失等。

在我国以往的建设工程合同示范文本体系中，受限于我国违约损失赔偿规则在建设工程争议解决实践中的理解分歧，并未引入完整的责任限制条款，仅在 2011 版《示范文本》第 10.8 款"丧失了生产价值和使用价值"中约定因承包人原因未能通过竣工后试验，导致整个工程丧失生产价值或使用价值时，发包人有权向承包人提出未能履约的索赔，但索赔不得包括"连带合同损失"。关于"连带合同损失"，2011 版《示范文本》的定义是指："市场销售合同损失、市场预计盈利、生产流动资金贷款利息、竣工后试验及试运行考核周期以外所签订的原材料、辅助材料、电力、水、燃料等供应合同损失，以及运输合同等损失，适用法律另有规定时除外。"该款实际是在责任限制条款的三要素中，关于不予赔偿的损失类型的特别约定。

在借鉴 FIDIC 合同条件基础上，结合国内建设工程争议解决实践的需要，2020 版《示范文本》在我国建设工程合同示范文本体系中第一次正式加入了责任限制条款，其 1.13 款"责任限制"约定：

"承包人对发包人的赔偿责任不应超过专用合同条件约定的赔偿最高限额。若专用合同条件未约定，则承包人对发包人的赔偿责任不应超过签约合同价。但对于因欺诈、犯罪、故意、重大过失、人身伤害等不当行为造成的损失，赔偿的责任限度不受上述最高限额的限制。"

以上责任限制条款包括了两个要素，分别是赔偿最高限额和责任限制的除外情形。但是，对于建设工程实践中更容易成为争议焦点的不予赔偿的损失类型这一要素，该责任限制条款并未涉及。鉴于此，需要当事人在使用 2020 版《示范文本》时予以注意，特别是对不予赔偿的损失类型进行详细列举——这对于当事人在订立合同时能够更有效地预见违约责任风险范围，平衡当事人之间的风险分配，预防争议发生，均具有重要意义。

五、结语与展望

回顾 2020 年，随着《民法典》及最高人民法院新《施工合同司法解释（一）》的施行，以及原《合同法》等重要法律及原施工合同司法解释（一）（二）的废止，我国建设工程争议解决实践将进入非常关键的过渡时期。在此过渡期间，新法和旧法并存，新旧法律理念并存，新旧裁判规则并存，这些将是工程界和法律界共同面临的课题与挑战。

回顾 2020 年，在工程总承包领域，随着 2020 版《示范文本》的宣贯实施，我国建设工程合同示范文本体系与国际工程良好实践的接轨也将进一步提速，我国工程总承包领域的争议解决实践也将向更高水平发展，这也将进一步推动我国境外工程项目的合同管理水平。

展望 2021 年，在立法领域，我国建筑业的两部基本法《招标投标法》《建筑法》的全面修订工作将深入展开。其中，国家发展改革委已发布的《招标投标法（修订草案公开征求意见稿）》在必须招标的项目范围、确定中标人程序、经评审最低投标价法的适用范围、履约担保等方面的一系列重大修改，已经引起行业广泛关注和讨论；此外，《建筑法》的全面修订的准备工作也已进入实质性阶段，而对建设工程企业资质制度的"放管服"改革更是已经吹响号角。在此时代背景下，相信此次《招标投标法》《建筑法》的全面修订，必将对建设工程合同的订立、履行及相关争议解决产生重大而深远的影响。

中国房地产争议解决年度观察（2021）

赵显龙　陶章启　齐　元①

一、概述

（一）2020 年房地产行业发展概况

2020 年，在新型冠状病毒肺炎疫情（以下简称新冠疫情）的影响以及继续执行的"房住不炒""稳字当头"的调控政策背景下，中国房地产市场短暂停顿后恢复活力，房地产行业整体业绩规模趋稳，房企金融风险泡沫继续被强调控手段所抑制，同时市场地域分化进一步加剧，东部地区销售面积以及销售金额增幅明显，且深圳等一线城市曾一度涨幅过热，中部除个别城市以及东北地区则成交规模萎缩。

2020 年 1 月至 12 月，全国房地产开发投资 141,443 亿元（如无特别说明，本文所涉币种均为人民币），比上年增长 7.0%，其中，住宅投资 104,446 亿元，增长 7.6%。商品房销售面积 176,086 万平方米，比上年增长 2.6%，其中住宅销售面积增长 3.2%，办公楼销售面积下降 10.4%，商业营业用房销售面积下降 8.7%。商品房销售额 173,613 亿元，增长 8.7%，增速比上年提高 2.2 个百分点，其中住宅销售额增长 10.8%，办公楼销售额下降 5.3%，商业营业用房销售额下降 11.2%②。简言之，除住宅外，办公楼及商业营业用房销售额及销售面积今年仍

———————

① 赵显龙，北京市金杜（深圳）律师事务所负责人、合伙人。陶章启，北京市金杜（深圳）律师事务所合伙人。齐元，北京市金杜（深圳）律师事务所合伙人。本文的写作得到了北京市金杜（深圳）律师事务所汪帅、罗锦荣、徐来、胡玥的协助，在此表示感谢。

② 国家统计局网站：http://www.stats.gov.cn/tjsj/zxfb/202101/t20210118_1812429.html，访问时间：2021 年 1 月 18 日。

呈下降趋势。

附表一：2020 年 1—12 月东中西部和东北地区房地产开发投资情况

地区	投资额（亿元）	住宅	比上年增长（%）	住宅
全国总计	141443	104446	7.0	7.6
东部地区	74564	53598	7.6	7.5
中部地区	28802	22661	4.4	5.7
西部地区	32654	24133	8.2	10.0
东北地区	5423	4053	6.2	5.4

附表二：2020 年 1—12 月东中西部和东北地区房地产销售情况

地区	绝对数（万平方米）	比上年增长（%）	绝对数（亿元）	比上年增长（%）
全国总计	176086	2.6	173613	8.7
东部地区	71311	7.1	95690	14.1
中部地区	49078	−1.9	35854	1.0
西部地区	48628	2.6	36257	5.1
东北地区	7069	−5.8	5812	−1.5

在中央政策层面，2020 年房地产政策先松后紧。上半年，为实现稳地价、稳房价、稳预期的调控目标，并抵御新冠疫情对经济造成的冲击，房地产信贷政策相对宽松、积极。下半年，随着复工复产平稳推进和市场逐渐恢复，部分热点城市房地产市场出现过热现象，监管部门分别从资金需求端和供给端收紧房地产信贷融资，调控政策逐步从严。具体而言：

2020 年 2 月，中国人民银行（以下简称央行）召开 2020 年金融市场工作会议，要求保持房地产金融政策的连续性、一致性和稳定性，继续"因城施策"落实好房地产长效管理机制。4 月，中央政治局会议指出，要以更大的宏观政策力度对冲新冠疫情的影响。在房地产行业方面，该次会议指出应加强传统基础设施和新型基础设施投资，降低中小企业房屋租金。5 月，全国人民代表大会和人民政治协商会议上发布的国务院政府工作报告强调稳住经济基本盘，并重申"房住不炒"①、因城施策，促进房地产市场平稳健康发展。

---

① 第一次提出"房住不炒"的概念是在 2016 年年底召开的中央经济工作会议上。

2020 年 7 月，中共中央政治局常委、国务院副总理韩正主持召开房地产工作座谈会，强调实施好房地产金融审慎管理制度，稳住存量、严控增量，防止资金违规流入房地产市场。8 月 20 日，住房和城乡建设部及央行分别召开重点房地产企业（以下简称房企）座谈会、部分城市房地产工作会商会，强调坚持不将房地产作为短期刺激经济的手段，坚决遏制投机炒房。央行在该等座谈会上首次提出按照"红—橙—黄—绿"四档分别设定房企有息负债增速阈值的房企资金监测和融资管理规则，倒逼房企去杠杆、降负债，该管理规则被业界形象地称为"三道红线[①]"。12 月 31 日，央行和中国银行保险监督管理委员会（以下简称银保监会）又联合下发《关于建立银行业金融机构房地产贷款集中度管理制度的通知》（银发〔2020〕322 号），要求从银行业[②]对房地产贷款进行额度限制，该通知又俗称为"两道红线"政策[③]。虽然"三道红线"政策仅在碧桂园、万科、恒大等重点房企试点实施，且目前大部分银行仅符合两道红线的监管要求，但"三道红线""两道红线"政策对于房地产行业规则的重塑意义不容小觑，最终也将有利于房地产行业及市场的长期平稳健康发展。

在地方政策层面，基于稳财政、稳经济、稳就业的核心诉求，上半年多省市在土地出让环节为市场减压、为企业纾困，积极助力企业复工复产。比如，湖北省 2020 年 4 月印发的《促进建筑业和房地产市场平稳健康发展措施的通知》指出，房企可申请分期缴纳土地出让金、缓缴城市基础设施配套费、延期申报缴纳税款以及减免城镇土地使用税等。下半年，伴随新冠疫情在全国范围内得到有效防控，居民改善居住以及商品房投资需求得到释放，加之新房与二手房价格倒挂形成的套利空间，部分发达城市房地产市场开始出现过热现象，深圳、杭州等地

---

① "三道红线"是指（1）剔除预收款的资产负债率不得大于 70%；（2）净负债率不得大于 100%；（3）现金短债比不得大于 1 倍。——若房企触碰三条红线，不得新增有息负债；触碰两条红线，负债年增速不得超过 5%；触碰 1 条红线，负债年增速不得超过 10%；即使三条都未触碰，负债年增速也不得超过 15%。

② 银行业金融机构被分为五档，分档类型为：第一档：中资大型银行；第二档：中资中型银行；第三档：中资小型银行和非县域农合机构；第四档：县域农合机构；第五档：村镇银行。

③ "两道红线"的第一道红线针对"房地产贷款占比"，大型银行不得超过 40%，中型银行不得超过 27.5%，小型银行不得超过 22.5%，县域农合机构不得超过 17.2%，村镇银行不得超过 12.5%。第二道红线针对"个人住房贷款占比"，大型银行不得超过 32.5%，中型银行不得超过 20%，小型银行不得超过 17.5%，县域农合机构不得超过 12.5%，村镇银行不得超过 7.5%。具体的贷款比例可见网络链接：http://www.gov.cn/zhengce/zhengceku/2021-01/01/content_5576085.htm，访问时间：2021 年 1 月 18 日。该"两道红线"是为银行业金融机构的房地产贷款和个人住房贷款设置的要求。

"打新热"开启，随后深圳、杭州、沈阳、西安和宁波等多个城市迅速反应，陆续颁布了涉及限购、限贷、限价、限售等四限调控以及增加交易税费等内容的调控政策，严堵以假离婚、假流水、假社保骗取购房资格的行为，并在资金端防止消费贷及经营贷等信贷资金违规流入房地产领域。前述政策的升级和"打补丁"，均旨在给房地产市场降温。此外，海南省于 2020 年 3 月 7 日发布《关于建立房地产市场平稳健康发展城市主体责任制的通知》，提出改革商品住房预售制度，对新出让土地建设的商品住房实行现房销售制度，成为全国首个在省级层面要求现房销售的省份。

在与民生关系密切的租赁市场方面，2020 年初，为积极应对新冠疫情、缓解企业房屋租金压力，政府部门要求中央及地方国有企业、政府部门等行政事业为中小企业、个体工商户租户主动减免租金。比如，国家发展和改革委员会等部门联合发布的《关于应对新冠肺炎疫情进一步帮扶服务业小微企业和个体工商户缓解房屋租金压力的指导意见》，要求对符合减免条件的企业及个人至少减免 3 个月房屋租金；《武汉市关于积极应对疫情影响加大对个体工商户扶持力度的政策措施》规定，对承租国有资产类经营用房的个体工商户，3 个月房租免收、6 个月房租减半。

此外，针对近年来频繁出现的长租公寓"暴雷"乱象，中央部门和多地政府相继出台政策、加强监管。2020 年 9 月，住房和城乡建设部发布关于《住房租赁条例（征求意见稿）》，从居住空间、租金涨幅、租赁企业行为等多方面提出规范要求。成都、西安、重庆、杭州等地也发布了住房租赁资金监管新规。比如，成都《关于开展住房租赁资金监管的通知》规定，自 2020 年 9 月 11 日新产生的租赁关系，承租人向住房租赁企业支付租金周期超过三个月的，住房租赁企业应将收取的租金、押金和利用"租金贷"获得的资金存入监管账户。

（二）2020 年房地产争议概况[①]

总体而言，即便在年初因新冠疫情引发的防控管制措施在一定程度上造成立案、办案工作的不便，在法院加大力度引导当事人以协商、调解等替代性方式解

[①] 本节数据根据中国裁判文书网检索总结而成，本节中的纠纷数量指的是一审、二审、再审、再审审查与审判监督及其他程序中产生的判决书、裁定书、调解书、决定书等文件的数量。需要说明的是，部分诉讼案件并不公开上网，一些案件由于撤诉不出具文书，上网公开的仅为生效的诉讼文书且需要一定的上传周期，因此本节统计的数据与法院实际受理的案件数量将存在差异。中国裁判文书网：http://wenshu.court.gov.cn/，访问时间：2021 年 1 月 22 日。

决纠纷的背景下，2020 年法院受理的房地产相关纠纷数量仍与 2019 年基本持平，反映我国房地产市场的活跃。房屋租赁合同纠纷、合资合作开发房地产合同纠纷以及涉及房企的金融借款纠纷出现了较大幅度的增加，建设用地使用权合同纠纷、委托代建合同纠纷等纠纷有所减少。

据不完全统计，2020 年房屋买卖合同纠纷为 587,655 件，较 2019 年的 577,875 件增加约 1.69%；房屋租赁合同纠纷为 231,088 件，较 2019 年的 195,799 件大幅增加约 18%；物业服务合同纠纷为 592,981[①] 件，与 2019 年的 595,011 件基本持平。

2020 年建设用地使用权合同纠纷为 3,779 件，较 2019 年的 4,280 件回落约 11.71%；土地租赁合同纠纷为 19,446 件，较 2019 年的 20,460 件回落约 4.96%；农村土地承包合同纠纷为 40,359 件，与 2019 年的 40,328 件基本持平。

2020 年房地产开发经营合同纠纷为 4,070 件，较 2019 年的 3,903 件回落约 4.28%。其中，合资、合作开发房地产合同纠纷为 3,002 件，较 2019 年的 2,702 件增加约 11.10%；委托代建合同纠纷为 353 件，较 2019 年的 485 件大幅减少约 27.22%；项目转让合同纠纷为 316 件，较 2019 年的 333 件减少约 5.11%。

2020 年涉及房企的金融借款合同纠纷为 35,811 件，较 2019 年的 29,892 件大幅增加约 19.80%。遗憾的是，因涉房企金融借款纠纷涉案金额缺乏统计口径和数据，笔者无法客观地计算出 2020 年金融借款涉案金额与 2019 年涉案金额之增幅，但从个别案件报道中仍可窥斑见豹，部分头部房企因借款合同纠纷被诉，且单个诉讼案件的争议金额达到数十亿元之巨，[②] 该等大案对涉诉房企的自身发展及相关投融资活动关系重大，或引发债务危机。

在仲裁方面，据相关统计数据显示，2020 年北京仲裁委员会 / 北京国际仲裁中心（以下简称北仲）受理的房地产相关纠纷达 339 件、争议金额合计约 155 亿元，2019 年为 422 件、争议金额合计约 96.68 亿元；2020 年中国国际经济贸易仲裁委员会受理的房地产相关纠纷为 159 件[③]，2019 年为 167 件；2020 年深圳国际仲裁院

---

① 在上一批注的基础上，需要进一步指出的是，由于实践中物业服务合同纠纷多以撤诉方式结案，故法院实际受理的该等纠纷案件应比该统计数据要多。

② 例如，上海金融法院微信公众平台披露，原告四川信托有限公司于 2020 年 8 月 10 日，向泰禾集团股份有限公司及其他被告方起诉，请求判令偿还本金及利息 47.97 亿余元。截至本文截稿前，该案尚未作出判决。

③ 《中国国际经济贸易仲裁委员会 2020 年工作报告》，载中国国际经济贸易仲裁委员会网站，http://www.cietac.org.cn/index.php?m=Article&a=show&id=17429，访问时间：2021 年 2 月 3 日。

受理的房地产相关纠纷为 647 件，争议金额合计约 43.85 亿元。

从笔者作为从业者的观感来看，2020 年下述热点房地产纠纷较为多发或新增，并可能会延续至 2021 年，值得关注：一是因新冠疫情以及相关管控措施原因导致的房地产纠纷。比如，项目工期延误而导致的延期交房相关房屋买卖合同纠纷，以及因新冠疫情原因导致商铺承租人经营业绩及租金支付能力下降进而违约甚至弃铺，或者因减租政策如何适用引发的房屋租赁合同纠纷；二是因新房限价政策，房企压缩开发成本导致房屋质量下降或配套缩水，或者将房价变相拆分为房价款和装修款等价外款而引发的房屋买卖或装修合同纠纷；三是因政策、市场变化或者经营不善，而导致部分困境房企在信贷和经营侧产生各类纠纷，如因合资、合作开发目的难以继续而引发的合资、合作开发房地产项目纠纷，因项目难产甚至烂尾而引发的购房者维权群体纠纷，以及因债务到期无法清偿而引发的巨额金融借款合同以及民间借贷纠纷；四是因部分长租公寓企业资不抵债后，引发的租客、房东群体维权纠纷及租客和房东之间的合同僵局。

值得关注的是，就新冠疫情对于常见的房屋买卖合同纠纷以及房屋租赁合同纠纷审理产生的影响，最高人民法院（以下简称最高院）和部分地方法院迅速调研、讨论，并及时出台了司法解释以及审判指引。这些指导意见对案中及潜在纠纷当事人了解裁判机关的倾向性意见，以及如何选择妥善的救济方式具有积极的指导意义。比如，《最高人民法院关于依法妥善审理涉新冠肺炎疫情民事案件若干问题的指导意见（二）》、北京市第一中级人民法院《疫情期间房地产纠纷相关法律问题分析及司法应对》、安徽省高级人民法院《涉新冠肺炎疫情房地产纠纷案件审判指引》等。

二、新出台的法律法规或其他规范性文件

2020 年，备受关注的民事基础性法律《中华人民共和国民法典》（以下简称《民法典》）终于出台。作为我国首部民法典，其调整范围具有宽泛性，内容具有综合性。同时，2020 年新出台的土地、房屋、房地产担保以及房地产金融等方面的主要法律法规及规范性文件，以对既有制度的修改完善为主，以构建新制度为辅，既有宏观调控政策，也有具体实操规定，对未来房地产行业的发展及纠纷解决有着重大参考意义。具体如下表，并见下方重点法规变化之提示：

类型	法律法规名称	生效日期	文号／发文机构
基础性法律	《民法典》	2021 年 1 月 1 日	主席令第 45 号，全国人民代表大会
土地制度	《国务院关于授权和委托用地审批权的决定》	2020 年 3 月 1 日	国发〔2020〕4 号，国务院
土地制度	《中共中央、国务院关于构建更加完善的要素市场化配置体制机制的意见》	2020 年 3 月 30 日	中共中央、国务院
土地制度	《自然资源部关于 2020 年土地利用计划管理的通知》	2020 年 6 月 2 日	自然资发〔2020〕91 号，自然资源部
房屋制度	《最高人民法院关于审理商品房买卖合同纠纷案件适用法律若干问题的解释》（2020 修正）	2021 年 1 月 1 日	法释〔2020〕17 号，最高人民法院
房屋制度	《最高人民法院关于适用〈中华人民共和国民法典〉物权编的解释（一）》	2021 年 1 月 1 日	法释〔2020〕24 号，最高人民法院
房地产担保	《最高人民法院关于适用〈中华人民共和国民法典〉有关担保制度的解释》	2021 年 1 月 1 日	法释〔2020〕28 号，最高人民法院
房地产金融	重点房地产企业资金监测和融资管理规则[①]（"三道红线"）	\	中国人民银行、住房和城乡建设部
房地产金融	《中国人民银行、中国银行保险监督管理委员会关于建立银行业金融机构房地产贷款集中度管理制度的通知》（"两道红线"）	2021 年 1 月 1 日	银发〔2020〕322 号，中国人民银行、中国银行保险监督管理委员会

（一）土地制度方面

在节约集约用地原则定调的大背景下，2020 年出台的新法律法规和规范性文件继续鼓励盘活存量土地，完善城乡建设用地增减挂钩政策，为发展提供土地要素保障。同时，《民法典》中的物权编也对土地制度作了基础性的规定。意义较为

---

① 严格地讲，"三道红线"政策并非正式的法律法规，无文号、无确切的生效日期，甚至尚未形成正式文件，业界相关信息来源于中国人民银行网站以及媒体报道，但由于其具有极大的政策导向意义，故特别在此列举及说明。

"三道红线"的报道见中国人民银行网站：http://www.pbc.gov.cn/goutongjiaoliu/113456/113469/4075935/index.html，访问时间：2021 年 1 月 18 日。

重大的内容包括：

1. 住宅建设用地使用权期满自动续期

《民法典》第 359 条规定，"住宅建设用地使用权期限届满的，自动续期。续期费用的缴纳或者减免，依照法律、行政法规的规定办理"。从文意上来理解，"减免"的前提为"负有缴纳的义务"，故《民法典》从法律层面确认了住宅建设用地使用权期满自动续期，且以缴费为原则、以减免为例外的续期方式。笔者预计，续期的费用问题将会以法律、行政法规的形式进一步明确。

2. 限定土地承包经营权流转方式，确认五年以上土地经营权的物权地位及抵押权能

《民法典》删除了原《中华人民共和国物权法》（以下简称《物权法》）中土地承包经营权的流转可采取转包方式的规定，将土地承包经营权的流转方式限定为互换和转让。同时，《民法典》在《中华人民共和国农村土地承包法》的基础上，进一步完善了土地经营权制度，明确流转期限为五年以上的土地经营权的设立时间为自流转合同生效时设立，并修改《物权法》关于耕地的土地使用权不得抵押的规定，规定经依法登记的土地经营权可采取抵押的方式进行流转，即确认五年以上土地经营权的物权地位及抵押权能。

（二）房屋制度方面

1. 新设居住权制度

居住权制度的设立是《民法典》物权编的一大亮点，进一步完善了我国多层次保障性住房体系。相比其他住房保障制度，居住权制度具有很大的优势。首先，由于居住权的性质为用益物权，在居住权受到侵害时，权利人能以物权人的身份主张排除妨碍、消除危险等物权性救济。其次，居住权既可以通过法律限制其转让、抵押等权能，从而实现社会保障功能，又可以由当事人约定而排除上述限制，从而满足利用财产形式多样化的需求。更多评议内容可参见本文第四部分。

2. 首次明确承租人享有优先承租权

根据《民法典》第 734 条规定，租赁期限届满，房屋承租人享有以同等条件优先承租的权利。《民法典》出台前，优先承租权主要基于租赁合同约定产生，虽然之前我国部分省市曾出台行政性法规对于优先承租权作出过相关规定，但是在法律层面仍属首次，这体现了国家对于民生居住稳定的重视。比照共有人的优先购买权并结合《最高人民法院关于适用〈中华人民共和国民法典〉物权编的解释（一）》，上述优先承租涉及的"同等条件"，应当综合合同价格、价款履行方式及

期限等因素确定。

（三）房地产担保方面

《民法典》删除了《物权法》中转让抵押财产应取得抵押权人同意的规定。根据《民法典》的规定，转让设定抵押权的财产，抵押人应及时通知抵押权人，当事人另有约定的从其约定。这一新规下，抵押权不影响房产的交易流转，省去了"赎楼"的环节，可降低交易成本，简化交易流程，将增强存量房地产市场的活力。

三、典型案例

【案例1】周某某与刘某财产损害赔偿纠纷案——关于长租公寓房东与公寓经营者之间法律关系性质的认定 [①]

【基本案情】

2018年8月，刘某与一公寓经营者成都乐伽商业管理有限公司（以下简称乐伽公司）签订租赁合同，约定刘某将其名下房屋出租给乐伽公司，租赁用途为：房屋转租及转租管理，刘某还向乐伽公司出具授权委托书，授权乐伽公司使用、管理及出租房屋。2019年3月，乐伽公司与周某某签订租赁合同，约定乐伽公司将上述房屋出租给周某某居住使用。与长租公寓典型"高进低出""长收短付"的经营特征一致，乐伽公司的转租价格低于其向刘某的承租价，但乐伽公司却向周某某收取了一整年的租金以及押金。

2019年7月，乐伽公司资金链断裂，无力支付房租。刘某通知乐伽公司解除合同，乐伽公司也表示同意解除。2019年8月初，刘某着手收回房屋使用权但遭到周某某拒绝，双方各不让步。某日，刘某在民警、物业公司保安等人见证下，将房屋内属于周某某的财物搬出至楼道并换锁。周某某因遭到强制退租且主张清退时部分财产毁损灭失，遂将刘某起诉至法院要求返还剩余租金、赔偿损失及赔礼道歉。

---

① 四川省高级人民法院（2020）川民申4311号《民事裁定书》，摘录自中国裁判文书网，https://wenshu.court.gov.cn/website/wenshu/181107ANFZ0BXSK4/index.html?docId=26006a090de34718bddcaca0000b3eb1，访问时间：2021年1月18日；四川省成都市中级人民法院（2020）川01民终3007号《民事判决书》，摘录自中国裁判文书网，https://wenshu.court.gov.cn/website/wenshu/181107ANFZ0BXSK4/index.html?docId=979acbd176464f26bb64ac36017c8259，访问时间：2021年1月18日。

【争议焦点】

周某某要求刘某退还租金的诉求能否成立，应取决于周某某与刘某之间存在何种法律关系。周某某主张，乐伽公司与刘某签署了委托其代为出租房屋的授权委托书，乐伽公司是刘某的受托人，故租约应直接约束周某某和刘某，鉴于其已向乐伽公司支付一年的房租且其租约尚未届满，刘某无权提前收回房屋；而刘某则主张，刘某与乐伽公司、乐伽公司与周某某分属不同的房屋租赁法律关系，刘某有权在与乐伽公司解约后收回房屋，而根据合同相对性原理，周某某应向其承租方乐伽公司主张违约责任。

【裁判观点】

四川省成都市成华区人民法院在一审判决中开宗明义，双方均是乐伽公司违约的受害人，面对房屋使用权的权益冲突本应理性处理。强行收房容易将合法维权转化为违法侵权，不应提倡。在法律认定上，该一审法院认为周某某系次承租人，在刘某与乐伽公司之间的租赁合同解除后，后手的转租合同相应解除，故周某某负有腾退房屋的义务。周某某所诉本案租金损失，以及双方纠纷造成的其他财产损失，均应另案向乐伽公司主张，遂判决驳回周某某的全部诉讼请求。

周某某上诉至四川省成都市中级人民法院（以下简称成都中院），成都中院则认为，合同性质不应仅凭合同名称而定，应当依据当事人所设立的权利义务内容确定。在涉案租赁合同中约定的房屋用途为转租及转租管理，乐伽公司并非真正需要租赁房屋的承租人，刘某亦明知乐伽公司承租房屋的目的是转租商业经营，故双方之间的法律关系更符合委托关系的特征，而并非房屋租赁关系。进而，成都中院依据原《中华人民共和国合同法》第402条的委托人介入权法律原则，认为刘某与乐伽公司的租赁合同直接约束刘某与周某某，而刘某未经协商直接清退租客的行为显然不当，构成侵权。鉴于周某某已经支付了一年租期内全部租金，其房屋使用权却受到刘某侵犯而丧失，故改判刘某向周某某返还部分租金及赔偿损失。刘某不服提起再审申请，四川省高级人民法院经审查，支持了二审法院的观点，裁定驳回了刘某的再审申请。

【纠纷观察】

2020年，因长租公寓"暴雷"而频频引发的纠纷在房地产领域中已经成为备受关注的焦点。本案聚焦于一起长租公寓纠纷中的典型争议，也即公寓经营者严重经营困难，无力向房东支付租金，而房东为取回房屋的使用权而要求解除合同且向实际承租人收回房屋，进而造成各方矛盾无法调和。

本案中，成都中院认为应当根据合同双方当事人所设立权利义务内容确定合同的性质，并认定房东与公寓经营者之间并非构成租赁关系，而是委托关系，因此认定实际承租人在足额支付租金时享有房屋使用权，并赋予了实际承租人在房屋使用权受侵犯之时，向房东直接索赔租金损失的权利。笔者也观察到，在相似案件的司法审判中，亦有法院认为公寓经营者与房东签订的合同应认定为房屋租赁合同关系，而公寓经营者与实际承租人之间也为房屋租赁关系，据此认定房屋实际承租人不能突破合同相对性而直接向房屋所有权人主张合同权利。造成这种结果的原因除裁判观点尚未统一外，也在于不同的长租公寓经营者与房东之间所签订的合同版本和具体履行情况不尽相同，两种模式在实务中是并存的。

在长租公寓经营者与房东签署的文件中，尽管时而冠有"委托管理"或"房屋租赁"等字样，并亦有可能同时出现两种合同表象，但终究不能单纯以其合同名称来笼统概括双方的权利义务关系，而是需要从双方权利义务的具体约定入手，在这一点上，笔者赞同成都中院的观点。笔者进一步认为，如果房东从公寓经营者处获取稳定的租金收入，而不获得公寓经营者与实际承租人的租赁合同收益，则一般应认定房东与公寓经营者之间构成房屋租赁关系。但如果公寓经营者只是受托与实际承租人代为签订合同，公寓经营者则更像是经纪机构，尤其当一手合同中含有租金转付、佣金、空置则免租金等约定的情况下，房东收益与公寓经营者通过出租房屋而获取的利益挂钩，则一般应当认定为房东与公寓经营者之间构成委托合同关系。

为从根本上解决长租公寓"暴雷"问题而给社会带来的不稳定因素，中央及地方在2020年及2021年均出台了一系列规范性文件进行制约，该等社会矛盾有望逐渐得到缓和。笔者预测未来的长租公寓将逐步规范化，租金收付问题会得到有效监管，房东与实际承租人之间的纠纷量将被有效减少。

【案例2】北京某房地产开发企业与某置业有限公司包销合同纠纷仲裁案——关于包销合同权利义务范围的确认以及合同对价的认定

【基本案情】

北京某房地产开发企业（以下简称A公司）为北京市某房地产项目的开发建设单位。2014年6月至2015年10月，为快速回笼资金并减少财务负担，A公司与某置业有限公司（以下简称B公司）等签订了一系列交易文件以进行两次房地产包销交易。在第一次交易中，B公司通过关联公司以19.5亿元的对价获得某公馆项目共25套房屋的全部权益，以帮助A公司实现19.5亿元的销售收入。作为对价，A 公司将某公馆项目 11 套房屋所有权转让予 B 公司以折抵佣金，还向 B 公司的关联方支付 4 亿元用以购买家具。在第二次交易中，双方约定 B 公司以 16 亿元的包销价格取得某公馆项目 30 套房屋的全部权益，并约定 A 公司将先前向 B 公司的关联方购买但未实际交付的 4 亿元家具作价 5000 万元作为向 B 公司支付的部分佣金，同时 B 公司拟将其中 28 套房屋以 23.8 亿元的价格向 B 公司的关联方销售，剩余 2 套房屋则归 B 公司实控人所有。随后，A 公司以 23.8 亿元的对价向 B 公司的关联方转让了前述 28 套房屋的全部权益，并向 B 公司实控人支付 7.8 亿元以购买家具。

随后，A 公司以欺诈、乘人之危及情势变更等理由向北仲提起仲裁，要求确认 A 公司无须向 B 公司给付 13 套房屋作为佣金。

【争议焦点】

A 公司认为 B 公司通过两次交易获得价值约为 3.15 亿元的现房 13 套（第一次交易的 11 套及第二次交易的 2 套）以及 11.8 亿元的"居间服务费"（第一次交易的 4 亿元及第二次交易的 7.8 亿元家居价款），相较于其销售 53 套房屋（第一次交易的 25 套及第二次交易的 28 套）实现的 43.36 亿元而言明显比例畸高；再者，A 公司认为 B 公司又是包销单位又将房屋实际销售给其关联方，不应在已经取得丰厚包销收益的前提下仍然收取高额佣金及服务费，故主张在 A 公司不应再交付 13 套房屋作为巨额"佣金"。

B 公司则认为，A 公司通过与 B 公司之间签订的十几份交易文件体现了给付佣金并以房屋折抵佣金的真实意思表示，且 B 公司的关联方在大宗买入房屋后也承受着资金和市场压力，故风险与收益并存，不存在双重获利。

【裁判观点】

仲裁庭认为，双方所签订一系列合同的核心法律关系是围绕着 B 公司按照一定价格包销 A 公司商品房这一基础关系展开，与居间人提供订约机会等媒介服务并不相同，故双方在本案中不存在居间合同关系，双方所约定的包销收益、居间服务费、佣金等，虽然名目众多，但亦均为 B 公司开展包销服务所获得的对价。因此，将 13 套房屋理解为 B 公司在完成包销任务的基础上所获得的对价，更加符合双方缔约本意与合同目的。A 公司之所以选择 B 公司提供包销服务，其目的在于一次性售出大批房屋以快速收回资金、缓解资金压力。而 B 公司作为包销人，需要承担未按期售出房屋而产生买入义务的风险。基于此，双方均可以对包销房屋自由定价并约定相关包销收益的分配。本案中，A 公司已经实际取得了 53 套房屋的销售价款，该等房屋最终买受人的确定与否不足以影响判断 B 公司是否履行完毕包销义务，故 A 公司在 B 公司赚取包销差价的基础上，仍应当依照合同约定支付 13 套房屋作为佣金。

【纠纷观察】

商品房包销系房地产开发企业为快速回笼资金所采用的销售模式，即房地产开发企业与包销人订立合同，约定出卖人将其开发建设的房屋交由包销人以出卖人的名义销售。但由于法律尚未对商品房包销合同的定义、适用规则作出明文规定，在司法实践中裁判机构往往将其视为无名合同以综合判断各方权利义务关系。《最高人民法院关于审理商品房买卖合同纠纷案件适用法律若干问题的解释（2020）》第 16 条规定了包销人在包销期满应当以约定包销价格向出卖人购买房屋，故包销人事实上承担了较高的履约风险。本案中仲裁庭认为，正是基于上述风险的存在，包销人的利益在于获取实际售价高于包销基价之间溢价的特征，包销人有权根据市场情况，对包销房屋的销售自由定价而不受包销价格或相关中介、行纪行业标准的限制。并且，各方均将一系列合同的交易作为一个整体进行处理，并未有任何交易安排将所谓佣金或是居间服务费与包销溢价进行区分，或是对此安排了包销人不同的对待给付行为。因此，基于充分尊重并保障当事人意思自治的法律原则，出卖人与包销人约定的除包销溢价外的任何"佣金"，实际上也属于包销人提供包销服务的部分应获对价，而并非"委托报酬"或"居间服务费"，出卖人应当依照合同约定完整履行合同义务。

房地产类型的案件经常存在着商业背景和法律表象相背离的情况，这要求裁判者在处理相关案件时充分了解行业交易习惯，并充分尊重当事人意思自治，这也符合仲裁在处理案件过程中所追求的公正公平，以及实现双方实体和程序利益双平衡的价值理念。

【案例 3】株洲市电影放映戏剧演出中心有限公司、株洲市演员接待站合资、合作开发房地产合同纠纷①——关于合作开发合同以及建成房屋分配权的性质的认定

【基本案情】

株洲市电影放映戏剧演出中心有限公司、株洲市演员接待站（以下合称演员中心等两单位）作为甲方，与隆庆投资（香港）有限公司、株洲金冠置业有限公

---

① 最高人民法院（2020）最高法民再 7 号《民事判决书》，摘录自中国裁判文书网，https://wenshu.court.gov.cn/website/wenshu/181107ANFZ0BXSK4/index.html?docId=d274fc03a5ad4874a634ac6400d241f3，访问时间：2021 年 2 月 3 日。

司（以下简称金冠公司）作为乙方签订了一份《合作开发合同》，约定共同合作开发金冠大楼项目，其中甲方负责提供划拨土地使用权及地上资产，并为乙方争取项目开发优惠政策；乙方则提供项目开发所需全部资金、房地产开发资质和技术。合同约定甲、乙双方分别获得建筑内不同区域面积，并且甲方在项目未能及时完成的情况下拥有优先选择权。

随后，金冠公司与演员中心等两单位又分别签订《合同书》，约定演员中心等两单位可获得的具体案涉房屋。上述合同签订后，金冠公司未按合同约定交付案涉房屋，并将案涉房屋部分出售、部分与两家金融机构（以下简称二抵押权人）办理了两次在建工程抵押。随后法院对金冠公司逾期拖欠抵押权人的债权进行了处理，明确了二抵押权人对已抵押的房地产享有优先受偿权。二抵押权人随后申请了强制执行。

演员中心等两单位以金冠公司严重违约为由向株洲市中级人民法院（以下简称株洲中院）提起诉讼，要求确认案涉房屋归其所有，并要求金冠公司交付案涉房屋并办理过户登记以及赔偿相应损失。

一审法院株洲中院认为，案涉《合作开发合同》为补偿性质的合同，根据《最高人民法院关于建设工程价款优先受偿权问题的批复》关于"人民法院在审理房地产纠纷案件和办理执行案件中应当依照《中华人民共和国合同法》第二百八十六条的规定，认定建筑工程的承包人的优先受偿权优于抵押权和其他债权；消费者交付购买商品房的全部或者大部分款项后，承包人就该商品房享有的工程价款优先受偿权不得对抗买受人"的规定，认定演员中心等两单位对案涉房屋的权利优先于抵押权人，支持演员中心等两单位关于交付除已出售给第三人的房屋，驳回其关于确认房屋所有权及办理过户登记的诉讼请求。

金冠公司与二抵押权人提起上诉。湖南省高级人民法院（以下简称湖南高院）认为合同中未约定演员中心等两单位应承担开发、经营风险，故案涉合同性质为土地使用权转让合同，金冠公司应按照合同约定以相应房屋作为对价支付；但由于二抵押权人对已抵押房屋享有优先受偿权，故案涉房屋事实上交付不能，交付义务可折现为货币支付义务。进一步，湖南高院以演员中心等两单位实际出让面积少于合同约定的计价出资面积、在履行合同过程中未尽到"双控义务"使金冠大楼实际并未获得合同约定的公益性项目优惠政策，以及对金冠大楼新的询价结果（包括房屋实际层高数据）为依据对补偿数额进行了调减，并以转为货币支付义务已考虑应付利息为由免除了违约金。

演员中心等两单位不服二审判决，向最高院申请再审。

【争议焦点】

本案争议焦点主要集中在两个方面，一是湖南高院认定将案涉房屋予以折价并调减补偿数额的处理意见是否妥当；二是演员中心等两单位对案涉房屋享有的权益与二抵押权人的抵押权互相冲突之下优先顺序的问题。

【裁判观点】

最高院经审理认为：首先，关于案涉房屋转为货币补偿的问题，案涉房屋不能交付而接受货币补偿的行为属于变更诉讼请求，在二审中演员接待站法定代表人未出席并缺少特别授权的情况下，一般授权的诉讼代理人无权变更诉讼请求，故湖南高院直接以货币补偿替代交付房屋，不仅存在程序性问题，且事实和法律依据亦不充分。

其次，关于权利优先顺位的问题：演员中心等两单位实际上只享受固定利益而不对案涉项目承担风险，因此，案涉《合作开发合同》性质应为土地使用权转让合同，但合同性质具有补偿性，演员中心等两单位的法律地位与被拆迁人并无实质不同。物权优于债权是处理权利冲突的基本原则，但"以房换房、原址回建"的房屋产权调换是以被拆迁人放弃原房屋使用权、影剧院或者宾馆经营权为代价来实现案涉交易目的的，特别是案涉项目原本还具有一定的公益性质。因此，应根据公平原则，对演员中心等两单位基于回迁安置协议享有的安置房请求权，给予适当的优先保护，即对演员中心等两单位享有的债权作为特殊债权赋予其优先效力。

【纠纷观察】

本案涉及合作开发合同以及房屋分配权益性质的理解。《最高人民法院关于审理涉及国有土地使用权合同纠纷案件适用法律问题的解释》第24条规定，合作开发房地产合同约定提供土地使用权的当事人不承担经营风险，只收取固定利益的，应当认定为土地使用权转让合同。本案中，最高院明确获得固定面积的房屋也属于土地使用权转让。进一步，最高院参照《最高人民法院关于审理商品房买卖合同纠纷案件适用法律若干问题的解释》（法释〔2003〕7号）第7条第1款规定，[①]认定在回迁模式下，提供土地及地上建筑的一方建成房屋分配权优先于抵押权人，这对于城市更新模式下的被拆迁人的权益有充分保障，对于金融机构而言则需要

---

① 《最高人民法院关于审理商品房买卖合同纠纷案件适用法律若干问题的解释》（法释〔2003〕7号）第7条第1款：拆迁人与被拆迁人按照所有权调换形式订立拆迁补偿安置协议，明确约定拆迁人以位置、用途特定的房屋对被拆迁人予以补偿安置，如果拆迁人将该补偿安置房屋另行出卖给第三人，被拆迁人请求优先取得补偿安置房屋的，应予支持。

在判断抵押物价值之时预先扣除应分配房屋的价值。

但值得高度注意的是，在本案再审判决于 2020 年 7 月 31 日作出之后，最高院于 2020 年 12 月 23 日修改《最高人民法院关于审理商品房买卖合同纠纷案件适用法律若干问题的解释》，上述原第 7 条第 1 款之规定已被删除，针对此类问题司法实践将如何处理仍有待观察。

四、热点观察

（一）热点问题：部分房企面临融资困境、债务问题及其连锁反应

如本文概述部分所述，在资金需求端和供给端收紧的信贷融资政策以及叠加新冠疫情影响下，部分房企原"高周转""高杠杆"经营模式难以为继，面临融资受限困境并引发债务问题，导致 2020 年涉及房企的借款合同纠纷以及合资、合作开发房地产合同纠纷数量较 2019 年增幅明显，踩红线的重点房企也负面消息不断。

在此背景下，为降负债，众多房企主动谋变，加快销售回款、出售资产、引入股权投资、品牌合并、拆分子公司上市等方式成为房企当下的普遍选择。为解决当前房企融资过度依赖银行信贷及民间借贷资金的问题，不少专家、学者呼吁适当引导房企创造新的融资渠道，鼓励扩大房企直接融资比重，逐步恢复股票市场对房企的正常融资功能，逐步增强房地产企业的资产流动性，以有效防范化解房地产企业的债务风险。长远来看，改变过去"重开发轻保有""重扩张轻品质"的粗放发展模式，依靠精细化管理和产品质量等内功，积极拓展新的业务增长点、推进多元化运营模式，增强持续盈利能力，可能是房企为实现长远、稳健发展所需重点考虑和关注的经营策略。

在争议解决层面，房企债务问题引发的巨额借贷等投融资纠纷，不仅涉及房企自身的存续、发展及经营，往往还涉及银行、信托、资产管理公司以及其他利益相关主体（如广大购房者、房企员工及其上下游企业）等多方主体，且"借新还旧""借短还长"以及"联保互保"常见融资模式下，单个债务纠纷的产生及处置将影响其他关联投融资交易的履行，容易引发连锁反应，导致局部风险集中爆发，本文停笔时，笔者刚刚收到河北的房产巨头华夏幸福破产重组的消息，令人唏嘘。故在此背景下，在单个房企债务问题引发诉讼或仲裁案件的审理、裁判过程中，除分析债权债务法律关系外，债务问题处理可能引发的市场、社会影响以

及公共利益等可能会更多地被纳入裁判者的考量因素。

值得一提的是，部分房企资金链断裂导致的"烂尾楼"问题在 2020 年较为多发，其引发的购房者集体维权纠纷引发社会广泛关注。因"烂尾楼"涉及的债权债务纠纷关系复杂，且一旦涉事房企资金链断裂，金融机构或民间资本往往会在第一时间对其进行提起诉讼或仲裁并查封其所有可查封的财产，成为压死项目公司资金链的最后一根稻草，商品房可能刚好因短缺了部分资金而难以交付，随后因相关司法案件的审理、执行因处理周期冗长，往往导致"烂尾楼"难以被盘活，继而又会出现购房者集体诉讼或信访的社会问题。从解决问题的角度出发，即便相关司法解释规定相对于施工人、抵押权人的受偿权，购房者享有债权优先受偿权，但该优先受偿权行使的前提为需通过诉讼或仲裁的方式予以确认。故在楼盘毫无盘活可能的情况下，购房者可考虑尽快提起诉讼或仲裁，要求解除合同、返还购房款。当然，在实践中，亦存在业主掌握主动权，众筹资金完成剩余开发建设及竣工验收，"自救"成功的少数案例。

（二）争议点问题：浅议居住权

《民法典》在物权编中首次以立法形式确认了居住权的法律地位，意义和影响颇为重大，但只有六个条文（第 366 条至第 371 条），且配套制度尚未出台。因此，在目前的实践中，居住权制度的实施仍存在一些问题有待解答，如居住权是否必须基于住宅整体而设立抑或可分割设立？一人是否可以设定多个居住权？居住权人是否有权容留其他人共同居住？居住权的客体是否严格限制为"住宅"？居住权是否可按时间、按份登记以解决类似于"分时度假"问题？有偿居住权的价格是否可高于市场租金？受篇幅限制，在此浅议两点，即居住权是否适用善意取得制度，以及如何围绕着立法目的进一步细化对投资性居住权的限制。

居住权的善意取得制度是指，当住宅的证载权利人和实际权利人不完全一致时，当证载权利人为居住权人设立了居住权，此时实际权利人请求破除居住权时，居住权人是否可依据善意取得的原理请求保护。举例而言，原则上夫妻共有的房屋，为他人设立居住权，需要夫妻双方同意。但假如当夫妻中的丈夫一方为登记的权利人，该方擅自为第三人设立了居住权，妻子知情后，要求法院认定居住权无效，此时是否及如何保护第三人的居住权？各方学者对于善意保护制度适用的看法不一，笔者认为，居住权原则上应当适用善意取得制度，但需要视具体案件、具体分析。根据《民法典》第 311 条的规定，不动产的善意取得通常应满足三个要件，即受让人为善意、支付了合理对价且已经办理了登记。由于居住权自登记时设立，故在列举的夫妻案例中，第三个要件已予满足。对于善意的判断，取决于他人是否知悉或应当知悉不动产权登记簿记载的情况与实际情况不完全一致。该种情况可以从居住权人与无处分权人之间的关系以及该住房的居住状况等事实因素上判断，如该他人是丈夫一方的父母，裁判者根据经验法则在心证时较大概率会判断他人对于住宅产权实际情况是知悉或应当知悉的，应认定为非善意；但他人如果是投资性居住权人且经过一些审慎调查后相信丈夫享有处分权，则应认定是善意。各方专家对于居住权是否适用善意取得制度的争论，更多地在于第二个要件"合理的价格"的判断上。如前所述，居住权的设立以无偿为原则，当事人另有有偿约定为例外。因此，当居住权的设立为无偿时，该"合理的价格"要件是否应直接判定为未满足，其实是很难判断和取舍的问题。不少学者倾向于认为无偿设立的居住权类似于继承或赠与，因此不适用善意取得制度。笔者认为，《民法典》中对于对价的表述为"合理的价格"，该处的价格不应限缩地理解为货币，如果居住权人与无权处分人之间还存在着除了金钱之债以外的其他交换行为（例如，居住权人的扶持、特定承诺等），应对于该种用以交换的对价予以法律上的认可。

居住权的设立初衷是解决特定群体，如"父母、离婚配偶和保姆的无房居住问题"，但《民法典》同时又在其功能上有所延展，允许居住权具备投资性功能。投资性居住权丰富了房屋所有权人的融资途径，使得房屋的物权属性得以充分利用。但也恰恰是由于其融资属性，不排除未来投资性居住权会演化成市场上具有争议的商品，故必须加以警惕及限制。在此举两例：其一，以房养老，老人将住宅出售给与其无血亲关系的专业机构后设定居住权，因只有老人身故后权利人才能享有无限制地处置房屋的可行性，在利益诱导下可能引发道德风险；其二，未来创业人、债务人很可能会提前盘算，将自有房屋设置居住权，而站在债权人的角度，因为始终无法突破居住权，则可能会要求债务人提供更多的增信措施，增加交易成本。推而广之考虑，未来房产执行难的问题也可能会加剧，附带有居住权负担的住宅不再是优质偿债资产。根据目前《民法典》的规定，设定有居住权的住宅不得出租，但"当事人另有约定的除外"。《民法典》在此处并未区分出租人应限制为权利人还是居住权人。如出租人部分对外出租，未来可能需要具体的司法解释予以明确如何协调同一住宅中同时存在居住权和承租人租赁权的情形；如允许居住权人部分出租给第三人，居住权人仍继续自住并且不应损害所有权人的利益，居住权的立法本意尚可实现，但如果居住权人整体出租而不再自住，则就可能会背离了"满足生活居住的需要"制度的初衷，有悖于居住权的实现，法律上不应准许。

综上，居住权在 2020 年的《民法典》中得以确认，呼应了居者有其屋的时代需求，值得肯定，但现有居住权的目的和功能界定、主客体、效力等问题尚需进一步规定和厘清，为了使得居住权制度被善用，相关配套制度规定有待尽快落实和完善。

五、总结与展望

回顾 2020 年，在新冠疫情这只"黑天鹅"以及"将灰犀牛装进笼子里"的调控政策背景 ① 下，关系国计民生的房地产市场短暂受挫后实现快速复苏后，助力国民经济在严峻复杂的国内外环境下企稳、恢复。

就房地产纠纷争议解决而言，2020 年各级人民法院、仲裁机构办理的案件数量依然庞大，传统的房屋买卖合同纠纷、房屋租赁合同纠纷等，受新冠疫情、限价政策、房企经营状况、市场变化等因素的影响，引发新的法律问题，考验监管机关和裁判机关的行政管理和司法审判、仲裁裁判能力和智慧。在新冠疫情背景下，政府部门出台的减租政策，以及最高人民法院及部分地方法院出台的房地产纠纷审理指导意见，及时回应各方关切，体现了行政管理和司法审判的温度。多地重现的"烂尾楼"问题以及部分长租公寓"暴雷"问题引发的群体维权纠纷及争议解决案件，不仅牵动各当事主体，更引发政府、社会各界对于房企经营、房地产开发模式，长租公寓扩张模式及涉及的"租金贷"监管问题的深刻反思。

展望 2021 年，新冠疫情防控以及政治外交因素影响下的国内外经济发展态势仍不明朗，世界经济能否反转进入人心所向的修复式增长、逐步弥补新冠疫情带来的损失仍存在较大的不确定性。就中国房地产行业而言，可以预见的是，"房住不炒"的房地产调控基调仍将得以继续延续，中央依旧会严格调控，将倒逼房企进一步去杠杆，聚焦主业。在降负债的大考中，部分高负债房企如不能有效化解过去粗放式发展模式下累积的巨额债务问题，将可能触发涉及房地产投融资、开发建设、房屋买卖及运营等多个环节的纠纷，并最终可能走向破产重整的结局。笔者进一步认为，资金需求和供给端的政策已有较为细致的规定，2021 年的调控政策可能更多的是配合以土地供应限制以稳地价，以及针对二手房楼市交易的价

---

① 与"三道红线"政策相协调的是，银保监会主席郭树清在 2020 年 8 月至 12 月的四个月内两次发表文章，指出"房地产是现阶段我国金融风险方面最大灰犀牛"，警示房地产领域的金融风险。

格控制及限购资格方面的组合拳。

　　《民法典》以及各地监管新规等新的法律法规的施行，将对于房地产的相关交易安排设计及纠纷争议解决产生直接、深远的影响。争议解决案件是反映社会政治、经济和文化发展情况的晴雨表，其萌生的背后必然有法律修改、政策调整、市场变化、经济利益以及社会发展的驱动。实践出真知，我们期待在具体的房地产纠纷争议解决案件中，法律得到公正的适用，新的裁判规则的确立能够弥补、厘清法律法规尚存的不完备之处，给予各市场主体有益的指引和预期。

中国能源争议解决年度观察（2021）

齐晓东　　崔轶凡　　付国敏 [①]

一、概述

受新冠疫情影响，2020 年全球经济遭重创。对于国际国内能源领域各个板块均产生了重大影响。疫情防控的主要方式是限制人员流动以避免人与人之间传播，带来的直接结果就是从业人员无法返工开业造成企业停工，行业停摆，劳动力和生产设备等资源无法得到充分利用，经济发展停滞或下行。

2020 全年国际原油市场表现虽然跌宕起伏，但总体受油气需求大幅度削减影响，原油价格全年中有相当多的时间徘徊在 40 美元 / 桶的地板价之下 [②]。除油气需求削减的原因外，几大产油国为保住市场份额，开启价格战是另一重要原因。2020 年 3 月 7 日，沙特宣布原油出口价格下调 6—8 美元 / 桶，原油产量增至 1230 万桶 / 日。俄罗斯宣布可将日产量提高 30 万桶，达到 1200 万桶 / 日 [③]。为阻止油价继续大幅度下滑，OPEC 年中和美国、加拿大、墨西哥、巴西等二十国集团达成了一定的减产协议，才将油价稳定在了 35—40 美元 / 桶的水平。随着各国疫苗的研制和接种，2021 年世界经济将逐步恢复，国际原油市场应该能稳步好转，国际原油价格会反弹上升，上升的程度将取决于全球疫情得到控制和经济恢复的速度。

[①] 齐晓东，北京市兰台律师事务所高级合伙人 / 资深顾问。崔轶凡，目前主要负责思科大中华区产品销售和服务法律事务。付国敏，北京市兰台律师事务所律师。北京市兰台律师事务所臧雪柳律师对本报告亦有贡献。

[②] 《2020 年国际原油市场跌宕起伏汽柴油价格低位运行》，载生意社，http://www.100ppi.com/forecast/detail-20210104-152848.html，访问时间：2021 年 1 月 29 日。

[③] 李富兵等：《油价断崖式下跌对石油上游市场的影响分析》，载《中国能源》2020 年第 7 期。

2020年以来，中国同"一带一路"沿线国家守望相助、共克时艰，推动共建"一带一路"取得了新进展、新成效。其中，2020年全年与"一带一路"沿线国家货物贸易额1.35万亿美元，同比增长0.7%，占我国总体外贸的比重达到29.1%。[①]截至目前，中国与171个国家和国际组织，签署了205份共建"一带一路"合作文件。随着我国"一带一路"倡议的全面实施，我国在2020年继续深化与沿线国家间的合作，特别是能源作为合作的一个重点区域，持续推进中亚—俄罗斯、中东、非洲、美洲和亚太五大油气合作区开发建设的油气合作开发力度。[②]

国内方面，2020年是全面建成小康社会和"十三五"规划收官之年。自二三月份疫情得到初步控制、复产复工开始，各行各业即加大工作推进力度。能源结构继续向清洁化、低碳化转型。

本报告观察到，2020年中国能源政策法规方面主要动向有：以习近平总书记为核心的党中央进一步向世界阐明中国将为人类命运共同体作出的卓越贡献，具体而言，即采取更加有力的政策和措施，使二氧化碳排放力争于2030年前达到峰值，努力争取2060年前实现碳中和。[③]随着该指导方向的设定，我国能源结构的改革有了更清晰具体的目标。能源相关几大法律：《中华人民共和国能源法》（以下简称《能源法》）、《中华人民共和国矿产资源法》（以下简称《矿产资源法》）以及《中华人民共和国煤炭法》均已推出修订草案，公开向社会征集意见，有些试行性意见如《关于推进矿产资源管理改革若干事项的意见（试行）》也同时实施，以迅速落地改革措施。《关于加快煤矿智能化发展的指导意见》以煤矿智能化发展政策为例，体现了我国能源技术提升的政策推进作用。为了提升能源清洁利用水平和电力系统运行效率，国家发展和改革委员会（以下简称国家发改委）和国家能源局发布了《关于开展"风光水火储一体化""源网荷储一体化"的指导意见（征求意见稿）》（以下简称《一体化指导意见》）。为了进一步推进落实风电平价上网，能源监管机构推出了《关于促进非水可再生能源发电健康发展的若干意见》[④]，以及《国家发展和改革委员会关于完善风电上网电价政策的通知》。

---

① 《我国已签署共建"一带一路"合作文件205份》，载《经济日报》，https://baijiahao.baidu.com/s?id=1690268560551476969&wfr=spider&for=pc，访问时间：2021年1月27日。

② 张所续：《日本第五次能源基本计划对我国的启示》，载《中国能源》2020年第1期。

③ 《习近平在第七十五届联合国大会一般性辩论上的讲话（全文）》，载新华网，http://www.xinhuanet.com/2020-09/22/c_1126527652.htm，访问时间：2021年1月30日。

④ 《〈关于促进非水可再生能源发电健康发展的若干意见〉发布！》，载北极星固废网，http://huanbao.bjx.com.cn/news/20200123/1038746.shtml，访问时间：2021年1月30日。

对于 2020 年能源领域争议解决，本报告选取了目前我国能源行业比较典型的争议案件，涉及天然气的指导价格与市场调节功能的关系、煤矿开采灾害治理监管、环保电价的鼓励政策以及特许经营权合同中监管部门的角色等。

在过去的 2020 年中，海内外的仲裁机构在能源领域仍发挥着重要作用。例如，伦敦国际仲裁院（以下简称 LCIA）公布的 2019 年年报显示，能源和矿产案件作为 LCIA 受理案件的主要类型之一，在受理案件数中占比 22%。[①] 中国国际经济贸易仲裁委员会（以下简称贸仲）的 2020 年工作报告显示，2020 年受案总量（涉外、国内）共计 3615 件，其中受理自然资源、矿产资源纠纷 224 件，占受案总量的 6%，相较于 2019 年的 157 件，同比增加 43%。[②]

对于北京仲裁委员会/北京国际仲裁中心（以下简称北仲）2020 年受理的能源领域案件情况来说，大能源领域（钢铁）的案件数量已经远超传统能源（煤、油、气），与新能源（风、电、核、热及太阳能）所涉的案件数量相差无几：

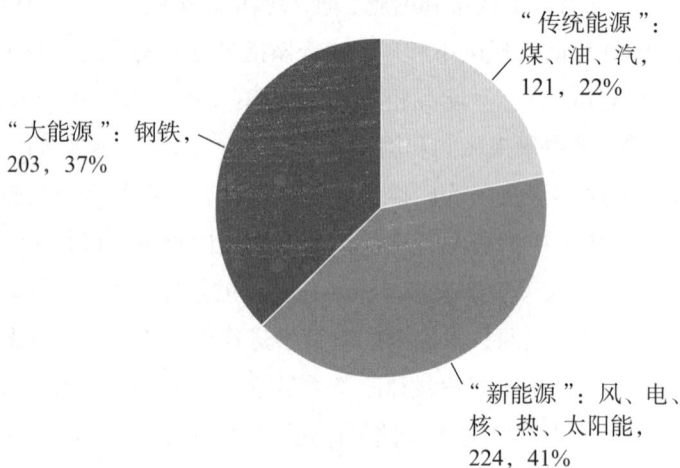

"大能源"：钢铁，203，37%

"传统能源"：煤、油、汽，121，22%

"新能源"：风、电、核、热、太阳能，224，41%

图 1 北仲 2020 年受理能源领域案件数和构成比例

据图 1 所示，北仲 2020 年受理能源案件数之和为 548 件，对比 2019 年案件数据（北仲 2019 年受理能源领域案件数和为 639 件，其中传统能源为 181 件，所占比例为 28%；新能源为 374 件，所占比例为 59%；大能源（钢铁）为 84 件，所

---

① 中国国际经济贸易仲裁委员会主编：《中国国际商事仲裁年度报告（2019—2020）》，法律出版社 2020 年版，第 12 页。

② 《中国国际经济贸易仲裁委员会 2020 年工作报告》，载微信公众号"中国国际经济贸易仲裁委员会"，2021 年 1 月 29 日。

占比例为 13%）可以得出：2020 年度案件数总和相较于 2019 年度案件数总和减少了约 14%。其中，传统能源所占比例为 22%；新能源案件数所占比例为 41%；大能源所占比例为 37%，表明大能源领域案件相较于 2019 年来说占比和案件数量均有所上升。

二、新出台的法律法规或其他规范性文件

（一）《中华人民共和国能源法（征求意见稿）》出台和《新时代的中国能源发展》白皮书发布

2014 年 6 月 13 日，习近平总书记在中央财经领导小组第六次会议上明确提出了"四个革命、一个合作"的重大能源战略思想。"四个革命"是指：推动能源消费革命，抑制不合理能源消费；推动能源供给革命，建立多元供给体系；推动能源技术革命，带动产业升级；推动能源体制革命，打通能源发展快车道；"一个合作"即全方位加强国际合作，实现开放条件下能源安全。[①] 自此，十三五计划期间各级能源管理部门遵循该指导方针，工作重心始终放在注重消费合理化、供给多元体系、技术升级换代及能源体制改革及加强国际合作。

国家主席习近平 2020 年 9 月 22 日在第七十五届联合国大会一般性辩论上宣布，中国将提高国家自主贡献力度，采取更加有力的政策和措施，二氧化碳排放力争于 2030 年前达到峰值，努力争取 2060 年前实现碳中和。[②] 随着该指导方向的设定，我国能源结构的改革有了更清晰具体的目标，化石能源的使用比例将进一步下降，可再生能源及清洁能源的占比将进一步快速上升，构建我国清洁低碳、完全高效的能源体系将能更加早日完成。

自 2017 年以来，在原国务院法制办、司法部的指导下，国家发改委、国家能源局组织成立了专家组和工作专班对《中华人民共和国能源法（送审稿）》修改稿进一步修改完善，形成新的《中华人民共和国能源法（征求意见稿）》（以下简

---

① 谭建生、殷雄：《从能源资本认识"四个革命、一个合作"重大战略思想》，载人民网，http://yuqing.people.com.cn/n1/2019/0809/c394873-31286740.html，访问时间：2021 年 1 月 27 日。

② 《习近平在第七十五届联合国大会一般性辩论上的讲话（全文）》，载新华网，http://www.xinhuanet.com/2020-09/22/c_1126527652.htm，访问时间：2021 年 1 月 30 日。

称《能源法征求意见稿》①）。2020 年 4 月 10 日，再次向社会公布及征求意见。《能源法征求意见稿》包含了我国的能源战略、规划、分类、开发、价格、税费制度、转换以及市场供应、安全管理、科技合作以及各个细分能源领域的政策等方面完备及细致的内容，如获正式立法生效，将自然成为新时代我国能源管理的基本法律制度。

2020 年 12 月 21 日，《新时代的中国能源发展》白皮书（以下简称白皮书）发布，白皮书全面介绍了十八大以来中国推进能源革命的历史性成就，全面阐述了新时代新阶段中国能源安全发展战略的主要政策和重大举措。②

笔者观察注意到，白皮书的主要内容展示亦是遵循着"四个革命、一个合作"的指导方针展开，分章节介绍了我国如何全面推进能源消费方式变革、建设多元清洁的能源供应体系、发挥科技创新第一动力作用、全面深化能源体制改革以及如何全方位加强能源国际合作。该些内容充分体现了中国的能源发展，为中国经济社会持续健康发展提供了有力支撑，也为维护世界能源安全、促进世界经济增长作出了积极贡献。

2020 年《能源法》的基本成型以及白皮书的发布，已经为我国在新时代能源发展的战略方向及宏伟规划勾勒出了清晰的蓝图，自然成为未来能源行业发展的纲领，为所有相关的政策法规的制定提供了相应的指南，对于十四五规划以及未来多年我国能源行业的发展意义深远。

（二）石油天然气

根据十三届全国人大常委会立法规划要求，自然资源部起草了《中华人民共和国矿产资源法（修订草案）》（征求意见稿），于 2019 年 12 月 17 日对外公布，征求社会各界意见。③ 自然资源部目前正在汇总及研究各界意见中，将很快会确立正式的矿产资源法修订草案。

---

① 《国家能源局关于〈中华人民共和国能源法（征求意见稿）〉公开征求意见的公告中的〈中华人民共和国能源法（征求意见稿）〉起草说明》，载国家能源局网站，http://www.nea.gov.cn/2020-04/10/c_138963212.htm，访问时间：2021 年 1 月 2 日。

② 《国务院新闻办发布〈新时代的中国能源发展〉白皮书》，载新华网，http://www.xinhuanet.com/2020-12/21/c_1126887644.htm，访问时间：2021 年 1 月 2 日。

③ 《自然资源部关于〈中华人民共和国矿产资源法（修订草案）〉（征求意见稿）公开征求意见情况的公告》，载自然资源部网站，http://www.mnr.gov.cn/dt/ywbb/202001/t20200122_2498574.html，访问时间：2021 年 1 月 24 日。

2019年12月31日自然资源部印发了《关于推进矿产资源管理改革若干事项的意见（试行）》（以下简称《矿产资源意见》），[①] 于2020年5月1日起正式施行。《矿产资源意见》关于全面推进矿业权竞争出让、"净矿"出让、油气探采合一等相关规定，与《矿产资源法（修改草案）》修改思路是一致的。该意见中最值得注意的两个特点是：

第一，进一步开放油气勘查开采市场。在中华人民共和国境内注册，净资产不低于3亿元人民币的内外资公司，均有资格按规定取得油气矿业权。该政策允许内外资企业进入油气上游领域是衔接2019年3月全国人大通过的《外商投资法》、6月国家发改委和商务部发布的《外商投资准入特别管理措施（负面清单）2019年版》以及12月国务院发布的《关于营造更好发展环境支持民营企业改革发展的意见》等政策出台。体现了2019年政策中石油天然气勘探开发领域对民营和外资石油天然气企业进一步开放的政策落地。

第二，全面推行油气探采合一制度。现行矿法对油气探矿权、采矿权规定了试采和滚动勘探开发的制度。从实践过程来看，由于试采期限过短（一般为1年），企业难以在试采期间及时办理采矿权审批登记手续，造成了大量的以探代采、无证开采的违法行为。为切实解决这一问题，《矿产资源意见》规定了油气探采合一制度，即油气探矿权人发现可供开采的油气资源的，在报告有登记权限的自然资源主管部门后即可进行开采。进行开采的油气探矿权人应当在5年内签订采矿权出让合同，依法办理采矿权登记。这是根据油气勘查开采的技术逻辑作出的重大制度创新。

笔者认为，此次《矿产资源意见》在《矿产资源法修正草案》正式通过前印发，并于2020年5月1日起正式施行，体现了能源管理体制对矿权管理几大问题决策的确立和试行的启动，也体现了国家对建立和实施矿业权出让制度、优化石油天然气矿业权管理、改革矿产资源储量分类和管理方式等做出了一系列重大的制度创新，以及对矿业权管理理念的重大转变。将对于矿产领域各个分支特别是石油天然气领域的改革措施具有强大的推动作用。

（三）煤炭行业

为深入贯彻能源安全新战略，保障煤炭及相关产业高质量发展，国家发改委

---

① 《自然资源部关于推进矿产资源管理改革若干事项的意见（试行）》，载自然资源部网站，http://gi.mnr.gov.cn/202001/t20200109_2497042.html，访问时间：2021年1月24日。

在前期广泛调研和专家论证基础上，研究起草形成了《中华人民共和国煤炭法（修订草案）》（征求意见稿）（以下简称《煤炭法征求意见稿》）。国家能源局于2020年7月30日发布了该征求意见稿及其说明，请社会各界提出修改意见[①]。

《中华人民共和国煤炭法》是规范和保障我国煤炭行业健康发展的大法[②]。目前实施版本基于第八届全国人民代表大会常务委员会第二十一次会议于1996年8月29日通过，自1996年12月1日起施行，到目前为止已经过四次小幅修改。对于本次修订，国家发改委和国家能源局在修订说明中介绍修订的主要内容有[③]：（1）巩固供给侧结构性改革成果；（2）完善煤炭市场体系制度建设；（3）统筹煤炭产供储销体系建设；（4）强化规划和标准在行业治理中的作用；（5）加强煤炭综合利用和生态保护。

笔者注意到，《煤炭法征求意见稿》最大的特点是新增煤炭市场建设、价格机制等条款，如增加了整个第四章，关于煤炭市场与煤炭经营。提出建立和完善统一开放、层次分明、功能齐全、竞争有序的煤炭市场体系和多层次煤炭市场交易体系，以及由市场决定煤炭价格的机制；并强调市场主体应该依法经营、公平竞争；优化煤炭进出口贸易等内容，以推动现代煤炭市场体系的建立，优化和提升资源配置效率。另外，《煤炭法征求意见稿》亦对行业管理提出了要求，主张煤炭是我国主体能源，属于大宗商品，具有周期性的特点，加强运行调节，可以减少周期性波动，稳定煤炭供应和价格。该部分增加内容也充分体现出国家对于深入推动能源市场化的决心和强力推动。

2020年2月25日，国家发改委、国家能源局等八部门联合印发了《关于加快煤矿智能化发展的指导意见》（以下简称《智能化指导意见》），[④] 煤矿智能化建设提速。该意见提出了我国煤矿智能化发展的分阶段目标，即：到2021年，建成多种类型、不同模式的智能化示范煤矿；到2025年，大型煤矿和灾害严重煤矿基本

---

① 《关于〈中华人民共和国煤炭法（修订草案）〉（征求意见稿）公开征求意见的公告》，载国家能源局网站，http://www.nea.gov.cn/2020-07/30/c_139251305.htm，访问时间：2021年1月24日。

② 《中华人民共和国煤炭法》，载国家法律法规数据库网站，https://flk.npc.gov.cn/detail.html?MmM5MDlmZGQ2NzhiZjE3OTAxNjc4YmY4MzEzZDA5OGQ%3D，访问时间：2021年1月24日。

③ 《关于〈中华人民共和国煤炭法（修订草案）〉（征求意见稿）公开征求意见的公告》，载国家能源局网站，http://www.nea.gov.cn/2020-07/30/c_139251305.htm，访问时间：2021年1月24日。

④ 《〈关于加快煤矿智能化发展的指导意见〉的政策解读》，载国家能源局网站，http://www.nea.gov.cn/2020-03/06/c_138849458.htm，访问时间：2021年1月2日。

实现智能化；到 2035 年，各类煤矿基本实现智能化，构建多产业链、多系统集成的煤矿智能化系统，建成智能感知、智能决策、自动执行的煤矿智能化体系。该阶段目标即符合十九大报告中提出的推动互联网、大数据、人工智能和实体经济深度融合的指导方针，亦符合十九届四中全会提出的"建立健全运用互联网、大数据、人工智能等技术手段进行行政管理的制度规则"。

笔者注意到，不论中央还是地方，政府和煤炭企业都已高度重视煤炭企业的技术提升，特别是自动化、信息化水平的不断提高。大家亦对通过智能化来提升煤矿安全管理做了有益的尝试和探索，建成了一批无人开采工作面，一些省份还出台了有关煤矿智能化发展的指导文件，为推动煤矿智能化发展奠定了一定的基础，营造了良好氛围。《智能化指导意见》的颁布更将加快煤炭行业的生产与大数据、人工智能等先进技术的深度融合，必将对煤炭这一传统能源行业带来全新的技术提升。

（四）电力及可再生能源一体化

2020 年 1 月 6 日，国家能源局在京召开了"十四五"电力规划工作启动会，部署动员"十四五"电力规划研究及编制工作。[①] 会议要求，"十四五"规划要注重提升电力安全保障能力，推进电力供给侧结构性改革；注重提升电力系统整体效率，推动电力绿色转型升级；高度重视节能增效，全面推动煤电清洁高效发展以及大力推进技术创新、坚定实施国际合作。

为了提升能源清洁利用水平和电力系统运行效率，2020 年 8 月 27 日，国家发改委和国家能源局发布了《一体化指导意见》。[②] 第一个"一体化"，侧重于电源基地开发，结合当地资源条件和能源特点，因地制宜采取风能、太阳能、水能、煤炭等多能源品种发电互相补充，并适度增加一定比例储能，统筹各类电源的规划、设计、建设与运营。第二个"一体化"则需侧重围绕负荷需求开展，优化整合本地电源侧、电网侧、负荷侧资源要素，创新电力生产和消费模式，实现源、网、荷、储的深度协同。国家能源局副局长刘宝华表示，要积极推动"风光水火储一体化""源网荷储一体化"，提升能源利用效率和发展质量，促进我国能源转型和经济社会发展。

笔者注意到，2020 年底，中国南方多地发生了不同程度的电力短缺或限电的

---

① 《"十四五"电力规划启动》，载《中国能源》2020 年第 2 期。

② 《关于公开征求对〈国家发展改革委国家能源局关于开展"风光水火储一体化""源网荷储一体化"的指导意见（征求意见稿）〉意见的公告》，载国家能源局网站，http://www.nea.gov.cn/2020-08/27/c_139321964.htm，访问时间：2021 年 1 月 2 日。

现象，出现这种现象具有多种复杂的原因。其中主要原因大致分为政策与市场两个方面。政策上，地方政府有实现"十三五"指标收官的硬约束需求，澳煤等也因为对外政策原因供给受限。市场方面，极寒天气、中国抗疫成效显著带来的"中国供给世界"短期用能暴涨等。另外一个原因是新能源和传统能源，以及新能源之间的匹配和矛盾问题。能源研究工作者也注意到：我国能源规划的中央与地方、地方与地方各机构之间的协调性不强；不同能源品种的规划协同性亦是不足。① 《一体化指导意见》的出台具有一定的预见性，对于近期如何梳理各种能源电力供给，特别是优先可再生能源的消纳，以及调配消费端的需求将起到重要作用。

笔者注意到国际上也有类似情况，2021 年初，由于极寒天气，美国"能源之都"休斯顿出现了暂时的能源危机，主要原因是以天然气为代表的清洁能源受天气所限制无法充分利用，以及美国各地电网不能统一协调调配。所有这些进一步显示了解决新能源与传统能源协调性和电网稳定性和可调配性，将是在极端外部条件下保证国家能源安全的重要课题。

（五）风电平价上网政策进一步落实

2020 年 1 月，财政部等单位联合印发《关于促进非水可再生能源发电健康发展的若干意见》，② 要求新增海上风电项目不再纳入中央财政补贴范围。2020 年 6 月，上海市发展和改革委员会印发《上海市可再生能源和新能源发展专项资金扶持办法（2020 版）》，明确近海风电奖励标准为 0.1 元每千瓦，单个项目年度奖励金额不超过 5000 万元。关于陆上风电项目，2019 年 5 月，发改委发布的《国家发展和改革委关于完善风电上网电价政策的通知》③ 已经要求"自 2021 年 1 月 1 日起，新核准的陆上风电项目全面实现平价上网、国家不再补贴"。

随着这些政策的实施，我们高兴地看到我国风电，作为一种已经精心培育发展几十年的清洁及可再生能源，已经进入比较成熟的自主经营时代，而且在经济性方面已经可以与煤电等进行竞争，平价上网，脱离初步发育时的政府补贴状态。风电能源已经能够一枝独秀地繁荣我国能源市场，并为减少碳排放的能源行业主

---

① 冯升波、王娟等：《完善创新体制机制促进多能源品种协同互济发展》，载《中国能源》2020 年第 11 期。

② 《〈关于促进非水可再生能源发电健康发展的若干意见〉发布！》，载北极星固废网，http://huanbao.bjx.com.cn/news/20200123/1038746.shtml，访问时间：2021 年 1 月 30 日。

③ 《关于完善风电上网电价政策的通知（发改价格〔2019〕882 号）》，载国家发展和改革委员会网站，https://www.ndrc.gov.cn/xxgk/zcfb/tz/201905/t20190524_962453_ext.html，访问时间：2021 年 1 月 30 日。

要发展目标作出其重要的贡献。

（六）碳排放权交易管理办法（试行）出台

2020 年 12 月 25 日，《碳排放权交易管理办法（试行）》（以下简称《碳交易办法》）由生态环境部部务会议审议通过，于 2020 年 12 月 31 日公布，自 2021 年 2 月 1 日起施行。碳排放权交易是控制温室气体排放的一种市场化手段，目的是削减温室气体排放，最终实现可持续发展。全国碳排放权交易市场的交易产品为碳排放配额，碳排放权交易应当通过全国碳排放权交易系统进行，可以采取协议转让、单向竞价或者其他符合规定的方式。碳排放权是指企业依法取得向大气排放温室气体二氧化碳的权利。企业在经主管部门核定后，可以一定时期内合法排放温室气体，合法总量即为配额。当企业实际排放超出该总量，超出部分就需花钱购买。若企业实际排放少于该总量，剩余部分可出售。

碳排放权交易的理念来源于《京都议定书》，它提出碳排放权交易是实现减缓气候变化国际合作的重要机制，可通过发达国家对发展中国家的减排承诺并购买相应碳排放权，从而减少全球二氧化碳的整体排放，这就是所谓的"碳汇交易"。[①]《碳交易办法》是落实总书记关于"2030 碳达峰"和"2060 碳中和"承诺的重要立法举措，也遵循了"能量（即碳排放）守恒定理"的科学规律，更是借鉴了国际规则并且体现了"中国方案"的法律和制度创新。

三、典型案例

（一）天然气价格争议

【案例 1】某市正和天然气有限公司与某西部镁业有限公司供用气合同纠纷再审案[②]（青海省高级人民法院再审）

【基本案情】

某市正和天然气有限公司（以下简称正和天然气）与某西部镁业有限公司（以下简称西部镁业）订立《天然气供用气协议》。协议第 2 条第 1 款约定："乙方（正

---

① 周珂：《环境法学研究》，中国人民大学出版社 2008 年版，第 332 页。

② 参见中国裁判文书网，https://wenshu.court.gov.cn/website/wenshu/181107ANFZ0BXSK4/index.html?docId=50664c712d4a4138ad72ac6a00a83e0f，访问时间：2021 年 1 月 28 日。

和天然气）根据甲方（西部镁业）的用气性质和种类，根据物价部门批准的天然气价格收取天然气气费。在协议有效期内遇天然气价格调整时，按照调价文件规定执行（增气量）"。青海省德令哈市发改委德政发改〔2018〕206号、611号文件对2018年10月、11月天然气气价根据联动调价机制制定了新的价格，明确了具体结算单价。206号文件规定：工业用气价格2018年4月1日至10月31日超出2017年度分月气量的增量气部分价格上浮10%，由1.86元/立方米调整为2.04元/立方米，通知自2018年4月1日起执行。611号文件规定：工业用气价格2018年11月1日至2019年3月31日由1.86元/立方米调整为2.26元/立方米。在合同的履行过程中，2018年10—11月正和天然气从重庆石油天然气交易平台购进天然气的价格最高时达每方3元多，正和天然气主张其还需要负担一定的运营成本费用，因此销售价格会更高些。

正和天然气向一、二审人民法院提出的核心诉请为：西部镁业应在政府已定价格的"基量气"价格和"增量气"价格之上，对从正和天然气购买的"额外气"支付由市场自由调节的价格。国家价格管理部门仅对天然气的"基量气"和"增量气"进行市场定价，对"额外气"不进行定价，"额外气"气价由市场自行调节。

一、二审法院判决正和天然气败诉，正和天然气向青海省高级人民法院申请再审。再审法院于2020年10月审结。

【争议焦点】

本年度观察认为，本案中一个主要争议焦点为：天然气的价格应依何标准计算。

【裁判观点】

青海省高级人民法院经再审认为：

（1）……

（2）天然气的价格问题。《天然气供用气协议》约定："乙方（正和天然气）根据甲方（西部镁业）的用气性质和种类，根据物价部门批准的天然气价格收取天然气气费。在协议有效期内遇天然气价格调整时，按照调价文件规定执行"。青海省德令哈市发改委德政发改〔2018〕206号、611号文件对2018年10月、11月天然气气价根据联动调价机制制定了新的价格，明确了具体结算单价。案涉《天然气供用气协议》中明确约定天然气价格按政府指导价结算，天然气价格发生变化时按照调价文件规定执行。

青海省高级人民法院驳回了正和天然气的再审申请。

【纠纷观察】

笔者认为：本案是我国天然气定价机制改革过程中的案例，能够深刻反映出我国天然气定价机制应逐步实现市场化的迫切需要。

（1）在天然气实行政府指导价的前提下，合同双方在《天然气供用气协议》中愿意以政府指导价为依据进行计价和结算，协议是合法有效的。双方均应依约履行。但供气方正和天然气未能周全考虑到是否可以此价格从市场上购得充分的气量提供给需求方。如果不能，为满足供货需要，是否有一部分购气价格需要由市场决定。虽然正和天然气主张在"基量气"价格和"增量气"价格之外，还应有一个"额外气"价格，由西部镁业用来支付购买"额外气"的气量。但各方对该主张均未能找到相应的合同依据或法律依据，因此也未能获得法院的认可和支持。

（2）在合同的履行过程中，由于上游公司上调天然气价格，导致供气方只能以高于政府指导价的市场价格购气。供气方将此增高的成本以提高价格的方式向需求方西部镁业销售时，又违反了双方供气协议中规定的价格，同时也违反了政府管理部门关于天然气企业未经审批程序不得擅自涨价的规定。此案例也体现出，天然气价格管理部门需考虑设定更加灵活的市场定价机制，以满足市场供需双方对天然气的增量需求，促进市场的调节机制及经济发展。

（二）煤矿地质灾害治理争议

【案例 2】陕西省延安市黄陵县店头镇曹家峪村村民委员会与铜川市宏达煤业有限公司合同纠纷再审案[①]（最高人民法院再审）

【基本案情】

2014 年 7 月，黄陵县曹家峪建设开发有限公司（以下简称曹家峪公司）与铜川市宏达煤业有限公司（以下简称宏达公司）签订《承包合同》约定：一、曹家峪公司将村后沟地质灾害治理工程，交付给宏达公司承包。合同签订后，宏达公司向曹家峪村委会账户支付了承包费。2016 年 6 月 17 日，陕西煤矿安全监察局铜川监察分局（以下简称安监局）对陕西省红石岩煤矿安全监察时发现，黄陵县曹家峪地质灾害治理项目在红石岩煤矿周边地表形成大面积露天坑。2016 年 8 月 8 日，安监局因该坑存在环境安全隐患，要求停止灾害治理，进行回填。2016 年 8 月 23 日，曹家峪村委会支书、主任、文书、村委会三委员、宏达公司负责人等召开会议，形成决议曹家峪村委会对宏达公司支付承包赔偿款以弥补

① 参见中国裁判文书网，https://wenshu.court.gov.cn/website/wenshu/181107ANFZ0BXSK4/index.html?docId=1afe2568ff3f4f248c25ac9a00d17227，访问时间：2021 年 1 月 28 日。

治理项目被叫停造成的亏损。2016 年 8 月 23 日，曹家峁村委会与宏达公司签订《协议》约定：一、终止 2014 年双方签订的曹家峁村地质灾害治理合同；二、曹家峁村委会同意赔付宏达公司以弥补亏损。但曹家峁村委会后期因各种理由未予支付。

宏达公司向一审人民法院提出的核心诉请为：判令曹家峁村委会支付宏达公司赔偿款，并赔付延期付款的银行利息。

一、二审法院判决曹家峁村委会败诉，曹家峁村委会向最高人民法院申请再审。最高人民法院于 2020 年 11 月审结。

【争议焦点】

笔者认为，本案一个主要争议焦点为：曹家峁村委会与宏达公司签订的《协议》的效力问题。

【裁判观点】

陕西省高级人民法院二审认为：曹家峁公司系曹家峁村委会为治理该村地质灾害而设立。曹家峁行政村持有该公司股权。曹家峁公司与宏达公司签订《承包合同》将村后沟地质灾害治理工程发包给宏达公司。此后，因曹家峁地质灾害治理项目存在安全隐患，被安监局叫停。2016 年 8 月 23 日，曹家峁村委会与宏达公司签订案涉《协议》。曹家峁村委会与宏达公司就《承包合同》终止及合同终止后相关事项签订的《协议》系双方真实意思表示，内容不违反法律及行政法规的强制性规定，该协议应属合法有效。最高人民法院经审查认为，曹家峁村委会申请再审的理由不能成立，因此驳回其再审申请。

【纠纷观察】

笔者认为：出现本案争议的根本原因在于争议双方未能在灾害治理项目的启动及实施过程中与环保及安检等管理部门保持沟通，依法合规地推进地质灾害治理项目，导致了项目被叫停，双方都遭受了较大的损失。

煤炭是我国能源体系中的重要能源资源。但是在煤炭资源的开采利用过程中，对环境的破坏和资源的浪费现象严重。煤炭开采容易造成地质灾害，可以对矿区附近生产生活造成重大地质灾害，所以需要治理。但治理活动中会涉及一定的残煤开采，地表残留煤的运输销售存储处理，还有回填治理的环保工程等一系列合规监管问题。治理活动中也会涉及不同主体的修复责任划分，容易引起法律纠纷，比较复杂。如何做到合规治理，保护环境，需要很好地引导及监管。该案对此类事项具有指导意义。

我国现行的煤炭开采地质灾害治理与生态修复相关法律规范相对比较缺失且

分散，使得煤炭开采生态修复没有统一周密的法律法规亦缺乏健全的、配套的实施制度。如生态修复评价制度、污染场地管理制度、生态修复激励制度、生态修复基金制度、生态修复资金管理制度，以及生态修复保证金制度等。完善的法律规定与健全的配套制度相互配合，才能将我国煤炭开采生态修复法律制度的效能完全发挥出来。

（三）脱硫电价争议

【案例 3】华电公司与龙净公司特许经营合同纠纷上诉案[①]**（新疆维吾尔自治区高级人民法院二审）**

【基本案情】

2008 年 5 月，龙净公司与华电公司签订《华电新疆发电有限公司乌鲁木齐热电厂 2×330MW 热电联产工程烟气脱硫特许经营合同》（以下简称脱硫合同）约定：华电公司将其拥有的脱硫电价的收益权授予龙净公司；上网电量华电公司应确保年最低上网电量，当连续 2 年的年实际上网电量小于年最低上网电量时，华电公司按年最低保证上网电量给予龙净公司脱硫收入补偿。

在合同履行过程中，龙净公司依据双方所签脱硫合同及新疆发改委作出的新发改能价〔2006〕977 号《关于调整乌鲁木齐电网内各类用电销售价格的通知》（以下简称 977 号文）主张本案脱硫电价为 0.015 元／千瓦时，华电公司主张因国家电力改革，电价政策已发生变化。华电分公司引用 2014 年发布《燃煤发电机组环保电价及环保设施运行监管办法》（以下简称环保电价监管办法），主张依该环保电价监管办法 977 号文已废止，环保电价监管办法中没有明确脱硫电价，因此不应再按照 0.015 元／千瓦时标准向龙净公司支付脱硫电价。

龙净公司主张 2014 年公布的监管办法规定，"对燃煤发电机组新建或改造环保设施实行环保电价加价政策；……省级价格主管部门通知电网企业自验收合格之日起执行相应的环保电价加价"；此通知进一步支持了脱硫环保电价的加价政策，是发改价格（2007）1176 号文的延续。

龙净公司向一审人民法院提出的核心诉请为：1. 判令华电公司给付脱硫款；2. 判令华电公司给付年利用小时不足的补偿款。

[①] 参见中国裁判文书网，https://wenshu.court.gov.cn/website/wenshu/181107ANFZ0BXSK4/index.html?docId=dc3c9b2a9a704570afafabcd012288d4，访问时间：2021 年 1 月 27 日。

一审法院判决华电公司败诉，华电公司于 2020 年 4 月向新疆维吾尔自治区高级人民法院提起上诉。

【争议焦点】

笔者认为，本案一个主要的争议焦点为：脱硫合同约定的 0.015 元／千瓦时脱硫电价是否因环保电价监管办法而被取消。

【裁判观点】

新疆维吾尔自治区高级人民法院经二审认为：

关于脱硫合同约定脱硫电价是否应予调整的问题。本案中，华电公司与龙净公司签订的脱硫合同系双方当事人的真实意思表示，不违反法律和行政法规的强制性规定，合法有效，双方当事人均应遵照履行。脱硫合同虽约定在国家电价政策发生变化时，双方可协商对脱硫电价进行调整，但合同同时约定了脱硫电价调整原则，即"在特许期内，如遇国家政策调整给双方的收益造成严重损失时，或平均含硫量发生重大变化时，可按照当时国家的价格政策对脱硫电价进行合理的调整。特许期内，如若国家相关行政部门取消脱硫加价，则按取消脱硫加价前三年华电公司支付的脱硫费用的平均值计算龙净公司脱硫收益"。从上述内容可见，双方约定的国家政策调整是指国家对脱硫电价实行在上网电价基础上予以一定加价的政策发生改变。如华电公司认为电价调整造成其利益受损应调整合同约定的脱硫电价则应在当时向龙净公司提出变更合同的主张。

新疆维吾尔自治区高级人民法院认为原审判决认定事实清楚，适用法律正确，应予维持。

【纠纷观察】

笔者认为：（1）本案中华电公司主张，2014 年发布的环保电价监管办法由于没有明确脱硫电价，因此 2007 年发布的 977 号文即已废止，该政策中规定的 0.015 元／千瓦的脱硫电价补助亦应终止。龙净公司主张环保电价监管办法虽然没有具体提到脱硫电价，但监管办法中用语为："对燃煤发电机组新建或改造环保设施实行环保电价加价政策……电网企业自验收合格之日起执行相应的环保电价加价"；由此体现出监管部门继续支持环保电价加价政策，而脱硫电价属于环保电价加价政策，自然需要继续保留。法院审判意见对龙净公司该解读予以支持，认为政府并未对脱硫电价进行调整。

（2）熟悉脱硫电价政策历史及走势的读者都知道，脱硫电价作为能源环保附加价格的一种一直得到了国家政策的一贯支持。除了 2007 年 997 号文之外，2012 年 2 月新疆发改委的批复称"我委批复自环保部门验收合格之日起，华电新疆发电有限公司昌吉热电厂 1 号机组上网电价在原电价基础上每千瓦时提高 1.5 分钱，即从 2011 年 12 月 23 日起，执行脱硫机组标杆上网电价 0.25 元 / 千瓦时"。2015 年 12 月，国家发改委发布《关于降低燃煤发电上网电价和一般工商业用电价格的通知》（发改价格〔2015〕3105 号），通知规定推动燃煤电厂超低排放改造，对于验收合格并符合超低排放限值要求的燃煤发电机组实行加价电价支持。上述各政策均体现出国家对于企业促进环保的额外成本支持予以补偿，同时体现出国家大力倡导清洁能源，促进环保的宏观政策导向。

（四）管道燃气特许经营权之争

【案例 4】A 新奥燃气有限公司与 A 市人民政府、A 市城市管理局特许经营协议纠纷案[①]

【基本案情】

A 新奥燃气有限公司（以下简称新奥公司）于 2007 年 12 月 27 日与 A 市人民政府授权的 A 市市政公用事业管理局（2010 年，经过机构改革，划入 A 市城市管理局）签订《城市管道燃气特许经营协议》（以下简称特许经营协议）。该协议第 3.2 条"特许经营权期限"约定：本协议之特许经营权有效期限为 30 年，自 2004 年 8 月 28 日起至 2034 年 8 月 28 日止；第 3.3 条"特许经营权地域范围"约定：本协议之特许经营权行使地域范围为 A 市城市规划区域内。该协议第十五章显示协议共有十个附件，其中附件三为"特许经营区域范围图示"。自 2012 年起，A 市昆仑燃气有限公司（以下简称昆仑公司）在 A 市城市规划区内违法从事燃气经营。2019 年 12 月 5 日 A 市城市管理局作出《关于两家燃气企业纠纷协调处理意见的通知》（以下简称《294 号通知》），294 号通知的核心内容为将 A 市环城高速内 A 市规划区按 6：4 比例进行了划分，其中"6"划分给了新奥公司，"4"划分给了昆仑公司。

新奥公司 2020 年 4 月向人民法院提出的诉请为：A 市人民政府、A 市城市管理局在 A 市城市规划区全面履行特许经营协议，并改正其对特许经营协议的违法变更。

一审法院判决新奥公司败诉。

【争议焦点】

笔者认为，本案一个主要争议焦点为：双方当事人所主张的特许经营地域范

---

① （2020）豫 16 行初 263 号。

围具体为何。

【裁判观点】

河南省周口市中级人民法院经审理认为：

关于特许经营范围的问题：特许经营协议中约定特许经营范围为"A市城市规划区域内"的说法并不十分明确具体，可以理解为A市整个城市规划区也可以理解为A市规划区的一部分。该协议附件三是特许经营区域范围图示，现新奥公司没有提供充分有效的证据能够证明《城市管道燃气特许经营协议》中约定的特许经营范围就是A市整个城市规划区，根据"谁主张，谁举证"的原则，新奥公司应当承担举证不能的法律后果，故对新奥公司主张其特许经营范围应是A市全部城市规划区的说法不予认可。

【纠纷观察】

（1）关于特许经营权的地域范围。双方均未能提供案涉合同附件三——特许经营区域范围图。法院认为原告作为主张方未能充分履行举证责任，诉讼请求应予驳回。笔者认为被告作为城市整体管理部门，应该保有及管理城市所有相关规划图纸底档或系统资料以证明当时授予原告方特许经营权的具体位置，因此亦应具有部分举证责任。被告不仅将该合同附件丢失（主要责任人员已遭处理），而且未能向法院提供该特许经营区域的相关规划图纸底档或系统资料以证明当时授予原告方特许经营权的具体位置。对此，亦应分担一定的管理疏忽责任。

（2）2019年11月《最高人民法院关于审理行政协议案件若干问题的规定》公布，第2条中将政府特许经营协议定性为行政协议。行政协议是行政机关为实现公共利益或者行政管理目标，在法定职责范围内，与公民、法人或者其他组织协商订立的具有行政法上权利义务内容的协议。对该类协议的执行，政府部门应具有较强的行政管理及监管职责。本案中，被告在2007年与原告签订了特许经营协议，包含了对经营权地域范围的界定。但由于双方对该界定范围产生了争议又兼要平衡与第三方昆仑公司关系，被告于2019年12月5日发出294号通知，将争议的范围单方重新进行了划定，给予原告60%，第三人昆仑公司40%的特许经营权。被告在法理上的利益冲突及矛盾角色显而易见，一方面其作为特许经营协议的一方，变更合同约定的范围需要取得另一方即原告的同意；另一方面作为城市规划的管理者，又自行决定了如何划定经营权，仅单方通知原告其经营地域范围被重新划定为规划地域的60%。如何解决这类行政协议中行政机关的矛盾角色是需要认真思考及探索的深层次问题。

四、热点问题观察

2020 年能源领域比较热点的讨论话题主要有以下两项：

（一）矿业权转让合同未经审批的合同效力

依之前介绍，自然资源部起草了《中华人民共和国矿产资源法（修订草案）》（征求意见稿），于 2019 年 12 月 17 日对外公布，征求社会各界意见[①]。自然资源部目前正在汇总及研究各界意见中，将很快会确立正式的矿产资源法修订草案。矿产法征求意见稿对矿业权转让仅有第 29 条作出了规定，矿业权人可以依法转让、出租、抵押矿业权；矿业权人以股权转让等形式变更矿业权实际控制人的，视为矿业权转让，应当办理登记手续。矿业权转让时，矿业权出让合同约定的权利义务随之转移。因此，对一直以来学术及司法实践中对于矿业权转让合同未经审批的合同效力的热点问题讨论似乎并未触及。

关于矿业权转让十三五规划期间主要适用两个法律法规：1998 年国务院 242 号令发布、2014 年 7 月修改的《探矿权采矿权转让管理办法》（以下简称《矿权转让管理办法》）以及最高院 2017 年 6 月发布的《最高人民法院关于审理矿业权纠纷案件适用法律若干问题的解释》（以下简称《审理矿业权解释》）。《矿权转让管理办法》第 10 条第 3 款规定，"批准转让的，转让合同自批准之日起生效"。《审理矿业权解释》第 6 条的规定，似乎对于《矿权转让管理办法》第 10 条的规定进行了一定程度的修正。第 6 条第 1 款规定，矿业权转让合同自依法成立之日起具有法律约束力；第 2 款规定，当事人仅以矿业权转让申请未经国土资源主管部门批准为由请求确认转让合同无效的，人民法院不予支持。上述两份法律规定对于矿业权转让合同未经审批的合同效力界定不完全一致，引起了法律界的热点讨论。

一种观点认为矿业权转让合同属于要式合同，以办理申请审批手续并经登记管理机关批准为生效条件，这是符合矿业权登记生效主义原则的。转让合同未履行报批手续，应当不影响当事人双方合意的存在，即不影响合同的成立，即矿业权转让合同自依法成立之日起是具有法律约束力的。但是，如未经矿业权登记管

[①]《自然资源部关于〈中华人民共和国矿产资源法（修订草案）〉（征求意见稿）公开征求意见情况的公告》，载自然资源部网站，http://gi.mnr.gov.cn/202001/t20200119_2498271.html，访问时间：2021 年 1 月 24 日。

理机关批准，合同即使已经成立也是不能生效的。[①]

另一种观点倾向于支持矿业权转让合同应在签订成立后即生效。原因在于，首先，在国土资源行政管理过程中，对于矿业权的转让问题，国土资源主管部门均会按照相关法律法规及规范性文件中对于矿业权转让行为的规定进行审查，而不针对矿业权转让合同的具体条款进行审批。其次，《民法典》第215条规定："当事人之间订立有关设立、变更、转让和消灭不动产物权的合同，除法律另有规定或者当事人另有约定外，自合同成立时生效；未办理物权登记的，不影响合同效力。"因此认为矿业权转让合同应在签订成立后即生效。[②]

笔者倾向于认为矿权转让合同大的方面而言包含了两个方面的内容。一方面，两个平等的民事主体作为转让方和受让方之间的合同权利义务；另一方面，也包含了转让方和受让方须共同向审批部分作为第三方提出申请，才能完成矿权转让审批及受让人更名登记等环节以整体完成转让事宜。对于第一个方面而言，有些合同义务是独立于第三方审批机构的行为的，如受让方支付订金、转让方向审批机构提出申请等行为。在转让合同未获审批机构转让审批之前随着双方合同的签约成立，即已产生，对双方均有约束力。而第二个方面的内容，确实如果没有审批机构的批准，无法完成矿权的转让行为。因此只简单地将转让合同界定为审批后才生效失之偏颇。殷切希望《矿产资源法（修订草案）》能够将类似问题予以澄清。

（二）碳中和的实践路径探讨

如前所述，习近平主席2020年9月22日在第七十五届联合国大会一般性辩论上宣布，中国将提高国家自主贡献力度，采取更加有力的政策和措施，二氧化碳排放力争于2030年前达到峰值，努力争取2060年前实现碳中和。[③] 所谓二氧化碳排放达峰，是指人类活动排放的二氧化碳气体达到峰值。所谓"碳中和"，是指全部温室气体排放（或二氧化碳气体排放）与碳汇相互抵消，实现"净零排

[①] 刘欣：《对矿业权纠纷问题司法解释的再思考》，https://m.gmw.cn/2020-12/10/content_34451189.htm，访问时间：2021年1月24日。

[②] 王振华、田海晨、于东昆：《关于未经审批的矿业权转让合同之效力分析：让行政的归行政，民事的归民事》，载中伦律师事务所网站，http://www.zhonglun.com/Content/2018/01-22/1736260173.html，访问时间：2021年1月24日。

[③] 《习近平在第七十五届联合国大会一般性辩论上的讲话（全文）》，载新华网，http://www.xinhuanet.com/2020-09/22/c_1126527652.htm，访问时间：2021年1月25日。

放"。碳汇，是指通过植树造林、森林管理、植被恢复等措施，利用植物光合作用吸收大气中的二氧化碳，并将其固定在植被和土壤中，从而减少温室气体在大气中浓度的过程、活动或机制。如何遵循该设定的目标，尽快确定实现该目标的路径，早日抵达碳中和的目标，成为我国能源领域近日大家纷纷探讨的热议话题。

学者认为，一般而言实现二氧化碳大幅度下降主要有四个途径：一是通过节能和提高能效，降低能源消费总量（特别是降低化石能源消费）；二是利用非化石能源替代化石能源；三是利用新技术将二氧化碳捕获、利用或封存到地下；四是通过植树造林增加碳汇。其中前三项与能源系统有关。[1]

笔者认为，上述各途径中，很显然，最主要的与能源领域相关的应该是前两个途径。第一，关于节能和增效。经济的发展离不开能源，怎样才能兼顾经济发展和节能双重目标，重点需放在综合节能管理，也就是增加效能，本年度观察注意到近两年综合节能作为一个能源服务领域获得了大力发展。第二，即为大力推进清洁能源和可再生能源。我国经过多年的技术提升及政策支持，可再生能源的成本已经急剧下降。据有关资料统计，1975—2016 年，太阳能光伏组件价格下降约 99.5%。2010—2017 年，全球陆上风电加权平均成本下降 23%。这也为我国风电进一步取消补贴、落实风电平价上网创造了条件。[2]

如何量化监控各个途径的效果，要尽快将"二氧化碳排放影响"初步纳入能源市场信号体系，使市场力量能够发挥有效的监控作用将是重中之重。2011 年 10 月，国家发改委印发《关于开展碳排放权交易试点工作的通知》，批准在北京、天津、上海、重庆、湖北、广东和深圳开展碳排放权交易试点工作，经过近 6 年的试点运行，7 个碳交易试点基本建设成权责明晰、运行顺畅、交易活跃、履约积极的区域碳市场。2017 年 12 月 18 日，国家发改委（原气候变化主管部门）印发了《全国碳排放权交易市场建设方案（发电行业）》，[3] 标志着中国碳排放交易体系完成了总体设计并正式启动。

---

[1]《建设"碳中和"的现代化强国始终要把节能增效放在突出位置》，载碳排放交易网，http://www.tanpaifang.com/tanzhonghe/2021/0131/76531.html，访问时间：2021 年 1 月 31 日。

[2] 李俊峰、江思羽：《转型时代能源安全问题思考与中国方案》，载《中国能源》2020 年第 1 期。

[3]《中国碳排放权交易市场建设要素与展望》，载碳排放交易网，http://www.tanpaifang.com/tanjiaoyi/2020/0221/68348_4.html，访问时间：2021 年 1 月 31 日。

随着我国碳交易系统的初步建成及启动试运行，"二氧化碳排放影响"初步纳入能源市场信号体系，以量化监控各个降低碳排放的途径的效果，依赖市场力量这一强大而有效的手段发挥良好的监控作用。

2020年11月2日，生态环境部发布《全国碳排放权交易管理办法（试行）》（征求意见稿）和《全国碳排放权登记交易结算管理办法（试行）》两份征求意见稿。2020年12月《碳排放权交易管理办法（试行）》正式审阅通过。该些文件确立了全国碳排放交易市场的基本运行规则。昭示着2020年成为中国碳交易元年。

据生态环境部披露的数据，截止到2020年8月，试点省市碳市场共覆盖钢铁、电力、水泥等20多个行业，接近3000家企业，累计成交量超过4亿吨，累计成交额超过90亿元。[1] 目前中国已有北京、上海、天津、重庆、湖北、广东、福建和深圳八省市开展碳交易试点工作。中国已经成为全球最大的区域性碳市场。可以预见面对如此大规模的市场蓬勃发展，未来企业主体之间有关碳市场的争议热点必然有所增加，有很多未知的领域值得研究与探索。

五、结语与展望

2020年是能源行业国家"十三五"规划收官，准备启动"十四五"规划的一年。随着总书记对世界气候中国政策的宣示，亦为我国能源领域的发展制定了清晰具体的目标。能源结构转型落地已成规模；油气勘探开发继续市场多元主体开放；煤炭能源发展智能化及向电力清洁能源的转型，可再生新能源如风电、太阳能平价上网迅速落实推进；碳交易市场初具规模，启动运行，为我国量化减排提供实现路径。

在法治建设方面，2020年能源相关几大法律：《能源法》《矿产资源法》《煤炭法》均已启动修订工作。试行性意见如《关于推进矿产资源管理改革若干事项的意见（试行）》也已同时实施。这些将为2021年各部主要新法出台创造了条件。行业发展政策方面，多种新能源发电的一体化政策已经推出实施，煤矿等传统行业技术提升政策继续深化，风电太阳能平价上网政策扩大实施。这些规定或政策的出台也将极大促进能源行业的公开化、主体多元化及市场化。

2020年在能源行业纠纷解决实践中，裁判机关对于天然气的指导价格与市场

---

① 《8省试点碳交易额破90亿！火电碳排放明年纳入碳市场！》，载腾讯网，https://new.qq.com/omn/20201209/20201209A07LNR00.html，访问时间：2021年2月28日。

调节功能的关系、煤矿开采灾害治理监管、环保电价的鼓励政策以及特许经营权合同中监管部门的角色等专业问题作出了司法层面的认定。随着类似案例的增加以及学术的探讨及研究，有些目前仍然模糊的认识也会得到不断的澄清，也会在理论及实务界达到更多的共识。有理由相信，2021年能源相关立法、司法及仲裁实践一定会大有作为，为"十四五"规划的实现奠定良好的基础。

中国投资争议解决年度观察（2021）

鲍　治　程振杨 [①]

一、概述

2020 年是中国经济环境面临重大挑战的一年。众所周知，新冠疫情导致了灾难性的经济数据，全球供应链一度中断。由于政治与疫情等因素作祟，想要将制造业产业链迁出中国的声音不绝于耳。为应对新冠疫情挑战，中国政府推出了一系列稳定投资、扩大开放的举措。与此同时，《中华人民共和国民法典》（以下简称《民法典》）及系列配套司法解释出台，国务院及相关部委诸多涉及投资的法规及规章陆续颁布，形成了 2020 年的立法亮点。

伴随着经济下行，与投资有关的争议案件在商事争议领域占据显著地位。以北京仲裁委员会 / 北京国际仲裁中心（以下简称北仲）2020 年度案件统计数据为例，"投资金融合同类案件"为 2130 件，在全部案件占比为 37.93%，继续位列首位。

根据笔者对仲裁机构及法院于 2020 年度处理的投资类争议案件的观察，本年度的投资争议案件的类型分布体现出以下特点：其一，目标公司或创始人团队违反陈述与保证、投资者不履行投资义务仍然是较为典型的投资纠纷类型；其二，投资者要求公司或创始股东履行对赌义务、解除投资合同、赔偿损失等纠纷占据相当的比重；其三，与股东资格确认、公司控制权争夺有关的股东内部纠纷案件持续攀升。

究其原因，笔者认为，可能涉及如下因素：首先，从目标公司角度，由于新冠疫情、中美贸易摩擦等因素，企业面临流动资金短缺、融资困境、销售困难等

---

①　鲍治，北京市奋迅律师事务所合伙人。程振杨，北京市奋迅律师事务所律师。

压力，导致其难以按照投资合同如期或充分履行合同义务。其次，从投资者角度，经济下行导致投资者对于目标公司的发展预期发生改变，一方面，有些投资者采取审慎投资策略，甚至不惜违约以实现"止损"目的；另一方面，有些投资者对于目标公司或创始人团队的容忍度降低，倾向于直接提起仲裁或诉讼以处理双方矛盾。最后，公司业绩下滑导致现有股东之间的矛盾突出，进而引发诸多涉及隐名股东资格确认、股东知情权保护、股东会及董事会决议争议、公司印章返还、公司控制权等类型的股东内部纠纷。

在下文中，笔者拟对 2020 年度与投资相关的重要立法及市场关注的争议案件[①]进行梳理和总结，提出自己的理解与分析，并试图对市场形势作出研判。

二、新出台的法律法规或其他规范性文件

根据笔者观察，完善民事法律体系，提示投资法律环境是 2020 年度投资立法的主题。全国人大、国务院、最高人民法院（以下简称最高院）、相关部委及地方政府采取了一系列立法努力，以优化投资环境，提振投资信心和稳定投资预期。

（一）《民法典》为投资交易及争议解决奠定了民事法律基础

2020 年 5 月 28 日，《民法典》由中华人民共和国第十三届全国人民代表大会第三次会议审议通过，自 2021 年 1 月 1 日起施行。《民法典》作为调整民事法律关系的基础法律，内容涵盖民商事活动的方方面面，其深远影响，毋庸讳言。《民法典》诸多立法亮点为投资交易及争议解决提供了基础性指引，简要例举如下：

1.《民法典》第 125 条将"股权和其他投资性权利"明确列示为民事主体所依法享有的权利，首次以法律条文的形式规定了投资者的基础法律权利。

2.《民法典》对"营利法人"作出了系统性规定，将"有限责任公司、股份有限公司和其他企业法人等"列示为营利法人，将"依法设立登记"作为营利法人的成立条件、对"法人章程""权力机构""执行机构""监督机构"等基础法律概念予以界定，为投资交易主体确定了基础法律地位。

3.《民法典》第 580 条赋予了违约方合同解除权，即，因合同不能履行"致使不能实现合同目的，法院或者仲裁机构可以根据当事人的请求终止合同权利义

---

① 本文仅涉及与投资活动有关的民商事争议（private investment disputes），不涉及国际法意义上的与投资条约有关的争议（investment-treaty related disputes）。

务关系，但是不影响违约责任的承担"。长期以来，实务界和理论界就违约方是否有权解除合同存在较大争议。此举有利于解决投资交易实践中常见的合同僵局问题。

4.《民法典》明确规定越权担保以及担保方式约定不明的法律后果，更加注重保护交易公平和担保人的利益。一方面，关于越权担保问题，《民法典》第504条规定，"法人的法定代表人或者非法人组织的负责人超越权限订立的合同，除相对人知道或者应当知道其超越权限外，该代表行为有效，订立的合同对法人或者非法人组织发生效力"。相比原《中华人民共和国合同法》（以下简称《合同法》）第50条，《民法典》增加了"订立的合同对法人或者非法人组织发生效力"。该规定明确了公司对外担保合同的效力认定，即公司对外提供担保首先应判断该合同是否对公司发生效力，再判断合同本身的效力。相比此前法律规定，《民法典》上述规定将代表行为效果归属与合同效力认定分开判断，在法律逻辑上更加通畅。另一方面，《民法典》第686条规定，"当事人在保证合同中对保证方式没有约定或者约定不明确的，按照一般保证承担保证责任"。该规定改变了原来《中华人民共和国担保法》（以下简称《担保法》）倾向于保护债权人的立法价值取向，更加注重保护交易公平和担保人的利益，避免因承担连带保证责任而导致投资风险的加大。

5.此外，《民法典》其他规定对于投资交易的全程法律安排具有明确的规范和指导意义。例如，格式条款、要约和承诺、预约合同等法律条款，涉及投资意向书、关键条款清单、募集说明书等交易文件的法律性质界定问题；再如，代理制度、委托合同等法律条款，涉及资金募集的核心法律关系，包括但不限于投资者与资产管理机构、基金、中介服务机构等多方当事人之间的法律关系界定问题等。

（二）国务院制定或修订相关条例，在进一步提升投资便利化、优化营商环境的同时，对非法集资问题加强监管

第一，2020年11月29日，国务院发布《关于修改和废止部分行政法规的决定》（国务院令第732号），对与《中华人民共和国外商投资法》①（以下简称《外商投资法》）不符的行政法规进行了清理，决定对22部行政法规的部分条款予以修改，并废止1部行政法规（《外国企业或者个人在中国境内设立合伙企业管理办

---

① 关于《外商投资法》及其配套规定的基本内容，笔者在上一年度的观察报告中已做阐述，故本文不予赘述。

法》）。上述修订决定贯彻了《外商投资法》对外商投资实施准入前国民待遇加负面清单的新型外商投资法律制度，提升了投资便利化。

第二，2020 年 12 月 29 日，国务院发布了《关于实施动产和权利担保统一登记的决定》，决定自 2021 年 1 月 1 日起，在全国范围内实施动产和权利担保统一登记。根据该决定，由当事人通过中国人民银行征信中心动产融资统一登记公示系统自主办理登记。当事人对登记内容的真实性、完整性和合法性负责，登记机构不对登记内容进行实质审查。实施动产和权利担保统一登记，有利于进一步提高动产和权利担保融资效率，便利企业融资，优化营商环境。

第三，2020 年，国务院完成了《防范和处置非法集资条例》（以下简称《非法集资条例》）的起草工作，并于 2021 年 1 月 26 日以第 737 号国务院令形式发布。"非法集资"是资金募集的常见法律风险，该条例颁布对于投资基金的募集行为具有重要指导意义。

1. 该条例明确界定"非法集资"概念，即，未经国务院金融管理部门依法许可或者违反国家金融管理规定，以许诺还本付息或者给予其他投资回报等方式，向不特定对象吸收资金的行为。该定义明确了非法集资的三要件：一是"未经国务院金融管理部门依法许可或者违反国家金融管理规定"，即非法性；二是"许诺还本付息或者给予其他投资回报"，即利诱性；三是"向不特定对象吸收资金"，即社会性。相比此前规定，上述概念界定更为清晰。

2. 该条例禁止违法发布集资类广告信息。为有效切断非法集资信息传播链条，该条例明确规定，"除国家另有规定外，任何单位和个人不得发布包含集资内容的广告或者以其他方式向社会公众进行集资宣传"。

3. 该条例对企业名称及经营范围做了限制性规定。根据该条例规定，除法律、行政法规和国家另有规定外，企业、个体工商户的名称和经营范围中不得含有"股权众筹""金融""财富管理""理财""交易所""交易中心"等字样或内容。

（三）最高院修改制定了《民法典》系列配套司法解释和规范性文件，进一步明确了与投资争议有关的诸多裁判规则

2020 年底，最高院修改制定了一系列与民法典配套的司法解释和规范性文件，于 2021 年 1 月 1 日与民法典同步施行。这些规定既包括关于适用民法典担保制度的司法解释，也包括对原公司法司法解释、破产法司法解释、外商投资企业纠纷司法解释的修订。以下围绕与投资争议的规定，简要例举如下：

第一，新发布的担保司法解释，进一步优化了投资法律环境。其一，根据民

法典的新规定，该司法解释消除隐形担保、过度担保，以平衡各方当事人的利益。比如，弱化未进行登记的动产抵押的物权效力，动产抵押未经登记，在破产程序中不享有优先权；再如，明确规定在诉讼中对一般保证人先诉抗辩权的保障程序等。其二，关于企业之间相互担保的问题，以往的司法实践倾向于认为，相互担保往往是互惠互利的，因而即便没有进行决议，也应认定担保有效。但新担保解释没有采用原来的裁判思路，而是规定，即便是相互担保，也必须由公司进行决议，否则就构成越权担保，可能影响担保合同的效力。其三，对于公司法定代表人越权担保问题，新担保解释进一步考量交易相对人是否存在善意基础，并明确规定，公司法定代表人未经股东会或董事会决议对外担保，构成越权代表。越权代表签订的担保合同，相对人善意的，对公司发生效力，公司承担担保责任；相对人非善意的，担保合同对公司不发生效力，公司不承担担保责任。其四，考虑到上市公司涉及众多中小投资者利益保护，新担保解释对于上市公司对外提供担保进行了特别规定。据此，上市公司对外担保，不仅需要由董事会或股东大会决议，而且要对决议进行公开披露。如果债权人不是根据上市公司公开披露的对外担保的信息签订担保合同的，担保合同对上市公司不发生效力，公司既不承担担保责任，也不承担其他赔偿责任。

第二，修订后的公司法系列司法解释，进一步明确了公司争议的裁判热点。其一，对于发起人为设立公司签订的合同，修订后的司法解释取消了原司法解释规定的"公司成立后对前款规定的合同予以确认，或者已经实际享有合同权利或者履行合同义务"之先决条件，减轻了合同相对人主张公司承担合同责任的举证责任；其二，对于提起股东代表诉讼的关联交易合同效力瑕疵情形，原司法解释规定，关联交易合同存在"无效或者可撤销情形"，股东可以依法提起股东代表诉讼。考虑到关联交易可能存在"对公司不发生效力"的效力状态，修订后的司法解释规定关联交易合同存在"无效、可撤销或者对公司不发生效力"的情形，均构成股东代表诉讼的基础；其三，修订后的司法解释扩大了公司清算相关主体范围。依照原司法解释，有权申请人民法院指定清算组进行清算的主体只包括债权人和股东，且股东仅在一种情形下可以申请。根据新司法解释，上述申请主体扩大至"债权人、公司股东、董事或其他利害关系人"，且不再限制股东申请的情形。另，对于执行未经确认的清算方案给公司或者债权人造成损失的，原司法解释认可的适格主体只包括公司、股东或债权人，按照新司法解释，有权主张损失赔偿责任的主体诉权主体扩大至"公司、股东、董事、公司其他利害关系人或者债权人"。

（四）相关部委及各地政府亦颁布配套规定，落实《民法典》《外商投资法》等基础法律规定，并尝试立法创新

综观 2020 年度部门规章及地方立法，国务院相关部委以及相关省级政府及人大均发布了配套规定，以落实《民法典》《外商投资法》等基础法律规定。以市场监督管理总局为例，为贯彻实施民法典，市场监管总局于 2020 年 12 月 31 日发布了《国家市场监督管理总局关于修改和废止部分规章的决定》（国家市场监督管理总局令第 34 号），废止《动产抵押登记办法》，修改《工商行政管理机关股权出质登记办法》和《合同违法行为监督处理办法》。

特别值得提示的立法亮点是，深圳市人大常委会于 2020 年 8 月 26 日通过的《深圳经济特区个人破产条例》，该条例是我国第一部有关个人破产的立法，具有十分重要的意义。众所周知，中国没有个人破产制度，一旦遭遇市场风险，个人可能会承担无限债务责任，无法实现从市场有序退出和再生。因此，建立个人破产制度，为诚实守信的市场主体提供遭遇债务危机的后续保障，能够为个人创业者解除后顾之忧。深圳对个人破产进行大胆立法尝试，可为全国人大或国务院制定个人破产法律或条例提供实践经验。

此外，最高院、中国人民银行、中国银行保险监督管理委员会联合印发《关于全面推进金融纠纷多元化解机制建设的意见》。上述意见的出台，有助于我国进一步完善金融纠纷多元化解机制。

综上，就与投资有关的立法而言，2020 年度是个成果丰硕，意义深远的立法收获年。

三、典型案例

【案例 1】最高院判决书：股权回购之投资溢价与违约金合计价款，即使超过民间借贷利率保护上限，法院可不进行调整[①]

【基本案情】

2015 年，某合伙企业与某森工集团、第三人以及银港人造板公司签订《增资协议书》，约定：某合伙企业以 10 亿元人民币现金出资认购银港人造板公司新增注册资本所对应的股权（以下简称增资股权）。此后，某合伙企业依约向银港人造

---

① （2019）最高法民终 1642 号。

板公司缴纳了增资款 10 亿元。

2015 年，某合伙企业与某森工集团另行签订《股权转让合同》，约定：（1）如果发生相关股权回购情形，某森工集团应收购某合伙企业持有的全部增资股权；（2）某森工集团收购增资股权的收购价款由投资本金及投资溢价两部分组成。其中，投资溢价相当于 10 亿元投资本金的年化 10% 利息；（3）若某森工集团未按本合同约定支付投资溢价、投资本金或其他相关款项的，某合伙企业有权要求某森工集团每日按未付款项万分之五的标准向其支付违约金；（4）双方确认本合同项下的收购价款及其他交易条件是双方经平等协商后确定的，双方将不会对本合同约定的交易类型为股权转让、增资股权收购价款及交易条件的公平合理性提出任何抗辩（包括某森工集团对某合伙企业依约要求其提前收购增资股权的权利也不提出任何抗辩）。

2017 年，股权回购条件触发，某合伙企业要求某森工集团回购股权未果，随后提起诉讼。

【争议焦点】

股权回购价款及违约金应否予以调整。

某森工集团对股权回购条件触发不持异议，但认为，《股权转让合同》上述约定使得某合伙企业不仅不承担投资风险，而且在其已经收取了 10% 的投资收益的基础上再行获取按日万分之五（两项合计折合年化利率 28.25%）计取违约金的高额收益，该等约定严重违反了公平原则，应予以调整。

【裁判观点】

1. 本案为股权投资纠纷，并非民间借贷纠纷，股权投资收益与民间借贷的利息等收益存在本质差别。

2. 案涉双方均系成熟、专业的商事交易主体，对交易模式、风险及其法律后果应有明确认知。

3. 案涉合同系双方当事人自愿达成且合法有效之约定，应当遵守。虽然本案投资溢价率与违约金标准合计为年利率 28.25%，相对于《最高人民法院关于审理民间借贷案件适用法律若干问题的规定》[①] 规定的利率保护上限 24% 稍高，但考虑本案并非民间借贷纠纷，一审法院未按此进行调整，并不属于适用法律错误的情

---

① 需要说明的是，最高院于 2020 年 8 月及 12 月先后两次对该民间借贷司法解释进行了修订，根据最新规定，民间借贷利率保护上限由原年化 24% 固定标准改为"合同成立时一年期贷款市场报价利率四倍"之浮动标准。

形，本院对此予以维持。某森工集团上诉要求调低违约金的主张理据不足，本院不予支持。

【纠纷观察】

对于股权回购及对赌安排，笔者在此前几个年度的观察报告中进行了持续跟踪，包括但不限于，2012 年最高院作出的（2012）民提字第 11 号判决（以下简称海富案），2019 年江苏省高级人民法院作出的（2019）苏民再 62 号判决（以下简称华工案），以及 2019 年最高院《全国法院民商事审判工作会议纪要》（法〔2019〕254 号，以下简称《九民纪要》①）对该问题的裁决指引等。

笔者认为，本案对于法院及仲裁机构精细化处理回购纠纷具有重要的参考意义。

第一，在争议解决实践中，法院或仲裁机构以民间借贷利率保护上限作为考量股权回购价款基础的案例不在少数。一方面，作出该等裁决的法律基础可能在于中国的违约金规则系以补偿性为原则，以惩罚性为辅助。衡量回购价款及违约金相关诉讼／仲裁请求时，法院／仲裁庭以实际损失为基础，兼顾合同的履行情况、当事人的过错程度以及预期利益等综合因素，根据公平原则和诚实信用原则综合考量，属于较为惯常的裁决思路。另一方面，该类裁决的事实基础可能在于投资人的募资成本通常不超过民间借贷利率的保护上限。因此，有相当数量的股权回购案例不支持超过民间借贷利率保护上限的价款总额（含预期收益及违约金）。

第二，相比上述案件，本案似乎显得更倾向于维护合同自治。

从表面上看，双方关于：（1）本案合同项下的收购价款及其他交易条件是双方经平等协商后确定的；（2）双方将不会对本案合同约定的交易类型为股权转让、增资股权收购价款及交易条件的公平合理性提出任何抗辩（包括某森工集团对某合伙企业依约要求其提前收购增资股权的权利也不提出任何抗辩）之明确约定，似乎是最高院认定本案合同不属于民间借贷纠纷，并认定案涉双方均系成熟、专

---

① 《九民纪要》就"对赌协议"、股东出资加速到期、表决权限制、有限责任公司清算义务人的责任、公司人格否认、公司对外担保等热点投资争议问题统一了裁判思路。《九民纪要》虽然不是具有司法拘束力的法律文件，不能直接作为裁判依据，但其内容的深度与广度远超过普通的司法解释。在仲裁案件中，尽管《九民纪要》对该仲裁机构裁决案件亦不具有拘束力，但其对于仲裁庭分析争议焦点及法律适用亦有重要的参考意义。除了回购之外，对投资中涉及特殊金融行业，如信托、证券私募基金或投资上市公司交易的监管关切。例如，可能涉及金融安全、市场秩序、国家宏观政策等公序良俗的投资保底条款的效力问题，《九民纪要》也有对应指引。笔者在上一年度的案例分析中已就此进行论述，故不予赘述。

业的商事交易主体的重要依据。

但是，若做进一步思考，该判决似乎也体现了要求违约方同时承担强制履行以及违约赔偿责任的并行思路。换言之，10% 之投资溢价系股权回购之继续履行义务的一部分，每日万分之五（相当于年化利率 18.25%）相当于违约赔偿。

第三，对于当事人约定的投资预期收益率超过民间借贷利率保护上限的，法院能否将其认定为违约方强制履行义务，有待进一步观察。就仲裁实践而言，根据笔者的观察，有部分仲裁员认为，在该等情形下，若投资人请求义务人如约履行回购义务，而非要求对方承担违约损害赔偿责任，仲裁机构应支持上述强制履行主张。但是，也有相当数量的仲裁员持不同观点。

【案例 2】最高院裁定书：股东变更出资额及出资期限不得侵害债权人信赖利益 [1]

【基本案情】

2014 年 3 月 7 日，中科研究院与中石大公司签订《技术服务合同书》。此时，中石大公司注册资本 100 万元，其中，其股东之一新元公司认缴 10 万元，实缴 0 元，出资时间截至 2015 年 7 月 9 日。2014 年 7 月 31 日，中石大公司公司章程修改，将中石大公司注册资本由 100 万元增加至 5000 万元，其中，新元公司认缴出资额由 10 万元变更为 500 万元，出资时间延后至 2034 年 12 月 6 日。

此后，就中科研究院与中石大公司《技术服务合同书》合同纠纷一案，经北京仲裁委仲裁，裁决中石大公司应向中科研究院支付合同价款及违约金等 100 余万元。中科研究院随后依据生效仲裁裁决向北京市第一中级人民法院（以下简称北京一中院）申请执行。在该案执行程序中，中科研究院申请追加中石大公司的股东新元公司作为被执行人，理由是中石大公司无可供执行的财产，新元公司应在其未对中石大公司认缴出资的范围内承担责任。

【争议焦点】

新元公司应否在其对中石大公司认缴出资范围内对中科研究院承担责任。

新元公司主张，根据修改后的公司章程，新元公司出资尚未到履行期限，新元公司不应被追加为被执行人。而且，中石大公司修改公司章程在前，合同纠纷在后，此后的合同纠纷对新修改后的公司章程不具有法律溯及力。

---

[1] （2019）最高法民申 1112 号。

【裁判观点】

1. 在案涉合同签订后的不到六个月里，中石大公司公司章程修改，将中石大公司出资时间延后至 2034 年 12 月 6 日。截至 2016 年 3 月 22 日，新元公司仍未实缴任何出资额。新元公司在修改前的公司章程规定的出资期限届满时不仅未缴纳出资，反而大幅增加认缴出资额并长期延长出资期限。

2. 中石大公司修改前的公司章程中规定的新元公司的相关出资信息经过工商登记确认，具有公示公信效力。

3. 案涉交易发生后，中石大公司修改公司章程对新元公司的注册资本及出资期限进行了调整，但在后发生的事实不能作为中石大公司在先交易主观认知的判断因素。公司章程关于宽限公司股东自身相关义务及加大债权人潜在风险的修改，不足以对抗债权人中科研究院对债务人原章程产生的合理信赖。因此，新元公司应对中科研究院承担责任。

【纠纷观察】

该判决属于平衡股东出资之期限利益与债权人信赖利益的经典案例。

第一，中国自 2014 年实施注册资本认缴登记制，取消了原股东出资的法定期限要求。此举有利于提高资金利用效率，避免资金无效沉淀。与之相关的是，在认缴制下，股东享有期限利益。毋庸讳言，该等期限利益可有效防范债权人因公司暂无法清偿其债务而直接向股东追索的风险，有助于促进交易。但是，若股东恶意利用该等期限利益，设定过长的出资期限以规避出资义务，则将侵害公司债权人的利益。因此，该判决特别强调，在可能存在公司股东利用注册资本认缴制逃避出资义务、损害债权人权益等道德风险时，应当对股东在宽泛条件下出资行为合法性、合理性严格审查、从严把握。

第二，债权人对公司公示信息进行核查是保障其信赖利益的前提。目前，公司股东认缴金额、实缴期限等均可通过企业信用信息系统查询，作为一种公示信息，公司债权人对此应当知晓。因此，从债权人角度看，其与公司进行交易时有必要检索对方公司的公示信息，并及时保存记录，维护其信赖利益。从公司利益和股东利益角度看，适当公示公司主要信息，对自身也是合理保护。此外，从争议解决机构角度看，围绕公司章程及企业信用信息公示系统合理界定债权人信赖利益的边界，也是本案判决的参考价值之一。

第三，公司股东享有期限利益的前提是公司的正常经营，否则可能面临出资加速到期的情形。对公司在非破产与解散情形下股东出资应否加速到期问题，《九民纪要》规定在如下两种情形下股东出资应加速到期，其一，公司作为被执行人，无财产可供执行，已具备破产原因。其二，公司债务产生后，公司股东决议延长股东出资期限的。就本案而言，符合第二种情形。

【案例3】最高院判决书：公司董事对公司股东所欠出资承担赔偿责任①

【基本案情】

深圳斯曼特公司成立于 2005 年 1 月 11 日，系外商独资企业，其股东为开曼斯曼特公司。根据章程规定，开曼斯曼特公司应在 2006 年 3 月 16 日前缴清全部认缴出资额。但是，经多次出资，以及深圳法院另案强制执行，开曼斯曼特公司仍欠缴出资 4912376.06 美元。

2005 年 1 月 11 日至 2006 年 12 月 29 日，胡某某等三位人士担任深圳斯曼特公司中方董事；2006 年 12 月 30 日起，贺某某等三位人士担任深圳斯曼特公司中方董事。上述六名董事在股东开曼斯曼特公司认缴出资额期限届满日之后，均担任深圳斯曼特公司董事，而且同时担任上述开曼公司董事。

随后，深圳斯曼特公司已被债权人申请破产清算，且开曼斯特曼公司经另案执行也无法执行到实际财产。

此后，深圳斯曼特公司以侵害公司利益为由将胡某某等六位董事诉至法院，请求判令：胡某某等六名董事对深圳斯曼特公司股东欠缴出资所造成深圳斯曼特公司的损失承担连带赔偿责任，赔偿责任范围为深圳斯曼特公司股东欠缴的注册资本 4912376.06 美元。

【争议焦点】

胡某某等六名董事是否应对开曼斯曼特公司所欠出资承担赔偿责任。

【裁判观点】

1. 董事对公司负有忠实义务和勤勉义务。虽然公司法没有列举董事勤勉义务的具体情形，但是董事负有向未履行或未全面履行出资义务的股东催缴出资的义务；

2. 根据最高院公司法相关司法解释，对于"股东在公司增资时未履行或者未全面履行出资义务"，原告有权请求未尽法定义务而使出资未缴足的董事承担相应责任。在公司注册资本认缴制下，公司设立时股东负有的出资义务与公司增资时是相同的，董事负有的督促股东出资的义务也不应有所差别。

3. 根据《公司法》规定，董事违反规定，给公司造成损失的，应当承担赔偿

---

① （2018）最高法民再 366 号。

责任。本案六名董事同时又是股东开曼斯曼特公司的董事，对股东开曼斯曼特公司的资产情况、公司运营状况均应了解，具备监督股东开曼斯曼特公司履行出资义务的便利条件。该六名董事未能提交证据证明其向股东履行催缴出资的义务，以消极不作为的方式构成了对董事勤勉义务的违反。此后，深圳斯曼特公司被债权人申请破产清算。由此可见，股东开曼斯曼特公司未缴清出资的行为实际损害了深圳斯曼特公司的利益，该六名董事消极不作为放任了实际损害的持续。

4. 股东开曼斯曼特公司欠缴的出资即为深圳斯曼特公司遭受的损失。胡某某等六名董事对深圳斯曼特公司遭受的股东出资未到位的损失，应承担相应连带赔偿责任。

【纠纷观察】

相比原公司法司法解释，本案对于董事违反勤勉义务的法律责任做了进一步突破，引发市场强烈关注：

1. 受限于法系差异及本土文化影响，境内公司的董事履职风险防范意识远低于境外公司的董事。即使在上市公司、金融机构等强监管领域，公司董事的风险关注点也大都集中在监管合规以及面对公众投资者赔偿责任方面。最高院上述判决书对于敦促公司董事及高管勤勉履职具有重要的提示意义。

2. 公司法司法解释将该等行为界定为违反勤勉义务，相当于扩张解释。该判决对公司法司法解释的适用情形由增资推延至公司设立，相当于进一步的扩展解释。但笔者认为，该等扩展解释的思路符合法律逻辑，并不与法理相冲突。

3. 值得注意的是，可能是基于开曼斯曼特公司无法执行到实际财产，最高院直接将该开曼公司欠缴的出资认定为深圳斯曼特公司遭受的损失。此外，可能是考虑到董事会决议按人数决的机制，法院未再区分该六位董事的违法行为情节，直接判决该六位董事承担连带责任。随着类案检索制度的推行，该等判决思路对于其他争议解决机构界定类似争议案件的责任金额及责任主体，具有有一定的参考意义。

四、热点问题观察

（一）新冠疫情引发投资争议及业界关注

显而易见，新冠疫情突然暴发，导致民商事纠纷增加。疫情发生后，相关商会尝试就疫情或疫情管控措施因素出具不可抗力证明书。针对疫情，全国人大法工委和最高院发布相关指导意见，引导当事人公平合理解决争议。从学术界的反应看，对于不可抗力在大陆法系及普通法系的适用，[①] 以及新冠疫情应归入情势变更还是不可抗力范畴[②] 等问题，引发诸多讨论。

就投资争议而言，疫情引发的典型争议主要涉及两大类。其一，受制于疫情因素，投资人上游募资及下游投资活动受挫。具体表现为，一方面，在上游募资活动而言，有限合伙人因自身经营困难，难以兑现认缴出资承诺，另一方面，就下游投资而言，受制于有限合伙人违约或投资人自身压力，投资人不履行对目标公司的投资安排。其二，受疫情影响，目标公司或者其股东、实际控制人与投资方因履行"业绩对赌协议"引发纠纷。

就裁判指引而言，对于第一类争议，目前暂无相对清晰的裁判规则。对于第二类争议，最高院在《关于依法妥善审理涉新冠肺炎疫情民事案件若干问题的指导意见（二）》中提出了相对明确的裁决思路，即，"对于批发零售、住宿餐饮、物流运输、文化旅游等受疫情或者疫情防控措施影响严重的公司或者其股东、实际控制人与投资方因履行'业绩对赌协议'引发的纠纷，人民法院应当充分考虑疫情或者疫情防控措施对目标公司业绩影响的实际情况，引导双方当事人协商变更或者解除合同。当事人协商不成，按约定的业绩标准或者业绩补偿数额继续履行对一方当事人明显不公平的，人民法院应当结合案件的实际情况，根据公平原

---

① 根据笔者观察，学术界和实务界相对一致的观点是，不可抗力是大陆法系的典型法定概念，普通法系并无不可抗力之法定规则，只能由合同双方通过特别约定，以体现"不可抗力条款"。换言之，在普通法系地区，若当事人事前未约定不可抗力条款，相关商会事后出具的不可抗力证明书的法律影响力与普通新闻报道无实质性差别。值得提示的是，由于中国法律支持不可抗力，有些境外融资架构的当事人试图将适用法律改回中国法，将争议解决机构改为境内仲裁机构。

② 按照原《合同法》和最高院相关司法解释，不可抗力不在情势变更的适用范围内。但是在实际中，不可抗力和情势变更并非泾渭分明，就其实质而言，二者都是在合同订立之后发生了当事人不可预见的情形并造成合同履行障碍。最高院关于疫情的指导意见，解决了不可抗力和情势变更两类因素的适用难题。即，若疫情防控措施直接导致合同不能履行的，依法适用不可抗力的规定；若继续履行合同对于一方当事人明显不公平，其请求变更合同履行期限、履行方式、价款数额等的，法院可考虑支持。值得提示的是，《民法典》第533条规定，"合同成立后，合同的基础条件发生了当事人在订立合同时无法预见的、不属于商业风险的重大变化，继续履行合同对于当事人一方明显不公平的，受不利影响的当事人可以与对方重新协商；在合理期限内协商不成的，当事人可以请求人民法院或者仲裁机构变更或者解除合同。人民法院或者仲裁机构应当结合案件的实际情况，根据公平原则变更或者解除合同"。《民法典》上述规定删除了"非不可抗力造成"的限制条件，并且删除了"合同目的不能实现"这一适用情形，进而从根本上解决了不可抗力和情势变更之间的适用矛盾。据此，业界对疫情如何进入情势变更或不可抗力范畴，也形成了相对一致的认识。

则变更或者解除合同；解除合同的，应当依法合理分配因合同解除造成的损失"。

根据笔者观察，对于第一类争议，投资人在主张不可抗力或情势变更抗辩时，通常会面临更多的举证及论证压力。主要原因是，其一，就上游募资争议类案件，通常而言，有限合伙人一旦签署认缴出资承诺，则其有义务随时在普通合伙人或基金管理人发出实缴通知书的规定期限内，完成出资。尤其当有限合伙人签署认缴出资承诺在先，疫情发生在后，其以疫情作为抗辩事由，可能难以得到支持；其二，就下游投资争议案件，疫情管控措施对于资金募集活动的影响更加间接，因此，投资基金仅以其无法完成上游募资受阻或自身运营困难作为难以履行下游投资承诺的抗辩事由，亦可能难以得到争议解决机构支持。

（二）穿透式审判思维和类案检索方法对投资争议案件的影响日益凸显

1. 自 2019 年《九民纪要》发布后，通过穿透式审判思维，查明当事人的真实意思表示，探求真实法律关系，成为投资争议类案件的典型审理方式。

首先，根据笔者的观察，此前"看章不看人"的保守裁判思维已被修正。争议解决机构更愿意本着"看人不看章"的裁判思路，通过综合考察当事人微信、电子邮件等交流信息，认定当事人真实意思表示。在股权投资交易时间中，伴随科技发展和人际交流方式的变化以及时空距离因素等方面的考虑，当事人通过电话会议、微信、电子邮件等电子通信手段达成交易共识，实施交割安排，参与投后管理，已成为主流的操作实践方式。与之相对应的是，很多当事人往往以交换签字页的方式，最终形成各方持有的书面合同。与传统的面对面谈判及当场签章方式相比，由于交易双方均不在盖章现场，且从印章签署到邮寄经历多个环节，更非常容易出现"人印分离"的现象。典型问题表现在，其一，当事人很难识别对方是否履行了内部盖章审核程序；其二，当事人更难以识别印章的真伪性，因此，所谓真假公章的争议经常出现。从公开案例看，目前争议解决机构相对一致的裁决思路是，在法理上，公司公章之所以产生合同效力，关键不在于公章真伪，而是盖章之人是否有代表权或代理权。换言之，若能通过电子邮件、微信、相关证人证言等证据证明签字或盖章人士有代表权或代理权，则可以界定公司授权代表行为与公司承担对应责任之关联性。因此，即使行为人所属公司未完成盖章，甚至其在合同上盖的是假章，仍应认定该等行为系职务行为，其后果由公司承担。

其次，越来越多的争议解决机构愿意采取穿透式审判思维，界定交易关系属性。以所谓"名股实债"交易为例，典型的交易条款通常以股权投资为表面特征，但当事人往往是透过股权回购条款，以期实现回收本金并取得固定收益的交易目的。对于此类案件，争议解决机构通常会综合考察结合投资背景、缔约过程、履约安排以及投后管理等全程事项，而非简单拘泥于合同条款自身。据此，越来越多的裁决书在说理部分不仅关注当事人是否对投资人参与公司经营管理进行约定，而且注重考察所谓投资人是否实际行使了股东权利，以求查明当事人的真实意思，进而界定其交易关系法律属性是债权关系还是股权关系。

最后，穿透式审判思维已成为股东资格确定案件的基础工作方法。出于交易私密性、主体多元、时间跨度长等方面的因素，对于隐名投资安排而言，实践中经常出现合同缺失、约定不明、条款冲突等情形，在很大程度上给争议解决机构识别股东资格带来一定的困难。如上，越来越多的争议解决机构运用穿透式审判思维，结合当事人意思表示、出资行为、股东权利行使方面，确定股东资格。例如，对于存在当事人未能严格撰写出资协议的，甚至协议缺失等情形，争议解决机构愿意结合电子证据、其他书面材料，以及当事人行为等因素，综合审查认定当事人的出资意思。再如，对于往来款项名称记载不一致、缺乏股东会决议等情形，争议解决机构愿意综合考察财产交付及公司运营决策的全程安排，而非纠结于账户、登记与否等表面行为，进而认定投资人的股东资格取得时点及权益边界。

2. 在投资争议领域，类案检索及案例梳理工作推进明显。

自 2019 年开始，最高院采取了一系列举措，通过法律适用指导意见、指导案例、类案检索制度等措施[①]统一裁判尺度。在过去一年，最高院及其巡回法庭，通过裁判文书选登及案例梳理方式发布了大量的案例信息。例如，最高院民二庭评选了 2020 年度全国法院十大商事案例，最高院多个巡回法庭不定期发布巡回区典型商事争议参考案例。此外，部分地方法院，如北京市高级人民法院、上海市高级人民法院于 2020 年度发布了多件参阅案例、参考性案例。再如，有些地方法院亦发布了公司类纠纷案例梳理及裁判指引，如上海金融法院发布全国首个《关于

---

① 按照最高院要求，民商事法官在处理疑难复杂和新类型案件时必须进行类案检索。对于上级法院及本院已生效类案，法官拟作出不同的法律适用时，一般应提交主审法官会议或审判委员会充分讨论，并在裁判文书中充分说理。根据《最高人民法院关于案例指导工作的规定》（法发〔2010〕51 号），对于最高院发布的指导性案例，"各级人民法院审判类似案例时应当参照"。但是，相比之下，指导性案例的总数相对有限，且投资类争议占比极小。根据笔者统计，截至 2021 年 1 月 12 日，最高院共发表 147 个指导案例（而且指导案例第 9 号和第 20 号不再适用），其中，涉及公司争议类案件不超过 10 件。

证券纠纷示范判决机制的规定》并择案作出示范判决，广西壮族自治区高级人民法院发布《关于审理公司纠纷案件若干问题的裁判指引》，北京市第一中级人民法院发布《公司类纠纷案件审判白皮书（2010—2019）》以及沈阳市中级人民法院发布《与公司有关的纠纷审判白皮书》等。

众所周知，商事仲裁受其保密性要求，仲裁案例较少对外公开。令人欣喜的是，2020年度，司法部中国法律服务网亦选登了220余件经脱敏处理后的仲裁案例，上传数量超过此前历史年度总和。此外，多家仲裁机构亦发布了本机构处理的案例。以北京仲裁委员会为例，在2020年度亦发布了多个涉及投资争议的案例。上述仲裁案例公开，无论是对于仲裁员还是对于律师、企业法务，以及学术界而言，都是非常重要的研究资料。

综合来看，上述法院及仲裁案例公开及案例梳理，对于公司高管越权对外担保的效力、股东协议与企业公示信息不一致的责任处理、对赌协议的认定与处理等热点问题，进行了具有相当深度和广度的归纳和分析。此举显然有利于提升此类案件的裁决一致性。另外，值得提示的是，借助于法律科技手段，总结类案裁判要点，也日益成为投资争议案件当事人的惯常做法。

（三）围绕注册资本认缴制，相关裁判对于责任主体及其权利义务边界提出了更清晰的指引规则

众所周知，中国于2014年完成了注册资本登记改革。根据国务院《注册资本登记改革方案》（国发〔2014〕7号），注册资本由实缴登记制改为认缴登记制，且企业年检制度被取消。据此，除特定行业外，当事人可自主设定注册资本总额及出资期限。在公司登记环节，公司实收资本不再作为工商登记事项，当事人也无需提交验资报告。在后续运营阶段，公司亦无需提交年检报告。在放松管制的同时，国务院发布《企业信息公示暂行条例》（国务院令第654号），建立了企业信息公示制度，保护交易相对人和债权人利益。目前，通过企业信用信息公示系统查询公司股东认缴和实缴的出资额、出资时间、出资方式等出资信息，有限责任公司股东股权转让等股权变更等信息，行政许可信息、质押登记信息、行政处罚信息等，已成为投资交易的最基本的信息搜集方式。

注册资本改革至今已超过六年时间。伴随着六年多的执法及争议解决实践，争议解决机构在股东的出资责任、高管的勤勉义务、企业基于公示信息的抗辩与免责等方面，形成了日益清晰的裁判规则：

首先，注册资本认缴登记制并未改变公司股东承担责任的形式，股东（发起人）未按约定实际缴付出资的，应对其他股东及公司债权人承担对应责任。注册资本改革施行之初，当事人虚报注册资本，盲目接受出资期限不明的"干股"，经营过程中抽逃出资，甚至认为转让股权可以完全摆脱出资责任的行为比比皆是。不难看出，通过争议解决机构这几年的裁决实践，上述盲目行为已大量减少。

其次，公司高管对于督促股东出资具有对应义务。如前文提到的斯曼特案例所示，最高院对于公司董事应对公司出资承担连带责任等裁判，对于董事及公司高级管理人员妥善履职提出了裁判指引。根据笔者观察，此案裁决下发后，有相当数目的公司董事会已开始咨询外部律师，完善决议流程及通知方式，规避其履职风险。

最后，企业信息公示系统对于界定公司债权人信赖利益具有重要作用。在实践中，越来越多的争议解决机构有意结合考查企业信用公示系统，综合考量公司股东及债权人的利益平衡因素。以上文提到的最高院（2019）最高法民申 1112 号案为例，最高院明确提示，涉案公司股东的出资信息经过工商登记确认，具有公示公信效力，债权人基于公示公信效力产生的信赖利益应予保护。案涉交易发生后，公司章程关于宽限公司股东自身相关义务及加大债权人潜在风险的修改，不足以对抗债权人对公司原章程产生的合理信赖。与之相对应的，为维护公司利益，明确公司与债权人权利义务边界，对于公示系统之年度报告中的企业资产总额、主营业务收入、利润总额等"自主选择"的公示信息，越来越多的公司愿意披露对应信息。

基于上述热点问题观察，我们不难看出，争议解决机构在处理投资争议方面日趋成熟，其工作方法和思维方式对于当事人参与争议案件以及设计后续交易安排都具有实质性的指导意义。

（四）因法律更新或裁判指引变化引发的投资争议呈现攀升趋势

就法律更新而言，以《外商投资法》为例，其内容的确体现了政府放松管制、投资便利化、外商投资企业组织机构与《公司法》并轨等科学考量。但是，与之相关的，对于违反原外资准入政策的"抽屉协议"是否有效，外方认股权能否申请强制执行，董事可否继续由股东委派而非董事会选举，公司最高权力机构如何由董事人数决机制改为股东表决权决策机制等问题，有相当数量的中外股东存在明显分歧。就该等问题，若股东之间磋商不成，只能交由争议解决机构予以裁判。

就裁判指引变化而言，以公司法定代表人越权担保为例，《九民纪要》明确了公司对外担保系公司决议事项，而不属于法定代表人的代表权范围，并提出了相关"债权人善意"的判断标准。与之相关的，越来越多的争议解决机构采纳了上述裁决思路。但是，根据笔者的观察，有些企业考虑据此尝试推翻此前偿债安排，希望通过另案实现其利益补偿诉求。另外，有些当事人甚至考虑尝试进一步扩展解释，以公司对外融资亦属于章程规定的公司决议事项为由，试图对抗债权人相关主张。

不难发现，上述问题对于法律从业人员必须时刻跟踪立法动态及争议解决实践提出了新的要求。

五、总结与展望

与其他的商事争议所不同的是，投资争议具有法律关系复杂、利益主体多元、政府监管及公共政策因素较多的特点。我们相信，在今后相当长的一段时间内，上述特点将继续存在。

根据笔者的观察，疫情已经对投资行业产生了实质性冲击，对于与投资活动有关的"募投管退"等各个环节，均产生了不同程度影响。在募资环节，尽管疫情负面影响尚未完全体现，但很多投资机构不得不选择推迟甚至是放弃资金募集。在投资环节，推进尽职调查等工作安排因为人员流动限制不得不放缓甚至是无限期搁置。从投后管理的角度看，有相当数量的被投企业，尤其是消费类、生活服务类企业经营业绩难以预期，甚至存在产业链断裂的担忧。在退出环节，被投企业经营状况恶化将直接影响到投资者的退出安排及收益预期。由于疫情影响的后果难以判断，在少数机构选择快速止损。

值得关注的积极信号是，在疫情全球蔓延且控制不利之时，中国政府的应对措施抵御了冲击，中国经济显示出特有的韧性。从 2020 年下半年开始，中国出口明显复苏，航空货运及海运运力紧张。到了 2020 年底，中国成为全球实现正增长的少数经济体。伴随各国相继出台刺激政策，特别是美联储多次降息，资本流动再次展现了强烈的流动性信号。资本市场股票及优秀资产价格都有攀升趋势[①]，进

---

① 例如，截至 2021 年 2 月，与股市息息相关的互联网券商富途控股，距 2020 年初暴涨了接近 14 倍；智能电动车理想与小鹏汽车，均在 2020 年上市，至今也分别上涨了 160% 与 220%；在线教育公司猿辅导的估值从 2020 年 3 月的 78 亿美元，飙升到 10 月的 155 亿美元；企业服务领域的 PingCAP 在 2020 年估值翻了 6 倍。

入 2021 年，境内外市场的盈利预期都远超 2020 年。不言自明，股票市场复苏和资产价格上涨将提升投资交易的活跃度。

虽然各国为应对疫情仍在采取强有力的人员流动管控措施，但我们有理由相信，在中国政府的强有力应对措施之下，本次疫情可在未来可预期的时间内结束，中国市场的投资交易和争议解决均将回到正常的发展轨道上。

中国国际贸易争议解决年度观察（2021）

王雪华　邢　媛[①]

一、概述

2020 年，新型冠状病毒肺炎疫情蔓延全球，各国采取的检验检疫、出口管制、禁航禁运等措施，严重影响了国际贸易的正常运行。根据联合国贸易和发展会议（以下简称 UNCTAD）的统计，2020 年全球出口量较 2019 年下降 12%，进口量下降 8.5%。服务贸易受到疫情影响尤为明显，2020 年 4 月，航班量较之 2019 年同期下降了 94% 之多。2020 年第一季度，全球游客量较之 2019 年同期降了 44%。[②]

疫情在全球范围内的暴发加剧了国际经贸关系的不确定性，单边主义、贸易保护主义进一步蔓延，其中美国坚持"美国优先"战略，采取了多项单边行为，对多边贸易体制带来巨大挑战。

在这样的背景下，中国成为全球唯一实现经济正增长的主要经济体，为世界经济复苏提供了动力。[③]2020 年，中国外贸进出口明显好于预期，经济长期向好的发展趋势没有改变。2020 年，我国货物贸易进出口总值 32.16 万亿元（人民币，下同），比 2019 年增长 1.9%。其中，出口 17.93 万亿元，增长 4%；进口 14.23 万亿元，下降 0.7%；贸易顺差 3.7 万亿元，增加 27.4%。2020 年，我国最大贸易伙

① 王雪华，法学博士，北京市环中律师事务所首席合伙人。邢媛，北京市环中律师事务所合伙人。同时，衷心感谢北京市环中律师事务所国际贸易部律师团队的其他成员，包括何蓓律师、方圆律师、甘瑞芳律师、马崧月实习律师、肖茜律师助理为本报告作出的卓有成效的贡献。

② "Trade and Development Report（2020）"，载 UNCTAD 网站，https://unctad.org/system/files/official-document/tdr2020_en.pdf，访问时间：2021 年 1 月 30 日。

③ 《"中国对外贸易形势报告"（2020 年秋季）》，载商务部网站，http://images.mofcom.gov.cn/zhs/202012/20201209112029503.pdf，访问时间：2021 年 1 月 29 日。

伴为东盟，对其进出口额为 4.74 万亿元，增长 7%，我国对"一带一路"沿线国家进出口 9.37 万亿元，增长 1%。[①] 值得注意的是，2020 年，我国贸易主要在以下两个方面实现了长足进展：（1）外贸发展区域分布进一步均衡。我国中西部地区外贸取得进一步发展，国内外贸发展的区域分布更趋均衡。2020 年前 10 个月，我国中西部地区外贸进出口 4.45 万亿元，增长 8.7%，高出整体增速 7.6 个百分点。（2）出口商品结构优化，机电产品和高质量、高技术、高附加值产品增长较快。2020 年，我国机电产品拉动作用凸显，商品机构持续升级。2020 年前十个月，中国机电产品出口 8.45 万亿元，增长 3.8%，高出整体出口增速 1.4%，占出口总额的 59%。高质量、高技术、高附加值"三高"产品出口增长较快。[②] 在全球防疫物资需求的拉动下，包括口罩在内的纺织品、医疗器械、药品合计出口 1.14 万亿元，增长 33.7%。较之货物贸易，疫情冲击下服务贸易收缩较为严重。2020 年 1—9 月，我国服务贸易规模下降，服务进出口总额 3.39 万亿元，同比下降 15.7%。其中，服务出口 1.40 万亿元，下降 1.5%；服务进口 1.99 万亿元，下降 23.5%。服务贸易逆差 0.59 万亿元，大幅收窄 50.0%。其中，旅行、建筑、运输三大传统服务行业受疫情影响较为严重，该等行业 2020 年前 9 个月的进出口总额 1.72 万亿元，下降 21.1%，同时，知识密集型服务贸易抗冲击能力较强，2020 年前 9 个月，我国知识密集型服务贸易总额 1.49 万亿元，增长 9.0%。[③]

2020 年，在疫情的暴发加剧了国际经贸关系的不确定性，单边主义、贸易保护主义进一步蔓延的背景下，我国坚定地维护本国的安全和利益，维护本国企业的利益，并积极地在全球和区域范围内，促进商品、资金、技术、人员自由流通，维护以规则为基础的多边贸易体制。具体而言：

第一，在国内法方面，为维护国家安全，履行国际防扩散义务，并为应对美国频频针对我国企业而推出的单边制裁措施，我国于 2020 年颁布了多部以维护国家安全、中国企业合法权益为目的的法律法规和部门规章。特别值得关注的是，2020 年 12 月 1 日正式施行的《中华人民共和国出口管制法》（以下简称《出口管制法》）、2020 年 9 月 19 日公布并施行的《不可靠实体清单规定》（以下简称《清

---

① 《海关总署 2020 年全年进出口有关情况新闻发布会》，载海关总署网站，http://fangtan. customs.gov.cn/tabid/1106/Default.aspx，访问时间：2021 年 1 月 25 日。

② 据商务部统计，2020 年，中国计算机、集成电路、电子元件、家用电器和电动载人汽车出口分别增长 10.5%、14.3%、11.1%、19.1% 和 162.3%。

③ 《"中国对外贸易形势报告"（2020 年秋季）》，载商务部网站，http://images.mofcom.gov. cn/zhs/202012/20201209112029503.pdf，访问时间：2021 年 1 月 29 日。

单规定》）^①，以及 2021 年 1 月 9 日公布并施行的《阻断外国法律与措施不当域外适用办法》（以下简称《阻断办法》）。^②

第二，在自贸区建设方面，海南自由贸易港建设于 2020 年进入全面实施阶段。2020 年 6 月 1 日，中共中央、国务院正式公布《海南自由贸易港建设总体方案》（以下简称《海南方案》），^③ 拟提升海南自由贸易港对外开放的广度和深度。2021 年 1 月 4 日，《中华人民共和国海南自由贸易港法（草案）》（以下简称《海南自贸港法（草案）》）开始面向社会公开征求意见。^④2021 年 1 月 15 日，最高人民法院发布《最高人民法院关于人民法院为海南自由贸易港建设提供司法服务和保障的意见》（以下简称《海南自贸区司法保障意见》），为加快建设高水平的中国特色自由贸易港提供司法服务和保障。^⑤ 除此之外，2020 年 8 月 30 日，国务院印发了《国务院关于印发北京、湖南、安徽自由贸易试验区总体方案及浙江自由贸易试验区扩展区域方案的通知》，^⑥ 新设了北京、湖南、安徽三个自由贸易区。至此，中国自贸区的数量增至 21 个。^⑦ 其中，北京自贸区受到了非常广泛的关注。

第三，在国际经贸争议解决的层面，中国努力维系世界贸易组织（以下简称 WTO）争端解决机制的正常运行。2019 年 12 月 15 日，WTO 上诉机构因法官人数不足而停摆。^⑧2020 年 4 月 30 日，中国、欧盟和其他 17 个世贸组织

---

① 《商务部令 2020 年第 4 号不可靠实体清单规定》，载商务部网站，http://www.mofcom.gov.cn/article/zwgk/zcfb/202009/20200903002593.shtml，访问时间：2021 年 1 月 26 日。

② 《商务部令 2021 年第 1 号阻断外国法律与措施不当域外适用办法》，载商务部网站，http://www.mofcom.gov.cn/article/i/jyjl/j/202101/20210103030326.shtml，访问时间：2021 年 1 月 26 日。

③ 《中共中央国务院印发〈海南自由贸易港建设总体方案〉》，载中国政府网，http://www.gov.cn/zhengce/2020-06/01/content_5516608.htm，访问时间：2020 年 12 月 31 日。

④ 《〈中华人民共和国海南自由贸易港法（草案）〉面向社会公众征求意见》，载海南省人民政府网，http://www.hainan.gov.cn/hainan/zymygxwzx/202101/dc778fba9ec549a5a808012ae209ea38.shtml，访问时间：2020 年 12 月 31 日。

⑤ 《最高人民法院发布为海南自由贸易港建设提供司法服务和保障的意见》，载微信公众号"最高人民法院"，2021 年 1 月 15 日。

⑥ 《国务院关于印发北京、湖南、安徽自由贸易试验区总体方案及浙江自由贸易试验区扩展区域方案的通知》，载中国政府网，http://www.gov.cn/zhengce/content/2020-09/21/content_5544926.htm，访问时间：2021 年 2 月 22 日。

⑦ 《商务部：中国自贸区数量增至 21 个》，载中新网，https://www.chinanews.com/cj/shipin/cns/2020/09-21/news868634.shtml，访问时间：2021 年 3 月 1 日。

⑧ "DG Azevêdo to launch intensive consultations on resolving Appellate Body impasse"，载 WTO 网站，https://www.wto.org/english/news_e/news19_e/gc_09dec19_e.htm，访问时间：2020 年 2 月 22 日。

成员① 正式向 WTO 提交通知，依据《关于争端解决规则与程序的谅解》第 25 条共同建立《多方临时上诉仲裁安排》（Multi-Party Interim Appeal Arbitration，以下简称 MPIA）。② 在上诉机构停摆期间，各参加方将通过该安排项下的仲裁程序处理参加方之间提起上诉的争端案件。2020 年 7 月 31 日，包括中国、欧盟在内的 WTO "多方临时上诉仲裁安排"全体参加方就仲裁员名单达成一致，成功组建了由十人组成的仲裁员库。我国提名的杨国华教授与巴西、加拿大、智利、哥伦比亚、欧盟、墨西哥、新西兰、新加坡和瑞士提名的人选成功当选仲裁员。2020 年 8 月 3 日，世贸组织正式在成员间发布该通报。③ 根据 MPIA 的规定，各上诉案件应当由三名仲裁员进行审理，这些仲裁员将从十名常设上诉仲裁员即仲裁员库中选出。④

第四，在双边、多边以及区域自由贸易协定和贸易便利安排方面，经过长期谈判，我国在 2020 年取得了重大进展。（1）在自由贸易协定方面，截至 2020 年底，我国共计签署二十一个自由贸易协定，以及一项优惠贸易安排。⑤ 其中，2020 年 11 月 15 日，包括我国在内的 15 个国家⑥ 签署了《区域全面经济伙伴关系协定》（Regional Comprehensive Economic Partnership，以下简称 RCEP）。RCEP 覆盖了全球近 30% 的人口和经济体量，是世界经贸规模与范围最大的区域自由贸易协定⑦。此外，2020 年 10 月 12 日，我国与柬埔寨签署了双边自贸协定。⑧2021 年 1 月 26

---

① 目前，《多方临时上诉仲裁安排》的参加方包括 19 个 WTO 成员，分别是：澳大利亚、巴西、加拿大、中国、智利、哥伦比亚、哥斯达黎加、欧盟、瓜地马拉、中国香港、冰岛、墨西哥、新西兰、挪威、巴基斯坦、新加坡、瑞士、乌克兰、乌拉圭。

② "The WTO multi-party interim appeal arrangement gets operational"，载欧盟委员会网站，https://trade.ec.europa.eu/doclib/press/index.cfm?id=2106，访问时间：2020 年 2 月 22 日。

③ 《"多方临时上诉仲裁安排"仲裁员库组建完成》，载商务部网站，http://wto.mofcom. gov.cn/article/zddt/202008/20200802989506.shtml，访问时间：2020 年 2 月 22 日。

④ "MULTI-PARTY INTERIM APPEAL ARBITRATION ARRANGEMENT PURSUANT TO ARTICLE 25 OF THE DSU"，载 WTO 网站，https://docs.wto.org/dol2fe/Pages/SS/directdoc. aspx?filename=q:/Jobs/DSB/1A12.pdf，访问时间：2020 年 2 月 22 日。

⑤ 《已签协议的自贸区》，载中国自由贸易区服务网，http://fta.mofcom.gov.cn/index.shtml，访问时间：2021 年 2 月 24 日。

⑥ 除中国外，签署国还包括东盟十国、日本、韩国、澳大利亚和新西兰。

⑦ 《商务部就 RCEP 签署对未来中国外贸影响等答问》，载中国政府网，http://www.gov.cn/ xinwen/2020-11/19/content_5562749.htm，访问时间：2020 年 12 月 31 日。

⑧ 《钟山部长与柬埔寨商业大臣潘索萨共同签署中国—柬埔寨自由贸易协定》，载商务部网站，http://fta.mofcom.gov.cn/article/zhengwugk/202010/43217_1.html，访问时间：2021 年 2 月 22 日。

日，我国与新西兰签署自贸协定升级议定书。[①]（2）在贸易便利安排方面，我国于2017 年签署的《亚洲及太平洋跨境无纸贸易便利化框架协定》于 2021 年 2 月 21 日正式生效。该协定涵盖发展单一窗口系统、电子形式贸易数据和文件的跨境互认、电子形式贸易数据和文件交换的国际标准等内容，将对推进我国跨境贸易无纸化、便利化产生深远影响。[②]

此外，2020 年 12 月 30 日《中欧全面投资协定》（China-EU Comprehensive Agreement on Investment，以下简称《中欧 CAI》）完成谈判。其正式生效后将取代中国与 26 个欧盟成员国之间现有的双边投资保护协定。《中欧 CAI》中也涉及大量贸易规则，有利于未来双方在国际经贸规则的改革中强化合作。

第五，在国际贸易争议解决方面，我国法院在遵守现行国际贸易规则的前提下主动探索新的交易模式。在全国首例涉及铁路提单纠纷案件中，我国法院认定铁路提单具有物权凭证性质。[③]在此之前，国际铁路运输中仅存在"铁路运单"的概念，该案无疑是我国法院在新形势下对铁路提单物权化及其创造性交易模式的一次探索。

总体而言，2020 年，我国在坚决维护以规则为基础的国际多边争议解决机制的基础上，注重提升国内法院的涉外商事审判水平，并主动尝试探索新的交易模式下的裁判思路，实现了国际贸易争议解决领域的长足进步。

二、新出台的法律、法规、规范性文件

（一）加强出口管制，阻断外国法律与措施不当域外适用，维护国家安全，保护中国企业正当权益

1.《出口管制法》[④]

《出口管制法》于 2020 年 10 月 17 日第十三届全国人民代表大会常务委员会

---

① 《中国与新西兰签署自贸协定升级议定书》，载商务部网站，http://fta.mofcom.gov.cn/article/zhengwugk/202101/44354_1.html，访问时间：2021 年 2 月 22 日。

② 《〈亚洲及太平洋跨境无纸贸易便利化框架协定〉正式生效》，载商务部网站，http://www.mofcom.gov.cn/article/news/202102/20210203039416.shtml，访问时间：2021 年 2 月 22 日。

③ 重庆孚骐汽车销售有限公司与重庆中外运物流有限公司物权纠纷一审案，裁判文书号：（2019）渝 0192 民初 10868 号。

④ 《出口管制法》，载中国人大网，http://www.npc.gov.cn/npc/c30834/202010/cf4e0455f6424a38b5aecf8001712c43.shtml，访问时间：2021 年 1 月 18 日。

第二十二次会议正式表决通过，于 2020 年 12 月 1 日起施行。[①] 此前，我国已制定包括化学品、核、核两用、生物两用、导弹及军品共六部出口管制相关行政法规，[②] 但立法相对分散，缺少统筹、协调、一体化的出口管制法律体系和架构。《出口管制法》的制定出台，将促进我国出口管制法律体系的统一，有利于更好地维护国家安全和利益，履行国际防扩散义务。

《出口管制法》共五章 49 条，该法主要内容包括：（1）明确了管制物项包括：两用物项、军品、核以及其他与维护国家安全和利益、履行防扩散等国际义务相关的货物、技术、服务等物项，以及物项相关的技术资料等数据（第 2 条[③]）。（2）明确了出口管制的职能的部门是国务院、中央军事委员会承担出口管制职能的部门（第 5 条[④]）。（3）明确了出口管控方式为：通过制定管制清单、实施出口许可等方式进行管理（第 4 条[⑤]）。此外，《出口管制法》采用了管制清单加临时管制的方式。一方面，国家出口管制部门依法制定并适时调整管制物项出口管制清单；另一方面，对于管制清单之外的物项，经国务院或中央军事委员会批准，国家出口管制管理部门可以发布公告对出口管制清单以外的货物、技术和服务实施临时管制（第 9 条[⑥]）。对于出口管制清单所列管制物项或者临时管制物项，出口经营者应当向

[①] 《出口管制法》，载中国人大网，http://www.npc.gov.cn/npc/c30834/202010/cf4e0455f6424a38b5aecf8001712c43.shtml，访问时间：2021 年 1 月 18 日。

[②] 在出口管制方面，我国先后制定了《监控化学品管理条例》《核出口管制条例》《军品出口管理条例》《核两用品及相关技术出口管制条例》《导弹及相关物项和技术出口管制条例》《生物两用品及相关设备和技术出口管制条例》共六部行政法规。

[③] 《出口管制法》第 2 条第 1、2 款规定："国家对两用物项、军品、核以及其他与维护国家安全和利益、履行防扩散等国际义务相关的货物、技术、服务等物项（以下统称管制物项）的出口管制，适用本法。前款所称管制物项，包括物项相关的技术资料等数据。"

[④] 《出口管制法》第 5 条第 1 款规定："国务院、中央军事委员会承担出口管制职能的部门（以下统称国家出口管制管理部门）按照职责分工负责出口管制工作。国务院、中央军事委员会其他有关部门按照职责分工负责出口管制有关工作。"

[⑤] 《出口管制法》第 4 条规定："国家实行统一的出口管制制度，通过制定管制清单、名录或者目录（以下统称管制清单）、实施出口许可等方式进行管理。"

[⑥] 《出口管制法》第 9 条规定："国家出口管制管理部门依据本法和有关法律、行政法规的规定，根据出口管制政策，按照规定程序会同有关部门制定、调整管制物项出口管制清单，并及时公布。根据维护国家安全和利益、履行防扩散等国际义务的需要，经国务院批准，或者经国务院、中央军事委员会批准，国家出口管制管理部门可以对出口管制清单以外的货物、技术和服务实施临时管制，并予以公告。临时管制的实施期限不超过二年。临时管制实施期限届满前应当及时进行评估，根据评估结果决定取消临时管制、延长临时管制或者将临时管制物项列入出口管制清单。"

国家出口管制管理部门申请许可（第 12 条[①]）。（4）规定了出口禁令制度：包括禁止相关管制物项的出口，或者禁止相关管制物项向特定目的国家和地区、特定组织和个人出口（第 10 条[②]）。（5）设置了较为严厉的惩罚措施：对于违反该法的出口经营者，除了通常的责令停止违法行为、没收违法所得、罚款、停业整顿、吊销管制物项出口经营资格等措施以外，还设置了"失信惩戒"制度，即，将其违反该法情况纳入信用记录（第 39 条[③]）；对于境外的组织和个人违反本法有关出口管制管理规定的，也要依法处理并追究其法律责任（第 44 条[④]）。（6）规定了对等措施：任何国家或者地区滥用出口管制措施危害我国国家安全、利益的行为，我国可以根据实际情况对该国家或者地区对等采取措施（第 48 条[⑤]）。

2.《不可靠实体清单规定》

2019 年 5 月 31 日，中国商务部宣布将建立"不可靠实体清单"制度。[⑥]2020

[①] 《出口管制法》第 12 条规定："国家对管制物项的出口实行许可制度。出口管制清单所列管制物项或者临时管制物项，出口经营者应当向国家出口管制管理部门申请许可。出口管制清单所列管制物项以及临时管制物项之外的货物、技术和服务，出口经营者知道或者应当知道，或者得到国家出口管制管理部门通知，相关货物、技术和服务可能存在以下风险的，应当向国家出口管制管理部门申请许可：（一）危害国家安全和利益；（二）被用于设计、开发、生产或者使用大规模杀伤性武器及其运载工具；（三）被用于恐怖主义目的。出口经营者无法确定拟出口的货物、技术和服务是否属于本法规定的管制物项，向国家出口管制管理部门提出咨询的，国家出口管制管理部门应当及时答复。"

[②] 《出口管制法》第 10 条规定："根据维护国家安全和利益、履行防扩散等国际义务的需要，经国务院批准，或者经国务院、中央军事委员会批准，国家出口管制管理部门会同有关部门可以禁止相关管制物项的出口，或者禁止相关管制物项向特定目的国家和地区、特定组织和个人出口。"

[③] 《出口管制法》第 39 条规定："违反本法规定受到处罚的出口经营者，自处罚决定生效之日起，国家出口管制管理部门可以在五年内不受理其提出的出口许可申请；对其直接负责的主管人员和其他直接责任人员，可以禁止其在五年内从事有关出口经营活动，因出口管制违法行为受到刑事处罚的，终身不得从事有关出口经营活动。国家出口管制管理部门依法将出口经营者违反本法的情况纳入信用记录。"

[④] 《出口管制法》第 44 条规定："中华人民共和国境外的组织和个人，违反本法有关出口管制管理规定，危害中华人民共和国国家安全和利益，妨碍履行防扩散等国际义务的，依法处理并追究其法律责任。"

[⑤] 《出口管制法》第 48 条规定："任何国家或者地区滥用出口管制措施危害中华人民共和国国家安全和利益的，中华人民共和国可以根据实际情况对该国家或者地区对等采取措施。"

[⑥] 《中国将建立不可靠实体清单制度》，载商务部网站，http://www.mofcom.gov.cn/article/i/jyjl/e/201905/20190502868927.shtml，访问时间：2021 年 1 月 26 日。

年9月19日，经国务院批准，商务部公布《清单规定》。[①] 总体来说，《清单规定》是在单边主义、贸易保护主义抬头，全球经济遭受负面冲击，中国企事业单位频频被美国列入美国的实体清单，美国对中国企业封锁断供的背景下，中国政府出台的一项反制措施。《清单规定》彰显了我国坚决维护国家核心利益和国家安全，以及维护多边贸易体制，推动建设开放型世界经济的决心。[②]

从管控主体而言，国家建立中央国家机关有关部门参加的工作机制，负责不可靠实体清单制度的组织实施（第4条[③]）。从适用对象而言，《清单规定》适用于所有危害中国国家主权、安全、发展利益，或违反正常市场交易原则，中断与中国企业、其他组织和个人（以下简称中国实体）的正常交易，或者对中国实体采取歧视性措施，严重损害中国实体合法利益的外国企业、其他组织或者个人（以下简称外国实体）（第2条[④]）。从规制措施而言，《清单规定》项下工作机制有权采取的限制措施较为广泛，包括：限制进出口、境内投资、人员、交通运输工具入境、人员在中国境内的工作、居留，以及给予罚款等（第10条[⑤]）。此外，《清单规定》也规定，列入清单的外国实体符合一定条件时，也可移出该清单（第

[①] 《商务部令2020年第4号不可靠实体清单规定》，载商务部网站，http://www.mofcom. gov.cn/article/zwgk/zcfb/202009/20200903002593.shtml，访问时间：2021年1月26日。

[②] 《商务部条约法律司负责人就〈不可靠实体清单规定〉答记者问》，载商务部网站，http://www.mofcom.gov.cn/article/news/202009/20200903002631.shtml，访问时间：2021年1月18日。

[③] 《清单规定》第4条规定："国家建立中央国家机关有关部门参加的工作机制（以下简称工作机制），负责不可靠实体清单制度的组织实施。工作机制办公室设在国务院商务主管部门。"

[④] 《清单规定》第2条规定："国家建立不可靠实体清单制度，对外国实体在国际经贸及相关活动中的下列行为采取相应措施：（一）危害中国国家主权、安全、发展利益；（二）违反正常的市场交易原则，中断与中国企业、其他组织或者个人的正常交易，或者对中国企业、其他组织或者个人采取歧视性措施，严重损害中国企业、其他组织或个人合法权益。本规定所称外国实体，包括外国企业、其他组织或者个人。"

[⑤] 《清单规定》第10条规定："对列入不可靠实体清单的外国实体，工作机制根据实际情况，可以决定采取下列一项或者多项措施（以下称处理措施），并予以公告：（一）限制或者禁止其从事与中国有关的进出口活动；（二）限制或者禁止其在中国境内投资；（三）限制或者禁止其相关人员、交通运输工具等入境；（四）限制或者取消其相关人员在中国境内工作许可、停留或者居留资格；（五）根据情节轻重给予相应数额的罚款；（六）其他必要的措施。前款规定的处理措施，由有关部门按照职责分工依法实施，其他有关单位和个人应当配合实施。"

13 条[①]）。

需说明的是，《清单规定》并不针对任何特定国家或实体，且没有预设时间表和实体名单，目前也并无相关实体被列入不可靠实体清单，未来哪些实体会被列入清单，仍有等于进一步观察。

3.《阻断办法》

2021 年 1 月 9 日，经国务院批准，商务部公布《阻断办法》。《阻断办法》的主要目的是应对外国法律与措施的域外适用违反国际法和国际关系的基本准则，不当禁止或限制中国公民、法人或者其他组织与第三国（地区）及其公民、法人或者其他组织进行正常的经贸及相关活动的情形（第 2 条[②]）。

根据《阻断办法》的规定：（1）我国将建立由中央国家机关有关部门参加的工作机制（以下简称工作机制），负责外国法律与措施不当域外适用的应对工作（第 4 条[③]）；（2）工作机制经评估，确认有关外国法律与措施存在不当域外适用的情况的，可以决定由国务院商务主管部门发布不得承认、不得执行、不得遵守有关外国法律与措施的禁令（以下简称禁令）（第 7 条[④]）；（3）中国公民、法人或者其他组织可以向国务院商务主管部门申请豁免遵守禁令（第 8 条[⑤]）；（4）如存在违反禁令的情况，中国公民、法人或者其他组织可以依法向人民法院起诉，

[①]《清单规定》第 13 条规定："工作机制根据实际情况，可以决定将有关外国实体移出不可靠实体清单；有关外国实体在公告明确的改正期限内改正其行为并采取措施消除行为后果的，工作机制应当作出决定，将其移出不可靠实体清单。有关外国实体可以申请将其移出不可靠实体清单，工作机制根据实际情况决定是否将其移出。将有关外国实体移出不可靠实体清单的决定应当公告；自公告发布之日起，依照本规定第十条规定采取的处理措施停止实施。"

[②]《阻断办法》第 2 条规定："本办法适用于外国法律与措施的域外适用违反国际法和国际关系基本准则，不当禁止或者限制中国公民、法人或者其他组织与第三国（地区）及其公民、法人或者其他组织进行正常的经贸及相关活动的情形。"

[③]《阻断办法》第 4 条规定："国家建立由中央国家机关有关部门参加的工作机制（以下简称工作机制），负责外国法律与措施不当域外适用的应对工作。工作机制由国务院商务主管部门牵头，具体事宜由国务院商务主管部门、发展改革部门会同其他有关部门负责。"

[④]《阻断办法》第 7 条规定："工作机制经评估，确认有关外国法律与措施存在不当域外适用情形的，可以决定由国务院商务主管部门发布不得承认、不得执行、不得遵守有关外国法律与措施的禁令（以下简称禁令）。工作机制可以根据实际情况，决定中止或者撤销禁令。"

[⑤]《阻断办法》第 8 条规定："中国公民、法人或者其他组织可以向国务院商务主管部门申请豁免遵守禁令。申请豁免遵守禁令的，申请人应当向国务院商务主管部门提交书面申请，书面申请应当包括申请豁免的理由以及申请豁免的范围等内容。国务院商务主管部门应当自受理申请之日起 30 日内作出是否批准的决定；情况紧急时应当及时作出决定。"

要求因遵守该等外国法律而侵害其利益的当事人或者从依据该等外国法律作出的判决裁定中获益的当事人向其赔偿损失（第9条^①）；（5）对外国法律与措施不当域外适用，中国政府可以根据实际情况和需要，采取必要的反制措施（第12条^②）。

《阻断办法》的出台，主要是为了维护中国公民、法人和组织的正当权益。正如商务部相关负责人所述，"长期以来，有国家推行单边主义，除禁止本国人与有关国家间的经济往来外，还胁迫其他国家企业和个人停止与有关国家的经贸活动。这些行为违反了主权平等等国际法原则，阻碍了国际贸易和资本跨国流动，破坏了正常的国际经济秩序，受到国际社会的普遍反对"。^③《阻断办法》正是在这一背景下出台的。该办法的出台，借鉴了国外的立法经验，且不影响中方承担的国际义务^④。特别值得注意的是，《阻断办法》赋予了当事人因域外法的不当适用受到损害时的司法救济渠道（第9条），这属于一项重大突破。不过，因相关规定非常简略，考虑到《阻断办法》第2条关于适用范围的规定，该等司法救济的被告是否仅限于与其进行经贸活动的第三国（地区）主体，还是也包括中国主体，目前尚不明朗。此外，中国目前尚未发布任何禁令，亦未规定任何实施细则，《阻断办法》的实施效果亦有待进一步观察。

（二）应对疫情影响，为外贸企业纾困

为帮助受疫情影响的外贸企业纾困，降低资金成本，助力企业转内销，2020年11月2日，财政部、海关总署、税务总局发布《关于因新冠肺炎疫情不可抗力

---

① 《阻断办法》第9条规定："当事人遵守禁令范围内的外国法律与措施，侵害中国公民、法人或者其他组织合法权益的，中国公民、法人或者其他组织可以依法向人民法院提起诉讼，要求该当事人赔偿损失；但是，当事人依照本办法第八条规定获得豁免的除外。根据禁令范围内的外国法律作出的判决、裁定致使中国公民、法人或者其他组织遭受损失的，中国公民、法人或者其他组织可以依法向人民法院提起诉讼，要求在该判决、裁定中获益的当事人赔偿损失。本条第一款、第二款规定的当事人拒绝履行人民法院生效的判决、裁定的，中国公民、法人或者其他组织可以依法申请人民法院强制执行。"

② 《阻断办法》第12条规定："对外国法律与措施不当域外适用，中国政府可以根据实际情况和需要，采取必要的反制措施。"

③ 《商务部条约法律司负责人就〈阻断外国法律与措施不当域外适用办法〉答记者问》，http://www.mofcom.gov.cn/article/i/jyjl/j/202101/20210103030671.shtml，访问时间：2021年1月30日。

④ 《阻断办法》第15条规定："中华人民共和国缔结或者参加的国际条约、协定规定的外国法律与措施域外适用情形，不适用本办法。"

出口退运货物税收规定的公告》（2020 年第 41 号）①，宣布自 2020 年 1 月 1 日起至 2020 年 12 月 31 日止申报出口，因新冠肺炎疫情不可抗力原因，自出口之日起一年内原状复运进境的货物，不征收进口关税和进口环节增值税、消费税，出口时已征收出口关税的，退还出口关税。货物已办理出口退税的，按现行规定补缴已退（免）增值税、消费税税款；自 2020 年 1 月 1 日起至 2020 年 11 月 2 日止，符合条件的退运货物已征收的进口关税和进口环节增值税、消费税，依企业申请予以退还。②

（三）支持自贸区进一步发展

1.《海南方案》公布

2020 年 6 月 1 日，中共中央、国务院正式公布《海南方案》，③《海南方案》是建设海南自由贸易港的纲领性文件，其明确了海南自贸港建设的总体方案和实施步骤，也标志着海南自由贸易港建设进入全面实施阶段。从自贸港建设的阶段目标来看，《海南方案》分别以 2025 年、2035 年、21 世纪中叶为节点，最终建成具有较强国际影响力的高水平自由贸易港。

从《海南方案》的制度设计来看，该制度设计涵盖了贸易自由便利、投资自由便利、跨境资金流动自由便利、人员进出自由便利等十一个方面的内容。基于国际贸易视角，《海南方案》有如下显著的亮点值得关注：

---

① 《关于因新冠肺炎疫情不可抗力出口退运货物税收规定的公告》，载中国政府网，http://www.gov.cn/zhengce/zhengceku/2020-11/03/content_5556993.htm，访问时间：2020 年 12 月 31 日。

② 《关于因新冠肺炎疫情不可抗力出口退运货物税收规定的公告》第 1 条规定："对自 2020 年 1 月 1 日起至 2020 年 12 月 31 日申报出口，因新冠肺炎疫情不可抗力原因，自出口之日起 1 年内原状复运进境的货物，不征收进口关税和进口环节增值税、消费税，出口时已征收出口关税的，退还出口关税。"第 2 条规定："对符合第一条规定的货物，已办理出口退税的，按现行规定补缴已退（免）增值税、消费税税款。"第 4 条规定："自 2020 年 1 月 1 日起至本公告发布之日，符合第一条规定的退运货物已征收的进口关税和进口环节增值税、消费税，依企业申请予以退还。其中，未申报抵扣进口环节增值税、消费税的，应当事先取得主管税务机关出具的《因新冠肺炎疫情不可抗力出口货物退运已征增值税、消费税未抵扣证明》（见附件），向海关申请办理退还已征进口关税和进口环节增值税、消费税手续；已申报抵扣进口环节增值税、消费税的，仅向海关申请办理退还已征进口关税。进口收货人应在 2021 年 6 月 30 日前向海关办理退税手续。"

③ 《中共中央国务院印发〈海南自由贸易港建设总体方案〉》，载中国政府网，http://www.gov.cn/zhengce/2020-06/01/content_5516608.htm，访问时间：2020 年 12 月 31 日。

第一，零关税。2025 年前，《海南方案》拟在海南自由贸易港与中华人民共和国关境外其他国家和地区之间设立"一线"，在海南自由贸易港与中华人民共和国关境内的其他地区之间设立"二线"，对于通过"一线"进口的货物，制定海南自由贸易港进口征税商品目录，目录外货物进入自由贸易港免征进口关税；① 对于通过二线进口的货物，除满足特殊条件的货物外，原则上按进口规定办理相关手续，照章征收关税和进口环节税。②

第二，货物贸易和服务贸易便利化。货物贸易方面，拟建立禁止、限制进出口的货物、物品清单，清单外货物、物品自由进出，海关依法进行监管。服务贸易方面，《海南方案》实施跨境服务贸易负面清单制度，给予境外服务提供者国民待遇，并实施与跨境服务贸易配套的资金支付与转移制度。③

---

① 《海南方案》第二部分、第（一）节、第 1 条规定："'一线'放开。在海南自由贸易港与中华人民共和国关境外其他国家和地区之间设立'一线'。'一线'进（出）境环节强化安全准入（出）监管，加强口岸公共卫生安全、国门生物安全、食品安全、产品质量安全管控。在确保履行我国缔结或参加的国际条约所规定义务的前提下，制定海南自由贸易港禁止、限制进出口的货物、物品清单，清单外货物、物品自由进出，海关依法进行监管。制定海南自由贸易港进口征税商品目录，目录外货物进入自由贸易港免征进口关税。以联运提单付运的转运货物不征税、不检验。从海南自由贸易港离境的货物、物品按出口管理。实行便捷高效的海关监管，建设高标准国际贸易'单一窗口'。"

② 《海南方案》第二部分、第（一）节、第 2 条规定："'二线'管住。在海南自由贸易港与中华人民共和国关境内的其他地区（以下简称内地）之间设立'二线'。货物从海南自由贸易港进入内地，原则上按进口规定办理相关手续，照章征收关税和进口环节税。对鼓励类产业企业生产的不含进口料件或者含进口料件在海南自由贸易港加工增值超过 30%（含）的货物，经'二线'进入内地免征进口关税，照章征收进口环节增值税、消费税。行邮物品由海南自由贸易港进入内地，按规定进行监管，照章征税。对海南自由贸易港前往内地的运输工具，简化进口管理。货物、物品及运输工具由内地进入海南自由贸易港，按国内流通规定管理。内地货物经海南自由贸易港中转再运往内地无需办理报关手续，应在自由贸易港内海关监管作业场所（场地）卸载，与其他海关监管货物分开存放，并设立明显标识。场所经营企业应根据海关监管需要，向海关传输货物进出场所等信息。"

③ 《海南方案》第二部分、第（一）节、第 4 条规定："推进服务贸易自由便利。实施跨境服务贸易负面清单制度，破除跨境交付、境外消费、自然人移动等服务贸易模式下存在的各种壁垒，给予境外服务提供者国民待遇。实施与跨境服务贸易配套的资金支付与转移制度。在告知、资格要求、技术标准、透明度、监管一致性等方面，进一步规范影响服务贸易自由便利的国内规制。"

除《海南方案》外，国务院还就海南自由贸易港建设先后出台了《国务院关于在自由贸易试验区暂时调整实施有关行政法规规定的通知》（国函〔2020〕8号）[1]、《国务院关于在中国（海南）自由贸易试验区暂时调整实施有关行政法规规定的通知》（国函〔2020〕88号），[2]在营业性演出经纪机构的设立、经营增值电信业务的典型企业中外商投资的比例、外商独资设立印刷企业，自驾游游艇进境、海南自由贸易港内注册的企业经营国际客船、国际散装液体危险品船运输业务的审批、海南自贸区港口的外籍邮轮运营多点挂靠航线业务等各方面提供了更为便利和宽松的待遇。

2.《海南自贸港法（草案）》公开征求意见[3]

2021年1月4日，《海南自贸港法（草案）》开始面向社会公开征求意见。该草案共八个章节56条[4]，其最大的突破在于授权海南省人民代表大会及其常务委员会就贸易、投资及相关管理活动制定法规（以下简称自贸港法规），在海南自由贸易港范围内实施[5]。在此之前，海南作为经济特区，仅享有经济特区立法权[6]，根据《中华人民共和国立法法》（以下简称《立法法》）的规定，贸易、投资等基本制度

---

① 《国务院关于在自由贸易试验区暂时调整实施有关行政法规规定的通知》，载中国政府网，http://www.gov.cn/gongbao/content/2020/content_5477296.htm，访问时间：2020年12月31日。

② 《国务院关于在中国（海南）自由贸易试验区暂时调整实施有关行政法规规定的通知》，载中国政府网，http://www.gov.cn/zhengce/content/2020-06-28/content_5522324.htm，访问时间：2020年12月31日。

③ 《〈中华人民共和国海南自由贸易港法（草案）〉全文及说明》，载微信公众号"法之理"，2021年1月4日。。

④ 《海南自贸港法（草案）》由总则、贸易自由便利、投资自由便利、财政税收制度、生态环境保护、产业发展与人才支撑、综合措施、附则八个章节组成。

⑤ 根据《海南自贸港法（草案）》第10条的规定，海南省人民代表大会及其常务委员会可以结合海南自由贸易港建设的具体情况和实际需要，就贸易、投资及相关管理活动制定法规，在海南自由贸易港范围内实施。

⑥ 《立法法》第74条规定："经济特区所在地的省、市的人民代表大会及其常务委员会根据全国人民代表大会的授权决定，制定法规，在经济特区范围内实施。"《立法法》第90条第2款规定："经济特区法规根据授权对法律、行政法规、地方性法规作变通规定的，在本经济特区适用经济特区法规的规定。"

的立法权属于全国人大及常委会。① 该草案如获通过，② 将成为我国第一部自由贸易港法，海南省人大及其常委会的立法权范围也将在地方性法规、经济特区法规的基础上增加对贸易、投资及相关管理活动的自贸港法规制定权，此举在我国立法史上无异于一次创举，体现了国家支持建设海南自由贸易港的决心。

3.《海南自贸区司法保障意见》发布③

2021 年 1 月 15 日，最高人民法院发布《海南自贸区司法保障意见》。④ 在支持《海南方案》落实，积极配合海南自由贸易港法立法工作的基础上，《海南自贸区司法保障意见》就完善自由贸易港法治建设体系、发挥审判职能，推动构建与高水平自由贸易港相适应的政策制度体系等方面作出了详细规定。

4. 北京、湖南、安徽三个自贸区的设立

2020 年 8 月 30 日，国务院印发《国务院关于印发北京、湖南、安徽自由贸易试验区总体方案及浙江自由贸易试验区扩展区域方案的通知》，建立北京、湖南、安徽三个自贸试验区。三个自贸区分别有不同的战略和发展目标，其中，北京自贸试验区以科技创新、服务业开放、数字经济为主要特征，着力构建京津冀协同发展的高水平对外开放平台。

关于北京自贸区，2020 年 9 月 7 日，国务院印发《国务院关于深化北京市新一轮服务业扩大开放综合试点建设国家服务业扩大开放综合示范区工作方案的批复》（以下简称《批复》）⑤，同意北京市组织实施《深化北京市新一轮服务业扩大开放综合试点建设国家服务业扩大开放综合示范区工作方案》（以下简称《北京方案》）。《北京方案》规定的主要任务包括：推进在服务业重点行业领域深化改革扩

---

① 《立法法》第 8 条规定："下列事项只能制定法律：…（九）基本经济制度以及财政、海关、金融和外贸的基本制度；……"

② 《中华人民共和国海南自由贸易港法》已由中华人民共和国第十三届全国人民代表大会常务委员会第二十九次会议于 2021 年 6 月 10 日通过。

③ 《最高人民法院发布为海南自由贸易港建设提供司法服务和保障的意见》，载微信公众号"最高人民法院"，2021 年 1 月 15 日。

④ 《最高人民法院发布为海南自由贸易港建设提供司法服务和保障的意见》，载微信公众号"最高人民法院"，2021 年 1 月 15 日。

⑤ 《国务院关于深化北京市新一轮服务业扩大开放综合试点建设国家服务业扩大开放综合示范区工作方案的批复》，载中国政府网，http://www.gov.cn/zhengce/content/2020-09/07/content_5541291.htm，访问时间：2021 年 2 月 25 日。

大开放；①推动服务业扩大开放在重点园区示范发展；②形成与国际接轨的制度创新体系；③优化服务业开放发展的要素供给。④《北京方案》拟定于2030年实现贸易自由便利、投资自由便利、资金跨境流动便利、人才从业便利、运输往来便利和数据安全有序流动，基本建成与国际高标准经贸规则相衔接的服务业开放体系，服务业经济规模和国际竞争力进入世界前列。

5. 支持浙江自贸区的开放发展

2020年3月31日，国务院发布《国务院关于支持中国（浙江）自由贸易试验区油气全产业链开放发展若干措施的批复》，此次出台的措施围绕浙江自贸试验区油气产业发展需要，在引进油品贸易国际战略投资者、加快推进石化炼化产业转型升级、提升油品流通领域市场化配置能力、提升大宗商品跨境贸易金融服务与监管水平等11个领域提出了26项具体支持措施，构筑了以油气产业为特色的自贸试验区建设的蓝图。⑤这些措施对于吸引外资、推动投资便利化和贸易自由化，以及推进人民币国际化具有重要意义。

（四）支持跨境电子商务发展

2020年4月27日，国务院同意在雄安新区等46个城市和地区设立跨境电子

---

① 该项任务包括以下子项：1. 深化科技服务领域改革；2. 推进数字经济和数字贸易发展；3. 加强金融服务领域改革创新；4. 推动互联网信息服务领域扩大开放；5. 促进商贸文旅服务提质升级；6. 推动教育服务领域扩大开放；7. 提升健康医疗服务保障能力；8. 推进专业服务领域开放政策；9. 推动北京首都国际机场和北京大兴国际机场联动发展。

② 该项任务包括以下子项：10. 以中关村国家自主创新示范区为依托，打造创业投资集聚区；11. 以"一园一区"等为基础，打造数字贸易发展引领区；12. 以未来科学城、怀柔科学城为依托，推动科技成果转化服务创新发展；13. 以金融街、国家级金融科技示范区、丽泽金融商务区为主阵地，打造金融科技创新示范区；15. 以国家文化与金融示范区和国家文化产业创新试验区为依托，支持文化创新发展；16. 以通州文化旅游区为龙头，打造新型文体旅游融合发展示范区。

③ 该项任务包括以下子项：17. 促进投资贸易自由化便利化；18. 完善财税支持政策；19. 提升监管与服务水平；20. 强化知识产权保护与运用；21. 推动产业链供应链协同发展；22. 开展政策联动创新。

④ 该项任务包括以下子项：23. 推进资金跨境流动便利；24. 规范数据跨境安全有序流动；25. 提供国际人才工作生活便利；26. 完善土地支持和技术保障。

⑤《国务院关于支持中国（浙江）自由贸易试验区油气全产业链开放发展若干措施的批复》，载中国政府网，http://www.gov.cn/zhengce/content/2020-03/31/content_5497400.htm，访问时间：2020年12月31日。

商务综合试验区，① 至此，我国已设立了共 105 个跨境电子商务综合试验区。2020 年 9 月 10 日，商务部增补 15 家优秀电子商务园区为国家电子商务示范基地，其中包括厦门跨境电商产业园。② 这些新区的设立，促进了不同地区对外开放的水平。

2020 年 6 月 5 日，商务部电子商务和信息化司公布的《电子商务产业基地建设与运营规范（征求意见稿）》中将跨境电子商务交易额纳入主营企业指标体系，③ 进一步将跨境交易作为发展电子商务重要的环节。

三、典型案例

【案例 1】国际货物买卖合同纠纷（中国法院适用《联合国国际货物销售合同公约》的司法实践）④

【基本案情】

2016 年 10 月 13 日，一家西班牙公司（以下简称买方）与一家中国公司（以下简称卖方）以订单的形式达成买卖协议（以下简称合同），约定买方向卖方购买钢管产品，共分六批交货，双方未在合同中约定违约责任。

合同签订后，卖方按照约定分别向买方发出了第一批和第二批货物。在第三批货物交付期限前，卖方提出涨价，双方经协商未能达成一致，买方随后解除了合同，并就卖方未能交付的第三批至六批货物向第三方供货商进行了替代性采购。

2019 年，买方向湖南省长沙市天心区人民法院（以下简称一审法院）起诉，主张卖方构成根本违约并要求卖方赔偿买方进行替代性采购而遭受的差价损失。

一审法院支持了买方的上述请求，卖方遂向湖南省长沙市中级人民法院（以下简称二审法院）提起上诉，认为：案涉合同为双方协商一致解除，卖方无需承

---

① 《国务院关于同意在雄安新区等 46 个城市和地区设立跨境电子商务综合试验区的批复》，载中国政府网，http://www.gov.cn/zhengce/content/2020-05/06/content_5509163.htm，访问时间：2020 年 12 月 31 日。

② 《商务部关于 2020 年增补国家电子商务示范基地的通知》，载商务部网站，http://dzsws.mofcom.gov.cn/article/zcfb/202009/20200903000072.shtml，访问时间：2020 年 12 月 31 日。

③ 《公开征求〈电子商务产业基地建设与运营规范〉〈网络零售平台合规管理指南〉两项行业标准意见》，载商务部网站，http://dzsws.mofcom.gov.cn/article/zcfb/202006/20200602971348.shtml，访问时间：2020 年 12 月 31 日。

④ （2019）湘 01 民终 13881 号。

担违约责任；即便卖方构成违约，其最多也只承担第三批货物未能如期交付的违约责任；一审法院对买方损失的认定缺乏根据。二审法院驳回了卖方的上诉。

【争议焦点】

本案主要争议焦点为：1. 合同适用法；2. 卖方是否构成根本违约以及损害赔偿额的认定。

【裁判观点】

1. 合同适用法

一审法院认为，根据《联合国国际货物销售合同公约》（以下简称《公约》）第1条第1款规定，"本公约适用于营业地在不同国家的当事人之间所订立的货物销售合同"，本案为国际货物买卖合同纠纷，双方营业地分别位于西班牙和中国，两国均是《公约》缔约国，且双方未约定排除《公约》的适用，故本案适用《公约》。

二审法院认为，本案纠纷属于涉外民事关系，应适用《中华人民共和国涉外民事关系法律适用法》第41条的规定。[1] 本案中，双方没有选择合同适用法，但在诉辩过程中均援引了《公约》，根据《最高人民法院转发对外经济贸易部〈关于执行联合国国际货物销售合同公约应注意的几个问题〉的通知》（以下简称《通知》）[2]，本案应适用《公约》。又，依照2012年发布的《最高人民法院关于适用〈中华人民共和国涉外民事关系法律适用法〉若干问题的解释（一）》第4条规定，涉外民事关系的法律适用涉及适用国际条约的，人民法院应当根据《中华人民共和国民法通则》（以下简称《民法通则》）第142条第2款等法律规定予以适用。[3]

---

[1] 《中华人民共和国涉外民事关系法律适用法》第41条规定："当事人可以协议选择合同适用的法律。当事人没有选择的，适用履行义务最能体现该合同特征的一方当事人经常居所地法律或者其他与该合同有最密切联系的法律。"

[2] 《通知》第1条规定，"自1988年1月1日起我各公司与上述国家（匈牙利除外）的公司达成的货物买卖合同如不另做法律选择，则合同规定事项将自动适用公约的有关规定，发生纠纷或诉讼亦得依据公约处理"。

[3] 2012年发布的《最高人民法院关于适用〈中华人民共和国涉外民事关系法律适用法〉若干问题的解释（一）》第4条规定："涉外民事关系的法律适用涉及适用国际条约的，人民法院应当根据《中华人民共和国民法通则》第一百四十二条第二款以及《中华人民共和国票据法》第九十五条第一款、《中华人民共和国海商法》第二百六十八条第一款、《中华人民共和国民用航空法》第一百八十四条第一款等法律规定予以适用，但知识产权领域的国际条约已经转化或者需要转化为国内法律的除外。"《民法通则》第142条规定："涉外民事关系的法律适用，依照本章的规定确定。中华人民共和国缔结或者参加的国际条约同中华人民共和国的民事法律有不同规定的，适用国际条约的规定，但中华人民共和国声明保留的条款除外。中华人民共和国法律和中华人民共和国缔结或者参加的国际条约没有规定的，可以适用国际惯例。"

故，本案应当适用《公约》。

2.卖方是否构成根本违约以及损害赔偿额的认定

二审法院认定，根据《公约》第73条第1、3款的规定①，卖方不履行第三批货物的交付义务，构成根本违约，买方有权宣告合同对该批货物无效，并同时宣告合同对已交付的或今后交付的各批货物均为无效。

又，根据《公约》第74条②及第75条的规定③，在合同被宣告无效后的合理时间内，买方以合理方式购买替代货物，有权取得合同价格和替代货物交易价格之间的差额损失赔偿，且，该损害赔偿并未超过卖方在订立合同时，依照他当时已知道或理应知道的事实和情况，对违反合同预料到或理应预料到的可能损失。故，卖方应当就买方购买替代货物价格及合同价格之间的差额承担偿付责任。

【纠纷观察】

《公约》作为国际货物贸易领域的统一规则，在跨国商事交易中的作用愈加显著。本案中，一审法院和二审法院均以《公约》作为合同适用法，并依据《公约》相关规定对根本违约的构成问题以及违约方所应承担的损害赔偿额问题进行了认定，体现了我国法院近年来在适用《公约》方面取得的长足进展。

值得注意的是，本案中虽然两审法院均适用了《公约》，但是一审法院是基于《公约》第1条第1款的适用条款规定，直接确定《公约》为适用法；二审法院则援引《中华人民共和国涉外民事关系法律适用法》《通知》《民法通则》等一系列冲突法规则作为说理路径，最终认定合同应适用《公约》。

通过对本案中两审法院判决的对比以及其他公开案例的梳理，不难发现，在

---

① 《公约》第73条第1款规定："对于分批交付货物的合同，如果一方当事人不履行对任何一批货物的义务，便对该批货物构成根本违反合同，则另一方当事人可以宣告合同对该批货物无效。"《公约》第73条第3款规定："买方宣告合同对任何一批货物的交付为无效时，可以同时宣告合同对已交付的或今后交付的各批货物均为无效，如果各批货物是互相依存的，不能单独用于双方当事人在订立合同时所设想的目的。"

② 《公约》第74条规定："一方当事人违反合同应负的损害赔偿额，应与另一方当事人因他违反合同而遭受的包括利润在内的损失额相等。这种损害赔偿不得超过违反合同一方在订立合同时，依照他当时已知道或理应知道的事实和情况，对违反合同预料到或理应预料到的可能损失。"

③ 《公约》第75条规定："如果合同被宣告无效，而在宣告无效后一段合理时间内，买方已以合理方式购买替代货物，或者卖方已以合理方式把货物转卖，则要求损害赔偿的一方可以取得合同价格和替代货物交易价格之间的差额以及按照第七十四条规定可以取得的任何其他损害赔偿。"

司法实践中，我国法院和仲裁庭对《公约》适用的裁判说理存在一定程度的路径混乱，缺乏统一。[①] 但这也并非中国司法实践中的独有现象。

各缔约国法院适用《公约》的说理路径也不尽统一，[②] 而在国际商事仲裁中，关于仲裁庭是否应适用《公约》以及如何适用《公约》，大家更是莫衷一是。其中，大多数学者认为，除非当事人已有明确的合意要求适用《公约》，那么仲裁庭并无主动适用《公约》的义务；而即便仲裁庭决定适用《公约》，也采取了基于《公约》直接适用、基于当事人意思自治原则适用、基于其他私法冲突规则适用等三种截然不同的路径。[③] 这在很大程度上增加了国际贸易的法律障碍，对推动国际商事活动的开展产生了一定的不利影响。随着《公约》缔约国的不断增长、《公约》在跨境交易中被愈加频繁的适用，不管是从国际层面还是国内层面来说，都亟需建立统一的《公约》适用机制。

【案例2】独立保函纠纷案（从独立保函本质出发，平衡各方利益，判断涉案保函的独立性）[④]

【基本案情】

2017年9月18日，交通银行股份有限公司某市分行（以下简称交通银行）就上海浦星贸易有限公司（以下简称浦星公司）与保乐公司2017年7月1日签订的《分销协议》项下货款出具保函。交通银行承诺，就上述货款在收到保乐公司索赔文件后，在人民币60,000,000元范围内无条件向保乐公司支付索赔金额。保乐公司根据《分销协议》约定供应货物，并经浦星公司检验签收，但浦星公司未能按时支付货款。

2018年5月4日，保乐公司根据案涉保函约定，向交通银行提交索赔文件，要求交通银行履行保函项下义务，支付浦星公司应付欠付货款60,000,000元。

---

① 贺辉：《我国法院适用CISG的问题、成因及改进》，载中国法学网，http://www.iolaw.org.cn/showNews.aspx?id=70975，访问时间：2021年1月21日；韩世远：《CISG在中国国际商事仲裁中的适用》，载中国法学杂志社网站，http://clsjp.chinalaw.org.cn/portal/article/index/id/8262.html，http://www.iolaw.org.cn/showNews.aspx?id=70975，访问时间：2021年1月21日。

② 贺辉：《我国法院适用CISG的问题、成因及改进》，载中国法学网，http://www.iolaw.org.cn/showNews.aspx?id=70975，访问时间：2021年1月21日。

③ 《如何在仲裁案件中适用〈联合国国际货物销售合同公约〉（CISG）》，载微信公众号"环中商事仲裁"，2020年12月2日。

④ （2019）沪民终107号。

交通银行认为案涉保函不具备独立性，其与《分销协议》休戚相关，内容明显受制于《分销协议》。比如，涉案保函载明："未经我行书面同意，贵方与受益人修改合同或其行下附件时，我行的保证义务解除。"本案中，保乐公司未征得交通银行书面同意，对《分销协议》附件所约定的产品目录和价格信息进行了删除、增加或修订，故交通银行在保函项下的保证责任解除。此外，保乐公司提出索赔时仅提供了订单及出仓单，未满足保函记载的索赔文件要求，交通银行有理由拒付。

保乐公司索赔未果，遂诉至法院，要求交通银行支付相应款项及利息。一审法院支持了保乐公司的诉讼请求，二审法院裁定维持原判。

【争议焦点】

本案主要争议焦点是：涉案保函是否构成独立保函。

【裁判观点】

对于保函性质的识别，应综合考察保函条款内容的实质性，探究当事人真意。涉案保函载明了据以付款的单据和最高金额，并系交通银行作为开立人采用书面形式向受益人保乐公司出具的，同意在保乐公司请求付款并提交符合保函要求的单据时，在保函最高金额内向保乐公司支付款项的承诺。交通银行的付款义务、条件、金额、保函有效期限均独立于基础交易关系及保函申请法律关系，故案涉保函性质为独立保函。

关于《分销协议》附件中产品目录和价格信息的删除、增加和修订，是否能够免除交通银行在涉案保函项下付款责任的问题，二审法院认为：第一，《分销协议》是一份框架性协议，保乐公司有权对每次具体交易的产品进行删除或增加、价格修订或数量调整，该行为并非对作为框架性协议的《分销协议》本身进行修改或变更。第二，即便当事双方对何为"修改合同或其项下附件"存在不同理解，因涉案保函系交通银行出具的格式合同，作为专业金融机构，其对保函文本及据以开立保函的贸易文件应当具备专业的认知和审核能力，勤勉并审慎地审查相关文件后缮制独立保函条款是交通银行的义务。保乐公司对独立保函记载的信赖利益应当受到法律保护。

关于保乐公司索赔时提交的九份出仓单是否满足"货运单据副本一套"之保函索赔条件的问题，法院认为：在认定是否构成表面相符时，应当根据独立保函载明的审单标准进行审查，单据与独立保函条款之间、单据与单据之间表面上不完全一致，但并不导致相互之间产生歧义的，人民法院应当认定构成表面相符。

【纠纷观察】

独立保函具有交易担保、资信确认、融资支持等重要功能，已经成为中国企业"走出去"和"一带一路"建设过程中必不可少的常见金融担保工具。独立性是独立保函的核心价值。在实务中，案涉保函是否能认定为独立保函，一直是关于独立保函的案件争议焦点。

《最高人民法院关于审理独立保函纠纷案件若干问题的规定》（以下简称《独立保函司法解释》）第3条规定了保函性质为独立保函的条件。但是，本案的涉案保函，一方面具备了该规定的条件，另一方面又显示出与基础合同休戚相关的关系。

本案法院在对涉案保函性质进行识别时，在严格依照《独立保函司法解释》的基础上，还综合考察了保函条款内容的实质性，并探究当事人真实意思表示。尤其是对于涉案保函当事人有分歧理解的具体条款，法院认为，银行作为专业的金融机构，应当承担勤勉审慎的审查义务，而开立人和受益人对独立保函记载的信赖利益应当受到法律保护。这体现出，法院在判断涉案保函的性质时，既要考虑保函本质，也要平衡各方利益和风险。

在独立保函业务不断发展的背景下，充分尊重《见索即付保函统一规则》（URDG758）等国际金融惯例，有助于保障独立保函功能，减少滥用司法救济的可能性，规范保函止付案件的处理，避免不当止付案件，促进国际贸易发展。

【案例3】出口信用保险合同纠纷（在跨保单年度内，对一个特定的买方而言，被保险人只有一个固定的信用限额）[①]

【基本案情】

2017年5月4日，A塑胶科技有限公司（以下简称A公司）与B保险公司广东分公司（以下简称B公司）签署了一份《保险单明细表》（以下简称2017年保单），保单有效期自2017年4月27日至2018年4月26日。

2017年5月19日，A公司向B公司提交《信用限额申请表》，以C公司为买方向B公司申请140,000美元的信用限额。同日，B公司向A公司出具《信用限额审批单》，同意了A公司申请的信用额度。

2018年6月27日，A公司和B公司续签了2018年保单，保单有效期自2018年5月20日至2019年5月19日。

---

① 北京仲裁委员会／北京国际仲裁中心（BAC/BIAC）2020年裁决案例。

在两份保单有效期内，C 公司拖欠了 A 公司三笔出口货物的货款（发票金额共计 190,300 美元），其中两笔发生在 2017 年保单有效期内，一笔发生在 2018 年保单的有效期内。2018 年 10 月 15 日，A 公司就此三笔货款向 B 公司索赔。

随后，A 公司就其中一笔货款提出仲裁，仲裁庭裁决 B 公司向 A 公司支付保险赔偿金 108,990 美元。B 公司履行了裁决。

随后，就另外两笔货款，双方对赔付金额产生争议。B 公司主张，因其已向 A 公司支付 108,990 美元赔偿金，为不超出此前批复的 140,000 美元的信用限额，此两笔货款只能赔付 A 公司 13,230 美元。A 公司则认为，2017 年保单与 2018 年保单系两份互相独立的保单，有两个独立的信用限额，因此 B 公司应当全额支付保险赔偿金 62,280 美元。经审理，仲裁庭支持了 B 公司的主张。

【争议焦点】

本案主要争议焦点在于：出口信用保险中，在两个保单年度内，对一个特定的买方而言，被保险人是否只有一个固定的信用限额。

【裁判观点】

本案仲裁庭认为，虽然双方之间存在两份保险合同，涉及两个保单年度，但是对一个特定的买方而言，被保险人只存在一个信用限额，原因如下：

第一，合同对于信用保险限额的唯一性已经作出明确约定。本案项下，A 公司除了在 2017 年 5 月 19 日提交过《信用限额申请表》以外，未再向 B 公司就 C 公司申请过信用限额，B 公司也未再向 A 公司批复过任何信用限额。根据两份保单和保险条款的约定，此信用限额是 B 公司承担赔偿责任的最高赔偿限额，且具有唯一性。

第二，2018 年的保单限额情况显示，限额生效期限是从 2017 年 5 月 19 日起算，这说明针对同一买方，信用限额具有延续性，否则，针对 C 公司的信用限额应该从 2018 年 5 月 20 日生效。

【纠纷观察】

出口信用保险是国家为了推动出口贸易，保障出口企业的收汇安全而制定的一项政策性保险业务，其产生背景和操作流程均有别于商业保险。

被保险人能够获得的赔偿受到信用限额的约束。被保险人事先取得特定买方的信用限额是保险公司承担保险责任开始的必要条件。信用限额申请是被保险人的义务，只有在保险人的批复不为零的情况下，保险人才承担保险责任。在保险人批复的信用限额批复为零的情况下，被保险人仍然出口，保险公司将不承担保险责任。

对一般财产保险而言，不同保单下的保险金额是独立的。但是，出口信用保险有其独特性。出口信用保险承保的是出口企业应收货款不能收回的风险，其风险的核心在于特定买方的资信状况。特定买方的资产和信用的恶化，极可能会引发一系列的保险事故。换言之，对于出口信用保险合同而言，不同保险期间的保险事故，有很大的概率是相关的，甚至是有因果关系的。

也正因如此，在实践中，信用保险的保单和保险条款通常都会约定，信用限额是指保险人对被保险人向某一买方出口或在某一开证行开立的信用证项下的出口可能承担赔偿责任的最高限额，且该限额具有唯一性。即，在跨保单年度内，对一个特定的买方而言，被保险人只有一个固定的信用限额。

本案的裁决对该商业惯例予以认可，有利于维护出口信用保险的稳定和发展。

【案例4】国际货物运输纠纷（我国法院首次认定铁路提单的持有人享有提单项下货物的所有权）①

【基本案情】

2019年2月28日，某中外运物流有限公司（以下简称中外运公司）作为货运代理人、英飒（重庆）贸易有限公司（以下简称英飒公司）作为进口商、重庆物流金融服务股份有限公司（以下简称金融公司）作为担保方共同签订《合作协议》，约定由中外运公司从境外接收、运输和保管进口车辆两辆，并约定合同项下的铁路提单是由货运代理人签发的、无争议地排他性提取货物的提货凭证。合同签订后，中外运公司依约在境外接收进口车辆并签发了铁路提单。该提单载明，托运人和通知人为英飒公司，指示人为金融公司。

2019年6月24日，英飒公司作为卖方、孚骐公司作为买方，签订了《销售合同》，约定英飒公司交付车辆对应的铁路提单视为完成合同车辆的交付。合同签订后，英飒公司向孚骐公司交付了铁路提单。

2019年6月26日，孚骐公司向中外运公司出示正本铁路提单，但中外运公司拒绝向孚骐公司交付提单项下车辆。

随后，孚骐公司向重庆自由贸易试验区人民法院（以下简称重庆法院）提起诉讼，要求确认孚骐公司享有铁路提单项下车辆所有权，并要求中外运公司向孚骐公司进行交付。重庆法院支持了孚骐公司的上述诉讼请求。

---

① （2019）渝0192民初10868号。

【争议焦点】

本案主要争议焦点为：孚骐公司持铁路提单是否有权提取案涉车辆。

【裁判观点】

重庆法院认定，首先，《合作协议》明确约定铁路提单为无争议地、排他性提取货物的提货凭证，明确了铁路提单与提货请求权的对应关系；其次，《合作协议》及铁路提单本身表明铁路提单具有可转让性，① 即，提货请求权可以转让；最后，铁路提单载明"提取货物时应交出经背书的一份正本提单"，使得不特定的提单持有人明确知晓交付货物的方式以及铁路提单签发人的承诺。因此，铁路提单签发人实质上通过协议及铁路提单作出了向不特定的铁路提单持有人交付货物的承诺。

又，本案中，英飒公司取得了经金融公司背书的铁路提单，为案涉车辆的所有权人，对于中外运公司享有返还原物请求权，其通过交付铁路提单的形式将返还原物请求权转让给了孚骐公司，符合《中华人民共和国物权法》的相关规定。② 另，孚骐公司作为铁路提单持有人出示的铁路提单之背书与该单证所记载的要求亦没有明显不符。

综上，重庆法院认定，孚骐公司因受领铁路提单而取得了该提单项下车辆的所有权，有权要求中外运公司交付案涉车辆。

【纠纷观察】

本案系全国首例涉及铁路提单纠纷案件，重庆法院在本案中认定铁路提单具有物权凭证性质，受到了国内外的广泛关注。

一直以来，在国际铁路货物运输中，仅存在"铁路运单"的概念。根据《国际铁路货物联运协定》和《国际铁路货物运输公约》的规定，③ 铁路运单只是托运人与承运人缔结铁路运输合同的凭证，并不具有像海运提单一样的物权凭证属性，不能实现货物与物权的分离，从而也无法满足市场主体进行在途运输货物转卖、通过在途货物进行融资等需求。

---

① 《合作协议》第 1 条关于"货运代理人"的定义中载明"保证向铁路提单持有人交付货物"，说明各方在协议中将交付货物的对象界定为"铁路提单持有人"而并未限定于合同相对方。铁路提单本身也载明："接受本提单者兹明白表示接受并同意本提单及背面所载一切印刷、书写或打印的规定、免责事项条件。"

② 《中华人民共和国物权法》第 26 条规定："动产物权设立和转让前，第三人依法占有该动产的，负有交付义务的人可以通过转让请求第三人返还原物的权利代替交付。"

③ 《国际铁路货物联运协定》第 14 条第 3 款规定："运单为缔结运输合同的凭证。"《国际铁路货物运输公约》第 8 条第 3 款规定："加盖戳记后的运单应为运输合同的证明。"

自"一带一路"的倡议实施以来，国际铁路运输在我国对外贸易中的作用更加显著，铁路运单的局限性也日益凸显，迫切需要一场单证改革，实现从"实物交易"向"单证交易"的转型升级。2019 年 8 月，国家发展和改革委员会正式提出了"铁路提单"概念，[①] 重庆法院的判决结果，无疑是在新形势下对铁路提单物权化及其创造性交易模式的一次探索。

与此同时，我们也应当意识到，铁路提单距离成为真正的物权凭证，还有很大的距离。一方面，针对货物运输产生的物权流转问题，尤其是动产物权的转让问题，新实施的《中华人民共和国民法典》（以下简称《民法典》）并未进行详细规定，无法可依；另一方面，目前在国际铁路货物运输领域具有强制适用性的《国际铁路货物联运协定》和《国际铁路货物运输公约》仍为"铁路运单"规则，"铁路提单"在国际贸易实践中也仅在小范围内得到了推广和应用。铁路提单制度的规则化和国际化，无疑还亟需国内法与国际法的调整和统一。

四、热点问题研究

（一）新冠疫情对国际贸易合同履行的影响

2020 年，新型冠状病毒疫情在世界各地陆续暴发，为遏制疫情蔓延，各国政府纷纷采取严格的检疫和封锁措施，全球航班骤减、部分港口关闭，当事人在国际贸易合同履行方面也遭受严重阻碍，而当事人是否可以新冠疫情构成不可抗力而主张免责或解除国际贸易合同的问题引起广泛关注。

为帮助企业最大限度减轻因疫情造成不能履行合同的责任，2020 年 2 月 6 日，中国国际贸易促进委员会开始免费为因疫情而无法履行其国际合同义务的国内公司提供不可抗力证书。[②] 然而，也不乏国外企业拒绝接受该等不可抗力主张的情况。2020 年 2 月 7 日，荷兰皇家壳牌有限公司与法国道达尔公司声明拒绝接受其液化天然气买家中国海洋石油总公司的不可抗力通知。这是自新冠肺炎疫情暴发以来，

---

① 国家发改委在《西部陆海新通道总体规划》（发改基础〔2019〕1333 号）第 5 条第 3 款中正式提出了"铁路提单"概念，指出"以铁路为重点建立健全内外贸多式联运单证标准，优化国际多式联运单证的陆上使用环境，推动并完善国际铁路提单融资工程，使其在国际贸易中更好发挥作用"。

② 《战"疫"关头，同舟共济——中国贸促会新冠疫情相关不可抗力事实性证明今起免费办理》，载中国国际贸易促进委员会网站，http://www.ccpit.org/Contents/Channel_4324/2020/0207/1240498/content_1240498.htm，访问时间：2021 年 1 月 26 日。

首家国际级供应商反对买家以不可抗力为由主张解除合同的案例。[①]

"不可抗力"起源于罗马法，其通常是指人类"不能预见、不可避免、无法克服"的客观事实，具体而言不可抗力有三种形式——"自然灾害""政府行为"以及"社会异常事件"。[②]《民法典》采用上述定义，同时明确规定"因不可抗力不能履行民事义务的，不承担民事责任"。[③]《公约》第79条第1款也有相关规定。[④]虽然各国法律均包含类似不可抗力使得合同一方或双方免除或减轻责任的制度，但不同司法辖区对不可抗力的认定及其救济方面的规定却不同。不可抗力在多数大陆法系国家属于法定免责事由且含义基本大同小异，但普通法系适用不可抗力则需要合同明确约定，否则只能适用合同落空或合同受阻理论（frustration），[⑤] 即突发事件需要导致合同实质上不能履行的结果。鉴于新冠疫情是国际卫生组织认定的"国际公共卫生突发事件"，[⑥] 且具有"不能预见、不可避免、无法克服"的特征，业界普遍认为此次疫情属于"不可抗力"事件。[⑦]

---

① 黄阳阳、谢媛：《不可抗力证明在国际贸易纠纷中的适用》，载搜狐网，https://www.sohu.com/a/372293546_120054912，访问时间：2021年1月28日。

② 王雪华《疫情之下的国际贸易合同履行》，载中国贸易救济信息网，http://cacs.mofcom.gov.cn/article/flfwpt/jyjdy/zjdy/202002/162601.html，访问时间：2021年1月28日。

③ 《中华人民共和国民法典》第180条规定："因不可抗力不能履行民事义务的，不承担民事责任。法律另有规定的，依照其规定。不可抗力是不能预见、不能避免且不能克服的客观情况。"

④ 《公约》第79条第1款规定："当事人对不履行义务，不负责任，如果他能证明此种不履行义务，是由于某种非他所能控制的障碍，而且对于这种障碍，没有理由预期他在订立合同时能考虑到或能避免或克服它或它的后果。"

⑤ 龚柏华：《国际商事合同不可抗力条款对"新冠肺炎疫情"适用法律分析》，载上海市法学会网站，https://www.sls.org.cn/levelThreePage.html?id=11441，访问时间：2021年1月28日。

⑥ 世界卫生组织："Statement on the second meeting of the International Health Regulations（2005）Emergency Committee regarding the outbreak of novel coronavirus（2019-nCoV）"，https://www.who.int/news-room/detail/30-01-2020-statement-on-the-second-meeting-of-the-international-health-regulations-（2005）-emergency-committee-regarding-the-outbreak-of-novel-coronavirus-（2019-ncov），访问时间：2021年1月29日。

⑦ 例如，国际商会发布的《不可抗力及艰难情形条款2020》及相关指导文件认为，新冠疫情应属于"推定不可抗力事件"；《最高人民法院关于依法妥善审理涉新冠肺炎疫情民事案件若干问题的指导意见（一）》（法发〔2020〕12号）第3条规定，"疫情或者疫情防控措施直接导致合同不能履行的，依法适用不可抗力的规定"；中国国际贸易促进委员会商事法律服务中心发布的《"新冠病毒"疫情下外贸企业适用不可抗力和情势变更制度法律指南》第一部分总结了国际条约和部分国家法律中关于不可抗力的有关规定，认为新冠疫情可被认定为"不可抗力事实"，并为企业出具不可抗力证明书。参见 http://aaa.ccpit.org/Category7/Asset/2020/Feb/18/onlineeditimages/file71582028983203.pdf，访问时间：2021年1月28日。

对于新冠疫情是否构成国际贸易合同下的不可抗力免责事由，学术界普遍有以下观点：

其一，合同中对"不可抗力"的具体约定更有利于当事人就疫情事件提出不可抗力的抗辩。国际货物买卖双方通常会在贸易合同项下根据具体情况和需求特别拟定"不可抗力条款"。若发生纠纷，无论适用哪国法律，认定不可抗力免责的标准如何，法院或仲裁庭都会根据当事人的意思自治原则，优先适用合同约定。

其二，疫情本身通常不构成免责事由，还需要证明疫情与无法履约之间的因果关系。《最高人民法院关于依法妥善审理涉新冠肺炎疫情民事案件若干问题的指导意见（一）》中规定，人民法院审理涉疫民事案件，要准确适用不可抗力的具体规定，"准确把握疫情或者疫情防控措施与合同不能履行之间的因果关系和原因力大小"。另外，如上文所述，普通法系对"合同落空"的认定标准与《民法典》规定的"因不可抗力致使不能实现合同目的"之法定解除权比较接近，[①] 适用标准也比较严格，因此官方机构出具的关于疫情的不可抗力证明只能成为参考性文件而非证据，[②] 企业如果希望依赖该证明书减免合同义务，还需提供更多事实证据来证明相关防疫措施与自身无法履行合同之间的因果关系。[③]

其三，提出不可抗力抗辩的一方应及时履行通知及减损的义务。《民法典》第590 条规定，"当事人一方因不可抗力不能履行合同的，应当及时通知对方，以减轻可能给对方造成的损失，并应当在合理期限内提供证明"。《公约》第 79 条第 4 款亦有相关规定。[④] 此外，大多数贸易合同项下的不可抗力条款都会包含通知和减损义务，并且通常会明确具体时限，对此更应特别注意。在我国司法实践中，若遭遇不可抗力的一方未能充分履行通知义务，即便其遭遇不可抗力的情况属实，

---

① 叶渌：《不可抗力与合同履行因果关系探讨》，载中国律师网，http://www.acla.org.cn/article/page/detailById/31414，访问时间：2021 年 1 月 28 日。

② 黄阳阳、谢媛：《不可抗力证明在国际贸易纠纷中的适用》，载微信公众号"知识产权那点事"，2020 年 2 月 11 日。

③ 王广巍、张柯炜：《浅析新型冠状病毒疫情对国际贸易合同履行的影响》，载中伦律师事务所网站，http://www.zhonglun.com/Content/2020/02-28/2003584098.html，访问时间：2021 年 1 月 28 日。

④ 《公约》第 79 条第 4 款规定："不履行义务的一方必须将障碍及其对他履行义务能力的影响通知另一方。如果该项通知在不履行义务的一方已知道或理应知道此障碍后一段合理时间内仍未为另一方收到，则他对由于另一方未收到通知而造成的损害应负赔偿责任。"

亦不能免除责任。①

值得注意的是，疫情最初暴发时，国际贸易合同下的中方当事人曾纷纷主张不可抗力的抗辩。但随着疫情迅速席卷全球，贸易合同履行受阻逐渐常态化，各国企业则更倾向于通过友好协商的方式，共同解决因疫情导致的合同履行障碍。

（二）RCEP

2020 年 11 月 15 日，历经 8 年磋商、31 轮正式谈判，15 国成员最终签署 RCEP，除中国外，签署国还包括东盟十国、日本、韩国、澳大利亚和新西兰。②RCEP 覆盖了全球近 30% 的人口和经济体量，是世界经贸规模与范围最大的区域自由贸易协定③。

RCEP 由序言、二十章节以及四个市场准入承诺表附件组成，除了涉及传统的降低贸易壁垒以外，协定还涵盖服务贸易、投资准入、市场竞争等更高开放水平的要求，并覆盖卫生措施、电子商务、经济技术合作等新领域内容，充分讨论了区域经济发展和合作可能涉及的多方面议题，对推进亚太地区经济一体化建设具有重要意义。

总体而言，RCEP 包含以下重要内容：

货物贸易方面，确定原产地规则，要求缔约国建立统一海关程序、技术标准等规则，深入推进货物贸易自由化。根据 RCEP 第二章（货物贸易）及附件一（关税承诺表），协定生效后，RCEP 区域内 90% 以上的货物贸易将在十年内最终实现零关税，使 RCEP 自贸区有望在较短时间兑现所有货物贸易自由化承诺。同时实现了中日双边关税减让的历史性突破。④

服务贸易方面，RCEP 第八章约定，日本、韩国、澳大利亚、新加坡、文莱、马来西亚、印尼等七个成员国采用负面清单方式承诺，中国等其余八个成员国采用正面清单承诺，并将于协定生效后六年内转化为负面清单提供市场准入承诺。

---

① 例如，胡某与海南颐康温泉海景大酒店有限公司旅店服务合同纠纷民事二审判决书，裁判文书号：（2016）琼 01 民终 803 号。海口市中级人民法院指出，"颐康酒店在履行通知义务上存在不足，不能因不可抗力全部免责，应承担与其违约行为相适应的赔偿责任"。

② 东盟十国为：印度尼西亚、泰国、马来西亚、新加坡、越南、缅甸、柬埔寨、菲律宾、文莱、老挝。印度于 2019 年宣布退出 RCEP 谈判。

③ 《商务部国际司负责人解读〈区域全面经济伙伴关系协定〉》，载商务部网站，http://www.mofcom.gov.cn/article/i/jyjl/j/202011/20201103016301.shtml，访问时间：2021 年 1 月 28 日。

④ 冯晓鹏等：《RCEP 为跨境电带来了哪些机遇》，载 LEXOLOGY 网，https://www.lexology.com/library/detail.aspx?g=132eaa45-1483-4735-a432-09697bff2fb3，访问时间：2021 年 1 月 28 日。

另外，RCEP 第八章第 16 条则鼓励各缔约国就专业服务提供者的教育、经验、资质等方面制定互相接受的专业标准和准则。

贸易救济措施方面，RCEP 第七章（贸易救济）包含"保障措施"和"反倾销和反补贴税"两部分内容。在保障措施方面，RCEP 第七章第一节第 2 条在重申 WTO《保障措施协定》基础上，设立过渡性保障措施制度；第 7 条则对缔约方因履行该协定降低关税而遭受损害的情况提供救济；在反倾销和反补贴调查方面，第七章第二节对书面信息、通报磋商、裁定公告和说明等具体实践进行统一，有利于提升贸易救济调查的透明度和正当程序。[1]

而在争端解决机制方面，RCEP 第十九章（争端解决）规定的争端解决机制在很大程度上借鉴了 WTO 的机制，并试图与之相衔接。首先，两者都规定了磋商程序、专家组程序和执行程序。其次，两者都允许争端各方在任何时候同意自愿采取争端解决的替代方式，如斡旋、调解或调停。同时，RCEP 下的争端解决机制对 WTO 机制做了诸多修改，更加重视解决争端的效率。特别值得关注的是，RCEP 取消了上诉机构和程序。RCEP 第十九章第 15 条规定："专家组的裁定和决定应当是终局的，并且对争端各方具有约束力。"不过，根据 RCEP 第十九章第 16 条第 1 款规定，如果争端各方对专家组的最终报告存在异议，则可以重新召集专家组（在 RCEP 项下称为"执行审查专家组"）解决争端。[2]

分析普遍认为，RCEP 将推动亚太区域实现贸易、投资便利化，为区域经济复苏提供有力支撑，更加开放的格局也将逐渐推动企业提升综合竞争力，优化重构整体产业链、价值链。[3]更重要的是，RCEP 的施行也有利于提升区域内法律制度、贸易规则等机制的整体水平，将对缔约国之间的合作产生深远的战略意义。[4]

但根据 RCEP 第二十章的规定，该协定至少需要经六个东盟成员国与三个东盟自由贸易协定伙伴的批准后方可生效。而 RCEP 的落实也将面临诸多挑战，如区域内主要结算货币较难确定、部分规则较《全面与进步跨太平洋伙伴关系协定》

---

[1] 《商务部国际司负责人解读〈区域全面经济伙伴关系协定〉》，载商务部网站，http://www.mofcom.gov.cn/article/i/jyjl/j/202011/20201103016301.shtml，访问时间：2021 年 1 月 28 日。

[2] 《区域全面经济伙伴关系协定（RCEP）下发生投资争议应当如何解决》，载微信公众号"环中投资仲裁"，2021 年 1 月 19 日。

[3] 《RCEP 协定下，企业如何更好利用 FTA？》，载商务部网站，http://cacs.mofcom.gov.cn/article/flfwpt/jyjdy/cgal/202101/167674.html，访问时间：2021 年 2 月 24 日。

[4] 《RCEP 成果和战略意义的 6 点深度解读》，载斐知新闻社，http://canfey.com/13708.html，访问时间：2021 年 1 月 28 日。

（以下简称 CPTPP）的约束力更弱等问题仍待解决。^①因此，有关 RCEP 对中国国际贸易的实际影响，还有待进一步观察。但无论如何，RCEP 的签署，在如今单边主义、贸易保护主义盛行的背景下，对于促进区域贸易、投资自由化和便利化，仍然有着极为重要的意义。

（三）中美经贸关系前景仍不明朗

美国东部时间 2020 年 1 月 15 日，中美双方共同签署了《中华人民共和国政府和美利坚合众国政府经济贸易协议》（以下简称《中美经贸协议》），意图缓解中美两国间贸易摩擦。^②

但在 2020 年 1 月末，随着新冠肺炎疫情暴发并迅速席卷全球，美国国内经济严重衰退，美国股市大跌，经历了至少四次熔断，^③失业率屡创历史新高。^④美国政府对华经贸政策也发生重大改变，开始进一步打压中国的高科技企业。具体表现为：以国家安全为由，颁布针对华为产品的贸易和出口禁令，限制、封锁华为获得美方软件、硬件的产品供应；^⑤反对微软与字节跳动关于 TikTok 在美业务的收购项目；^⑥2020 年期间先后将近 80 个中国企业和机构列入"实体清单"，限制美国企业对清单内实体供货（尤其针对半导体产品所需商品）^⑦等。

在此背景下，中美经贸形势更为严峻，但《中美经贸协议》仍在逐步执行。

---

① 倪建林、吴安琪：《RCEP 投资规则简析——兼评与 CPTPP 和〈外商投资法〉之比较》，载微信公众号"国际投融资与贸易"，2020 年 12 月 21 日。

② 《中华人民共和国政府和美利坚合众国政府经济贸易协议》，载中国政府网，http://www.gov.cn/xinwen/2020-01/16/5469650/files/0637e57d99ea4f968454206af8782dd7.pdf，访问时间：2021 年 2 月 22 日。

③ 《美股十天四度熔断：华尔街嫌刺激力度不够，美国经济陷入衰退》，载凤凰网，https://finance.ifeng.com/c/7uxgO31gnWT，访问时间：2021 年 1 月 28 日。

④ 《四月美国失业率 14.7% 有记录以来历史最高》，载搜狐网，https://www.sohu.com/a/393927696_774503，访问时间：2021 年 1 月 28 日。

⑤ "Commerce Address Huawei's Efforts to Undermine Entity List, Restricts Products Designed and Produced with U.S. Technologies"，载美国商务部网站，https://www.commerce.gov/news/press-releases/2020/05/commerce-addresses-huaweis-efforts-undermine-entity-list-restricts，访问时间：2020 年 12 月 30 日。

⑥ 《美媒：因特朗普反对，微软暂停收购 TikTok 美国业务谈判》，载中国新闻网，https://www.chinanews.com/gj/2020/08-02/9254314.shtml，访问时间：2020 年 12 月 30 日。

⑦ Covington: "Commerce Department Adds 77 Companies and Individuals to the Entity List, Many in China, and Issues Huawei FAQs"，https://www.cov.com/en/news-and-insights/insights/2020/12/commerce-department-adds-77-companies-and-individuals-to-the-entity-list-many-in-china-and-issues-huawei-faqs，访问时间：2021 年 1 月 29 日。

具体而言，协议第六章（扩大贸易）中，中国承诺于 2020 年和 2021 年两年内，在 2017 年的基数上，增购至少 2000 亿美元的美国特定商品和服务。关于本条的执行情况，官方尚未公布具体数据，但中美两国曾在 2020 年 8 月 25 日的会谈中，表示将继续推动《中美经贸协议》的落实，因为疫情之下亟需稳定中美经贸关系，而推进协议的意义已经远远大于协议落实本身。[①] 另，中国海关总署也曾表示，虽受疫情阻碍，2020 年上半年，中国自美进口降幅却低于整体进口降幅 1.8%，中国仍然信守承诺，正在逐步落实协议内容[②]。而根据《中美经贸协议》第六章，美国也曾自 2020 年 2 月 14 日起降低或取消了对中国部分商品加征的关税。[③] 尽管如此，考虑到疫情对美国供给能力的不利影响，专家对《中美经贸协议》能否如期落实却并不乐观。[④] 此外，美国曾于 2020 年 2 月 4 日修改其反补贴法规，将一国货币的低估列为补贴，[⑤] 并在随后对中国扎带产品发起的币值低估反倾销反补贴案中，作出肯定性初裁。有学者认为，此举违反了《中美经贸协议》第五章关于汇率问题需通过双边评估和争端解决安排解决的规定。[⑥]

美国当地时间 2021 年 1 月 20 日，拜登就任新一任美国总统，这也增加了中美经贸关系之间的不确定性。[⑦]

（四）《中欧 CAI》谈判完成

2020 年 12 月 30 日，中欧领导人共同宣布如期完成《中欧 CAI》谈判。2021

[①] 《中美第一阶段经贸协议在曲折反复中推进》，载中国网，http://www.china.com.cn/opinion2020/2020-08/26/content_76637317.shtml，访问时间：2021 年 1 月 30 日。

[②] 《海关总署：中方信守承诺履行中美第一阶段经贸协议》，载中国新闻网，https://www.chinanews.com/gn/2020/07-14/9237797.shtml，访问时间：2021 年 1 月 29 日。

[③] "US-China Trade War Tariffs: An Up-to-Date Chart"，载彼得森国际经济研究所网站，https://www.piie.coni/research/piie-charts/us-china-trade-war-tariffs-date-chart，访问时间：2021 年 1 月 29 日。

[④] 崔凡：《疫情如何影响中美第一阶段经贸协议执行？》，载全球化智库网站，http://www.ccg.org.cn/archives/1583，访问时间：2021 年 1 月 29 日。

[⑤] 《币值低估或成美反补贴调查新武器》，载中国贸易新闻网，http://www.chinatradenews.com.cn/epaper/content/2020-02/13/content_65217.htm，访问时间：2021 年 1 月 29 日。

[⑥] 贺小勇：《美国"货币低估"反补贴新规违反〈中美经贸协议〉》，载微信公众号"国际贸易法评论"，2020 年 3 月 20 日。

[⑦] 《中美经贸协议是否继续有效？白宫给了一个弹性回答：要重新评估》，载腾讯网，https://new.qq.com/omn/20210130/20210130A0844F00.html，访问时间：2021 年 1 月 31 日。

年1月22日，欧盟委员会发布了《中欧CAI》的主要条款，①其正式生效后将取代中国与26个欧盟成员国之间现有的双边投资保护协定。②《中欧CAI》致力于推进中欧实现高度自由化的投资关系，涵盖市场准入承诺、公平竞争原则、可持续发展、争端解决等双边投资关系中的核心要素，对促进中欧间贸易发展也具有重要意义。

《中欧CAI》意图建立透明的法治化环境，就国有企业的商业行为、国家对服务业补贴的透明度、限制技术转让以及金融监管等方面达成共识。《中欧CAI》对国际贸易最重要的影响体现在其对国有企业的规制。首先，协定第二章第3条之一并未使用"国有企业"这一术语，而是采用"涵盖实体"（covered entities）的概念，主要包括"缔约方以直接或间接控制的企业"以及"基于缔约方特许，在某市场领域内提供商品或服务的独占企业"。③其次，关于国有企业的义务，规定"国有企业应根据商业考虑从事活动，在购买和销售产品或服务时不得歧视"，否则可能面临纪律处分。同时，通过对服务行业规定补贴透明度的义务，《中欧CAI》填补了WTO中关于国有企业相关规则的空白。在WTO的规则下，虽然《1994年关税与贸易总协定》第17条对国营贸易企业设定了非歧视、商业考虑和透明度义务及其纪律，但此类"国营贸易企业"仅涉及货物贸易领域的企业。而其他国有企业只有被认定为"公共机构"时，其交易中的补贴行为才会受到《补贴与反补贴措施协定》的规制。④《中欧CAI》则将国有企业的非歧视、商业考虑和透明度义务扩展至整个服务业。⑤其中，第二章第3条之二明确要求缔约国政府平等对待国有企业和其他经济实体，确保国有企业作为市场主体参与公平竞争⑥，这迫切要求

---

① 该文本需经中欧双方法律与技术审核，非最终版协定文本，参见欧盟委员会于2021年1月22日发布的 EU–China Comprehensive Agreement on Investment（Agreement in Principle），https://trade.ec.europa.eu/doclib/press/index.cfm?id=2237，访问时间：2021年1月29日。

② 该26个欧盟成员国为：除爱尔兰外的全部欧盟国家。

③ 参见《中欧全面投资协定》第三章第3bis条第1款，https://trade.ec.europa.eu/doclib/docs/2021/january/tradoc_159343.pdf，访问时间：2021年1月29日。

④ 肖瑾、苏畅、周小琪：《中欧投资协定全面解读（二）——国有企业》，载微信公众号"金杜研究院"，2021年1月25日。

⑤ 参见《中欧全面投资协定》第三章第3bis条的规定，https://trade.ec.europa.eu/doclib/docs/2021/january/tradoc_159343.pdf，访问时间：2021年1月29日。

⑥ 参见《中欧全面投资协定》第三章第3ter条的规定，https://trade.ec.europa.eu/doclib/docs/2021/january/tradoc_159343.pdf，访问时间：2021年2月23日。

我国继续推进政企分开、政资分开的国有企业改革。[①]同时国有企业或需要根据要求配合提供特定信息，用以评估特定企业的行为是否符合商定的义务。如果问题仍未解决，相对方可以诉诸《中欧CAI》下的争端解决机制。[②]

除此之外，《中欧CAI》的许多内容同时是高标准自贸协定的内容，[③]如禁止强制技术转让（第三章第2条）、将可持续发展纳入协定内容，如设置高标准劳工和环保条款（第四章）、同意采用与欧盟贸易协议一样的执行机制（第五章）等。

作为当今世界两大重要经济体，中国和欧盟通过《中欧CAI》推进投资和贸易自由化，深化区域合作，将有利于提升市场信心，对世界贸易和全球经济的恢复与复苏具有重要意义。

五、结语和展望

2020年，新冠肺炎疫情在全球蔓延，阻碍了国际的往来活动，各国经济受到不利影响，政府纷纷采取贸易保护措施。疫情叠加贸易保护主义，加剧了全球经济的下行压力。在此背景下，我国货物贸易保持稳定增长，为整体经济稳定提供有力保障。

从整体而言，我国贸易的稳定发展得益于以下几个方面内容：

其一，在"一带一路"倡议下，我国始终坚持高水平开放原则，积极参与区域经济合作。国内方面，我国大力建设海南自由贸易港及其他自由贸易区。国际方面，我国积极执行《中美经贸协议》、签署RCEP、推进《中欧CAI》谈判。通过种种方式，我国深入推进贸易、投资的自由化、便利化，逐步构建更高水平的开放格局。

其二，我国通过加强国内法律法规建设，为营造国际化、法治化、便利化的营商环境提供坚实的法律基础。在推进司法体制改革的同时，各地法院以国际法为基础，积极、广泛地适用国际条约与国际规则，虽然尚有不足，但仍在加强深化，与国际规则接轨。同时，我国不断探索新的交易模式，如在国际贸易中，引入"铁路提单"的概念，丰富国际公约的适用实践，体现了我国司法实践取得

[①] 《中共中央、国务院关于深化国有企业改革的指导意见》，载中国政府网，http://www.gov.cn/zhengce/2015-09/13/content_2930440.htm，访问时间：2021年2月23日。

[②] 参见《中欧全面投资协定》第三章第3bis条的规定，https://trade.ec.europa.eu/doclib/docs/2021/january/tradoc_159343.pdf，访问时间：2021年1月29日。

[③] 苏庆义：《中欧投资协定的深远影响》，载《中国外汇》2021年第1期，第3页。

的长足进展。

其三，我国始终密切关注国际形势变化，积极应对挑战，并主动调整我国贸易的发展方向。为加强出口管制、阻断外国法律与措施不当域外适用，正式出台和实行《出口管制法》。针对中国实体和个人频频被某些国家制裁和封锁的情况，我国商务部公布《清单规定》以及《阻断办法》，坚持维护以联合国为核心的国际体系、以国际法为基础的国际秩序。另外，为应对疫情对国际贸易的不利影响，最高院出台了多部司法解释，就处理涉疫相关案件提供指导原则；我国政府同时积极发展数字贸易，广泛设立跨境电子商务综合试验区，加强与东盟国家间的数字经济合作，数字经济正在成为保障中国社会运转的重要支撑。

然而，未来几年，全球经济发展形势仍不乐观，但艰难的时刻也是变革和发展的时机。全球贸易转型也带来了一些发展机遇，如促进区域内和区域间的贸易和投资，构建区域价值链，通过数字平台进入新市场等。正如 WTO、UNCTAD、经济与合作发展组织所言，"在近一个世纪以来最严重的经济衰退中，展望未来尤为重要。现在的我们比以往任何时候都更需要加强国际对话、合作和监管"。[1]

2020 年的 RCEP 和《中欧 CAI》只是寻求区域合作的一环，秉持着人类命运共同体理念，我国始终主张建设开放透明、互利共赢的区域自由贸易安排，力图构建更高水平的开放格局，逐步推动经济全球化和区域经济一体化。商务部也曾表示，继 RCEP 和《中欧 CAI》之后，中国将进一步扩大自贸网络的范围，包括考虑加入 CPTPP、升级现有自贸协定、加快推进中日韩自贸协定谈判，推动与海合会、以色列、挪威等国自贸谈判进程等。[2]

另外，随着跨境服务贸易与投资在国际经贸活动中的占比不断提升，围绕货物贸易的传统自贸条约逐渐显露不足。全球贸易与投资治理框架已进入重塑期，以 CPTPP、美加墨协议、RCEP 等多边协定为代表，各国纷纷融入高标准贸易规则制定过程中，[3] 更高水平开放标准的区域合作模式正在逐渐形成。对于我国而言，也将是参与制定高水准贸易规则的关键时期。相较于 CPTPP（即全面与进步跨太平洋伙伴关系协定）等新型国际经贸规则，我国多数自贸协定仍然是以货物贸易

---

① 世界贸易组织、经济与发展合作组织与联合国贸发会议：《二十国集团贸易和投资措施报告（2019 年 10 月中旬至 2020 年 5 月中旬）》，2020 年 6 月 29 日，第 3 页。

② 《商务部：将加快推进中日韩自贸协定谈判》，载腾讯网，https://new.qq.com/rain/a/20210121A0CGE000，访问时间：2021 年 1 月 29 日。

③ 蒋冬英、鲁政委：《〈中欧全面投资协定〉的"立"与"破"》，载微信公众号"兴业研究宏观"，2021 年 1 月 11 日。

为主，总关税水平在 7.5% 左右，距离零关税还有很大差距；服务贸易的开放程度也不足，受限制的服务部门数量高、市场准入限制也较严格；在竞争规则、电子商务、知识产权、环保与劳工保护等方面的规则仍有待提高。[①] 对此，在法律制度层面，则需要同步推进国内司法体制改革与国际市场开放制度，加强建设专业化、国际化、现代化的争端解决机制，为实现更高水平的国际经贸合作保驾护航，而增强法律确定性也将推动建立对各国企业更有吸引力的营商环境。

---

① 漆彤：《对标 CPTPP "高标准" 规则，积极推进国内经济体制改革》，载光明网，https://www.gmw.cn/xueshu/2020-12/21/content_34481985.htmhttp://translaw.whu.edu.cn/admin.php/index/view/aid/1082.html，访问时间：2021 年 1 月 29 日。

中国金融争议解决年度观察（2021）

吕　琦　宋少源[①]

一、概述

2020 年是中国金融风险防控攻坚年。在党的有力领导及政府的统一部署下，金融领域遵循市场化、法治化的原则，有序有控制地引爆、处置了一大批重大金融风险，实现了重大金融风险的有效释放，有力地维护了国家金融安全。在此背景下，金融争议解决领域呈现出整体布控、法治导航、多元化解等特征。

（一）大型企业破产风险被有序引爆，催动破产争议解决的探索与创新

2020 年，北大方正、中国海航、江苏雨润等一批有重大影响力的大型企业，陆续按照市场化的方向进入破产重整；包商银行等高风险金融机构，从原有的行政风险处置程序进入破产重整程序。诸多事件催动金融机构破产、金融债委会、预重整等问题的深入研究与实践。

（二）新型金融产品出险并及时化解，为涉众金融纠纷解决积累了经验

中国银行"原油宝"、浦发银行白银衍生品等出险，暴露出银行衍生品交易业务中监管及法律规制的薄弱环节。但最终相关纠纷得以有效解决，没有衍生出更大风险，风险的外显及化解过程，显示出了我国在纠纷化解领域的组织管理能力，

---

① 吕琦，中国民生银行股份有限公司法律事务部副总经理。宋少源，简法（海南）法律服务有限公司特邀法律顾问。

为大型涉众、涉舆情金融纠纷的处理积累了宝贵经验。

（三）互联网金融小额争议潮涌现，更多刑事手段介入互联网金融领域

2020 年互联网金融治理整体转向：一方面，针对互联网金融巨头的不正当竞争、无照经营等加强治理，推进全面监管。另一方面，对互联网贷款标本兼治，P2P 清零、压缩利率上限、限制资金来源，大量互联网债权资金池难以为继，涌现海量小额金融争议。该类争议解决中，金融维稳的需求导致更多刑事手段深度介入。

（四）证券投资人维权机制进一步完善，相关争议解决依据更明确、责任更清晰、程序更便捷

一是信息披露义务适用范围拓展至公司债券、银行间市场债券等公开发行的金融产品，投资人主张法律保护的依据更明确。二是监管力度增加，大量监管处罚成为认定信息披露违法重大性的依据。三是证券纠纷集中管辖制度、普通代表诉讼和特别代表诉讼制度进一步完善，"自媒体化维权诉讼征集"出现，投资人维权成本更低，维权渠道进一步打开。四是责任主体范围进一步扩展，不再局限于公司和公司董监高，逐渐向中介机构扩展。

（五）资管通道法律责任进一步厘清，同类纠纷处理预期发生转变

"上诉人吴曼与上诉人华澳国际信托有限公司财产损害纠纷案"认定："信托公司在通道类信托业务中虽仅负责事务性管理，但仍应秉持审慎原则开展经营，承担必要的注意义务。"[1] 该案厘清了通道业务中信托公司合法经营的责任边界，改变了通道不担责的市场"潜规则"，对市场及同类纠纷的解决影响巨大。

（六）个人金融信息保护力度强化，信息保护侵权诉讼显著增多

2020 年《中华人民共和国个人信息保护法（草案）》公开征求意见，《中国人民银行金融消费者权益保护实施办法》施行，监管对个人金融信息违规处罚力

---

[1] 本案被最高人民法院评选为 2020 年全国法院 10 大商事案例。

度再度加码，多家金融机构因个人金融信息保护收到巨额罚单。[①] 中国裁判文书网显示，以个人金融信息为关键词检索，2019年相关案件1628件，2020年相关案件则达到2634件，上浮近62%。[②] "上诉人宣春华与上诉人财通证券股份有限公司杭州东湖南路证券营业部证券交易代理合同纠纷案"中，法院对金融机构合理履行告知义务和客户履行反洗钱义务作了区分处理，对减少金融实操争议具有重大示范意义。[③]

（七）个人破产制度探索提速，全面推广值得期待[④]

2020年12月3日，浙江省高级人民法院发布《浙江法院个人债务集中清理（类个人破产）工作指引（试行）》，这是国内首个省级法院发布的关于个人破产制度的司法指引文件。2021年3月1日起，《深圳经济特区个人破产条例》作为我国首部个人破产地方性法规也将正式实施。[⑤] 同时，其他多个地方传出个人破产制度探索新闻，国内个人破产制度探索明显提速，有望全面推行。

二、新出台的法律法规或其他规范性文件

本年度与金融争议解决有关的立法包括以下几个方面：一是《中华人民共和国民法典》（以下简称《民法典》），金融合同、担保制度等领域的调整，深度影响金融争议解决；二是《最高人民法院关于适用〈中华人民共和国民法典〉有关担保制度的解释》（以下简称《担保制度解释》），延续了《九民纪要》思路，立足实践，厘清了民法典担保部分的理解与适用，对金融争议解决影响巨大；三是民间借贷司法解释修订，以裁判规则引导民间借贷和互联网金融业务健康发展，深刻改变了债权类互联网金融的营利模式与版图；四是通过债券纠纷、证券代表诉讼、

---

① 《金融信息安全成监管重点监管强化个人信息保护力度》，载《证券日报》，http://www.3news.cn/redian/2020/1030/460810.html，访问时间：2021年1月20日。

② 中国裁判文书网：https://wenshu.court.gov.cn/website/wenshu/181217BMTKHNT2W0/index.html?pageId=5cc218094596664044bc9791e54b9079&s21=%E4%B8%AA%E4%BA%BA%E9%87%91%E8%9E%8D%E4%BF%A1%E6%81%AF，访问时间：2021年1月20日。

③ 本案被最高人民法院评选为2020年全国法院10大商事案例。

④ 《个人破产制度探索提速 全面推广值得期待》，载央视网，http://news.cctv.com/2021/01/06/ARTIHE5JEv0aETilrfQllaxo210106.shtml，访问时间：2021年1月20日。

⑤ 金晓平：《个人破产制度要把好"三道关"》，载光明网，https://epaper.gmw.cn/gmrb/html/2021-01/19/nw.D110000gmrb_20210119_3-02.htm，访问时间：2021年1月20日。

信息披露等方面的司法解释及规范文件，压实中介机构责任，疏浚投资人保护渠道，强化金融消费者保护。

（一）《民法典》

《民法典》已于 2021 年 1 月 1 日起实施。《民法典》在对原法律规定系统整合编纂的基础上，调整、增设了多项制度，对金融业务及争议解决影响极大。

1. 居住权。居住权是用益物权，居住权与抵押权并存时的利益保护顺序尚不明确，影响到银行按揭贷款和小微融资担保的业务安全。

2. 抵押财产转让规则。《民法典》第 406 条等规定，除另有约定，抵押财产转让，抵押权不受影响。这是抵押权追及效力的体现，解决了过去债权人需先解押再出售担保物的资金及空窗期问题，利于物的流转。但如受让方适用商品房消费者保护制度，则不利于债权人。

3. 统一担保权利冲突的实现规则。《民法典》第 414、415 条规定，担保权利发生冲突，均以担保权利公示的时间顺序确定债权清偿顺序。该规则明确后，降低了担保权利冲突的法律风险，提高了纠纷处理效率。

4. 债权转让，从权利无需变更公示。《民法典》第 547 条规定，债权人转让债权，受让人取得从权利，不因该从权利未办理变更公示而受影响。就 ABS 业务，原本为避免变更担保而扭曲的业务结构得以还原。就保理业务、信贷资产转让业务，债权受让人未就担保物权办理变更登记也可行使担保物权。

5. 保证规则调整。未约定或约定不明的保证合同，默认为一般保证。保证期间未约定及约定不明的，保证期间统一为债务履行期满后 6 个月。这一转变对增信文件的认定产生系统性影响。

6. 融资租赁规则调整。一是要求出租人要对抵押物所有权办理登记，不登记不能对抗善意第三方；二是强调融资租赁的"融物"本质，虚构租赁物的融资租赁合同无效。

7. 保理合同入典。《民法典》第 761—769 条规定了保理合同，既对保理合同的定义、交易架构、种类进行了规定，也对保理业务中常见的虚假保理、重复保理等问题明确了规则，利于保理人，利于保理业务发展。

8. 强化个人信息保护。《民法典》第 1034—1038 等条款明确了自然人信息处理及保护的相关规则，成为民事领域自然人信息保护的基础条款。金融机构侵犯自然人信息权利，不仅要承担监管责任，还要承担民事责任。

（二）《担保制度解释》

《担保制度解释》已经于 2021 年 1 月 1 日起施行，其中与金融业务及金融争议相关的重大变化有以下几点：一是明确未依据上市公司公告签订的担保合同无效，上市公司不承担担保责任和民事赔偿责任。二是通过对教育、医院、养老机构组织形式、担保方式的细分，突破担保禁区，拓展其担保融资能力。三是有担保意思但没有约定保证形式的增信文件，将被认定为一般保证。增信文件的谈判难度将加大，新资管业务的准入门槛提升，存量业务重组时，不注意风险识别将埋下争议隐患。四是金融机构分支机构保函以外担保文件的责任被豁免。过去金融分支机构擅自出具兜底函产生的沉重负担得以缓解。五是明确动产、权利、应收账款等多重担保的行权顺位，明确超级优先权制度适用于银行债权人，为动产货押的健康发展提供法治基础。六是肯定创新型担保的效力，让与担保、所有权保留、融资租赁的担保效力获得认可。七是统一保证金质押设立规则，解决了长期以来的银行保证金有效性之争。

（三）《最高人民法院关于审理民间借贷案件适用法律若干问题的规定》（以下简称《民间借贷司法解释》）

本年度，最高人民法院（以下简称最高院）两次对《民间借贷司法解释》进行修订。核心调整是：以合同成立时一年期 LPR 的 4 倍为标准作为民间借贷利息、逾期利息、违约金及其他费用之和的司法保护上限，取代原规定"以 24% 和 36% 为基准的两线三区"的规定。2021 年初，《最高人民法院关于民间借贷司法解释适用范围问题的批复》（以下简称《民间借贷司法解释适用范围批复》）显示，由地方金融监管部门监管的小额贷款公司、融资担保公司、区域性股权市场、典当行、融资租赁公司、商业保理公司、地方资产管理公司等七类地方金融组织，属于经金融监管部门批准设立的金融机构，其因从事相关金融业务引发的纠纷，不适用民间借贷司法解释。前述调整，对民间借贷与金融机构业务做了区别对待，保护了金融机构利率市场化原则。同时压缩了民间借贷营利空间，限制金融资金转贷，有效影响民间借贷规模与营利模式，促进民间借贷健康有序发展。

（四）《全国法院审理债券纠纷案件座谈会纪要》（以下简称《债券纪要》）

2020 年 7 月 15 日，《债券纪要》发布。对金融争议解决的重大影响有：一是统一了不同机关审批、不同市场发行的债券引发的纠纷的处理规则。二是基于债券的涉众性特征，确定案件实施相对集中管辖，明确受托管理人可以行使担保物权。三是明确了信息披露要求，强化了欺诈发行和虚假陈述责任。四是压实了债券服务机构的责任，明确发行人内部人、承销机构、服务机构及其他机构过错的认定规则。《债券纪要》在金融市场各类债券不断暴雷的背景下出台，对公平、公正、高效解决相关纠纷，切实保护债券持有人合法权益，保障债券市场持续健康发展意义重大。

（五）《最高人民法院关于证券纠纷代表人诉讼若干问题的规定》（以下简称《证券代表人诉讼规定》）

2020 年 7 月 30 日，最高院发布了《证券代表人诉讼规定》，规定了普通代表人诉讼程序和特别代表人诉讼程序。证券代表诉讼机制的完善，为中小投资者提供了高效、便捷的维权渠道，对证券违法行为形成强大的威慑力和高压态势，将有力强化实体法的实施，降低投资者的维权成本，有效惩治资本市场违法违规行为。

三、典型案例

【案例 1】最高额担保中的最高债权额可以约定为本金额度

【基本案情】

2015 年 6 月，A 银行向 B 公司发放 1 年期重组贷款 5 亿元。C 公司与 A 公司签订《最高额保证合同》，为 B 公司提供最高额连带责任保证，担保最高额限度为"债权本金 5 亿元和相应的利息、罚息、违约金、损害赔偿金以及为实现债权、担保权利等所发生的一切费用"。贷款到期后，B 公司有本金 4.92 亿元、利罚息及其他费用 0.13 亿元未偿还。

【争议焦点】

C 公司担保责任的范围是否以 5 亿元为限。

【裁判观点】

一审法院认为，C 公司在《最高额保证合同》约定的 5 亿元最高债权额限度内承担连带清偿责任。二审法院认为，《最高额保证合同》中约定担保债权最高额限度为"债权本金人民币 5 亿元整"和相应的利息、罚息、违约金、损害赔偿金以及为实现债权、担保权利等所发生的一切费用。该约定系当事人真实意思表示，不违反国家法律、法规的强制性规定，应为合法有效。本案中 B 公司未偿还借款本金为 4.92 亿元，并未超出约定限额，故 C 公司应对 B 公司欠付本金、利罚息及其他费用 0.13 亿元承担连带清偿责任。①

【纠纷观察】

最高额担保中的最高债权额在实务中通常有两种约定，一是最高债权限额，担保范围包括本金、利罚息及其他费用；二是将最高额度约定为本金余额的最高额度，本金余额在最高额度内，由此产生的利息、罚息复利违约金等不计入最高额度，但属于担保人的担保范围。

第一种约定方式，争议不大，裁判机关大多驳回债权人要求担保人超过限额担责的主张。② 第二种约定方式，争议较大，支持者认为，该约定方式系当事人意思自治，应有效。反对者认为法律使用的是最高债权额的表述，文义理解该额度应当为责任最高限额。若该约定有效，将使担保的债权突破最高债权额，成为无限额担保，与抵押人的预期不符，亦与立法本意相悖。③ 最高额担保责任处在变动状态，为便于担保人及担保人的其他债权人合理预估担保人责任范围、保护交易安全，最高额度应当为最高债权限额。④ 即使当事人约定最高限额是本金余额，担保人对超过最高额部分不承担责任。⑤

本案例作为公报案例有一定的指导价值，但因不涉及最高额抵质押，且生效于民法典生效之前，其指引价值仍有争议。依据《担保制度解释》第 15 条，最高额担保的最高债权额，允许当事人另有约定。但这里的"另有约定"指向内容还有待厘清。最高额抵质押的担保范围仍然需要以登记为准，如果登记系统不支持本金最高额约定，问题将更复杂。笔者支持本金最高额。理由如下：一是最高额担保上不封顶对其他债权人不公平是伪命题。一般担保中，其他债权人也无法预估在先担保的金额。二是在最高额转化为一般抵押的过程中以再登记的方式确定债权这一做法，脱离司法和银行实务。无论是经济实践还是司法实践，都不会办理或要求办理债权确定手续，而是根据最高额担保债权的确定原因（比如最高额期限届满）直接确认担保的具体债权。需要确定具体债权的时候还往往是对担保

---

① 《最高人民法院公报》2020 年第 5 期（总第 283 期）第 28—36 页。最高人民法院（2019）最高法民终 823 号民事判决书。

② 最高人民法院（2020）最高法民申 1166 号民事裁定书。

③ 最高人民法院（2017）最高法民终 230 号民事判决书。

④ 湖北省高级人民法院（2016）鄂民终 234 号民事判决书。

⑤ 山西省高级人民法院（2019）晋民终 491 号民事判决书。

人提出履行担保要求的时候，要求担保人再去配合登记，既不经济也不现实。三是不承认本金最高额，将导致银行根据担保限额倒算后不满额放款，致使押品的闲置。单次放款的最高额授信中业务，银行会逆向选择一般抵押代替最高额抵押。

【案例2】信托公司对信托计划刚兑无效

【基本案情】

2016年，A公司与B信托公司签订《信托合同》，A公司向B信托公司认购4亿元信托计划。2019年，A公司与B信托公司签订《信托受益权转让协议》，约定B信托公司于2020年5月受让A公司购买的前述信托计划，转让价款为信托资金按照年6.5%核算的收益扣除已经分配的信托受益。法院审理中，就前述《信托受益权转让协议》是否构成刚性兑付向上海银保监局征询，上海银保监局复函认为《信托受益权转让协议》属于违规刚性兑付行为。

【争议焦点】

《信托受益权转让协议》是否有效。

【裁判观点】

法院认为《信托受益权转让协议》无效。理由为：第一，《信托受益权转让协议》名为信托受益权转让，实为保本保收益的承诺安排，违反了《信托法》第34条"受托人以信托财产为限向受益人承担支付信托利益的义务"的规定。第二，上海银保监局认为《信托受益权转让协议》属于违规刚性兑付行为，是行政机关对于该行为定性的权威结论，应予以采信。第三，《九民纪要》第92条规定，信托公司作为资产管理产品的受托人与受益人订立的含有保证本息固定回报、保证本金不受损失等保底或者刚兑条款无效。[①]

【纠纷观察】

刚兑一直是信托行业潜规则，信托违约潮下，刚兑效力自然成了相关纠纷争议焦点。国家"打破刚兑"意志坚决，《九民纪要》后刚兑无效态度明朗。本案的处理结果，有以下几点值得关注。

其一，穿透审判。实务中，刚兑、保底、保本保息等，均是从交易结构的最终效果角度论及。达到刚兑法律效果的手段多样，或为差额补足，或为远期回购，或为受益权转让，这就要求裁判机关运用穿透思维，不能囿于表面法律关系，应从手段的目的及最终效果，对刚兑条款进行识别。

---

① 湖南省高级人民法院（2020）湘民终1598号民事判决书。

其二，刚兑法律关系的认定。本案中受让人是信托公司，进而被认定为刚兑。有疑问的是资管业务常见的第三人受让是否构成刚兑。笔者认为刚兑只能在信托当事人之间形成，其违法性在于把不确定的投资风险转换为信用风险。在股东作为受让方的协议中，最高院案例区分了信托合同与增信协议的各自独立效力，未认定股东兜底为刚兑。①

其三，协议做成的时间不影响刚兑的认定。与常见的刚兑不同，本案中《信托受益权转让协议》在《信托合同》成立后 3 年达成，监管及裁判机关仍认定其为违规刚兑。据此，在信托计划持续期间的任何时点，乃至信托计划到期后，双方达成的该类条款，均属于刚兑。

其四，刚兑定性是否必须征询监管部门。本案中，监管部门对法院的征询进行了回函，对行为进行了定性。应当认为这种做法只是个案，并不意味着所有案件均需征询监管部门意见，裁判机关有权利直接对条款性质进行定性。

【案例 3】债券发行人虚假陈述、中介机构承担连带责任

【基本案情】

2015 年 8 月，A 公司公开发行债券 13.6 亿元。主承销 B 证券公司、C 会计事务所、D 律师事务所、E 信用评级公司均声明对募集文件中与其相关内容的真实性、准确性和完整性予以确认，并承担相应法律责任。2017 年 8 月，债券违约。2018年 7 月，证监会认定 A 公司将应收账款与应付账款互抵，虚增利润，骗取公司债券核准。2019 年 1 月，证监会认定 C 会计事务所对 A 公司应收账款与应付账款互抵的做法，在未获取充分适当证据加以验证的情况下予以认可，在得知审计报告用于发债时未追加审计程序，出具标准无保留审计报告，存在虚假记载。2019 年11 月，证监会认定 B 公司对 A 公司应收账款事项、投资性房地产占比高及低价出售资产情况未充分核查，违反证券法规程。

自 2019 年以来，债券投资者陆续起诉至法院称，主张 A 公司在不符合债券发行条件的情况下，通过制作虚假财务报表方式欺诈发行债券，请求 A 公司偿付债券本息及逾期利息，A 公司实际控制人，B 证券公司、C 会计事务所、D 律师事务所、E 信用评级公司承担连带责任。

【争议焦点】

B、C、D、E 等中介机构是否应当承担责任。

----

① （2020）最高法民终 1295 号、（2020）最高法民终 1294 号。

【裁判观点】

法院认为 A 公司以虚假财务数据骗取债券发行核准，构成欺诈发行，应承担赔偿责任。B 证券公司未充分复核，审慎核查不足，专业把关不严，应当与 A 公司承担连带责任。C 会计师事务所未勤勉尽职，出具的专业文件有虚假记载，存在重大过错，应当与 A 公司承担连带责任。D 律师事务所未对 A 公司出售投资性房地产事项的重大合同及重大资产变化核查，对不动产权属调查不到位，未能发现重大资产减少情况带来的风险，存在过错，酌情在 A 公司应付责任的 5% 范围内承担连带责任。E 信用评级公司对 A 公司低价处置资产未进一步核实关注并合理评定信用等级，存在过错，在 A 公司应付责任的 10% 范围内承担连带责任。①

【纠纷观察】

本案是首例债券欺诈发行和代表人诉讼案。② 目前已一审完结，相关主体将提起上诉。案件判处多家中介机构承担责任，引发业内热烈讨论。

虚假陈述是证券市场痼疾，向中介机构追责也是投资者保护的难题。本案如果生效，B 证券公司、C 会计师事务所承担的责任最高可达 7.4 亿元，判决中介机构担责金额之大、担责机构数量之多，均属国内首例。案件充分彰显了司法审判对虚假陈述"零容忍"、压实中介机构责任方面的坚定态度，案件价值导向让所有中介机构警醒。

就中介机构责任的认定问题引发了大量思辨和讨论。问题主要集中在以下几个方面：1. 中介机构承担重责是否利于市场。中介机构责任过重，中介机构将倾向于为少量最优秀企业发债，发债成本也将提高，最终损害市场和投资者。2. 发行人与中介机构责任的同一性。发行人违约责任即兑付债券本息，其欺诈赔偿责任与违约责任范围是否一致，中介机构责任是否应与发行人区别。3. 中介机构责任形式。中介机构究竟应当承担连带责任还是补充责任。4. 因果关系。债券投资者的损失主要是因为发行人偿债能力不足所致，在判断因果关系时，是否应当将虚假陈述对发行人偿债能力的影响考虑进来。5. 中介机构"歧见"的合理保护。中介机构对相关问题的不同专业意见，在被认定为过错前，应当经专家意见评估。6. 律所、评级机构是否担责。律所、评级机构未被处罚，其行为是否构成虚假陈述，是否符合重大性要求，是否应当担责。

---

① 浙江省杭州市中级人民法院（2020）浙 01 民初 1691 号民事判决书。

② 缪因知：http://www.eeo.com.cn/2021/0108/454749.shtml，访问时间：2021 年 1 月 15 日。

【案例 4】金融借款纠纷不适用《民间借贷司法解释》4 倍 LPR 利率司法保护上限

【基本案情】

2017 年 7 月 4 日，洪某与 A 银行签订借款合同，向银行借款 21 万元，期限为 3 年，月利率 1.53%。借款逾期，银行可将利率上浮 50% 计收罚息。后洪某在偿还 4.73 万余元后未再偿还。2020 年 7 月 14 日，A 银行对洪某提起诉讼，要求按月利率的 2% 计算逾期利息至实际履行之日。

【争议焦点】

A 银行主张的利率水平是否过高，是否应当适用 4 倍 LPR 的保护上限。

【裁判观点】

一审法院认为，A 银行主张利率过高，按照 A 银行起诉时一年期贷款市场 LPR 的 4 倍计息。二审法院认为，本案是金融借款纠纷，根据《民间借贷司法解释》第 1 条第 2 款的规定，经金融监管部门批准设立的从事贷款业务的金融机构及其分支机构，因发放贷款等相关金融业务引发的纠纷，不适用该司法解释。一审判决将本案金融借款合同中约定的利息、复利和逾期利息参照上述司法解释的规定按一年期贷款市场报价利率四倍进行调整，属适用法律错误，应予纠正。[1]

【纠纷观察】

《民间借贷司法解释》修订后，对民间借贷利率的司法保护上限大幅下调。虽然文件明确不适用经金融监管部门批准设立的从事贷款业务的金融机构的贷款纠纷，但文件修订后，有银行在诉请中主动将利率主张上限调整为 4 倍 LPR，[2] 也有法院判决对银行贷款纠纷适用 4 倍 LPR 利率保护上限。[3] 至于该标准是否适用于非银行金融机构，则争议更大。2021 年初，《民间借贷司法解释适用范围批复》明确七类地方金融组织，不适用新的《民间借贷司法解释》。

至此，银行以及部分非持牌金融机构因金融业务引发的纠纷不适用《民间借贷司法解释》似乎已有定论，但是金融业的相关忧虑并未因此彻底消失。一是国家要求降低实体经济融资成本、创造良好法治环境的大方向没有变；二是《民法典》明确禁止高利贷；三是民间借贷利率下降，金融贷款收取高息将遭到道德谴责；四是相比民间借贷，担保足风险低的金融贷款利率保护水平如果更高，不符

---

[1] https://www.yicai.com/news/100834909.html，访问时间：2021 年 1 月 20 日。
[2] 浙江省台州市黄岩区人民法院（2020）浙 1003 民初 5387 号民事判决书。
[3] 江苏省南通市海门区人民法院（2020）苏 0684 民初 5243 号民事判决书。

合风险与收益相匹配的规律。另外，目前金融纠纷执行的 24% 的保护上限，本就起源于《民间借贷司法解释》。[①] 笔者认为，目前司法实务虽明确《民间借贷司法解释》不适用于有关金融机构，但在实际执行中，金融业务纠纷利息高于 4 倍 LPR 的部分能否一定得到支持仍有变数，不排除司法实务根据金融机构的性质、金融业务及金融产品的具体情况，予以区分对待的可能。

【案例 5】保险人对确定损失程序的知情权、参与权应得到保障

【基本案情】

王某就被保车辆向 A 保险公司投保。保险合同约定，发生保险事故，被保险人应及时通知保险人，被保车辆应当尽量修复，修理前双方应当检验，协商确定修理项目、方式和费用。保险期内，被保车辆与周某车辆相撞，王某未通知 A 保险公司，直接起诉周某赔偿。侵权案件中，周某缺席，法院按照王某的单方委托确定车损为 32 万元，并判决周某赔偿。后因周某无财产可供执行，王某就周某未履行部分起诉 A 保险公司。

【争议焦点】

在先侵权判决已经确定的损失数额，A 保险公司是否有权要求再行确定。

【裁判观点】

法院认为，侵权案件中，车损金额系王某单方委托鉴定确定，周某未提出相反证据且因缺席审理而未发表反驳意见，法院依据王某单方鉴定确定车损金额于法有据，但车损金额不仅关系周某赔偿范围，还关系到保险人理赔范围，故而保险人对车损金额亦应享有实质抗辩权。侵权案件中车辆损失金额未经诉辩双方实质对抗，故对本案保险诉讼无预决效力。王某依据保险合同主张保险理赔，应当遵守保险合同关于保险报案与损失核定的相关约定，从而保障 A 保险公司的知情权和定损参与权。王某在保险事故发生后未向 A 公司报案，而是待侵权案件生效后，依据生效判决所认定的车损金额向人寿财保公司申请理赔，违反了保险合同的约定，有违诚实信用，同时还损害了 A 保险公司的权利，A 公司有权申请重新

---

① 2017 年《最高人民法院关于进一步加强金融审判工作的若干意见》的通知中表示，"金融借款合同的借款人以贷款人同时主张的利息、复利、罚息、违约金和其他费用过高，显著背离实际损失为由，请求对总计超过年利率 24% 的部分予以调减的，应予支持"。2018 年《最高人民法院关于充分发挥审判职能作用为企业家创新创业营造良好法治环境的通知》（法〔2018〕1 号）中明确，"对商业银行、典当公司、小额贷款公司等金融机构以不合理收费变相收取高息的，参照民间借贷利率标准处理，降低企业融资成本"。

核定被保险车辆的损失。最后，法院根据重新鉴定结果，认定车损金额为22万元。[①]

【纠纷观察】

车辆险中，如何定损常是投保人和保险人的分歧之一。保险公司认为车辆定损是其权利，投保人则认为车损应当通过鉴定确认。依据保险合同的约定，投保人和保险人应当协商确定修理项目、方式和费用，由此看定损并非保险人的单方权利，而鉴定也非定损的首选方式。协商处理才是双方真实意思，只有在双方协商不成的情况下，专业鉴定才被用作定损手段。但无论如何，定损环节双方的知情权、参与权等程序性权利都应当予以充分保障。

投保人直接起诉侵权人是其合法权利。在侵权案件处理中，投保人的损失只能通过鉴定确定。保险人非侵权案件当事人，对定损的知情权、参与权无法得到保障。侵权案件判决生效后，投保人更不可能再与保险人就定损事项进行协商。为保护保险人合法利益，保险合同纠纷中，均需重新鉴定。这种处理路径，浪费司法资源，增加当事人诉累。为解决该问题，笔者建议：1.侵权诉讼中，将保险人追加为第三人；2.顺应本案处置思路，为追求纠纷化解效率，牺牲部分程序正义，在鉴定结果程序合法、经过充分质证辩论的情况下，认可生效判决的既判力。

四、热点问题观察

（一）资管通道方的义务和责任

资管业务中，在通道方履行了合同约定的义务且不违反强制性规范的前提下，不承担责任，在业内有一定共识。[②] 最高院对通道不承担责任也有案例支持。[③] 但近来情况发生了变化，出现了要求通道承担责任的判例。[④] 通道是否应当承担责任，承担什么责任成为近来热点。

1.通道合同的效力。《资管新规》禁止通道业务，但同时规定了新老划断原则。依据《九民纪要》第93条规定，过渡期内，信托通道业务只是违反监管规定，不

[①] 上海市高级人民法院 2020 年第二批参考性案例，上海市金融法院（2019）沪 74 民终 238号民事判决书。

[②] 李玉敏：《"通道"责任界定有了结论？最高院终审驳回一项通道担责诉求》，载"21 世纪经济报道"APP，https://m.21jingji.com/article/20181220/86092e881e2cd3d4ed3904aed23b6166.html，访问时间：2021 年 1 月 17 日。

[③] 最高人民法院（2019）最高法民申 1709 号民事裁定书。

[④] 上海金融法院（2020）沪 74 民终 29 号民事判决书，本案被热议为通道赔偿第一案。

存在其他无效事由的，合同效力不受影响。过渡期后，违反监管政策开展通道业务，将被以违反公共秩序为由认定无效。[1]

2. 通道合同中双方法律关系的定性。对通道合同的定性，决定纠纷的法律适用。定性为信托关系，则应适用《中华人民共和国信托法》（以下简称《信托法》）。通道合同免除了受托人信托财产管理、运用等核心义务，其双方之间的法律关系不再是信托关系，不再适用《信托法》。依据《九民纪要》第93条规定，委托人与受托人之间的法律关系，应当依据信托文件的约定加以确定。

3. 通道中受托人义务的范围。既然通道业务中双方法律关系不是典型的信托关系或受托理财关系，则《信托法》中部分强制性规定就不适用，受托人的义务主要以《信托文件》《理财合同》的约定为限。但应注意，受托人要缩小其义务范围，需通过合同约定排除前述强制性义务，如果没约定，受托人的义务仍应相当于主动管理受托人。如已明确排除，投资人再主张受托人未履行合同之外的强制性义务的，不应予以支持。同时，排除约定应当有法律底线，有些义务不能约定排除，如欺诈责任。具体底线可参考监管规范确定。

4. 勤勉义务对受托人履责的影响。通道业务模式虽然免除了受托人在正常业务中的核心义务，但信义、勤勉等原则在通道方履行其合同义务时仍然适用。一是勤勉、信义是监管对受托人的一般性要求，不区分受托人义务的内容；二是勤勉、信义也是合同要求，通道业务中当事人签订的《信托合同》《理财合同》对受托人一般会做如此原则性要求；三是勤勉、信义也是民商事法律上诚实信用原则的要求。因此，通道业务中，通道方违约，违反勤勉、信义原则要求的义务，均应当承担责任。

（二）挂钩期货市场的银行金融衍生品交易纠纷

2020年4月，中国银行原油宝事件爆发，投资人不光赔光本金，还要倒贴银行来填补持仓亏损，引发舆论哗然。随后，类似事件又发生在浦发银行的白银衍生产品业务上。2020年12月，原油宝第一案一审判决，中行被判处承担全部穿底损失及20%的本金损失。[2]原油宝事件，引发金融衍生品争议的大讨论。事件中，

---

[1] 最高人民法院民事审判第二庭编著：《〈全国法院民商事审判工作会议纪要〉理解与适用》，人民法院出版社2019年版，第490页。

[2] 《两件"原油宝"案件宣判，中行承担原告全部穿仓损失和20%本金损失》，载券商中国，https://baijiahao.baidu.com/s?id=1687931107202598067&wfr=spider&for=pc，访问时间：2021年1月19日。

以下几点值得讨论。

1. 挂钩期货市场衍生品的法律定性。目前国内银行与原油宝同类型的衍生品还有多种，如账户天然气、账户贵金属等，原油宝事件后，不少银行已经停止了该类产品交易。该类产品的法律定性，取决于其业务交易结构，特别是银行端与大宗端口交易对手之间的运作，从公开资料来看，还无法准确定性，但笔者认为可以做一定分析与探索。（1）该类产品不是委托理财。该类产品并非把资金交给银行由银行决定投向，其不符合代客理财的特征。（2）银行是否实质从事了期货交易。笔者认为，这取决于银行是否成为客户合约的中央对手方，每一份买卖合同是否全部由银行与客户订立，通过反向交易轧差来决定银行手中交易合约的头寸。目前尚无详细资料，也就无从定论。但不能仅以银行没有期货交易所牌照或产品获得过监管部门的其他业务许可，而认定银行未从事期货交易。（3）银行是否拆分大宗商品交易份额不是影响民事关系判断的基础问题。例如，银行将交易所的最小交易单位拆分成 0.1 桶交易，这类似于曾经一度出现的"团购"信托，不能因为出现团购而改变信托的基本结构。

2. 金融消费者保护。无论原油宝最后界定为哪种法律关系，金融销售机构与投资者之间属复杂金融产品的销售关系。原油宝属与金融机构直销，按《九民纪要》规定，应以适当性义务要求产品销售方。具体如下：（1）告知说明义务。（2）风险匹配义务。（3）信息披露义务。如果销售方未对消费者的风险认知力、承受力做评估直接销售了该高风险产品，投资者可以主张金融机构承担赔偿责任。中行是否对投资人做了适当性评估，是否将产品与投资人之间做了适当匹配在判决书中却没有说明，削弱了该案裁判上的典型案例价值。

（三）电子仓单质押问题

《担保制度解释》第 59 条明确了仓单作质押设立以及仓单质押与仓单项下货物担保冲突时的处理的一般规则。规则调整后，对电子仓单作质押融资业务造成一定影响，其中一些问题值得关注。

电子仓单否为有权利凭证的仓单。目前常见模式中，融资人将存货存入商品交易所名下电子交易平台指定的物流仓库后，仓储方出具入库单，在电子交易平台系统中注册仓单信息，另一些模式中，则由仓储方在自己平台系统中直接出具电子仓单。在这些模式下，电子仓单均是供融资人、电子市场及其他相关方查看和发起背书、转让等指令的唯一凭证。目前的电子仓单，基本都可以实现质押背书功能，且质押背书信息可供利益相关方查看展示。由此，电子仓单作为有权利凭证的仓单，其质权在出质人质押背书，保管人签章确认，仓单交付完成后设立。

但笔者认为，从交易安全及动产融资公示的趋势考虑，还是选择以登记设立并公示为宜。（1）仓储人的电子仓单数据难以让质权人控制或占有。认定为有权利凭证质押的前提是质权人可以控制和占有凭证。但仓单系统是质押人自有或质押人与第三方合作建设的，质权人对仓单数据无事实上的管领力，一旦仓单数据破坏，质权是否还有效存在争议；（2）当前动产融资趋势是集中统一登记公示，应收账款质押登记办法还是《担保制度解释》都对仓单质押登记留有空间。（3）电子仓单的背书签章、因小批量出货的拆分转让等现实问题，可以通过相应的交易设计解决。电子背书签章可以参照电子商业承兑汇票的操作。小额拆分转让则可以通过一开始就开为多张小额仓单合并质押解决，动态出货则出货部分的仓单丧失质押，余下部分继续质押。在电子环境下，这种操作不会增加太多操作负担，也能解决电子仓单拆分重开所带来的复杂法律问题。

（四）金融机构破产重整热点问题

2020 年，包商银行破产刺痛市场神经。消息显示，2020 年另有 7 家中小银行合并重组，共涉及 30 家银行机构。2021 年银行合并重组的趋势将更加明显。[①] 同时，另有天安财险、华夏人寿、新华信托、四川信托等多家机构被接管。随着风险的持续暴露，高风险金融机构清理处置类案件将增加。金融机构破产法成为理论和实务热点。

1. 金融机构破产法立法体例。《中华人民共和国企业破产法》第 134 条已经明确了金融机构适用破产法。可以考虑先由国务院制定颁布金融机构破产管理条例，总结摸索后，再行推动立法。

2. 破产标准如何掌握。企业破产的资产负债标准和流动性标准并适用于金融机构破产的情形。以银行为例，其本身就是负债经营，负债大于资产不能说明银行存在危机。银行出现解决流动性问题，可以通过高息吸储解决，因此流动性也不足以预警银行破产。金融机构破产，保护债权人利益是一方面，也要兼顾社会整体利益，避免系统性金融风险。因此，金融机构的破产标准应当单独设定。借鉴国外经验，应当引入监管性标准，确保主管部门在金融机构符合实质破产重整条件时，尽早介入，以维护金融安全。

---

① 《机遇与挑战并存，中小银行合并重组如何乘风破浪？》，载中国网财经，http://finance. china.com.cn/news/20210115/5477479.shtml，访问时间：2021 年 1 月 17 日。

3. 破产发起主体。如果将监管标准作为金融机构破产的实质标准，则监管部门在信息和组织能力上显然更有优势，其应当是金融机构破产的主要发起主体，主管部门在金融机构破产中应当起更重要作用。完全依靠金融机构或其债权人发起破产，过早发起则引起社会恐慌，过晚发起则又不能遏制风险蔓延，均可能对公共利益和金融体系安全造成侵害。

4. 行政重整还是司法重整。普通企业破产时，行政机关作用并不明显。在金融机构破产中，政府金融主管部门、人行、监管、存款保险机构等应当介入，在破产的不同环节各自发挥重要作用，司法机关的作用将有一定的限缩。另一方面，金融机构重整中，基于及时干预、快速处置、维护公众信心、保障金融体系及社会稳定等价值要求，也决定司法重整不能满足金融机构重整的要求。因此，金融机构破产应当采用行政重整模式。

5. 破产债权的清偿中的特殊保护。我国已有证券投资者保护基金和存款保险基金，可以为占金融机构债权人绝大多数的小额债权人提供较为充分的保护。但同时，金融消费者数量众多，同样关乎社会稳定及金融体系稳定，建议进一步完善惠及更多金融消费者的保护基金，为在金融机构破产中维护金融消费权益提供支持。①

五、结语与展望

2020年，尽管国内外经济形势承压，金融市场险象环生，但我国金融风险化解、金融争议解决领域的发展方向明确、步伐坚稳，收获颇丰。一是《民法典》与相关司法解释及大量监管法规的颁布，争议规则得到统一，大量金融纠纷处理有法可依；二是一大批案情复杂、涉及人数多、专业化程度高、社会关注高的案件得以解决，重要诉讼制度落地，积累了化解复杂案件的经验；三是破产、个人信息保护等新领域的法律规则着手探索，利于市场主体及投资者保护，利于金融市场健康发展。展望2021年，金融争议领域以下几个趋势值得关注。

（一）金融改革进入深水区，改革推进过程中重大事件及衍生法律问题增加

一是继续推进金融供给侧改革，更多的金融机构会因风险暴露而退出金融市

---

① 《制定〈金融机构破产法〉推动金融机构有序破产退出》，载证券时报网，http://stock.stcn.com/2020/0526/16087364.shtml，访问时间：2020年1月20日。

场。呼吁国家尽快出台金融机构破产法规，使得金融机构破产事件制度化、机制化，维护公众信心，保障金融体系稳定。二是进一步出台法律法规及监管举措，推动互联网平台领域反垄断，降低资本无序扩张带来的风险。在互联网金融市场的安全和效率得到优化、净化的同时，还应当探讨当前和未来存在的众多互联网金融普通投资者权益如何得到更充分保障的问题。三是进一步提高上市公司质量。上市公司退出机制进一步完善，退市标准将更清晰、退市程序更简单，上市公司资金占用、违规担保、股票质押风险将进一步得到控制。

（二）存量风险持续暴露，债券违约、不良资产处置纠纷处置压力加大

随着近年来国家的大力治理，资管乱象得到遏制、影子银行规模大幅缩减、P2P机构及业务清零，新增金融风险势头得到有效遏制，但存量风险化解到了攻坚克难的关键时期。一是地方政府债违约、公司债券违约、信托违约的浪潮还会持续；二是受疫情冲击、经济增长放缓等影响，实体经济转型升级过程中的阵痛仍将持续，金融不良资产风险将进一步暴露，债权债务类纠纷将进一步增加；三是2019年、2020年发生的股市风险事件，2021年都将陆续进入处罚、定责、追责阶段，随着新《中华人民共和国证券法》的颁布实施，股票虚假陈述、欺诈发行、操纵市场等引发的争议将有所增加。

（三）中介机构责任进一步压实，向中介机构责任追责类案件将有所增加

随着新《中华人民共和国证券法》《债券纪要》的颁布，证券发行中中介机构责任被压实。实务中已经出现中介机构承担重责的案件。2020年集合信托产品共发生310多起违约事件，涉及违约项目金额超过1600亿元。[①]2020年有217只债券违约，合计金额达到2315亿元。[②]2021年，因债券违约、信托等金融产品逾期兑付等引发的对承销、代销的中介机构责任的关注和追究也将持续发酵。

---

① 陈洪杰：《2020年集合信托违约超1600亿，未来3年还有9.2万亿信托到期》，载第一财经网站，https://www.yicai.com/news/100911459.html，访问时间：2021年1月17日。

② 《2020债券违约启示录》，载新浪网，http://finance.sina.com.cn/roll/2021-01-15/doc-ikftssan6255293.shtml，访问时间：2021年1月17日。

（四）新法新规适用，存量问题得以解决，新问题新案件将涌现

2021 年是《民法典》正式实施元年，大量配套司法解释也将投入适用。《民法典》及相关司法解释吸收优化了前期大量如《九民纪要》等涉及金融争议解决的司法观点，将其中的处理规则优化后上升为法律或司法解释，金融争议领域大量存量问题得以解决。《民法典》及相关司法解释，也创设了不少新规则，这些规则如何理解、如何适用，势必引发新案件、新问题。

中国知识产权争议解决年度观察（2021）

谢冠斌　李凤凤　李　纯[①]

一、概述

2020 年，全球新冠疫情肆虐，各行各业均受到了不同程度的影响。然而，我国知识产权领域的发展却在逆境中呈现出积极向上的态势，具体体现在知识产权授权确权数量稳中有进、知识产权领域法律法规大规模修改更新以及知识产权争议多元化解决方式不断丰富。

（一）知识产权授权数量稳中有进，行政保护成效提高

根据 2021 年 1 月 22 日国家知识产权局局长申长雨在 2021 年全国知识产权局局长会议上的工作报告，2020 年我国发明专利、实用新型专利、外观设计专利分别授权 53.0 万件、237.7 万件、73.2 万件，其中发明专利授权量相对 2019 年的 45.3 万件，同比增长 17%。截至 2020 年底，我国国内（不含港澳台）每万人口发明专利拥有量达到 15.8 件，超额完成国家"十三五"规划目标[②]。在商标方面，2020 年我国商标注册量为 576.1 万件，对比 2019 年的 640.6 万件，有所回落。另外，受理地理标志产品保护申请 10 个，批准保护地理标志产品 6 个，核准使用地理标志专用标志企业 1052 家，核准注册地理标志商标 765 件。在集成电路布图设计方面，2020 年我国集成电路布图设计登记申请 14375 件，同比增长 72.8%；发

---

①　谢冠斌，北京市立方律师事务所高级合伙人。李凤凤，北京市立方律师事务所合伙人。李纯，北京市立方律师事务所律师。本所律师助理邵渝棋、卢名扬承担了本报告的部分基础性工作，在此一并致谢。

②　《申长雨在 2021 年全国知识产权局局长会议上的工作报告（摘编）》，载国家知识产权局网站，https://www.cnipa.gov.cn/art/2021/1/22/art_53_156324.html，访问时间：2021 年 1 月 29 日。

证 11727 件，同比增长 77.3%。[①]

国内发明专利结构不断优化、质量进一步提升，国家知识产权局在促进审查质量效益快速提升的同时，还多措并举统筹推进严保护、大保护、快保护、同保护。2020 年，国家知识产权局及相关部门针对商标专利侵权假冒等违法行为持续开展集中执法保护工作、继续开展打击网络侵权盗版治理"剑网"专项行动、出台《商标侵权判断标准》等规范性文件，提高了知识产权行政保护力度，激发了公众的知识产权授权确权意识，授权数量也不断提升。此外，截至目前，全国共建成 40 家知识产权保护中心和 22 家快速维权中心，维权援助服务网络覆盖全国，知识产权保护规范化市场达到 118 家，培育百余家知识产权纠纷调解组织和仲裁机构，建成国家海外知识产权纠纷应对指导中心和 10 家分中心。上述工作体现出我国知识产权的保护力度近年来持续增加，同时，也体现出社会公众愈加注重知识产权价值。

（二）知识产权立法领域成果显著，体现鼓励创新和严格保护

2020 年是知识产权领域法律法规、司法解释大规模修改或出台的一年，成果十分显著。首先，经过多轮向社会公开征求修改意见，知识产权领域的两部重要单行法完成修改，《中华人民共和国专利法》（以下简称《专利法》）完成了第四次修改、《中华人民共和国著作权法》（以下简称《著作权法》）完成第三次修改，经立法机关审议通过后，均将于 2021 年 6 月 1 日正式施行。《中华人民共和国刑法修正案（十一）》（以下简称《刑法修正案（十一）》），通过，自 2021 年 3 月 1 日起施行。此次修正案对涉知识产权类犯罪方面做出了较大的调整。特别是《中华人民共和国民法典》（以下简称《民法典》）通过，从法典层面对知识产权领域的发展有着重要的指引作用，特别是把惩罚性赔偿写入了《民法典》；其次，随着《民法典》的施行，为了解决法律适用不一致的问题，最高人民法院（以下简称最高院）于 2020 年 12 月 29 日修订了十八件知识产权类司法解释，主要统一了条文中所涉法律法规名称、条文编号、相关部门名称等。除了司法解释的修订，最高院在 2020 年还陆续发布了 9 件与知识产权有关的司法解释或司法指导意见，如《最高人民法院关于依法加大知识产权侵权行为惩治力度的意见》等；国家知识产权

[①] 《国家知识产权局：2020 年我国发明专利授权 53.0 万件》，载央广网，https://baijiahao.baidu.com/s?id=1689634829993689609&wfr=spider&for=pc，访问时间：2021 年 1 月 29 日。

局也着眼现实，也发布了一系列的部门规章，如《关于严厉打击与新冠肺炎疫情相关非正常商标申请代理行为的通知》。详情可见本观察报告第二章内容。

知识产权领域法律和司法解释的全面修改和密集出台，体现出以下几个特点：第一，回应了我国社会和科技的新发展。例如，《著作权法》增加"视听作品"类型，对于随技术进步出现的新型网络视频、游戏画面等作品属性认定提供依据。第二，激发了社会创新活力。例如，《专利法》设置专利开放许可制度、增加局部外观设计保护等。第三，加大了对侵害知识产权行为的打击力度。例如，《专利法》《著作权法》均增加了惩罚性赔偿、提高了法定赔偿上限，侵犯知识产权犯罪的量刑幅度增加等。

（三）多元化争议解决方式不断丰富，仲裁调解等方式日益重要

知识产权争议解决整体上呈现出以诉讼为主，调解、仲裁、和解为辅的多元化解决方式。2020年1月1日至12月31日，中国裁判文书网可见已裁决的"知识产权与竞争纠纷"案由下共有案件330237件，其中，案件审理量排名前五的省份分别为广东省113913件、北京市36527件、浙江省21302件、山东省16411件、江苏省15811件。同时，在330237件诉讼案件中，以判决方式结案的为86309件，以调解方式结案的为31910件，出具裁定书的为187267件（其中包含大量因和解撤诉的情况）。①

目前，在《中共中央办公厅、国务院办公厅关于强化知识产权保护的意见》的指导下，各地法院、仲裁委员会、调解中心等不断探索丰富知识产权多元化争议解决方式。例如，上海市高级人民法院院长于2021年1月26日在上海市第十五届人民代表大会第五次会议上的工作报告中提到，上海法院设立一站式多元解决纠纷平台，与全市6400多家人民调解组织以及经贸、银行、证券等行业调解组织互联互通，在线委派8.1万件调解案件，调解成功的达3.2万件。②另外，2019年8月，中国、美国、韩国等46个国家签署了《联合国关于调解所产生的

---

① 中国裁判文书网，https://wenshu.court.gov.cn/website/wenshu/181217BMTKHNT2W0/index.html?pageId=199f25059fc8f3c2acab7433b40c599c&s16=%E7%9F%A5%E8%AF%86%E4%BA%A7%E6%9D%83%E4%B8%8E%E7%AB%9E%E4%BA%89%E7%BA%A0%E7%BA%B7&s12=9299&cprqStart=2020-01-01&cprqEnd=2020-12-31，访问时间：2021年1月27日。

② 《一图读懂丨2020年上海市高级人民法院工作报告》，载腾讯网，https://new.qq.com/omn/20210126/20210126A03DOW00.html，访问时间：2021年1月27日。

国际和解协议公约》（即《新加坡公约》），对于我国跨境知识产权纠纷解决有重要意义，因调解所产生的"国际和解协议"可以在缔约国直接申请执行，为企业提供了更为便捷的商事纠纷解决渠道，[①] 也将提升调解在知识产权纠纷解决中的重要性。

在仲裁领域，2020 年北京仲裁委员会 / 北京国际仲裁中心（以下简称北仲）共受理了涉及知识产权合同纠纷案件 381 件，总标的额 15.6 亿元（人民币，下同），案件平均标的额 409.45 万元。2020 年共办结知识产权合同纠纷案件 348 件。在 2020 年受理的知识产权案件中，有 10 件为国际案件，涉及爱尔兰、韩国、英国、澳大利亚、香港等国家或地区的主体。[②]2020 年 4 月 27 日，中国国际经济贸易仲裁委员会和西安知识产权法庭签署了《中国国际经济贸易仲裁委员会丝绸之路仲裁中心与西安知识产权法庭合作框架协议》，拟共同推动建立"一带一路"框架下诉讼、仲裁、调解多元化争端解决机制。

综上所述，2020 年我国知识产权领域的发展没有受到疫情的影响，反而在知识产权授权和立法、司法等方面均取得了显著进展。另外，随着知识产权案件数量的增加，在传统的以诉讼为主的维权途径上，我国也更加注重多元化的纠纷解决机制，并积极加入相关的国际公约，这将为调解、仲裁等方式在知识产权纠纷领域的广泛适用提供很好的契机。

二、知识产权法律法规的修订或出台

（一）专利法

2020 年 10 月 17 日，中华人民共和国第十三届全国人民代表大会常务委员会第二十二次会议通过了《全国人民代表大会常务委员会关于修改〈中华人民共和国专利法〉的决定》，修改后的《专利法》将于 2021 年 6 月 1 日起施行。此次修改是《专利法》第四次修改，本次修改的内容主要体现在以下四个方面。

第一，加大了损害赔偿力度。此次修改增加了对故意侵权的惩罚性赔偿制度，大幅提高了法定赔偿上限。第二，明确了举证责任制度。将此前相关司法解释中规定的举证责任转移、证据妨碍等规定上升到法律层面；新增因专利审查的不合

---

① 徐明、陈亮：《〈新加坡公约〉对我国跨境知识产权纠纷解决机制的影响》，载《电子知识产权》2019 年第 12 期，第 14 页。

② 数据由北仲提供。

理延迟，可以请求延长专利保护期限。第三，鼓励发明创造，促进专利实施和运用。此次修改完善了职务发明制度，明确单位对职务发明创造的处置权；新设专利开放许可制度，有利于更好地激励创新并推动专利的实施和运用。第四，完善了专利授权制度。此次修改增加局部外观设计保护；将外观设计专利权的保护期由现行专利法规定的十年延长至十五年；同时增加了外观设计专利申请国内优先权制度；新增了延长创新药发明专利保护期限的规定。总的来说，此次《专利法》的修改维护了专利权人的合法权益，增强了创新主体对专利保护的信心，有利于充分激发全社会的创新活力。

在司法解释层面，最高院于 2020 年 9 月发布《最高人民法院关于审理专利授权确权行政案件适用法律若干问题的规定（一）》，确定了"内部证据优先"的原则，规定了侵权案件中的专利权人陈述可以在确权授权程序中予以参考，进一步对说明书未充分公开的法律后果作出规定，明确了实验数据真实性的举证责任等。在部门规章层面，国家知识产权局于 2020 年修改了《专利审查指南》，以积极回应经济科技快速发展对审查规则的诉求、提高专利审查质量和审查效率。

（二）商标法

《商标法》于 2019 年完成第四次修订，加强了对恶意注册、囤积商标行为的打击，加大了对商标专用权的保护力度，提升了惩罚性赔偿幅度，加重了侵权人的侵权成本，以进一步优化营商环境。

在部门规章层面，国家知识产权局于 2020 年 4 月 3 日发布了《地理标志专用标志使用管理办法（试行）》，从地理标志专用标志的定义、适用范围、使用人义务、使用人标示方法、对合法使用人的监督管理等方面作了详细的规定，规范了地理标志的管理；于 2020 年 6 月 15 日发布了《商标侵权判断标准》，对商标的使用、同一种及类似商品、相同及近似商标、容易混淆、销售免责、权利冲突等内容进行了细化规定，为商标行政执法提供了细化翔实的依据。[①]

（三）著作权法

2020 年 11 月 11 日，第十三届全国人大常委会第二十三次会议审议并表决通

---

① 《国家知识产权局保护司负责人就〈商标侵权判断标准〉出台答记者问》，载国家知识产权局网站，https://www.cnipa.gov.cn/art/2020/6/19/art_528_145862.html，访问时间：2021 年 1 月 24 日。

过了《关于修改〈中华人民共和国著作权法〉的决定》，这标志着历经十年的《著作权法》第三次修改工作完成。新修订的《著作权法》将于 2021 年 6 月 1 日起施行。本次修改总结了《著作权法》实施三十年来的实践经验，在诸多方面进行了修改，以适应数字经济背景下著作权领域出现的新发展和新变化。以下三个方面内容值得重点关注。

第一，增加并调整了作品定义，修改了作品类型，丰富了权利内容。本次修改将"电影作品和以类似摄制电影的方法创作的作品"修改为"视听作品"，扩大了作品的范围，有利于解决网络短视频、游戏直播画面等作品属性认定困难的问题；扩大了广播权的控制范围，对于规制互联网环境下的传播行为有积极意义。第二，明确合作作品的权利行使，修改视听作品的权利归属。本次修改吸纳了现行《著作权法实施条例》关于合作作品权利行使的规定，但同时做出了调整；明确视听作品中的电影作品、电视剧作品的著作权由"制作者"享有，其他视听作品的著作权归属从约定，这些修改符合实践，也有利于促进对新型投资创作模式的激励。第三，加大对侵权行为的打击，大幅提高损害赔偿数额。本次修改一方面将法定赔偿上限由 50 万元提高至 500 万元，另一方面增加权利使用费可作为计算赔偿额的参照，还对情节严重的故意侵权行为，增加了惩罚性赔偿的规定，并明确了证据出示和证据妨碍的规定。可以说，本次修改极大地加强了对著作权的保护力度，同时也与新修定的《专利法》和《商标法》赔偿标准保持一致。总体来说，此次《著作权法》修改体现了对网络环境下著作权保护新需求的回应，加强了法律的衔接，落实了《视听表演北京条约》等有关国际条约义务。

在司法解释层面，最高院于 2020 年 11 月 16 日发布了《最高人民法院关于加强著作权和与著作权有关的权利保护的意见》，要求通过提升知识产权审判质效，切实加强著作权保护；高度重视互联网、人工智能、大数据等技术发展新需求，妥善审理新类型案件；加大虚假诉讼惩处，促进诚信诉讼机制完善等。

（四）关于侵犯知识产权罪的刑事法律

2020 年 12 月 26 日，第十三届全国人民代表大会常务委员会第二十四次会议通过《刑法修正案（十一）》，自 2021 年 3 月 1 日起施行。此次修正案对涉知识产权类犯罪方面做出了较大的调整。第三章第七节关于"侵犯知识产权罪"的 8 个条款中，除第 216 条假冒专利罪未作修改，其他全部修改，此外还增加了新罪名"商业间谍罪"。主要变化的内容如下：第一，假冒注册商标罪增加对"服务商标"

的保护，体现了商标刑事保护制度的完善；第二，明确通过信息网络传播的方式构成侵犯著作权罪，从而加大了对网络环境下侵犯著作权行为的打击力度；第三，对侵犯商业秘密罪的行为进行了细化，与《中华人民共和国反不正当竞争法》（以下简称《反不正当竞争法》）衔接和保持一致，把"电子侵入"等手段获取商业秘密的行为纳入刑事犯罪范畴，呼应了当前的时代背景对电子窃密进行刑事打击的需求；第四，新增"商业间谍罪"，加强商业秘密保护；第五，不同程度地提高了量刑幅度（除未修订的假冒专利罪外）。总的来说，此次大幅修改体现出加大打击犯罪力度，加强知识产权保护的立法精神，在中国严厉打击知识产权侵权行为的政策背景下，本次刑法的修订就是知识产权严格保护政策中最为"严格"的一方面。

在司法解释层面，最高院、最高人民检察院于 2020 年 9 月发布《关于办理侵犯知识产权刑事案件具体应用法律若干问题的解释（三）》，明确了相关侵犯知识产权罪犯罪要件的具体认定以及刑罚适用等问题；最高人民检察院、公安部还于 2020 年 9 月发布《关于修改侵犯商业秘密刑事案件立案追诉标准的决定》的通知，相对此前，降低了对侵犯商业秘密罪的立案追诉标准。

（五）与知识产权相关的其他法律规定

2020 年 5 月 28 日，第十三届全国人民代表大会第三次会议通过《民法典》，自 2021 年 1 月 1 日起施行。这是我国第一部民法典，是我国法治建设进程中的一块重大里程碑，对于知识产权领域的发展有着不容忽视的指引作用。《民法典》中有多个条款涉及知识产权，特别值得一提的是，第 123 条开宗明义地明确了民事主体依法享有知识产权以及知识产权的客体，特别是包含了商业秘密，第 1185 条规定情节严重的故意侵害知识产权行为，适用惩罚性赔偿。惩罚性赔偿被写入法典具有重大意义，为各知识产权单行法修法时增加惩罚性赔偿确立了法典层面的依据。此外，在技术合同部分还有多个条文涉及知识产权。

关于知识产权有关的其他法律，《反不正当竞争法》于 2019 年完成了第二次修订，该修订的主要内容是细化商业秘密相关条款，加强了对商业秘密的保护。

随着《民法典》的施行，为了解决法律适用不一致的问题，最高院于 2020 年 12 月修订了《最高人民法院关于审理技术合同纠纷案件适用法律若干问题的解释》等十八件知识产权类司法解释，主要统一了条文中所涉法律法规名称、条文编号、相关部门名称等。此外特别值得一提的是，最高院在 2020 年共发布了 9 件与知识产权有关的司法解释或司法指导意见，^①其中 6 件于 9 月中旬密集发布，不仅涉及侵犯商业秘密案件、涉电子商务平台知识产权案件、涉网络知识产权侵权等各类案件审理的具体法律适用，还涉及知识产权民事诉讼证据规定、通过行为保全等法律制度加大侵权行为惩治力度的司法指导性意见。可见最高院全面加强知识产权保护、增强司法保护的实际效果的决心和宗旨。

在部门规章层面，为进一步推进市场监管法治建设，市场监管总局于 2020 年 10 月 23 日修订了《国家市场监督管理总局关于禁止滥用知识产权排除、限制竞争行为的规定》。

三、典型案例

【案例 1】中国法院首次在确定标准必要专利全球许可费率案中作出"禁诉令"

A 通讯技术有限公司、A 之家商业有限公司、北京 A 移动软件有限公司（以下合称 A 公司）与 Inter Digital,Inc.（交互数字公司）、Inter Digital Holdings,Inc.（交互数字控股有限公司）（以下合称 IDG）标准必要专利许可费率争议裁决纠纷^②

【基本案情】

双方自 2015 年开始展开许可谈判，进行多轮的许可技术谈判和商业谈判，进行了报价和反报价。截至 2020 年 2 月，双方之间标准必要专利（SEP）许可谈判无实质性进展，谈判陷于僵局。2020 年 6 月 9 日，A 公司向湖北省武汉市中级人民法院（以下简称武汉中院）提起按照 FRAND 规则裁决双方之间 SEP 全球费率或费率范围诉讼案。2020 年 7 月 29 日，IDG 在印度德里地方法院针对提起 A 公司的专利侵权诉讼，申请临时禁令、永久禁令，同时请求裁决费率争议（专利侵权损害赔偿替代方案）。

---

① 除了上文提及的，还有《最高人民法院关于全面加强知识产权司法保护的意见》（法发〔2020〕11 号）；《最高人民法院关于审理侵犯商业秘密民事案件适用法律若干问题的规定》（法释〔2020〕7 号）；《最高人民法院关于涉网络知识产权侵权纠纷几个法律适用问题的批复》（法释〔2020〕9 号）；《最高人民法院关于知识产权民事诉讼证据的若干规定》（法释〔2020〕12 号）；《最高人民法院关于审理涉电子商务平台知识产权民事案件的指导意见》（法发〔2020〕32 号）；《最高人民法院关于依法加大知识产权侵权行为惩治力度的意见》（法发〔2020〕33 号）。

② 湖北省武汉市中级人民法院（2020）鄂 01 知民初 169 号之一、之二号。

2020 年 8 月 4 日，A 公司向武汉中院提出禁诉令行为保全申请，该院经审查后，于 2020 年 9 月 23 日作出裁定，支持了 A 公司的行为保全申请，要求：IDG 立即撤回或中止其在印度法院针对 A 公司的临时禁令、永久禁令；IDG 不得在本案审理期间，在其他国家或地区法院，针对本案涉及的 3G、4G SEP 专利申请临时禁令、永久禁令，且不得申请强制执行已经获得或可能获得的临时禁令、永久禁令，不得在其他国家或地区法院请求裁定其与 A 公司之间的 SEP 许可费率或许可费争议。

裁定作出后，IDG 主要以 A 公司禁诉令申请不符合法律规定的行为保全标准，法院发布全球禁诉令的禁诉范围明显过宽，且违反了国际礼让原则为由，提出复议请求，武汉中院经过公开听证审理，驳回了复议申请。

【争议焦点】

标准必要专利许可费率纠纷中禁诉令（行为保全）申请的条件、禁诉令的裁决范围及国际礼让原则问题。

【裁判观点】

武汉中院在复议裁定中认为，本案审理过程中，IDG 在印度法院针对 A 公司提起的专利诉讼案，系武汉诉讼案之后所起诉的在后重复诉讼，且该类重复诉讼还存在继续的可能，造成当事人之间的诉累；印度诉讼案与本案存在交叉和重复，影响本案的审理程序，其裁决可能导致与本案生效判决相冲突，以致本案生效判决将难以执行；IDG 向印度法院申请的临时禁令和永久禁令对 A 公司造成极大的损害，存在终结 A 公司印度海外市场或在其他海外营销市场的可能性。如不及时制止，A 公司海外投资损害将难以弥补。因此，该种情形下 A 公司提出行为保全申请是符合法律规定的。

关于禁诉令的禁诉范围，A 公司作为 SEP 专利实施者、被许可人，营销市场除了中国、印度，还涉及其他国家和地区的市场范围；IDG 通过持有或有权许可该案 SEP 所涉范围及通过 FRAND 规则承诺的许可实施市场地域范围覆盖中国、印度及以外的国家和地区。A 公司申请本案费率裁决范围，与 IDG 在后提起的专利诉讼范围一致。这种维权诉讼并不局限于某一个国家或某一个地区，SEP 专利产品市场提供了非善意的 SEP 许可人在更加广泛的全球范围内的维权选择的机会。IDG 关于其在印度市场进行维权本禁令就只应限制其印度维权诉讼的说法不成立。SEP 费率争议裁决诉讼还必须考虑到可能的干扰因素和妨碍因素的存在及禁诉令的有效性和避免重复、避免诉累、促成许可谈判达成的终极目标。据此，A 公司申请的本案禁诉令适用范围及于全球并不失当。

关于国际礼让原则的问题，为确保费率争议裁决的有效性、权威性，多个有管辖连接点的备选管辖法院应尊重在先受理双方争议的管辖法院的管辖权，以使该法院成为行使裁决双方费率争议管辖权的唯一管辖法院。其他管辖法院对该在先管辖法院的礼让和容忍，是司法共同体基于 FRAND 规则所应承担的责任，并不是对其他国家和地区的司法管辖权的排斥和剥夺。因此，本案禁诉令裁定并未违反国际礼让原则。

【纠纷观察】

关于 SEP 许可费率的争议，许可人和被许可人在不同司法管辖区起诉的案件并不鲜见。本案是中国法院在确定标准必要专利全球许可费率争议案件中作出"禁诉令"的首例案件，具有重要意义。本案中法院对管辖权及国际礼让原则的适用规则和禁诉令的禁诉范围作出了详细的解释和回应。

首先，关于 SEP 许可费纠纷中涉及多个法域的平行诉讼时，管辖权及国际礼让原则的适用规则的问题。SEP 许可费纠纷中涉及被许可方的研发、制造、销售和终端使用等各个环节，都可能成为费率争议管辖法院行使管辖的理由。武汉中院在复议裁定中认为，如果争议双方没有对管辖法院达成一致，应当允许愿意接受 FRAND 规则裁决争议的一方选择管辖法院；并且当涉案纠纷存在多个管辖法院时，应尊重在先受理双方争议的法院的管辖权，使其成为裁决双方费率争议的唯一管辖法院。这意味着当 SEP 许可费纠纷在全球各司法辖区存在多个平行诉讼时，应当以"在先受理"的有管辖权的法院作为管辖法院，并不违反国际礼让原则。

其次，SEP 费率争议裁决诉讼的禁诉令（行为保全）范围，应当视案件的具体情况，考虑对申请人可能造成的影响而确定。本案禁诉令裁定的前两项内容是针对 IDG 在印度已经提起的临时和永久禁令，要求 IDG 立即撤回上述禁令；裁定的后面三项内容是针对未来的行为，要求 IDG 不得在其他任何法院申请禁令或执行获得的禁令，或请求裁定本案涉案专利的许可费（率）。由此可见，本案禁诉令的范围既包括已经发生的其他法域的诉讼，也包括未来可能发生的其他法域的诉讼。武汉中院认为，本案中禁诉令裁定范围并无不当的原因在于本案裁决的是全球费率，被许可人的销售市场涉及多个海外市场，就涉案专利双方进行救济、维权的诉讼并不局限于某一个国家或地区，因此，考虑到被禁行为延续发生的可能性，以及为了避免重复诉讼、避免诉累，禁诉令的范围及于全球并不失当。由此可见，在 SEP 许可费诉讼中，行为保全的申请人依据具体的案件情况，考虑可能存在的干扰因素和妨碍因素而提出面向未来的"预防性"的禁令，可能会得到法院的支持。

【案例 2】APP 商标在侵权案件中类似商品或服务的认定

北京轻松筹网络科技有限公司与上海追梦网络科技有限公司侵害商标权纠纷[①]

【基本案情】

2015 年 2 月 12 日，上海追梦网络科技有限公司（以下简称追梦公司）获准注册了第 16370611 号"轻松筹"商标，该商标核定使用范围包括第 35、38、42 类。2016 年 7 月 21 日，北京轻松筹网络科技有限公司（以下简称轻松筹公司）获准注册第 16040867 号"轻松筹"商标，该商标核定使用范围为第 36 类。

追梦公司认为轻松筹公司在其官方网站、微信公众号及安卓版 APP 上突出使用了"轻松筹"文字，此行为侵害了其注册商标专有权，要求法院判令轻松筹公司停止侵权，消除影响并赔偿经济损失。轻松筹公司辩称，其行为是在其商标核定注册的第 36 类"金融服务、资本投资、募集慈善基金"等服务上的使用，与追梦公司核定注册的第 35 类"通过网站提供商业信息"服务不属于类似服务。追梦公司则认为，轻松筹公司通过互联网向公众介绍筹款项目，从而为发起人从事包括商业经营在内的活动募集资金提供帮助，该服务行为应属于第 35 类"通过网站提供商业信息"服务。

一审法院认为，轻松筹公司通过涉案网站、微信公众号及 APP 为发起人发布包括商业类筹款项目在内的信息提供平台，属于第 35 类核定服务项目中的"通过网站提供商业信息"服务，侵犯了追梦公司对第 16370611 号商标在第 35 类服务上的注册商标专用权，并判令停止侵权，消除影响，赔偿损失。轻松筹公司不服一审判决提起上诉。二审法院逐一分析了追梦公司举证中主张轻松筹公司构成商标侵权所涉及的"梦想清单""预售尝鲜""微爱通道"等三个服务，认为此三个服务与涉案商标核定使用的第 35 类"通过网站提供商业信息"服务明显不同，亦不构成类似服务。因此，不会使相关公众产生混淆误认，据此二审法院判决撤销原判，驳回原告全部诉请。

【争议焦点】

轻松筹公司通过互联网平台所提供的涉案服务是否与第 35 类"通过网站提供商业信息"构成类似服务，以及是否容易导致混淆？

[①] 一审：北京市东城区人民法院（2017）京 0101 民初 7457 号；二审：北京知识产权法院（2019）京 73 民终 2816 号。

【裁判观点】

一审法院认为，轻松筹行为的本质系通过互联网平台提供包含商业类在内的筹款项目信息，目的在于通过该种媒介向公众介绍筹款项目，从而为发起人从事包括商业经营在内的活动募集资金提供帮助，故该行为属于涉案商标第35类核定服务项目中的"通过网站提供商业信息"服务。

而二审法院指出，近些年来，随着互联网技术的快速发展，以及与传统产业的深入融合，以互联网为基础设施和实现载体的服务新形态不断出现。在判断此类服务与某一服务类别是否相同或类似时，不能简单、片面地以实现载体、表现形式等外在因素具有一定交叉、重合，即认定构成相同或类似服务。而应当基于互联网开放、平等、互动的网络特性，从整体上综合考察、分析此类服务的目的、内容、方式、对象等因素，并结合相关公众的一般认识，准确把握、界定服务本质，厘清其与现有服务类别的内在关系，从而作出较为全面、科学、合理的审查认定，为服务新业态的健康发展预留充足的发展空间，形成公平有序的市场竞争秩序，在维护商标权人的正当权益与最大限度地保护社会创新之间取得最佳利益平衡。最终，二审法院认定，按照相关公众的通常认知，轻松筹公司提供的全部涉案服务与涉案商标核定使用的"通过网站提供商业信息"服务，在服务的目的、内容、方式、对象等方面均存在较大差异，尚未构成类似服务。

【纠纷观察】

商标第35类"通过网络提供商业信息"这一类别具有较高的概括性和模糊性，对互联网上所提供的"商业信息"类别并没有进行更进一步的区分，这也就导致了不论从事何种产业类型，只要是在互联网上开展相关信息提供的业务行为，都可能被认定为第35类。

然而，随着互联网行业的不断发展，"互联网 +"的风潮也逐渐影响到各个传统行业。互联网与商贸、金融、娱乐等各个领域的行业都进行了深度的耦合，我们能够通过互联网更加便捷地获得传统服务。随着互联网中所承载的服务提供者的类型越来越多样化，对第35类的认定也应该更加谨慎，不能简单地将以互联网为传播路径的产业均认定为同一商品或服务类型，而应该更加细化，全面、科学地认定，准确地把握和界定服务本质，厘清网络信息服务与现有服务类别的内在关系。本案中，二审法院对被告所提供的服务从服务的目的、内容、方式、对象等进行了详细的分析，最终认定轻松筹公司的金融服务与通过网站提供商业信息服务并不构成类似服务，对互联网行业商标侵权的认定提供了更加细化、科学、有可操作性的参考。

【案例 3】商标侵权案件中惩罚性赔偿的适用

惠氏有限责任公司、惠氏（上海）贸易有限公司与广州惠氏宝贝母婴用品有限公司等侵害商标权及不正当竞争纠纷[①]

【基本案情】

1982 年以来，惠氏有限责任公司（以下简称惠氏公司）在第 5 类获准注册了"惠氏""WYETH"等商标。自 1986 年开始，使用惠氏商标的惠氏（WYETH）婴儿配方奶粉产品就已进入中国市场进行销售，并且经过长期、持续地使用，惠氏商标已经被中国的相关公众所熟知，达到了驰名商标的程度。2011 年 5 月，广州惠氏宝贝母婴用品有限公司（以下简称广州惠氏公司）受让了"惠氏""WYETH"等 6 个商标，核定使用在第 3、10、16 类商品上，但此 6 个商标最终被予以无效宣告。2013 年 11 月 26 日，广州惠氏公司有在第 3、5、16 类上申请了 3 个"WYETH 惠氏"商标，但均被驳回或处于无效状态。后广州惠氏公司分别授权被告青岛惠氏宝贝母婴用品有限公司（以下简称青岛惠氏公司）、被告广州正爱日用品有限公司（以下简称正爱公司）作为其"WYETH 惠氏"产品的经销商，在网络销售平台广泛销售被控侵权产品。

惠氏公司认为，本案被告在其生产、销售、宣传涉案侵权产品活动中，以及在域名中使用"惠氏"及"Wyeth"商标的行为侵犯了其享有驰名商标的合法权益。同时，青岛惠氏公司将在企业名称字号中及实际经营中使用"惠氏"字样的行为构成不正当竞争，因此向杭州中院起诉要求判令被告停止侵权，并主张适用惩罚性赔偿，以被告获利的 3 倍予以计算，主张经济损失共计 3000 万元。广州惠氏公司辩称，其 6 个涉案商标虽然被予以无效宣告，但在 2018 年 5 月法院判决生效前，其对 6 个涉案商标的使用具有合法性，并不存在恶意，且在 2018 年 5 月之后，其使用的是"惠氏小狮子"商标，也不构成对原告注册商标专用权的侵权。正爱公司及青岛惠氏公司答辩称，其销售的产品经过广州惠氏公司授权，具有合法来源。

---

① 浙江省杭州市中级人民法院（2019）浙 01 民初 412 号。

法院经过审理认为，被告生产、销售、宣传行为中使用涉案商标构成对原告注册商标专用权的侵害，将"惠氏"作为企业字号的行为构成不正当竞争，同时，由于被告侵权恶意明显，侵权情节严重，对其适用惩罚性赔偿。判决被告立即停止侵权行为，变更企业名称，并赔偿原告经济损失 3000 万元。

【争议焦点】

被控行为是否构成对惠氏公司、惠氏上海公司注册商标专用权的侵害以及被告应当如何承担赔偿责任？

【裁判观点】

法院认为，广州惠氏公司在其生产、销售、宣传被诉侵权产品过程中，使用的"惠氏"及"Wyeth"标识，构成在类似商品上使用与惠氏注册商标相同或相近的商标，容易使相关公众产生混淆，侵害了惠氏公司的注册商标专用权。而且，广州惠氏公司的 6 件涉案商标已经被宣告无效，即视为自始不存在，并不能够证明使用行为具有合法性。加之广州市中级人民法院曾在 2012 年判令广州惠氏公司停止在其宣传推广活动中暗示与惠氏公司相关联、容易使相关公众产生误认的不正当竞争行为，法院认定，广州惠氏公司自从事母婴用品经营之时，即存在恶意攀附惠氏公司的故意，借助他人商誉实施商标侵权行为及不正当竞争行为，存在谋取非法利益的主观故意。因此，法院综合考量被告主观恶意程度，涉案侵权行为的性质、持续时间、规模范围，惠氏公司商标的显著性和知名度、侵权行为涉及婴幼儿食品等事实，决定按照广州惠氏公司侵权获利的三倍计算赔偿金额。

【纠纷观察】

商标侵权案件中的"蹭名牌"行为是通过利用他人具有较高商誉的商标来提高自身的收益。对于恶意商标侵权者来说，如果在商标侵权案件中法院仅仅支持较低的赔偿额，并不能起到应有的打击作用，反而可能会助长商标侵权行为的发生。同样的，对于恶意侵害专利权、著作权的行为，侵权人同样应当承担更加沉重的侵权责任。因此，近年来我国在知识产权领域方面的修法注意到了这个问题，无论是《商标法》，还是《专利法》《著作权法》，均增设了恶意侵权的惩罚性赔偿条款。

本案中，法院在适用惩罚性赔偿时，对被告的主观恶意和客观侵权的影响等方面进行了详细的分析，并根据本案实际情况，考虑了涉案商标知名度和相关产品涉及婴幼儿食品等因素，进而支持了原告三倍赔偿的主张。本案判决体现出了惩罚性赔偿的警示作用。一方面，惩罚性赔偿能够对侵权者进行严厉的惩戒，加重其侵权的成本和代价，对市场上的其他经营者也能起到警示作用；另一方面，对于被侵权方来说，高判赔额也能提高其维权的积极性，推动营造良好的市场氛围。

【案例4】妨碍证据保全可能承担不利后果

西门子软件公司诉沃福公司侵害计算机软件著作权纠纷①

【基本案情】

西门子软件公司为 NX 系列计算机软件的著作权人，并在美国版权局进行了著作权登记。2018 年，西门子软件公司以沃福公司未经许可使用 NX 系列软件进行产品设计和制造构成侵权为由向法院起诉，请求判令沃福公司停止侵害其计算机软件著作权、赔偿损失及合理开支。2018 年 6 月 20 日，根据西门子软件公司的申请，法院到沃福公司采取证据保全措施。在法院向沃福公司经理及股东吴某详细说明了将采取的保全措施以及拒不配合法院保全的法律后果的情况下，公司股东吴某及法定代表人汤某对保全工作进行了阻挠，包括突然断电、不提供开机密码、要求原审法院保全人员留下进行保全拍照的相机、关闭工厂大门阻止原审法院保全人员离场，导致法院仅对办公室内 26 台电脑中的 17 台电脑完成了保全，9 台电脑未能保全。经鉴定，保全的电脑中明确显示了 13 套 NX 系列软件的版本信息。西门子软件公司根据涉案各个版本软件的销售单价，主张按法院保全到的 13 套侵权软件计算其损失为：8×22 万 / 套 +2×15.5 万 / 套 +2×19.4 万 / 套 +1×15.4827 万 / 套 =2612827 元。同时，西门子软件公司在一审中明确请求法院全额支持其主张的赔偿数额，并认为其实际损失按 22 套涉案软件计算为 400 余万元，远高于其主张的赔偿数额。

一审法院经审理认定，沃福公司至少使用了 13 套侵权软件，并存在阻碍法院证据保全的行为，侵权恶意较大，以法定赔偿上限判令沃福公司停止侵权并赔偿西门子软件公司经济损失及合理开支共计 60 万元。当事人均不服一审判决，提起上诉。最高院经审理认为，推定未保全的 9 台电脑亦安装了涉案侵权软件，西门子软件公司遭受的实际损失应以涉案软件的售价计算，同时考虑到沃福公司的妨

---

① 一审：广州知识产权法院（2018）粤 73 民初 1099 号，二审：最高院（2020）最高法知民终 155 号。

碍证据保全行为，判决全额支持西门子软件公司主张的2612827元经济损失及10万元合理开支的诉讼请求。

【争议焦点】

侵权损害赔偿数额应如何认定？

【裁判观点】

最高院认为，《著作权法》明确规定了侵权损害赔偿的计算方式，侵权行为人的经营状况并非确定损害赔偿数额时所需考量的因素。侵权行为人不能以经营状况不佳、没有获利作为逃避侵权赔偿的借口，将经营风险转嫁给权利人。对于沃福公司安装的侵权软件数量，根据《最高人民法院关于民事诉讼证据的若干规定》第95条的规定，沃福公司阻碍证据保全工作导致9台电脑未完成保全，其应当承担相应不利后果，可以推定未保全的9台电脑安装了涉案侵权软件，实际损失应以22套侵权软件进行计算。着重考虑侵权数量、涉案软件的价格以及沃福公司的侵权情节，能证明西门子软件公司的实际损失明显超出法定赔偿额上限，且其主张的赔偿数额具有事实基础与法律依据。据此，最高院对于西门子软件公司主张的损害赔偿及合理支出予以全额支持。

【纠纷观察】

在认定侵权损害赔偿数额时，计算机软件终端用户侵权案件具有其特殊性，一般认为，应当以正版软件的市场销售单价乘以侵权软件数量计算。计算机软件产品具有易复制性，一旦开发完成发布市场，极易被破解复制，侵权门槛极低，且安装盗版软件的计算机由侵权人掌握控制，侵权不易被发现。而权利人举证难、维权难、维权成本高、维权时间漫长，如果法院判决确定的赔偿数额远远低于正版软件的销售价格，如采用软件销售利润而非销售价格作为计算依据，则该判决将导致侵权成本明显低于购买正版软件的成本，可能产生鼓励、放纵用户商业性使用盗版软件的行为。本案中，最高院采纳了原告以软件市场销售价格为依据计算损害赔偿的主张，对于软件终端用户侵权案件的损害赔偿数额认定起到了非常积极的指导作用。

此外，本案判决的另一方面的意义，在于明确了任何单位或者个人以暴力、威胁或者其他方法阻碍司法工作人员执行职务，不但严重违反了诉讼诚信的基本原则，而且是一种严重妨害民事诉讼的行为，除了可能承担举证的不利后果以外，人民法院在确定具体赔偿数额时将会对该情节予以充分考虑。该判决对于引导当事人诉讼诚信，加强社会诚信体系建设具有重要导向作用。

【案例 5】侵犯商业秘密案件中第三人承担连带责任的"明知或应知"要件认定

北京卓路体育文化发展有限公司等诉北京新赛点体育投资股份有限公司与金某淑等侵害商业秘密纠纷[①]

【基本案情】

三原告北京卓路体育文化发展有限公司（以下简称卓路体育公司）、卓路文化发展（北京）有限公司（以下简称卓路文化公司）和北京禧乐峰旅游有限公司（以下简称禧乐峰公司）为关联公司，成立于 2004 年至 2012 年，主营体育运动项目，与多家大型银行常有高尔夫服务业务往来。金某淑、徐某平、孙某、王某和姚某（以下简称金某淑等五人）原系原告公司员工，分别担任球场部经理、大客户部经理、财务部球场对账助理、客服组长等，与原告分别签订了《商业秘密保密合同》或《知识产权保护协议》。2012 年至 2013 年 7 月先后从原告处辞职后入职被告北京新赛点体育投资股份有限公司（以下简称新赛点公司）。原告认为，金某淑等五人未经许可将三公司的商业秘密披露给新赛点公司使用，包括与高尔夫球场的合作信息、系统数据信息、与银行的合作信息，新赛点公司明知金某淑等五人掌握的商业秘密仍加以使用，遂以新赛点公司、金某淑等五人侵犯商业秘密为由向法院提起诉讼。请求判令被告停止侵害商业秘密、发布道歉声明、赔偿经济损失及合理开支等。

法院经审理认定新赛点公司、金某淑等三人侵犯了三原告公司的商业秘密，新赛点公司对于原告的损失承担连带赔偿责任。无证据证明孙某、王某二人泄露商业秘密，因此法院对于原告主张二人亦侵犯其商业秘密的主张不予支持。

【争议焦点】

新赛点公司是否应当与金某淑等三人承担连带责任？

【裁判观点】

一审法院认为，虽然本案中无直接证据证明新赛点公司明知金某淑等三人违反约定侵犯了原告的商业秘密，但结合在案证据可知，新赛点公司在明知银行接受高尔夫服务具有一定的准入条件，而其于 2013 年之前并未将提供高尔夫服务作为主营业务，且明知徐某平、金某淑、姚某曾在卓路体育公司、卓路文化公司和

[①] 一审：北京市海淀区人民法院（2015）海民（知）初字第 38761 号，二审：北京知识产权法院（2018）京 73 民终 686 号。

禧乐峰公司接触有关高尔夫服务业务的情况下，而派徐某平等人参与和中国银行等的合作并顺利签订合作协议，即应当知道金某淑、姚某等人在新赛点公司工作期间，将二人在卓路体育公司、卓路文化公司和禧乐峰公司接触到的商业秘密非法披露并使用。

二审法院在认可一审判决基础上，补充认为，在没有证据证明新赛点公司于2014年2月28日之前曾与广发银行签订过类似合作内容的高尔夫服务协议的情况下，金某淑在入职新赛点公司后不久，新赛点公司即参与广发银行此项高尔夫服务项目投标，后顺利中标并签订合作协议。在此过程中，新赛点公司明知徐某平、金某淑、姚某非法披露三公司与相关银行合作形成的商业秘密、并在经营中积极利用该商业秘密的主观故意意图体现得十分明显。新赛点公司与金某淑、徐某平、姚某不仅存在共同侵权的主观过错，并且共同实施了涉案侵犯商业秘密的行为，依法应当承担连带赔偿责任。

【纠纷观察】

在员工离职引发的侵害商业秘密案件中，商业秘密的直接披露者通常是离职员工，权利人可以依据所签订的《保密协议》《竞业限制协议》，以商业秘密被侵犯为由向离职员工主张权利。对于不负有保密义务的经营者，根据《反不正当竞争法》的规定，只有在主观上"明知或应知"的状态下获取、披露、使用商业秘密才构成侵权。商业秘密侵权案件中认定经营者是否具备"明知或应知"的主观故意上，没有统一的标准。在实践中，商业秘密的权利人在增强内部商业秘密管理的同时，也应注意自发现侵权情形起积极收集证据，如有证据表明其他经营者自权利人的离职员工入职后出现与权利人相同或类似的业务板块突然扩张，经营规模突然扩大，且与权利人存在竞争关系的情形，对于认定经营者具备"明知或应知"的主观意图具有重要价值。

本案的典型意义在于，提示企业在日常经营中应注意明确商业秘密的范围，同时在管理中对商业秘密采取严格的保密措施。为防止商业秘密的泄露，还应当与接触相关业务的员工签订保密协议和竞业限制协议，以便在出现纠纷时，在商业秘密是否存在以及是否被侵权等问题上有据可依。同时，本案对于聘用负有保密义务员工的企业同样具有警示作用，其在经营中要注意防范风险，对员工入职后的工作内容要尽到审慎的注意义务，一旦构成侵犯商业秘密，则可能与员工一同向员工原单位承担连带责任。

四、热点问题观察

（一）标准必要专利全球费率裁判与我国司法主权问题

随着科技发展的不断加速与深化，近年来标准必要专利相关的案件层出不穷，且案件国际化趋势明显。2020 年，随着英国最高法院对英国法院在华为技术有限公司与无线星球公司案[①] 及华为/中兴通讯与康某森案[②] 中作出的终审判决予以支持[③]，以及我国最高院在华为诉康某森案中作出禁止康某森申请执行已生效判决的行为保全裁定，标准必要专利相关问题再次引发了广泛讨论。

由于技术标准的全球性以及专利权的地域性，标准必要专利纠纷通常呈现多国家平行诉讼的局面。[④] 而标准必要专利领域最重要的纠纷类型之一为标准必要专利许可费率纠纷，在平行诉讼多发的背景之下将不可避免地引发不同国家之间的司法主权冲突问题。

在过去的国际司法实践之中，面对许可费率纠纷，各国法院鲜有在未取得专利权利人及实施人许可的情况下径行裁定专利的全球许可费率的情况。[⑤] 然而英国法院在上述华为与无线星球公司案、华为与康某森案以及中兴通讯与康某森案三案中对于案涉专利的全球许可费率予以裁定，且该裁判结果被英国最高法院予以认可后，此前实践中的平衡已被打破。在此之后，英国法院抑或其他境外法院将有可能以上述裁判结果为参考或引据，针对其他案件中的标准必要专利全球费率径行作出裁判。而此种行为不仅是对于国际礼让原则的违背，也会对我国企业发展造成难以忽视的负面影响。

例如，对于我国企业而言，境外法院对于相关标准必要专利全球费率的裁定很可能使中国境内的专利费率难以符合实际，从而导致我国企业的营利空间被不合理挤压；同时，面临不得不应对的许可费率相关域外诉讼，标准必要专利纠纷

---

① *Unwired Planet International Ltd and another（Respondents）v Huawei Technologies（UK）Co Ltd and another.*

② *Huawei Technologies Co Ltd and another（Appellants）v Conversant Wireless Licensing SàRL；ZTE Corporation and another（Appellants）v Conversant Wireless Licensing SàRL.*

③ 仲春：《标准必要专利全球费率裁判思辨》，载《知识产权》2020 年第 10 期，第 13 页。

④ 仲春：《标准必要专利全球费率裁判思辨》，载《知识产权》2020 年第 10 期，第 14 页。

⑤ 祝建军：《标准必要专利全球许可费率司法裁判问题研究》，载《知识产权》2020 年第 10 期，第 5—7 页。

当事人也需面临沉重的诉讼成本负担。[①]

因此，在此种趋势之下，保护我国企业应有权益，捍卫我国司法主权，反对境外司法霸权行为成为我国法院所面临的要求与挑战。对于法院而言，在对等和国际礼让的基础上建立处理标准必要专利争议的禁诉令制度，通过禁诉令对于境外法院影响我国司法主权的诉讼予以限制，或依据我国《民事诉讼法》相关规定，对域外法院签发的妨碍我国民事诉讼当事人依法行使权利和干预我国司法主权的禁诉令不予协助、承认和执行等，均为可采取的应对措施。[②] 值得欣慰的是，在前述华为诉康某森案中，最高院已首次作出了"禁诉令"性质的行为保全裁定，除该案外，2020年武汉中院在小米诉IDC案、三星诉爱立信案中也作出了"禁诉令"，对于域外法院的司法霸权行为做出有力回击，该案也将为后续类似案件提供有效的参考与指引。

（二）惩罚性赔偿制度的问题与完善

知识产权领域的惩罚性赔偿近年来一直受到颇多关注，在过去的一年中，随着我国颁布的《民法典》写入侵害知识产权的惩罚性赔偿制度，以及《专利法》《著作权法》修订后纳入该制度，惩罚性赔偿制度再次引起关注和热议。

作为用来制约与威慑故意侵权行为的制度，惩罚性赔偿最初于2013年在《商标法》第三次修正时被引入知识产权领域。后随着实践与理论研究的不断深入与完善，原《商标法》中的惩罚性赔偿制度被认为已不能应对新形势下的侵权行为，因此，在2019年4月《商标法》第四次修正时对惩罚性赔偿制度进行了一定程度的完善，当日同时通过的《反不正当竞争法》修正案也纳入了惩罚性赔偿制度。通过上述法律的修订，惩罚性赔偿制度虽在知识产权领域已占有一席之地，但适用范围仍较为局限，未能在整个知识产权领域形成有效惩治故意侵权行为的统一局面。

2020年，《民法典》第1185条明确规定了故意侵害知识产权的行为可适用惩罚性赔偿，通过在法典中写入这一原则性规定，从总体上奠定了知识产权领域适用惩罚性赔偿的基础。此后，《专利法》与《著作权法》相继修订，均明确引入了惩罚性赔偿制度，对《民法典》中所确认的基本规则予以回应，具体的惩罚幅度

---

① 祝建军：《标准必要专利全球许可费率司法裁判问题研究》，载《知识产权》2020年第10期，第9页。

② 祝建军：《我国应建立处理标准必要专利争议的禁诉令制度》，载《知识产权》2020年第6期，第33页。

也与此前修订的《商标法》《反不正当竞争法》保持了一致性。至此，惩罚性赔偿在知识产权领域已成为全面规定的侵权制约手段之一，对于国家大力加强知识产权保护的政策导向做出了有效回应。

与此同时，对于惩罚性赔偿目前的规制情况，业界专家、学者也进行了广泛的讨论，对于惩罚性赔偿制度进行了深入剖析，揭示了该制度目前存在的部分问题。

例如，从惩罚性赔偿的主观性适用要件来看，目前知识产权领域各单行法的规制不完全统一，且内涵不够明确，因此可能会出现适用上的问题。对于现行《商标法》以及《反不正当竞争法》而言，惩罚性赔偿所要求的主观要件为"恶意"；而对于现行《民法典》以及将于 2021 年 6 月施行的《著作权法》《专利法》而言，惩罚性赔偿所要求的主观要件为"故意"。对于"恶意"与"故意"的理解与区分，对于实践操作来讲至关重要。然而，目前无论在理论界抑或实务界，对于此问题的观点都不尽统一。[1] 有观点认为，所谓"恶意"，在主观的严重程度应当高于"故意"；[2] 而有观点认为，"恶意"的判断标准比较模糊，其与"故意"的区分尚未形成共识，因此有必要将"故意"作为惩罚性赔偿的要件；[3] 还有观点认为，基于司法实践中的情况，对恶意与故意应当不做区分，以防止因认定与使用的分歧而导致司法的不统一。[4] 可见，由于不同认识的差异，在目前惩罚性赔偿法条表述不一致的情况下，司法实践中将会不可避免地产生适用上的标准不统一问题。

再如，对于赔偿数额方面，目前法律规定中侵害知识产权惩罚性赔偿的数额多为根据实际损失、侵权获利等方法计算得出的赔偿额的一倍至五倍。然而，在实践中，由于权利人的实际损失、侵权人的获利等数额本就极难确定，因此惩罚性赔偿的数额也难以确认，可能会导致法院仍选择适用法定赔偿，[5] 从而削弱惩罚性赔偿制度的实践意义。

综上，可以看出，目前我国知识产权领域的惩罚性赔偿制度已基本建立且覆

---

① 苏和秦、庄雨晴：《商标惩罚性赔偿的司法适用及反思》，载《电子知识产权》2020 年第 9 期，第 71 页。

② 张红：《恶意侵犯商标权之惩罚性赔偿》，载《法商研究》2019 年第 4 期，第 161 页。

③ 王利明：《论我国民法典中侵害知识产权惩罚性赔偿的规则》，载《政治与法律》2019 年第 8 期，第 98 页。

④ 蔡健和：《关于商标法中惩罚性赔偿司法适用的几点思考》，载《中华商标》2017 年第 3 期，第 56—59 页。

⑤ 王一格：《知识产权侵权惩罚性赔偿制度的适用探析》，载《党政论坛》2020 年 9 月号，第 53 页。

盖范围全面，但制度中仍存在着不可忽视的问题，可能对该制度的适用产生一定影响。为使得惩罚性赔偿制度在实践中发挥其应有作用，相关问题亟待通过实践有司法解释予以统一明确。

（三）新《著作权法》下的网络游戏直播规制问题

在过去的一年中，即使在新冠疫情对我国各行业发展都带来了巨大挑战的背景之下，网络游戏行业依然保持着蓬勃的发展态势。其中，游戏直播更是在行业中占据着越来越重要的地位。由于游戏行业具有高度依赖版权的特点，对相关内容提供充分、恰当的版权保护是行业发展的根基之一。对于游戏直播而言，如何对于直播所涉的游戏画面进行保护一直以来都受到颇多关注与讨论，在新修订的《著作权法》施行之后，该问题又将面临一系列新的变化。

总体而言，对于游戏直播进行著作权保护，主要涉及两个问题，即对直播中游戏画面的定性问题，以及对直播行为本身的侵权定性问题。对于游戏画面的定性问题，早在《英雄联盟》案[①]、《地下城与勇士》案[②]等案件中，各法院就已明确了将游戏画面认定为类电影作品进行保护的裁判思路。但事实上，游戏整体画面并不能完美契合类电作品的定义。电影或类电作品一般是将连续画面事先摄制并固定在有形物质载体上，供观众进行观看。而游戏整体画面则不会通过"摄制"的方法固定在一定的介质上，并且，游戏玩家可以亲身参与、选择游戏画面的效果，这种互动模式与电影或类电作品的单纯观看模式是有着明显区别的。而在此次《著作权法》修改之后，"视听作品"作为新的作品类型被引入法律规定，虽然目前尚无对于视听作品的官方解释，但参考国家版权局于 2012 年 7 月发布的《著作权法》（修改草案第二稿）[③]中对于"视听作品"的定义，相比于类电作品而言，"视听作品"对于摄制方法的要求明显降低，用于保护游戏画面将更为合理。

对于游戏直播行为的侵权定性问题，由于该种行为所涉的权利无法被恰当归入现行《著作权法》明确列举的具体权利类型之中，因此实践中对于该类侵权行为曾以侵犯"应当由著作权人享有的其他权利"来认定。在备受关注的《梦幻西游》案[④]之中，法院逐一分析了与直播行为可能有所关联的放映权、广播权、信息网络

---

① 广州互联网法院（2019）粤 0192 民初 1756 号。

② 杭州互联网法院（2020）浙 0192 民初 1330 号。

③ 《版权局就著作权法（修改草案第二稿）公开征求意见》，http://www.gov.cn/gzdt/2012-07/10/content_2180033.htm，访问时间：2021 年 1 月 29 日。

④ 广东省高级人民法院（2018）粤民终 137 号。

传播权、展览权和表演权的控制范围，最终得出该种行为只能适用"应当由著作权人享有的其他权利"的兜底条款予以规制。而在新的《著作权法》之下，广播权的范围得到了扩张。根据新法的修改，广播权中增加了"以有线方式公开传播作品"的行为，这就将通过互联网实时传播作品纳入了广播权的控制范畴。因此，根据新《著作权法》的规定，游戏直播行为可以通过广播权予以规制，这无疑为对作品网络直播的保护提供了更为明确的依据。

可以看出，在《著作权法》此次修改之后，网络游戏直播的版权保护问题将更为明晰，也更为合理。这也将对网络新形势下游戏产业的发展产生可以预见的积极作用。

（四）中美经贸协议与我国商业秘密法律规制的提升及挑战

中美关系多年来一直是影响我国政策、经济等发展的重要因素。2020年1月，经过多轮磋商与谈判，中美双方签署了《中美第一阶段经贸协议》（以下简称经贸协议）。

在经贸协议中，中美双方对于知识产权的约定成为最重要的组成部分之一，其中，商业秘密相关约定被置于协议之首，并占据了知识产权章节中的很多篇幅。协议中对于商业秘密责任人的范围、商业秘密侵权行为的范围、商业秘密的披露、商业秘密侵权案件的举证责任分配、侵犯商业秘密的刑事规制等内容均有明确约定。

对于我国而言，2019年4月《反不正当竞争法》第二次修订主要是针对商业秘密的内容，当时正值中美经贸谈判的激烈交锋中，从该法修订后的商业秘密相关条款与经贸协议的内容对比可知，事实上修法时在民事法律层面已经落实了中美谈判中的一些要求，显著提升了对商业秘密的保护力度。但面对新签订的经贸协议，我国仍需进一步强化、完善对于商业秘密的法律规制，才可落实国际协议的义务，从而保障和促进我国的全球化发展。

作为回应，2020年12月，我国《刑法修正案（十一）》正式通过，将于2021年3月起实行。通过此次修订，我国商业秘密刑事法律规制进一步契合了经贸协议提出的要求。首先，在入罪门槛方面，此次刑法修正案将"给商业秘密的权利人造成重大损失"这一门槛修改为"情节严重"，系对于经贸协议第1.7条"取消任何将商业秘密权利人确定发生实际损失作为启动侵犯商业秘密刑事调查前提的要求"的有效回应。其次，对于行为规制，此次修订将以欺诈、电子侵入等手段获取商业秘密的行为纳入侵权行为之中，这则与经贸协议第1.8条"至少将出于非法目的，通过盗窃、欺诈、实体或电子入侵的形式侵犯商业秘密的行为，以及未经授权或不当使用计算机系统的行为列为禁止行为"的要求相呼应，也保持了与《反不正当竞争法》规制的民事侵权行为类型相一致。

在民事侵权规制方面，最高院于 2020 年 9 月 10 日发布专门规制商业秘密的司法解释《关于审理侵犯商业秘密民事案件适用法律若干问题的规定》，针对举证、行为保全、诉讼程序中的保密、法院调查收集证据等问题作出了进一步的细化规定，也是对经贸协议有关条款的落实。

总之，经过相关法律的修订，我国目前对于商业秘密的保护体系已大体与经贸协定中所提出的要求相符，尤其在主体范围、侵权行为类型、侵权行为保全等方面。[①] 但同时，我国现行体系中也仍存在部分不足之处。民事方面，我国现行《反不正当竞争法》主要针对国内经济市场，对于涉外经贸中商业秘密保护的问题规制严重不足，这会导致重国内保护轻对外保护局面的产生，对于全球化发展产生一定的阻碍。[②] 刑事方面，《刑法修正案（十一）》在完善侵犯商业秘密罪其他内容的同时，将商业秘密的定义予以删除，这可能会造成实践中适用问题的产生。行政方面，我国对于政府机构的商业秘密保密义务规定较为粗糙，与经贸协议中的要求仍有一定差距。[③]

总之，在过去的一年中，在《中美经贸协议》签订等因素的推动之下，我国商业秘密的法律规制获得了一定程度的完善。但与此同时，在全球化背景之下，除了外界的动因，我们也需吸收借鉴域外法律体系的优势，对现行法律体系中的不足之处逐步改进，全面完善商业秘密保护法律规制。

五、结语与展望

2020 年对于中国知识产权领域是值得特别关注的一年，既是成果丰硕的一年，也是开启新征程的一年。在年初中美第一阶段经贸协议签订后，在落实协议义务的外在动因，以及保护自主创新的内在自驱力共同作用之下，知识产权领域的相

---

① 周作斌、李宁：《〈中美经贸协议〉中商业秘密的规定及我国应对路径》，载《电子知识产权》2020 年第 4 期，第 45 页。

② 周作斌、李宁：《〈中美经贸协议〉中商业秘密的规定及我国应对路径》，载《电子知识产权》2020 年第 4 期，第 50 页。

③ 周作斌、李宁：《〈中美经贸协议〉中商业秘密的规定及我国应对路径》，载《电子知识产权》2020 年第 4 期，第 51 页。

关立法纷纷修订，知识产权的客体和惩罚性赔偿等原则被写入《民法典》,《专利法》和《著作权法》完成修订，多件司法解释和指导文件密集发布，都彰显了中国重视知识产权价值和加强知识产权保护的决心。

同时，我们也面临新领域、新技术带来的复杂知识产权保护问题，以及严峻的国际形势下来自发达国家的压力和挑战。对于知识产权争议领域的新问题，需要综合考量创新与保护的平衡，通过丰富的实践发展来促进认识的统一，从而促进纠纷的高效解决。

中国影视娱乐争议解决年度观察（2021）

周俊武　陈　曦　米新磊[①]

一、概述

（一）2020 年度影视娱乐行业发展概况

如果说 2019 年被称为影视娱乐行业[②]的"寒冬"，那么进入 2020 年，一场突如其来的新冠肺炎疫情使"寒冬"雪上加霜。根据疫情防控要求，依托线下生产、营收的产业几乎全面停摆，影视、现场演出等行业损失尤其惨重。

以影视行业为例，一方面，正在拍摄中的项目被迫无限期中止；另一方面，春节档等重要影视档期纷纷取消，以影院为代表的线下渠道商除了要承担直接的票房损失以外，周边卖品、广告收入也全部清零，可谓损失惨重。一直到 2020 年 7 月，停业了大半年的电影院才陆续恢复营业。

天眼查数据显示，仅 2020 年上半年，就有 1.23 万家与影视有关的公司注销或吊销，远超 2019 年。[③]影视行业整体性的低迷仍在持续，且有愈演愈烈之势。

但是，我们并不能将影视行业的低迷全部归因为疫情的影响。从某种意义上来说，疫情更像是一针催化剂，使得行业长久以来的积弊被集中放大。

[①]　周俊武，北京金诚同达律师事务所高级合伙人。陈曦，北京金诚同达律师事务所高级合伙人。米新磊，北京金诚同达律师事务所合伙人。同时，感谢北京金诚同达律师事务所周俊武律师娱乐法团队的刘宗鑫、杜哲、陈冠琪、刘彦伶、韩雨岚、牟思蓓、毛菲凡对于本报告作出的贡献。

[②]　本篇报告所聚焦的影视娱乐行业，是指以电影、广播电视为代表的、一切能够为社会公众提供娱乐产品和服务、并能够实现娱乐价值的经济活动的总称，具体包括电影、广播电视、网络视听节目、文艺演出、电子游戏、音乐等若干领域。

[③]　陈静、曹晨：《影视业漫漫苦疫：1.23 万家企业等不到复工复产》，https://stock.stcn.com/djjd/202006/t20200624_2068990.html，访问时间：2021 年 1 月 30 日。

如果把时针拨回到 2015 年，可以看到彼时的影视文娱市场正值一片繁荣景象。大规模涌入的热钱不仅助力影视公司的市值屡创新高，也掀起了一股并购浪潮。然而，非理性的入局者和投机行为是行业野蛮生长的推手，也为行业的发展前景增添了不确定性。

自 2018 年起，经济下行压力、税务监管风暴就已经开始引发影视行业的震荡，大规模涌入影视行业的热钱在行业低迷时期纷纷退出，一度有多家新三板影视公司开始陆续摘牌。逐渐趋严的监管、越发冷静的投资最终压破了泡沫。因此，行业深度调整叠加疫情影响，才是最终导致影视公司"关门潮"的原因。

疫情之初，在整体的一片萧条中，也许只有逆势爆发的直播、短视频和游戏等可称为行业中的亮色。但当线上成为唯一的出口，其他细分行业也纷纷寻求突破，从线下转战线上，加快了整个行业线下和线上的融合、互补。这也是影视娱乐行业在 2020 年度值得称道的新特点。

例如，原本计划于春节档在院线上映的电影《囧妈》，因疫情被迫撤档后以 6.3 亿元的价格卖给字节跳动公司，在抖音、西瓜视频等平台上让观众免费观看，成为第一部在线上首播的春节档电影。又如，原本现场录制的综艺节目《歌手》，采用"云录制"的方式，让来自世界各地的艺人在世界不同角落布置具有当时当地特色的舞台，大众评审也在线上接入，既保证了节目继续顺利录制，也让观众耳目一新。再如，腾讯在 2020 年 3 月推出 TME Live 品牌，至今已举办了《想见你》OST、五月天、陈奕迅等多场线上演唱会，相关话题动辄全网刷屏；京东直播与摩登天空在 6 月合力举办线上草莓音乐节，优酷也在 7 月推出了线上首演的音乐剧《一爱千年》……现场演出纷纷转战线上，既扩大了受众群体，也开辟了新的消费场景。

"危"中往往有"机"。转战线上，既是自救，也是创新。在各行各业都越来越依赖线上渠道的时代，成功的线上文娱内容不能再是简单地将线下的内容搬到线上，而是要根据互联网传播方式和受众心理进行针对性的打磨。业态的更新和迭代，也许就在这个过程中悄然发生。

（二）2020 年度影视娱乐争议解决概述

综观 2020 年度文化娱乐行业的重大争议案件，主要呈现出以下几大特点：

1. 涉及影视合同履行纠纷增多

受疫情影响，2020 年上半年线下影视发展几乎处于停滞状态，剧组停工、影院歇业，影视制作及发行企业遭受重创，不仅导致一大批投资合同面临无限期暂停履行或被迫解除的窘境，甚至对某些参与对赌的影视公司造成毁灭性打击。合同履行纠纷激增，能否构成不可抗力、情势变更等法定情形也成为纠纷企业所关注的焦点。

2. 著作权法作品类型屡遭挑战

2010 年修改的《著作权法》设定了八种具体的作品类型，但随着智力成果表现形式和传播方式的发展与变化，涌现出区别于图画、电影、文字小说等传统作品的智力成果，现有法定作品类型已经无法满足日益增长的市场需求。2020 年，在众多文娱类著作权案件中该法律规定就屡遭挑战。例如"王者荣耀短视频上传案"①，人民法院认可作品类型强调的是表现形式而非创作方法，首次认定游戏的连续画面虽然不是通过摄制方法固定在一定介质上，但是属于类电影作品；"倩女幽魂手游案"②，人民法院认可从文字到画面的保护，认为文学作品的表达不仅表现为文字性的表达，也包括文字所表述的故事内容，当文学作品的人物形象、情节选择、场景设计反映出作者独特的选择、判断、取舍时，即可成为著作权法保护的表达；"我不是药神音频案"③，人民法院认为虽然缺乏必要画面，但是单纯的有声成果也是电影类作品不可分割的一部分，体现独创性，亦可以构成作品。这类挑战似乎是在为 2020 年 11 月 11 日《著作权法》修正案的通过提前预热，法律对于作品的定义至此也将开启新的篇章。

3. 直播新业态纠纷频发

疫情之下，线下冰冻三尺，线上百花齐放，直播带货成为各类企业的抗疫抓手，以商家、主播／机构和用户为主的商业闭环已经初步形成。本就自带流量的明星艺人也纷纷加入这场直播带货的盛宴。但是在缺少监管措施的情况下，这样一个迅速壮大的庞大市场之内各式各样的法律问题也频频发生。"罗永浩所售羊毛衫为假货""李雪琴亲历直播带货造假""李佳琦直播间'买完不让换'"等事件屡屡成为社交平台热门搜索的话题。主播辛巴直播售假，不仅承担"退一赔三"责任赔偿消费者数千万元，更是遭受多地市场监管部门的调查，被处以 90 万元罚款。

2020 年"双十一"购物节后，中国消费者协会发布文章《"双 11"消费维权舆情分析报告出炉！直播带货、不合理规则成最大槽点》，对"双 11"期间相关消费维权情况进行了网络大数据舆情分析，利用专章"点名批评"明星直播。

---

① 广州互联网法院（2019）粤 0192 民初 1092—1102、1121—1125 号判决书。
② 北京知识产权法院（2019）京 73 民终 1410 号判决书。
③ 北京互联网法院（2020）京 0491 民初 7460 号。

二、新出台的法律法规或其他规范性文件

（一）《中华人民共和国民法典》

2020 年 5 月 28 日，十三届全国人大三次会议表决通过了《中华人民共和国民法典》（以下简称《民法典》）。《民法典》自 2021 年 1 月 1 日起施行。其中，人格权编、合同编等同影视娱乐行业的关系最为密切。

《民法典》人格权编中，人格权的商业化利用得到肯定，许多权利的保护范围也较以往更加明确。例如，第 1027 条规定名誉权的保护延及文学、艺术作品领域，使得真人故事原型人物的维权有了法律基础；又如，第 1017 条规定对于笔名、艺名、网名等名称，只要被他人使用后足以造成混淆，都可纳入姓名权的保护范围；对于肖像权，以往可能较难评判的使用艺人卡通肖像、AI 换脸等利用技术手段侵犯肖像权的行为均落入肖像权的保护范围（第 1018 条），且对声音的保护参照适用肖像权保护的有关规定（第 1023 条）。明星艺人依靠姓名、肖像和声音等实现商业价值，这些规定对其无疑为重大利好。

《民法典》合同编中，最受关注的当属第 580 条。继《全国法院民商事审判工作会议纪要》第 48 条就违约方起诉主张解除合同的情形作出规定之后，《民法典》第 580 条增加了一款，规定合同目的不能实现时，法院或仲裁机构可以根据当事人的请求解除合同，但是不影响违约责任的承担。学者认为，此规定实际上是在法定解除权之外对司法解除制度的探索。在演艺经纪合同解约纠纷频发的背景下，该条规定提供了经纪合同陷入履行僵局时的解决思路。

（二）《中华人民共和国著作权法》

2020 年 11 月 11 日，十三届全国人大常委会第二十三次会议通过《全国人民代表大会常务委员会关于修改〈中华人民共和国著作权法〉的决定》，新的《著作权法》将自 2021 年 6 月 1 日起施行。新《著作权法》在原有的立法基础上进一步细化、明确个别条款规定，并聚焦著作权与著作权有关权利的保护，对以版权为核心竞争力的影视娱乐行业意义重大。

此次《著作权法》既有针对既往实践问题的修订，又有面向文娱新业态的主动回应。

例如，对于实践中待解决的表演者与演出单位的关系问题，《著作权法》增设对职务表演的规定，切实保障了作为演出组织者的演出单位权利的同时，也促进

了演出单位的积极性，进而促进整个演出市场的发展与繁荣。

又如，为适应当今网络环境，《著作权法》将电影作品和类似摄制电影的方法创作的作品修改为视听作品，使得网络短视频等形式多样的视听作品也可被认定为作品，意图扩大保护范围。

再如，对于文娱行业有重大影响的"合理使用"制度，本次修订时采取了"列举＋兜底"的立法模式，在明确列举十二种常见的合理使用方式后，以"法律、行政法规规定的其他情形"作为兜底条款，以此为解决新技术发展与公共利益平衡可能需要考量的其他合理使用情形预留足够的空间。①

（三）《视听表演北京条约》

2014 年 4 月 24 日，第十二届全国人大常委会第八次会议表决通过批准《视听表演北京条约》（以下简称《北京条约》）。《北京条约》于 2020 年 4 月 28 日起正式生效，目前批准或加入的国家已达 31 个。

《北京条约》赋予表演者对其以视听录制品录制的表演的五项经济权利，即复制权、发行权、出租权、提供已录制表演的权利及广播和向公众传播的权利；对其未录制的现场表演的两项经济权利，即现场直播权和首次录制权。在《北京条约》生效后，我国表演者将在同属条约缔约方的其他国家和地区获得充分保护，有利于进一步激发创造热情，促进表演事业的繁荣和作品的广泛传播，推动音像、演出产业的蓬勃发展。

（四）《关于加强网络秀场直播和电商直播管理的通知》《关于加强网络直播营销活动监管的指导意见》《网络交易监督管理办法（征求意见稿）》和《互联网直播营销信息内容服务管理规定（征求意见稿）》

2020 年可谓"直播大年"，但在直播尤其是电商直播爆发式增长的同时，许多违法行为和不良风气也成为社会的隐忧。对此，各监管部门均出台了相关规定，形成监管合力。其中比较有代表性的，有国家广播电视总局发布的《关于加强网络秀场直播和电商直播管理的通知》（以下简称《通知》）、国家市场监管总局出台的《关于加强网络直播营销活动监管的指导意见》（以下简称《意见》）和《网络交易监督管理办法（征求意见稿）》，以及国家互联网信息办公室发布的《互联网

---

① 张晓霞、杨振：《从裁判者角度审视〈著作权法〉的修改》，载知识力网站，http://www.zhichanli.com/article/9465.html，访问时间：2021 年 1 月 27 日。

直播营销信息内容服务管理规定（征求意见稿）》。

其中，《通知》中最引人注目的要求是，直播平台应采取措施不为违法失德艺人提供公开出镜发声机会，在不少艺人试图通过直播进行"复出试水"的背景下引起了行业内的小小震动。而《意见》则体现了对新业态监管灵活性和原则性的结合，一方面并未将直播带货"一刀切"地认定为商业广告，避免为带有即兴色彩的直播活动带来过重的合规压力；另一方面则强调特殊商品和服务的监管和消费者权益保护等，体现出坚守监管底线的决心。

总体而言，上述文件围绕着直播平台应加强导向和价值引领、指导基层执法部门监管行为、规范不同主体的行为并压实相应法律责任、保护消费者权益等方面进行了规定，将在方方面面影响未来网络直播的治理、经营和监管，推动直播行业在规范道路中获得新发展。

（五）《广播电视行业统计管理规定》和《防范和惩治广播电视和网络视听统计造假、弄虚作假责任制规定》

2020 年 4 月 3 日，国家广播电视总局印发《广播电视行业统计管理规定》，并于 2020 年 5 月 5 日起正式施行。2020 年 10 月 28 日，又印发了《防范和惩治广播电视和网络视听统计造假、弄虚作假责任制规定》。

这两个规定将习近平总书记关于完善统计体制、提高统计数据真实性的要求落实到相关条款中，同时在原则性规定的框架下，对领导干部和有关工作人员的统计工作主体责任进行细化，建立了"谁主管、谁负责，谁统计、谁负责""一级抓一级、层层抓落实"的责任体系，为规范市场数据统计、发布和管理工作，开展收视收听率（点击率）统计及打击数据造假行为等提供法律依据和体制机制保障，有望让行业不再为"数据注水"所累。

（六）《网络综艺节目内容审核标准细则》

在国家广播电视总局的工作部署和指导下，中国网络视听节目服务协会同头部视听节目网站联合制定了《网络综艺节目内容审核标准细则》（以下简称《细则》）。《细则》于 2020 年 2 月 21 日起正式发布施行，围绕各类网络综艺节目，从主创人员选用、出镜人员言行举止，到造型舞美布设、文字语言使用再到节目制作包装等不同维度，提出了总共 14 个维度、94 条具有较强实操性的标准。

近年来网络综艺节目大量涌现，尤其是在 2020 年疫情期间更是发展迅猛。

《细则》的制定和推行在规范行业秩序的同时，也将进一步实现网络综艺节目行业的自律发展，对于引导行业的价值导向、提高网络综艺节目的内容质量、满足观众期望将起到重要作用。

三、典型案例

【案例1】《专属音乐制作人合同》解除纠纷：A（北京）音乐文化有限公司与音乐人B《专属音乐制作人合同》争议仲裁案

【基本案情】

申请人A（北京）音乐文化有限公司（以下简称A公司）与被申请人音乐人B（以下简称B）签订了《专属音乐制作人合同》（以下简称本案合同），约定B以制作人方式参与策划、制作A公司项目之音乐作品（词、曲、音乐），并专属授权予A公司；该合同相关争议提交至北京仲裁委员会/北京国际仲裁中心解决。

2019年12月26日，B向A公司发送《解约告知函》，主张A公司未积极推广其作品，且未披露涉及版权费的合作合同和获利情况，要求解除合同。

A公司就此提出本案仲裁申请，认为B无法定解除权，发解约函之行为构成单方违约，导致合同无法继续履行，据此请求仲裁庭裁决解除合同并主张违约金。

B提出反请求，认为A公司的实质违约行为使得合同目的无法实现，B享有法定解除权，故请求仲裁庭确认合同已于2019年12月26日解除；要求撤销本案合同全部音乐作品授权、A公司不得继续使用全部音乐作品；并主张违约金。

【争议焦点】

1. 本案合同应否解除；
2. 本案合同音乐作品授权应否撤销。

【裁判观点】

就争议焦点1，仲裁庭同时驳回当事人双方解约的仲裁请求/反请求。

仲裁庭认为，当事人要想解除合同，要么符合《合同法》第93条的协商解除或约定解除情形，要么享有《合同法》第94条的法定解除权。

首先，本案合同未约定任一方的单方解约权，故不属约定解除情形。其次，被申请人B以其享有法定解除权向申请人发出解除函通知解约，申请人A公司以被申请人B发解约函构成单方违约请求仲裁庭裁决解约，尽管双方都有解约之意思，但显然双方对违约的认识、解除权之享有及违约责任之承担有根本分歧，并未协商一致，不属协商解除情形。最后，仲裁庭认为A公司并无B主张的未推广其作品、未披露版权费等根本违约行为，而 B 的单方解约行为虽无法律根据，也不构成 A 公司主张的根本违约情形，当事人双方均不构成根本违约，故均无法定解除权。

就争议焦点 2，由于本案合同尚未解除或终止，B 关于根据本案合同撤销全部音乐作品授权、A 公司不得继续使用全部音乐作品的仲裁反请求，仲裁庭亦不予支持。

【纠纷观察】

多数艺人与经纪公司解约案中，如双方均要求解约，即便解约理由和依据不完全相同，在司法实践中往往会考虑双方均无继续履约意愿之情形，援引原《合同法》第 93 条第 1 款，认定此时属协商解约之情形，因而合同应予解除。

本案中，尽管当事人双方签订的也是专属性质经纪合同，但本案合同的重要内容还涉及艺人方音乐作品的著作权授权，合同的知识产权属性更强，艺人方也在主张合同解除的同时，要求撤回经纪合同中的音乐作品授权。对此，尽管公司方也主张解约，却坚持主张其对音乐作品的权利；此外，双方对合同解除后的艺名归属也未达成一致，该纠纷仍在另案审理之中。

因此，尽管本案双方均要求解除合同，但综合考虑双方对上述的知识产权归属、艺名等解约的法律后果之分歧，以及双方对哪方违约、解约依据等的分歧，仲裁庭没有将本案情形简单归类为属"协商解约"。换言之，本案中仲裁庭认为，对于何为法律规定的"协商解除"，不能仅仅看双方是否达成解约的一致观点，还需要充分考虑双方是否就与解约密切相关的事宜确实达成一致。否则即便据此裁决解约，仍不能达到定分止争的效果。

除此之外，本案裁决也反映，如涉及创作属性更强而不是仅提供劳务的艺人，其经纪合同解约纠纷具有更明显的特殊性，作品版权归属的争议难免成为纠纷中的争议焦点，甚至成为影响纠纷结果的因素。

【案例 2】"超前点播"纠纷：北京爱奇艺科技有限公司与吴某威网络服务合同纠纷案①

【基本案情】

2019 年 6 月，名为吴某威的个人用户在爱奇艺平台上激活开通了"黄金 VIP

---

① 参见北京互联网法院（2020）京 0491 民初 3106 号判决书、北京市第四中级人民法院（2020）京 04 民终 359 号判决书。

会员 365 天"服务，但在观看电视剧《庆余年》时，发现剧前仍要观看"会员专属广告"，须点击"跳过"方可继续观影。而 VIP 会员所享有的"热剧抢先看"特权也被重大调整：在会员享有的权利的基础上，须以单集支付 3 元的方式，才能提前观看该剧（即"付费超前点播"）。

吴某威开通 VIP 会员时的协议中并无关于"热剧抢先看""关于额外付费的特别说明"等条款的约定，但会员特权展示页面有"热剧抢先看"的内容。2019 年 7 月，更新的 VIP 会员协议增加了"关于额外付费的特别说明"；12 月，该条款中又增加了"付费超前点播"的内容。

因此，吴某威认为爱奇艺单方变更合同约定，违背了所承诺的会员权益，构成违约。故请求法院判令协议中的多个条款无效、爱奇艺继续履行合同义务并赔偿合理支出。

【争议焦点】

本案核心争议焦点之一为：爱奇艺增加"付费超前点播"条款是否违约。

【裁判观点】

法院认为，关于爱奇艺增加"付费超前点播"条款是否违反了其与吴某威之间的合同约定，应当从两个层面进行认定：

其一，黄金 VIP 会员享有的"热剧抢先看"的权益内容的解释问题：法院认为，"关于额外付费的特别说明"是双方缔结合同之后才更新的条款，当时黄金 VIP 会员的权益并没有被其他 VIP 会员所超越，因此爱奇艺不得赋予其他人优先于含吴某威在内的 VIP 会员而提前看剧的权利。而爱奇艺认为该等权益没有排除部分 VIP 会员通过额外付费可以获得更快观看的权利，实质上是通过分级的方式分割既有会员权益，超出了会员缔约时的合同预期，法院不予采纳。

其二，爱奇艺增加"付费超前点播"条款的性质及效力问题：法院并未否定爱奇艺有权单方更新合同条款，但法院认为，单方条款变更亦需要遵循公平原则合理确定权利义务。"付费超前点播"实质上变相将黄金 VIP 会员再次进行分级，减损了吴某威既有的权利，对其而言是不公平、不合理的规定。

爱奇艺主张吴某威继续使用会员服务代表其同意变更后的条款，但法院认为，会员合同约定，用户不同意变更可以行使解除权，但实际并未提供解除权行使的有效途径，因此属于约定不明的情形，不能推定吴某威同意条款的变更。

最终，法院认定"付费超前点播"条款对吴某威不发生效力，且爱奇艺未经其同意改变合同内容亦构成对原合同义务的违反，需赔偿吴某威 1500 元。

【纠纷观察】

本案涉及网络平台创新商业模式的合规性问题，对于"公平原则"在格式条款中的运用具有典型意义。

法院重点论述了爱奇艺单方变更"付费超前点播"条款应当遵循的原则，并提出如下司法意见：首先，消费领域里的网络服务合同作为较典型的格式合同，应当妥善处理好合同公平原则与合同自由原则的关系；其次，基于互联网服务业态的多变性，允许在网络服务合同中拟定单方变更条款，但是采用格式条款订立合同的，提供格式条款的一方应当遵循公平原则确定当事人之间的权利和义务。

综上，互联网商业模式的发展应当建立在尊重用户感受、给予平等地位、不违反相关法律规定的基础之上。单方变更权的行使应基于实现互联网服务提供者与用户之间共赢为目的，而非限制或者减损用户的实质权益。本案对于网络平台制定和适用格式条款起到了规范指引作用，有利于维护用户的合法权益。

【案例 3】爬虫技术侵权纠纷：微梦公司与云智公司不正当竞争纠纷案 [1]

【基本案情】

微梦公司发现，云智联公司运营的星饭团 App 擅自抓取微梦公司运营的新浪微博平台前端数据及相应的后端数据，并向用户推送和展示。微梦公司认为云智联公司对相关服务构成实质性替代，以不正当竞争为由起诉云智联公司。云智联公司则辩称，其使用的数据并非归微梦公司所有，且自己没有采取破坏技术措施的手段，不产生实质性替代的效果。

【争议焦点】

云智联公司抓取并使用涉案数据的行为是否正当。

【裁判观点】

法院认为，对于微梦公司未设定访问权限的数据，应属其已在新浪微博中向公众公开的数据；但对于其通过登录规则或其他措施设置了访问权限的数据，则应属新浪微博中的非公开数据。涉案数据中既有新浪微博公开数据，亦有非公开数据。

---

① 参见北京市海淀区人民法院（2017）京 0108 民初 24512 号判决书。

网络平台通过自身的经营活动吸引用户所积累的平台数据对平台经营者具有重要意义，是其重要的经营资源。尤其是非公开数据，因涉及平台商业策略的实现、数据安全的维护，以及用户隐私的保护等因素，平台经营者基于该部分数据所获得的经营利益显然系受法律保护的权益。而对于平台中的公开数据，平台经营者应当在一定程度上容忍他人合法收集或利用，但还应视其抓取手段的正当性、数据数量多少、是否造成实质性替代等因素判断抓取行为的正当性。

本案中，云智联公司抓取的涉案数据包括微梦公司已设置了访问权限的非公开数据，该部分数据包括新浪微博用户登录账号后才可访问或分享的数据，以及因明星自身所做限制使得用户即便登录新浪微博账号亦无法从新浪微博产品前端获取的数据。在双方不存在合作关系且云智联公司自认其未获得明星许可使用其在新浪微博上的涉案数据的情形下，云智联公司要获取该些非公开数据，仅能利用技术手段破坏或绕开微梦公司所设定的访问权限，此种行为显然具有不当性。

法院最终认定云智联公司构成不正当竞争，应立即停止侵权并赔偿微梦公司经济损失 1000 万元。对此，云智联公司已经上诉，案件目前在二审审理中。

【纠纷观察】

本案涉及互联网数据、用户个人信息、爬虫技术等诸多领域，是发生在数字时代的新兴问题，值得深入研究。

如何让无形的数据和抓取手段在法庭调查前"现形"，是本案比较有意思且包含不少技术性知识的部分。为避免与外界的沟通影响勘验的真实性，法官在法庭上"突袭"勘验，要求双方暂时上交手机等通信设备。更值得一提的是法官采取的当场勘验手段：先将新浪微博平台的用户数据修改为错误数据，然后通过被告涉案 App 观察是否同步更新了该错误数据，以此判断被告是否获取原告平台的后台数据。这种"曲线救国"的证明方式反而将复杂的技术问题简单化。

随着互联网用户数量的增多，平台数据也越来越成为市场经济主体的重要商业资源和核心竞争力。经营者往往需要花费巨大的经济成本收集数据、将数据整理成有价值的信息。因此法院认为，意图不劳而获的经营者，即使采取中立的爬虫手段，但是如果其获得数据的数量和价值大，抓取行为本身就可能破坏前者好不容易建立起来的竞争优势，甚至实质性替代前者，扰乱市场的公平竞争秩序，是不应被鼓励的。遑论，在个人信息保护日趋严格的当下，未经允许擅自抓取用户个人信息相关数据，已经具有违法性。

【案例 4】艺人名誉权侵权纠纷案：蔡某坤诉肖某丽网络侵权责任纠纷案①、蔡某坤诉李某某网络侵权责任纠纷案②

【基本案情】

蔡某坤系国内知名艺人，2018 年参加中国首档偶像男团真人秀节目《偶像练习生》并以第一名身份出道。自 2018 年起，被告肖某丽、李某某分别在其运营的新浪微博账号"娱乐追击令""蔡教主 i"上发布微博，多次针对蔡某坤发表具有侮辱性质的言论，并且捏造虚假事实，对其进行侮辱与诽谤。

【争议焦点】

明星艺人作为公众人物，其对于网络批评言论的容忍义务边界在哪里？

【裁判观点】

在蔡某坤诉肖某丽一案中，法院认为：原告是公众人物，基于公共利益优先原则，公众人物对他人的批评和指责应有一定的宽容度，以保证公民所享有的言论自由。但是公众人物人格权保护的适当克减也并非没有限度，一旦言论超出了必要的界限，则有可能构成侵权。被告作为经认证的娱乐综艺视频自媒体，粉丝量高达 250 余万人，对其发布的有关明星的言论具有更高的注意与审核义务。整体分析被告多篇微博的内容，综合考虑某些具体言论的用语、语气，某些事实陈述与实际情况的较大差异等因素，法院认定被告具有诽谤、侮辱的概括恶意，涉案言论贬低了原告的人格尊严，足以造成原告社会评价的降低，构成侵权。

在蔡某坤诉李某某一案中，李某某在得知自己被起诉后主动通过法官向原告承认错误，并表示希望当面致歉。鉴于李某某为在校学生，尚无经济来源，且认错态度良好，蔡某坤主动提出免除其经济赔偿责任，并提议李某某通过进行社区公益服务等方式代替网络宣泄。书写《致歉声明》后，李某某已到敬老院进行公益活动，本案以调解方式结案。

【纠纷观察】

随着近年来文化娱乐产业的蓬勃发展，粉丝文化迅速兴起，公众媒介渠道不断拓宽，相应地，网络空间中侵害名誉权行为也频频发生。蔡某坤起诉肖某丽、李某某两案，就代表了此类案件中两种最典型的纠纷形态。

---

① 参见北京互联网法院（2019）京 0491 民初 29158 号民事判决书。
② 参见北京互联网法院（2019）京 0491 民初 34341 号民事调解书。

蔡某坤起诉肖某丽案是针对营销自媒体提起的维权案件。该案中，被告系专门从事微博账号营销，靠运营、倒卖微博账号牟利的职业营销号，其故意通过侮辱诽谤知名演艺明星、煽动粉丝群体对其他明星艺人进行人身攻击等方式，为自己运营的微博账号博取关注，并倒卖账号牟利。这种现象已经在近几年形成一条黑色产业链，对网络秩序和社会风气造成了极大破坏。

而在蔡某坤起诉李某某案中，被告李某某是在校大一学生，年仅 19 岁。这也反映出此类案件的另一典型特征——侵权人青少年化。根据北京互联网法院的统计，在该院 2019 年受理的 125 件明星艺人名誉权侵权案件中，被告大部分为在校的大学生，年龄在 30 岁及以下的占比 70%，其中年龄最小的为 19 岁。在"饭圈文化"的背景下，如何规制青少年的网络言论失范现象，越来越成为司法实践乃至全社会关注的问题。

【案例 5】"挖角"主播行为的反不正当竞争法评价：杭州开迅科技有限公司与李某等不正当竞争纠纷案①

【基本案情】

触手平台系杭州开迅科技有限公司（以下简称开迅公司）运营的在线游戏解说平台。李某以"圣光"为名在触手平台进行独家游戏解说。

协议履行期间，李某又与虎牙公司签订了合同，使用昵称"触手圣光转虎牙"在虎牙平台进行直播。开迅公司遂向法院起诉，请求确认虎牙公司、李某构成不正当竞争，判令李某、虎牙公司向开迅公司赔偿损失 1319 万余元等。

【争议焦点】

虎牙公司的行为是否构成不正当竞争。

【裁判观点】

法院认为，虎牙公司实施的被诉行为是否构成不正当竞争，应着重判断其是否有违诚信原则和商业道德。高薪挖角是争夺人才的常见市场竞争方式，也在一定程度上体现了人才的价值。李某亦认可，其系出于自身发展考虑选择更换合作的直播平台。虎牙公司的行为虽然在一定程度上损害了原告的竞争利益，但竞争本身就意味着对交易机会的争夺。在市场竞争下，一方获利往往意味着相对方的

---

① 参见浙江省杭州市中级人民法院（2019）浙 01 民初 1152 号判决书、浙江省高级人民法院（2020）浙民终 515 号判决书。

受损，此乃良性竞争下的必然现象。在案证据不能证明虎牙公司系采取了有违商业道德的恶意诱导手段或其他不当举措来进行商业竞争。

此外，从现有证据和市场运行状况来判断，主播跳槽行为并未导致行业陷入无序竞争的混乱局面，亦不影响消费者选择平台和主播的自由意志。故虎牙公司的被诉行为并不构成不正当竞争，无需承担相应的民事责任。

【纠纷观察】

作为首例"挖角"主播事件中主播与平台方均被认定为不构成不正当竞争的案件，本案对于 MCN 行业具有较高的示范意义和导向作用。而同样是"挖角"主播引发的不正当竞争纠纷，2017 年武汉中院审理的朱某案[①]则作出了相反判决。其中的变化和差异应当引起行业的关注。

具体来看，两地法院均认可争议核心在于各方行为是否违反公认的商业道德，但在商业道德的具体评价要素上却持有不同观点。

2017 年的朱某案中，法院主要从行为对行业效率的影响、对竞争对手的损害程度、对竞争秩序及行业发展的影响、对消费者福利的影响四个方面进行分析，认为涉案竞争平台使用他人签约主播，实质上是直接攫取他人竞争果实的不正当行为，既损害了其他竞争者利益，又扰乱了公平竞争市场秩序，有损行业发展。该竞争平台的行为违反了行业公认的商业道德，构成不正当竞争。而在本案中，法院则主要从市场经营者的行为方式、行为目的、行为后果方面进行分析，认为在案证据不能证明虎牙公司采取了有违商业道德的恶意诱导手段，虎牙公司接收能为其带来商业机会和竞争优势的跳槽主播，并不与通常的商业伦理相悖，主播跳槽行为亦未导致行业竞争无序、影响消费者自主选择的局面，故虎牙公司的被诉行为无需适用反不正当竞争法调整。

由此可见，商业道德的评价本身是一个动态的过程，其实质对应着直播行业竞争监管态度的变化。随着直播行业的发展，"挖角"现象虽然日益增长，但与早期的预测不同，市场运行现状表明，正当竞争下人才等资源流动并不会造成行业秩序扭曲，反而能在一定程度上刺激平台及时调整自身的经营策略、提高服务质量，于行业发展实有积极意义。此次裁判或许释放出了一个信号——未来行业秩序将更多依靠市场调节，而非公共部门强力干预。

---

① 参见湖北省武汉市中级人民法院（2017）鄂 01 民终 4950 号判决书。

【案例6】游戏侵犯小说改编权纠纷：北京大神圈文化科技有限公司诉广州网易计算机系统有限公司等侵害著作权及不正当竞争纠纷案[①]

【基本案情】

北京大神圈文化科技有限公司（以下简称大神圈公司）自原著作者处获得了小说《微微一笑很倾城》（以下简称《微》）的专有游戏改编权及与之相关的其他权利、转授权和维权权利。

网易（杭州）网络有限公司等三家公司（以下合称网易）为《倩女幽魂》手游和端游（以下简称《倩》）的开发方和运营方。网易与获得授权的《微》电视剧制作方签订合同，约定《倩》游戏为《微》电视剧的唯一游戏植入合作品牌。《倩》游戏上线后，网易经营该游戏官网，对其进行宣传推广。

大神圈公司主张：《倩》游戏大量使用了《微》小说中的人物名称、情节、场景描述等，宣传视频亦使用了《微》小说中的内容，侵害了其享有的《微》小说改编游戏的改编权、信息网络传播权；网易设置"微微一笑很倾城游戏"推广关键词、使用"微微一笑很倾城"等有关宣传语等，构成不正当竞争。因此，大神圈公司要求网易赔偿2000万元，并在各游戏网站刊登致歉声明。

【争议焦点】

1. 网易是否侵犯《微》小说的改编权及信息网络传播权；
2. 网易应承担的法律责任。

【裁判观点】

法院认为，大神圈公司主张的部分不正当竞争行为系针对《倩》端游，而大神圈公司仅获得了手机网络客户端游戏等类型游戏的改编权，无法证明其获得了端游改编权授权，故未支持该部分诉请。

对于网易是否构成侵权，法院认为，《微》小说对于男女主角形象、相遇、"夫妻PK大赛"等情节的特定设计均体现了对于人物形象、场景设计的独特选择，具有较高的独创性。《倩》手游及其开机动画视频中的相应内容已与其构成实质性相似。需要说明的是，《倩》手游的开机动画视频具有对游戏的依附性，无论是否属于类电作品、是否独立于手游而存在，亦应当认定为《倩》手游的组成部分，侵害了大神圈公司将《微》小说改编为移动端游戏的改编权。此外，网易未经许可

[①] 参见北京市海淀区人民法院（2017）京0108民初17735号判决书、北京知识产权法院（2019）京73民终1410号判决书。

通过信息网络运营《倩》手游，使公众可以在个人选定的时间和地点获得其侵害《微》小说改编权的涉案内容，亦侵害了大神圈公司对《微》小说享有的与改编权相关部分的信息网络传播权。

责任承担方面，本案在判决经济损害赔偿的同时，法院还判令网易承担赔礼道歉、消除影响的责任，理由是：在改编权及信息网络传播权受到侵害时，法律规定并不排除该等责任和赔偿损失责任的同时并用，且侵犯改编权的行为同时暗含了对改编权人的署名权等著作人身权的侵害，结合权利人要求网易发表致歉声明的主张，判令网易承担该等责任并未违反同质救济原则。

【纠纷观察】

"影游联动"越来越成为近年来 IP 运营的热门模式，但在这种模式下，著作权的授权问题更为复杂。因为，知名 IP 的各项权利很可能被拆分授予不同主体，需要以更加审慎的态度确认相应的权利人，并约定清楚许可的具体权项和时限，规避著作权侵权风险。本案中，虽然网易与制作方就《微》电视剧中植入《倩》游戏进行了约定，但小说作者的授权及制作方与网易的合同，均未曾同意将《微》小说的内容置入《倩》游戏中，网易的使用行为无疑存在侵权风险。

此外，法院在本案中的"整体保护"观点也值得重视。此前的"MT 游戏案"[①]与"QQ 堂"侵权案[②]中，法院都倾向认为单个名称或人物形象没有表达出较为完整的思想，不满足作品的独创性要求，难以受到著作权的保护。而在本案中，法院认为男女主角的宠物兽应作为小说中人物关系和形象整体表达的组成部分，不应该割裂看待，即使其他在先游戏也有类似宠物兽，结合《倩》游戏中的其他细节内容，亦可知该等设计来自《微》小说中的表达。这种观点将大大提升对游戏元素的保护力度。

四、热点问题观察

（一）学术热点：知识产权法律法规密集出台，文娱行业深受影响

保护版权、尊重原创是大势所趋。近年来，这种趋势在政策、立法和司法层面都有所体现。到了 2020 年，更是有以《著作权法》为代表的一批法律法规密集出台或修改，对影视娱乐行业带来了更为直接的影响。

---

① 北京知识产权法院（2014）京知民初字第 1 号判决书。
② 北京市第一中级人民法院（2006）一中民初字第 8564 号判决书。

1.《著作权法》修改

著作权法与文娱行业关系密切。我国现行《著作权法》历经三次修订，距离最近一次 2010 年修改弹指十年，文娱行业却在数字时代下发生翻天覆地的变化。为适应社会发展，满足实践需要，2020 年 11 月 11 日，十三届全国人大常委会第二十三次会议通过关于修改《著作权法》的决定。《著作权法》修改后共 6 章、67 条，将于 2021 年 6 月 1 日起施行。此次修法在多个方面影响文娱行业，例如：

（1）助力促进作品保护

新《著作权法》吸收实施条例的规定，对"作品"予以定义，采取"概括定义 + 列举"的方式，厘清作品构成要件和常见形式，明确作品是指"文学、艺术、科学"领域内的智力成果，同时增加"符合作品特征的其他智力成果"的兜底条款，为文化科技发展带来的新形式智力成果预留更概括的法律保护空间。影视娱乐行业中往往会产生各种难以在"作品"的传统定义中找到归类的智力成果，新《著作权法》的规定有利于将这些成果纳入保护范围，一方面改变现有利益格局，另一方面也有可能在一定时期内带来更多的纠纷。

损害赔偿方面，本次修改不仅重新定义著作权侵权损害赔偿数额的参考标准，也加大了对侵权行为的惩罚力度，将法定最高赔偿额提高为 500 万元，并增加惩罚性赔偿条款，规定人民法院可以判决侵权人承担一倍以上五倍以下的赔偿责任。这一惩罚性赔偿规定也与专利、商标、反不正当竞争等其他知识产权领域的法律保护保持了一致。这个修改很可能会导致侵权成本的进一步提高，对盗版及侵权行为产生一定的震慑作用。

（2）化解旧法保护难点

将作品类型中的"电影作品和以类似摄制电影的方法创作的作品"改为"视听作品"是本次修订中引起广泛关注的内容之一。这项变化实际是立法为应对产业迅速发展带来的司法挑战，旨在解决网络游戏画面、短视频等新形式智力成果如何归类、保护的问题。相较于旧法，新法的"视听作品"不再强调"摄制在一定介质上"这一构成要件，而主要强调作品本身的视听属性，从字面意思上看范围更广。虽然，由于目前《著作权法》及相关实施条例并未对"视听作品"进行定义，"视听作品"所包涵范围的司法适用仍不够明朗，但此次修改体现出的立法理念已经足以成为行业的强心针。尤其是对于游戏和体育赛事视频而言，近几年的多个相关典型案例已经在很大程度上消弭了对其可版权性的争议，《著作权法》的修改更是有利于此后对其进行类型化保护。由此，未来与之相关的纠纷数量可能会增加，但有了清晰的界定，也就更易于定分止争。

另一个引人注目的修订是关于影视作品的著作权人，新法将其著作权人从过去的"制片者"修改为"制作者"。此番改动据称是为化解长期以来立法语言表述与实践业内常用表述不一致的问题。业内"制片者"通常指自然人，可能是接受影视剧出品方的聘用、组织和领导摄制组的"制片主任"，也可能是出品方指定的代表人。而修订前《著作权法》中的"制片者"，拟指向的是影视剧的投资方或出品方。

新《著作权法》还对"广播权"的定义进行了重构，目前"以有线或无线方式传播或者转播"的定义与信息网络传播权的定义界限划分清晰明确。修改之后，既往无处安身，只能通过"其他权利"等兜底条款或不正当竞争之诉来规制的"网络定时播放""网络直播"等行为都可纳入广播权的规制范畴，这无疑增加了直播等行业的维权便利，可能会催生一批该领域通过广播权维权的诉讼案件。

此外，新《著作权法》中还增加对"职务表演"的规定、赋予录音制品广播和表演获酬权等，诸多修订内容均与文娱行业息息相关，势必为行业有效运转及长足发展带来重大影响。

2.其他法律法规及司法解释

除了《著作权法》之外，最高人民法院接连出台《关于全面加强知识产权司法保护的意见》《关于加强著作权和与著作权有关的权利保护的意见》等司法文件，一方面回应知识产权判决执行和临时禁令等知识产权热点问题，另一方面对应司法保护弱项短板，着力解决"举证难、周期长、赔偿低、成本高"等难题，如允许当事人通过区块链等方式保存、固定和提交证据，对全面适用署名推定规则进行具体规定等。《关于加强著作权和与著作权有关的权利保护的意见》更是明确提出要"依法妥善审理体育赛事直播、网络游戏直播、数据侵权等新类型案件，促进新兴业态规范发展"，期望将有利于解决知识产权纠纷中的难点和痛点。

此外，《刑法修正案（十一）》也对知识产权犯罪相关规定作出较大调整，整体同样体现了加强知识产权保护、加大知识产权犯罪打击力度之旨意。

加强知识产权保护是影视娱乐行业升级发展的必经之路，上述法律法规的出台或修订无疑都将给文娱行业带来深远的影响。而在政策和立法的引导之下，文娱行业对知识产权的重视进一步加强，除了自上而下的监管引导，也有行业自下而上的倡议和行动。

例如，被视为2020年救市之作的《八佰》上映后，各类盗版版本迅速在网上出现，片方采取了不少防控措施仍难以杜绝盗版视频传播。为此，国家版权局发布影片保护预警名单，要求相关网络服务商对版权保护预警名单内的重点院线电影采取多项具体保护措施，并要求各地版权行政执法监管部门从严、从快查处未经授权通过信息网络非法传播版权保护预警重点作品的行为。

又如，2020年12月，编剧余飞、宋方金等人在微博上发布了111位编剧、导演、制片人、作家的联名公开信，指责部分有抄袭劣迹的文艺工作者仍不受任何影响地参与演艺活动，呼吁不给抄袭剽窃者提供舞台。该公开信发布后，《人民日报》海外版旗下的"侠客岛"点名批评抄袭者，央视新闻也发布了相关报道。官媒的直接发声再一次警示业内人士关注知识产权风险。

知识产权是文娱产业最重要和赖以生存的无形资产，加强知识产权保护固然会在短期内为文娱项目带来更多合法合规、清理权利风险的成本，但有利于行业的长远发展及良好的商业模式的形成。工业级的专业生产创造、好莱坞式的长期繁荣也许是中国文娱行业的可期未来。

（二）实务热点："宅经济"下电商直播表现亮眼，监管出击倒逼行业升级

2020年11月，快手向港交所递交招股书谋求香港上市，号称"短视频第一股"。其招股书显示，2020年直播为其主要收入来源，且前三季度快手线上营销服务收入中，电商与网络游戏、在线知识分享共有20亿元。显然，以电商直播作为核心竞争力的快手，是电商直播近年来迅猛增长的典型和缩影。

直播早已不是蓝海。但相比秀场直播、游戏直播，电商直播有着将流量立刻转化为购买力、激活带动销量的"魔力"，让品牌主难以忽视也不敢忽视。这片红得不能再红的红海，人人依旧争相"入局"。因此，从"交个朋友"的罗永浩到"只直播不带货"的李彦宏，从走进薇娅、李佳琦直播间的明星们到亲自下场直播的郑爽、柳岩、李湘、刘涛、汪涵，不管是名人、企业家、演员、歌手还是主持人，没人不想也不敢不赶上直播这场"游戏"的下半场。

根据商务部消息，2020年新业态、新模式发展迅猛，商务部重点监测电商平台累计直播场次超2400万场。显然，在疫情之下，直播带货的优势发挥得更加淋漓尽致，电商直播成为2020年当之无愧的主题之一。但是，正如互联网环境下兴起的种种新模式、新业态，一边是自由生发的急速发展，另一边则是一路狂奔中不断暴露的问题。快手上市前夕旗下著名主播辛巴的"假燕窝事件"就敲响了直播电商的合规、合法警钟。

就在快手递交招股书的当月，中国消费者协会发布的《"双11"消费维权舆情分析报告》就指出直播人气流量造假的问题，令人警惕直播电商的"虚假繁荣"；

的同时，直播主播素质参差不齐，导致部分主播以低俗、庸俗、媚俗内容吸引受众的问题也并不少见。

随之而来的是 2020 年年底政府多个监管部门密集、陆续出台的一系列针对电商直播、直播营销等的规定和意见。不同归口的监管部门各自从不同角度全方位地对直播带货提出了监管要求，具体涉及防范金融直播营销风险、基于消费者保护视角的电商直播监管、价值引导层面的直播内容审查等多个方面。

层出不穷的新规之下，MCN 机构和直播平台迎来的不仅仅是与日俱增的合规压力，也有对直播行业未来的惶惑，监管部门此番接连组合"出击"是否意味着行业未来更大的政策风险？一路鱼龙混杂、野蛮生长的电商直播，在 2020 年"宅经济"下屡创佳绩，行业未来走向和发展却并不明朗，前路有些扑朔迷离。但显然直播已经势不可当地占据市场高地，未来更可能的是强监管下倒逼的直播 2.0 时代，行业参与者必须在合规、产品品控、用户体验的要求下提高效能，摸索出下半场的生存之道。

（三）实务热点：疫情时代互联网平台"危"中有"机"，但同时进入反垄断强监管时代

疫情给文娱产业的冲击巨大，但互联网平台却从某种意义上成为获利者。在线下、实体娱乐因为疫情而饱受困扰、遭遇危机的同时，唯一不受疫情影响的内容分发渠道——互联网平台则在"危"中遇"机"。

这一迹象从 2020 年初疫情暴发之时便展现得淋漓尽致。春节档票房是电影院全年最重要的票仓之一，但受疫情影响，备受期待的《唐人街探案 3》《夺冠》《姜子牙》等多部电影不得不撤档，原计划登陆春节档的《囧妈》却联合字节跳动出其不意地玩了一招"弃院转网"，于大年初一免费登录头条系平台。这一操作引来极大争议，因为"院转网"虽能止损，却损害院线利益，院线方的抵制尤其强烈。

实际上，电影在院线上映和网络首映之间的"窗口期"在全球范围都不断缩短甚至同步，院线、片方和平台的矛盾也更多暴露出来。比如，美国华纳就在 2020 年 12 月宣称其所有 2021 年登陆院线的电影都将同步登陆 HBO Max 流媒体平台，引得电影《沙丘》制片方传奇影业一度拟起诉华纳，阻止《沙丘》等电影在影院和网络同步上映。

显然，过去的 2020 年，线上娱乐在持续不断地"侵蚀"线下实体娱乐的领地、获得更多流量。但随之而来的，也有持续增长的盈利压力。与国外情况不尽相同，尽管国内互联网平台有着巨大的用户基数，国内用户为数字内容付费、为版权付

费的意识和消费习惯尚不成熟，国内线上平台前期持续以"免费""补贴""亏损"换来的流量越多，其当下迟迟不能变现、扭亏为盈的焦虑就越强。

在此背景下，视频网站们不仅更多地寄希望于会员 VIP 费、贴片广告植入等带来的收入，还推出了"付费超前点播"等模式，需付费会员额外付费，才能更早看到特定剧集的上线更新。盈利的焦虑催生平台的新商业模式，并非不能理解。但是，消费者的付费习惯恐不应也难以"揠苗助长"。"超前点映"遭到消费者的诉讼挑战，法院虽未否认平台制定"超前点播"模式的商业自由，却从消费者权益保护的角度作出了有利于消费者的判决。

不仅线上内容平台和线下内容方、消费者之间存在摩擦，政府监管层面也对互联网平台的巨大"势力"更加警惕。2020 年 12 月，国家市场监督管理总局按《反垄断法》对阅文收购新丽传媒作出处罚，腾讯推动的虎牙斗鱼合并案也在反垄断审查中。《关于平台经济领域的反垄断指南（征求意见稿）》的发布亦正式预告互联网行业反垄断强监管时代的开启。①

概言之，掌握内容产业分发渠道命脉的互联网平台在 2020 年经历了足够意外也足够复杂的一年，传统的"优爱腾"之外，也有诸如欢喜首映、B 站、芒果超媒等更多玩家"觊觎"头部视频平台的争夺，互联网平台未来如何在承受更多监管合规和竞争压力的同时，继续创造更多优质内容、创造收益，仍是一个困难却"生机勃勃"的挑战。

（四）实务热点：《民法典》＋强监管，个人信息保护成为行业关键词

新冠疫情的到来加大了数据使用的需求，也加速凸显了个人信息保护问题。在这个背景下，《民法典》关于"隐私"和"个人信息"的规定也成为学界乃至全社会关注的焦点。《民法典》中不仅明确了"隐私""个人信息"的概念，且确认"合法、正当、必要"为个人信息处理及保护的基本原则。此外，2020 年 10 月对外公布的《个人信息保护法（草案）》，对于协调个人信息权益保护和个人信息依法有序自由流动及合理利用指明了方向；当然，草案中对于"违法处理个人信息、未按规定采取安全保护措施"等行为最高达 5000 万元的惩罚规定，也充分体现了国家对于个人信息保护的决心和力度。

---

① 《关于平台经济领域的反垄断指南》已于 2021 年 2 月 7 日正式实施，体现了监管前置的理念，有利于应对互联网平台经营行为的不确定性和难以预测性，对此前热议的平台"二选一"和"大数据杀熟"等问题也进行了回应。

前述相关法律法规的密集出台，一方面为信息泄露的高危群体——明星艺人提供了维权的武器，另一方面也为影视娱乐行业的从业者敲响了警钟，提示其重视业务发展中的数据合规风险。

2020年，国内发生了多起与个人信息和隐私权保护相关的公共事件，明星艺人首当其冲。例如，演员吴磊、歌手江映蓉飞行里程被盗，[①]艺人孟美岐飞机行程被改签，[②]艺人王一博多次因行程信息泄露遭遇追车、酒店跟拍，[③]等等。

2020年5月，脱口秀艺人池子称自己在处理与上海笑果文化传媒有限公司的合约纠纷时，发现中信银行未经其本人允许，泄露他的个人账户交易明细等个人信息，严重侵犯客户隐私，引起舆论热议。[④]

2020年12月，更有大量演艺明星在"健康宝"软件中的照片及核酸检测信息遭泄露。据媒体报道，网络上有人大量售卖明星健康宝照片与查询方法。[⑤]

随着《民法典》的生效，明星艺人在面临上述情况时，具备了更加强有力的武器。《民法典》第1033条明确定义了"隐私"并列举了6项侵害他人隐私权的具体行为，有利于对贩卖明星行踪及健康信息、狗仔过度偷拍等行为进行打击，为艺人维权提供明确的法律依据。

上述事件可能只与明星有关，但是个人信息保护则与整个文娱行业息息相关。《民法典》等法律法规的规定、近年来的监管趋势和司法实践中的相关案例，都提醒着整个影视娱乐行业应在业务创新的同时注意数据合规风险。

2020年11月，备受关注的"中国人脸识别第一案"迎来一审宣判。杭州市富阳区人民法院认为被告杭州野生动物世界有限公司在入园时收集人脸识别信息超出必要原则要求，不具有正当性，判决其赔偿原告郭兵1038元，并删除郭兵办理指纹年卡时提交的包括照片在内的面部特征信息。[⑥]

---

① 《多位艺人飞行里程被盗用，哪个环节出了漏洞？航司这样回应》，载红星新闻网2020年9月10日，http://news.chengdu.cn/2020/0910/2149458.shtml。

② 孟美岐个人微博，发布时间2020年11月20日，https://weibo.com/5813256522/JuMqxwHCn。

③ 《王俊凯被追车王一博被跟踪 专家称明星隐私被商品化最令粉丝心痛》，载搜狐网2020年5月11日，https://www.sohu.com/a/394481739_161795。

④ 《脱口秀演员池子投诉中信银行侵犯隐私 支行行长被撤职》，载封面新闻2020年5月7日，http://www.thecover.cn/news/4215187。

⑤ 《大量明星核酸检测人脸照片被买卖，邓伦、杨幂也遭殃？各方回应来了》，载微信公众号"21财闻汇"，2020年12月29日。

⑥ 《国内人脸识别第一案一审宣判，原告郭兵胜诉！但他表示会上诉》，载南方都市报网易号2020年11月20日，https://www.163.com/dy/article/FRTGSDTO05129QAF.html。

在数据成为关键资产的时代，其实各行业都在开展个人信息收集的"军备竞赛"。而本案中败诉的旅游景区一方，实际上是给高速发展的文旅行业以警示：应谨慎考虑收集个人信息的方式，在合法合规的框架内进行。

互联网环境下的个人身份信息、人脸声音信息、行程信息、社会关系信息可以被轻易获取，成为个人信息泄露的重灾区。2020年，工信部和公安部均多次对手机应用软件进行检查和整治，查处无隐私协议、收集使用个人信息范围描述不清、超范围采集个人信息和非必要采集个人信息等情形。知乎日报、晋江小说、千千音乐、乐视视频等影视娱乐相关的应用都榜上有名。一些短视频软件、社交软件甚至电商软件，因为病毒式推荐、疑似窃取用户社交关系等行为，也长期被用户所诟病。

获得更多的用户信息、用户行为数据等，确实有利于实现用户体验的提升和业务模式的创新，但如何合规地收集和使用这些数据，确实是影视娱乐行业乃至其他行业都需要思考的问题。否则，随着用户个人信息保护意识的增强和监管力度的提升，与之相关的纠纷将会越来越多，企业也会在野蛮生长中付出合规代价。

五、总结与展望

2020年，影视娱乐行业整体上仍处于低谷期，相较于2019年有过之而无不及。对比2019年全年641.47亿元的票房成绩，2020年全国票房收入仅为204.17亿元，缩水三分之二以上。这场突如其来的疫情，使得本就处于震荡调整期的传统影视娱乐行业更加雪上加霜。

好在全国电影院于2020年7月陆续恢复营业，重新给市场注入了活力。受优质影片上映和院线让利刺激需求，国内票房在下半年迅速恢复。尤其是2020年年末，12月累计票房达37.68亿元，放映场次1063.1万场，观影人次达到10243万人，月度票房正在逐步恢复到疫情前正常水平。

更值得欣喜的是，2020年度国内票房排名前10的影片均为国产片，这是进入21世纪以来的第一次。其中《八佰》以31.1亿元的票房居首位，同时摘下2020年全球电影票房冠军桂冠，《我和我的家乡》《姜子牙》等电影票房也均超过10亿元。爱奇艺"迷雾剧场"出品的《隐秘的角落》《沉默的真相》，依靠出色的剧本、表演和制作，以小众题材博得了口碑与收视的双重成功；芒果TV自制综艺《乘风破浪的姐姐》更是成为年度话题。能够将主流精神、艺术理念和市场意识充分融合的优秀国产影视作品及节目，越来越多地受到市场和观众的青睐。

回顾 2020 年，尽管受到疫情影响，但人们的娱乐消费需求并没有减少，只是更多地从线下转变到了线上。这种变化直接催生出许多新业态，也使得电商直播、网络游戏等线上娱乐呈现出一派繁荣景象。但与此同时，互联网行业反垄断的号角也已经吹响，2021 年 1 月 1 日生效的《民法典》和 2021 年 6 月生效的《著作权法》，开启了文娱行业法治化进程的新纪元，也必引导整个行业向更为规范的方向发展。凛冬虽至，相信春天也不再遥远。

中国体育争议解决年度观察（2021）

蔡 果 Jeffrey Benz[①]

一、概述

2020 年 12 月 31 日，国家统计局、国家体育总局联合发布了《2019 年全国体育产业总规模与增加值数据公告》。经核算，2019 年全国体育产业总规模（总产出）为 29,483 亿元，从名义增长看，总产出比 2018 年（总规模为 26,579 亿元）增长 10.9%。突出的特点还包括，体育服务业发展势头增强，在体育产业中所占比重增至 67.7%，比上年提高 2.9 个百分点。[②] 受 Covid-19 新型冠状病毒（简称新冠）疫情影响，2020 年中国体育产业的增长预计放缓，但具体评估宏观层面的影响需待 2021 年末相关数据出炉。

2020 年是公认的体育产业"凛冬"。"停赛""降薪""重启""重新谈判"成为年度关键词。由于严峻的新冠疫情，所有体育活动自 2020 年 1 月底暂停。[③]2020 年 3 月 31 日，国家体育总局发出通知，"今后一段时间内，马拉松等大型活动、

---

① Jeffrey Benz，国际体育仲裁院（CAS）、美国司法仲裁调解服务有限公司（JAMS）仲裁员暨调解员。蔡果，金茂律师事务所合伙人，专攻国际法与体育法，具备中华人民共和国及美国纽约州律师执业资格。她对 Philippe Boss 先生（瑞士洛桑 BianchiSchwald 律师事务所合伙人）、Roy Levy 先生（瑞士苏黎世 Probst Partner 律师事务所合伙人）以及 Franz X. Stirnimann Fuentes 先生（瑞士日内瓦 STIRNIMANN FUENTES 争议解决事务所创始律师）就瑞士法项下国际仲裁裁决 revision 法律事项分享研究成果致以诚挚感谢。

② 《2019 年全国体育产业总规模与增加值数据公告》，载国家统计局网站，http://www.stats. gov.cn/tjsj/zxfb/202012/t20201231_1811943.html#:~:text=%E7%BB%8F%E6%A0%B8%E7，访问时间：2021 年 2 月 10 日。

③ 《体育总局指示：暂停四月份之前的所有体育赛事活动》，载网易体育，https://sports.163. com/20/0123/12/F3ITULG700058780.html，访问时间：2021 年 2 月 20 日。

体育赛事等人群聚集性活动暂不恢复"。[1] 2020年4月8日，国务院印发通知，重申"大型聚集性体育活动如马拉松长跑、聚集性宗教活动、各类展览及会展等暂不开展"。[2] 在此背景下，创设四十年的北京马拉松首次取消；作为中国职业体育标杆的中国足球协会超级联赛（以下简称中超联赛）、中国男子篮球职业联赛（以下简称CBA联赛）被推迟。

国际赛事层面，一系列北京2022年冬奥会测试赛因疫情取消，包括原定于2020年2月15日至16日在北京延庆国家高山滑雪中心举行的2019/2020国际雪联高山滑雪世界杯延庆站比赛，同时也是北京2022年冬奥会的第一场测试赛。原计划于2021年第一季度举办的一系列测试赛，如速度滑冰世界锦标赛也被取消。[3] 2020年宣布推迟至2021年在中国举行的新版国际足联（Fédération Internationale de Football Association，以下简称FIFA或国际足联）俱乐部世界杯（以下简称世俱杯）再度改变计划——FIFA当地时间2020年12月4日宣布，2021年世俱杯（旧版，7支球队参赛）将由日本承办；首届有24支球队参加的新版世俱杯仍将在中国举行，但日期未定。[4]

对全球体育最大的打击，莫过于2020年3月30日，国际奥委会与东京奥组委宣布东京奥运会推迟。[5] 在本报告撰写过程中，东京奥运会是否能如期举行仍存在不确定性。随着开幕日期逐渐临近，种种迹象显示东京奥运会将以受限制形式举行。[6] 2021年7月23日，推迟一年的东京奥运会终于以空场（既无外国也无本

---

① 《总局办公厅发布通知暂不恢复马拉松等体育赛事活动》，载国家体育总局网站，http://www.sport.gov.cn/n316/n337/c946505/content.html，访问时间：2021年2月20日。

② 《国务院：暂不开展马拉松等大型聚集性体育活动》，载华奥星空，http://www.sports.cn/hykx/2020/0410/314353.html，访问时间：2021年2月20日。

③ 《北京冬奥会筹办走过极不平凡的一年》，载新华网，http://www.xinhuanet.com/2020-12/25/c_1126905904.htm，访问时间：2021年2月20日。

④ 《2021年世俱杯由日本承办，首届新版世俱杯仍将在中国举行》，载新华网，http://www.xinhuanet.com/2020-12/05/c_1126825013.htm，访问时间：2021年2月20日。

⑤ 《国际奥委会、国际残奥委会、东京奥组委及东京市政府宣布2020年东京奥运会暨残奥会新的举办日期》，载国际奥委会网站，https://www.olympic.org/news/ioc-ipc-tokyo-2020-organising-committee-and-tokyo-metropolitan-government-announce-new-dates-for-the-olympic-and-paralympic-games-tokyo-2020，访问时间：2021年2月20日。

⑥ 2021年4月28日，东京奥组委、国际奥委会与国际残奥委会共同发布了针对拟参加东京奥运会的运动员、官员、媒体及其他人士的隔离、核酸检测及旅行限制要求。本报告定稿之时，日本政府宣布拟将目前生效的紧急状态和居家令延续至2021年6月。"New Rules for Olympic Athletes as Tokyo Presses on With Games"，载bloomberg.com，https://www.bloomberg.com/news/articles/2021-04-28/tokyo-olympic-athletes-to-be-tested-for-coronavirus-daily，访问时间：2021年5月24日。

土观众）形式拉开帷幕。与此同时，多家中国足球俱乐部未能熬过疫情严冬，于2020—2021年退出中国足坛，其中包括三家中超俱乐部。① 随之而来的球员、教练与俱乐部工作人员欠薪申索、合法权益保障等问题迫在眉睫。2020年4月9日，中国足球协会（以下简称中国足协）在参考FIFA《有关疫情的足球治理事项》② 基础上，发布《疫情期间俱乐部球员与教练员薪酬调整意见》，③ 并在5月8日发布《关于男足职业俱乐部与所属球员、教练员合理调整薪酬、共克时艰的倡议书》。④ 中篮联（北京）体育有限公司（以下简称CBA公司）亦宣布公司中高层管理人员采取降薪举措。⑤ 由于全球赛事停摆，赛事持权方收入锐减；⑥ "重启赛事"成为2020年第二季度的当务之急。⑦ 随着疫情在中国境内逐渐得到控制，经多轮防疫方案评估，CBA联赛和中超联赛分别于2020年6月20日、7月25日得以空场赛会制复赛。⑧ 2020年7月9日，国家体育总局发布《科学有序恢复体育赛事和活动推

---

① 据报道，2020年有六家中国足球俱乐部主动退出职业足球，11家中国足球俱乐部因欠薪取消注册资格，见《关于取消相关职业足球俱乐部注册资格的通知》，载中国足协网站，http://www.thecfa.cn/lstz/20200523/28646.html，访问时间：2021年2月20日。2021年初，中超俱乐部天津津门虎一度濒临解散，见《天津津门虎队或将退出中超》，载人民网，http://bj.people.com.cn/n2/2021/0222/c339781-34586582.html，访问时间：2021年3月3日。2021年2月28日，2020赛季中超冠军江苏足球俱乐部公告停止运营，见《江苏足球俱乐部宣布停止运营》，载新华网，http://www.xinhuanet.com/sports/2021-02/28/c_1127150060.htm，访问时间：2021年3月3日。

② COVID-19 Football Regulatory Issues，载FIFA官方网站，https://img.fifa.com/image/upload/zyqtt4bxgupp6pshcrtg.pdf，访问时间：2021年2月20日。

③ 《将帅减薪不少于30%？足协向俱乐部征意见》，载人民网，http://sports.people.com.cn/n1/2020/0421/c22134-31681150.html，访问时间：2021年2月20日。

④ 《关于男足职业俱乐部与所属球员、教练员合理调整薪酬、共克时艰的倡议书》，载中国足协网站，http://www.thecfa.cn/lstz/20200508/28619.html，访问时间：2021年2月20日。

⑤ CBA公司为CBA联赛的运营主体。参考《应对疫情冲击，CBA公司管理层宣布降薪》，载人民网，http://sports.people.com.cn/n1/2020/0415/c22149-31673783.html，访问时间：2021年2月20日。

⑥ 赛事持权方各渠道收入锐减，包括但不限于赞助费、授权费以及比赛门票收入等。

⑦ 有关中国足球应对疫情的详情，参考"Covid-19 & Its Impact on Football – A Sports Law and Policy Centre and LawInSport Joint Survey-4th Edition"，中国篇，载LawInSport，https://www.lawinsport.com/topics/covid19-impact/item/coronavirus-a-and-its-impact-on-football-a-sports-law-and-policy-centre-and-lawinsport-joint-survey-2，访问时间：2021年3月3日。

⑧ 2020年10月17日，2020—2021赛季CBA联赛在浙江诸暨市正式开赛，分为常规赛和季后赛。常规赛第一阶段采取赛会制，后续将根据疫情防控形式和国家政策调整。见《"不负所爱"2020—2021赛季CBA联赛正式启动》，载人民体育网，http://sports.people.com.cn/cba/n1/2020/1012/c434000-31889060.html，访问时间：2021年3月3日。2021赛季中超联赛定于2021年4月20日揭幕，仍实行分组分赛区分阶段赛制，在苏州和广州两大赛区进行，并计划开放球迷进场。见《4月20日中超开赛，广州苏州携手开波》，载微信公众号"足球报"，https://mp.weixin.qq.com/s/VO-vaxzk9CFPWiiWMeLAdg，访问时间：2021年3月3日。

动体育行业复工复产工作方案》，确定"一赛事一方案"，协调职业体育赛事重启，但是除北京冬奥会测试赛等重要赛事外，2020 年"原则上不举办其他国际性体育赛事和活动"。[①] 唯一的例外是乒乓球赛事：2020 年 11 月 8 日，停摆 238 天的国际乒乓球赛事在中国内地设"赛事泡泡"重启。[②]

由于体育赛事停摆、空场举行等变故，赛事转播商、赞助商等纷纷要求延迟或下调给付义务，重新协商相关合同。实务中，给付义务人频繁以疫情为由拖欠应付款项；同时，债权人对于重新协商、迟延付款等请求更加谨慎，（也许由于疫情造成的不确定性）对待每一笔应收账款"锱铢必较"。疫情前，交易方不吝通过利益置换、调整合作模式等商业途径解决争议；但在疫情期间"现金为王"的心态作用下，当事人不惜对簿公堂争取权益。与体育产业相关的争议由此呈上升趋势。

疫情直接导致的典型体育相关争议，最引人注目的莫过于 PPTV[③] 与英超联盟（以下简称英超）的版权费用之争。按照双方于 2016 年签署的三个赛季价值达 5.64 亿英镑的中国大陆地区转播协议，PPTV 应于 2020 年 3 月向英超支付 1.6 亿英镑版权费。但 PPTV 认为，英超 2020—2021 赛季空场比赛令其版权价值缩水，因此希望协商降低原合同约定的版权费，但双方经多轮谈判未达成一致。为"及时止损"，[④] PPTV 未按原合同项下时间表付款。英超随即于 2020 年 9 月 3 日宣布双方合约解除，[⑤] 并入禀英国法院，要求 PPTV 赔偿 2.15 亿美元；[⑥] PPTV 亦对英超提起

---

① 《国家体育总局：科学有序恢复赛事和活动，今年原则上不举办国际性体育赛事和活动》，载人民网，http://sports.people.com.cn/n1/2020/0709/c22155-31777803.html，访问时间：2021 年 2 月 20 日。

② "赛事泡泡"即封闭赛区的形象表述。2020 年 11 月，包括迪尚 2020 国际乒联女子世界杯、迪尚 2020 国际乒联男子世界杯以及交通银行 2020 国际乒联总决赛相继在中国城市威海、郑州举行。见《乒乓球重启：在疫情期间成功回归国际舞台》，载国际乒联中文网站，https://cn.ittf.com/2020/12/restart-proves-table-tennis-can-prevail-amidst-pandemic/，访问时间：2021 年 2 月 20 日。

③ "PPTV""PPLive""PP 体育"为上海聚力传媒技术有限公司所持商号与商标。本报告中提及该企业时统一采用为国内外公众熟知的"PPTV"。本报告引用的其他文章提及"PPTV""PP 体育""PP Live"时指向的法律实体为上海聚力传媒技术有限公司。

④ 《苏宁回应"PPTV 与英超解约"：放弃版权为及时止损，企业经营要遵循商业逻辑》，载搜狐网，https://www.sohu.com/a/416311848_100001551，访问时间：2021 年 2 月 20 日。

⑤ 《英超终止中国大陆转播，疫情之下版权费用分歧难解》，载 BBC News 中文网，https://www.bbc.com/zhongwen/simp/sports-54022696，访问时间：2021 年 2 月 20 日。

⑥ "England's Premier League Sues China Partner for $215.3 Million"，载 bloomberg.com，https://www.bloomberg.com/news/articles/2020-10-07/premier-league-sues-china-partner-for-215-3-million-over-pact，访问时间：2021 年 2 月 20 日。

反诉，要求英超向其赔偿 1.168 亿美元。[①] 这起上亿美金的赛事版权纠纷可谓一起经典的疫情催生体育争议，是当前时局众多体育商业争议的放大版本。[②]

总体看来，虽然疫情给体育产业造成了空前的打击，但因争议频发，却意外造就了体育争议解决研究的丰富素材，也吸引了前所未有的关注。由于世界反兴奋剂组织（World Anti-Doping Agency，以下简称 WADA）向 CAS 诉孙杨与国际泳联（Fédération Internationale de Natation，以下简称 FINA）一案吸引的超高关注度（CAS2019/A/6148），2020 年堪称开启在中国广泛研讨体育仲裁制度的元年。值得一提的是，孙杨案几乎经历了典型国际仲裁案例的所有环节，包括基于瑞士法项下特别的"Revision"[③] 制度申请撤销仲裁裁决。

尽管孙杨案的跌宕起伏引发了不同侧重的评论，但国内、国际层面对两个问题有共识：其一，基于肤色、人种的言论是不可接受、不被容忍的；其二，如果 2021 年东京奥运会如期举行，公共利益要求本案在奥运会前得以最终解决（在保证当事人权利的前提下）。[④] 此外，CAS 2019/A/6148 号裁决因仲裁庭主席客观中立性存疑导致该裁决撤销，八年禁赛处罚随即失效，孙杨理论上可以恢复国家队选手身份，但他至今没有出现在国家队阵容中，他的体育榜样身份再也无法恢复到该 CAS 裁决发布前。从这个意义上来说，CAS 反兴奋剂领域裁决一旦作出即"掷

[①] 《PPLive 反诉英超，双方合同纠纷升级》，载 FT 中文网，http://big5.ftchinese.com/story/001091090/ce?ccode=LanguageSwitch&archive，访问时间：2021 年 2 月 20 日。

[②] PPTV 所涉赛事版权纠纷还包括意大利足球甲级联赛（以下简称意甲）和中超联赛。PPTV 于 2021 年 2 月 20 日公告宣布"因 PP 体育与 IMG 就相关权益问题暂未达成一致，意甲联赛和足总杯赛事视频直播将暂停"。此前（2021 年 2 月 6 日），PPTV 未能播出意甲联赛第 21 轮佛罗伦萨与国际米兰的比赛，据意大利媒体报道系由于付款问题所致。参考《停播意甲，体育媒体平台转型再加速》，载新华网，http://sports.xinhuanet.com/c/2021-02/20/c_1127118063.htm，访问时间：2021 年 3 月 2 日；"Suning's PPTV Loses TV Rights for Serie A"，载 Football Italia 网站，https://www.football-italia.net/165955/sunings-pptv-loses-tv-rights-serie，访问时间：2021 年 3 月 2 日。

[③] 由于中国法项下没有与瑞士仲裁法项下"Revision"完全对应的概念，为准确起见，本报告保留该概念原文，不对"Revision"作中文翻译。在中国法项下存在与瑞士仲裁法项下"Annulment"对应的概念，译为"撤销仲裁裁决"或"撤裁"。

[④] 2021 年 6 月 22 日（距离东京奥运会开幕约一个月），国际体育仲裁院（CAS）就孙杨案重审作出裁决，裁定根据 2021 年生效的新版《世界反兴奋剂条例》，孙杨需禁赛四年零三个月，从第一次裁决作出之日（2020 年 2 月 28 日）起算。见 CAS 网站"新闻发布"，https://www.tas-cas.org/fileadmin/user_upload/CAS_Media_Release_6148_Decision_June21.pdf，访问时间：2021 年 6 月 26 日。

地有声"，具有"言语行为"（Speech Acts）[①] 的效力。

二、对体育产业影响重大的法律法规及政策文件

2020 年度，《中华人民共和国体育法》仍无任何更新，[②] 但其他部门法的修改与体育交集颇多，涵盖民法、刑法、知识产权等领域。

（一）《中华人民共和国民法典》（以下简称《民法典》）生效

《民法典》于 2021 年 1 月 1 日生效，其中，第 990、993、1012 条以及第 1017—1023 条明确保护自然人对其姓名、名称、肖像以及声音等享有权利，并有许可他人使用的权利。因侵犯美国著名篮球运动员迈克尔·杰弗里·乔丹（Michael Jordan）的姓名权（中文译名），[③] 中国福建省本土企业乔丹体育股份有限公司（以

---

① "言语行为"（Speech Act）理论由英国哲学家约翰·奥斯丁提出，认为言语不仅是传递信息，也是在执行某种行为或行动，如猜测、请求、要求、宣告事实成立等。言语行为被广泛地用于国际裁判领域。Daniel H. Yi 在 "Turning Medals into Metal: Evaluating the Court of Arbitration for Sport as an International Tribunal" 一文中认为，CAS 裁决的高关注度案件尤其适用"言语行为"（Speech Act）理论：比如在美国短跑健将 Jerome Young 的案例中，CAS 一经裁决 Jerome Young 并无资格参加悉尼奥运会，他在悉尼奥运会上获得的金牌随即成为没有任何意义的金属（"turning medals into metal"）。参考：Daniel H. Yi, Turning Medals into Metal: Evaluating the Court of Arbitration for Sport as an International Tribunal, *6 Asper Rev. Int'l Bus. & Trade L. 289*（2006）.

② 有关该法修改的征求意见及讨论一直在进行。

③ 2020 年 12 月 30 日（《民法典》尚未生效），上海市第二中级人民法院作出（2012）沪二中民一（民）初字第 1 号民事判决书，依照《民法通则》和《侵权责任法》判定乔丹体育的商号及带"乔丹"中文字样的商标侵犯了美国著名篮球明星迈克尔·杰弗里·乔丹（Michael Jordan）依法享有的姓名权，因为 Michael Jordan 在中国已与其中文译名"乔丹"形成稳定对应关系。法院强调，姓名权属于人格权，商标权属于财产权，当人格权与财产权相冲突时，人格权价值位阶高于财产权，应优先保护。有鉴于此，法院判决乔丹体育停止使用"乔丹"作为企业商号，停止使用涉及"乔丹"中文字样的商标，对于超过五年争议期的涉及"乔丹"商标，应采用包括区别性标识等在内的合理方式，注明其与 Michael Jordan 不存在任何关联（形式与内容需经法院审核）。此外，乔丹体育应连续三天在《中国市场监管报》《体坛周报》、新浪网主页刊登声明，澄清与 Michael Jordan 之间的关系，公开赔礼道歉（形式与内容需经法院审核），并赔偿 Michael Jordan 精神损害抚慰金人民币 30 万元，以及因本案诉讼支出的合理费用人民币 5 万元。见《球星乔丹状告乔丹体育公司，上海法院宣判！》，载新华网，http://www.xinhuanet.com/legal/2020-12/30/c_1126926543.htm，访问时间：2021 年 3 月 3 日。《民法典》第 1017 条明确规定"具有一定社会知名度，被他人使用足以造成公众混淆的笔名、艺名、网名、译名、字号、姓名和名称的简称等，参照适用姓名权和名称权保护的有关规定"，将符合条件的"译名"等纳入立法保护，系对乔丹姓名权案件实务的立法提炼。

下简称乔丹体育）被人民法院判令改名，并已于 2021 年 1 月更名为"中乔体育股份有限公司"。[①] 这对我国运动员有效利用人格权，挖掘并保护自身商业价值亦有启示。我国体育管理机构对运动员商业行为的约束规定如何与《民法典》相协调，值得业界关注。[②]

《民法典》第 1176 条确立了民事主体参加体育活动"自甘风险"原则；第 1198 条确立了体育场馆经营者的安全保障义务。2021 年 2 月 26 日，北京市昌平区人民法院对一起因踢足球时身体碰撞导致受伤的民事纠纷当庭宣判集中体现了上述条款适用。[③] 法院认为，足球运动具有对抗性，出现人身伤害事件"应在意料之中"，参与者在参加足球活动"应当预测到存在的风险，并自愿承担比赛过程中的危险"。但足球场地经营者和管理人应承担安全保障义务，足球活动参与人"自甘风险"不能免除场地经营者的安全保障义务。最后，该起案件以足球场经营者与伤者本人各承担 70% 与 30% 的责任结案。

（二）兴奋剂入刑

刑法方面，全国人大常委会于 2020 年 12 月 26 日通过《刑法修正案（十一）》，规定引诱、教唆、欺骗运动员使用兴奋剂参加国内、国际重大体育竞赛，或者明知运动员参加上述竞赛而向其提供兴奋剂，情节严重的，处三年以下有期徒刑或者拘役，并处罚金。组织、强迫运动员使用兴奋剂参加国内、国际重大体育竞赛的，依照前款的规定从重处罚。[④] 2021 年 2 月 27 日，该罪名被正式确定为"妨害兴奋

[①] 《"乔丹体育"更名为"中乔体育"》，载新华网，http://www.xinhuanet.com/sports/2021-01/13/c_1126979039.htm，访问时间：2021 年 3 月 3 日。

[②] 参考蔡果、Jeffrey Benz：《中国体育争议解决年度观察（2020）》，载北京仲裁委员会 / 北京国际仲裁中心编：《中国商事争议解决年度观察（2020）》，中国法制出版社 2020 年版，第 253 页及该页脚注。《中国体育争议解决年度观察（2020）》导语及全文见北京仲裁委员会 / 北京国际仲裁中心官方网站，https://www.bjac.org.cn/news/view?id=3855。

[③] 《民法典来了 | 文体活动受伤应"自甘风险"，但活动场所未尽保障义务难免责》，载北京市高级人民法院官方微信公众号（"京法网事"），https://mp.weixin.qq.com/s/oZ8s_Fr6GNG0BPDt9FmYGQ，访问时间：2021 年 3 月 2 日。

[④] 《中华人民共和国刑法修正案（十一）》（2020 年 12 月 26 日第十三届全国人民代表大会常务委员会第二十四次会议通过），第 44 条规定在《刑法》第 355 条后增加一条，作为第 355 条之一。见全国人民代表大会网，http://www.npc.gov.cn/npc/c30834/202012/850abff47854495e9871997bf64803b6.shtml，访问时间：2021 年 3 月 2 日。见《全面从严筑牢反兴奋剂法律责任体系，确保兴奋剂问题"零出现""零容忍"——体育总局政策法规司负责人谈〈刑法修正案（十一）〉兴奋剂犯罪相关规定》，载国家体育总局网站，http://www.sport.gov.cn/n316/n340/c974560/content.html，访问时间：2021 年 5 月 26 日。

剂管理罪"。①

兴奋剂入刑，系对我国于 2006 年加入的《反对在体育运动中使用兴奋剂国际公约》缔约国义务的庄严履行，② 标志着中国反兴奋剂工作迈出意义深远的一步，也是对最高人民法院于 2019 年 11 月 18 日发布、2020 年 1 月 1 日实施的《关于审理走私、非法经营、非法使用兴奋剂刑事案件适用法律若干问题的解释》未涵盖的兴奋剂违法行为从立法层面予以更严厉直接的制裁。③2020 年 9 月 22 日，习近平主席在主持教育文化卫生体育领域专家座谈会（以下简称 2020 年教文卫体会议）时，重申了坚决推进反兴奋剂斗争，"强化拿道德的金牌、风格的金牌、干净的金牌意识，坚决做到兴奋剂问题'零出现''零容忍'"。④

（三）2020 年发布的体育政策

1. 发展体育系中国国家战略

从习近平主席在 2020 年教文卫体会议的发言以及国务院 2020 年 9 月 23 日常务会议将体育产业列为重要议程可知，我国坚持《体育强国建设纲要》⑤ 确立的发

---

① 《兴奋剂违法罪名确定：妨害兴奋剂管理罪》，载新华网，http://www.xinhuanet.com/legal/2021−02/28/c_1127150059.htm，访问时间：2021 年 3 月 2 日。

② 《反对在体育运动中使用兴奋剂国际公约》（International Convention against Doping in Sport）系联合国教科文组织（UNESCO）于 2005 年制定通过并于 2007 年 2 月 1 日正式生效的国际公约。中国系该公约缔约国，并将该条约适用于香港和澳门特别行政区。该公约第 9 条规定缔约国有义务对运动员辅助人员采取制裁或惩罚措施以阻却使用兴奋剂的行为。公约第 9 条规定文本为"缔约国应当采取措施，或鼓励体育组织和反兴奋剂组织采取措施，处理违反了反兴奋剂规则或有其他与在体育运动中使用兴奋剂有关的违法行为的运动员辅助人员，包括给予制裁或惩罚"。

③ 与最高人民法院的司法解释一致，该立法并不追究运动员的刑事责任，而是意在威慑、惩罚对运动员有管理、教导、辅助等职能的人士。见蔡果、Jeffrey Benz：《中国体育争议解决年度观察（2020）》，载北京仲裁委员会／北京国际仲裁中心编：《中国商事争议解决年度观察（2020）》，中国法制出版社 2020 年版，第 249 页脚注。《中国体育争议解决年度观察（2020）》导语及全文见载北京仲裁委员会／北京国际仲裁中心官方网站，https://www.bjac.org.cn/news/view?id=3855。《刑法修订迈出中国反兴奋剂意义深远一步：兴奋剂违法行为"入刑"》，载新华网，http://www.xinhuanet.com/legal/2020−12/27/c_1126913085.htm，访问时间：2021 年 3 月 2 日。

④ 习近平主席强调"推动体育产业高质量发展，不断满足体育消费需求"，以及"体育是提高人民健康水平的重要途径，是人民群众对美好生活的向往，促进人的全面发展的重要手段，是促进经济社会发展的重要动力，是展示国家文化软实力的重要平台"。见《习近平主持召开教育文化卫生体育领域专家代表座谈会强调，全面推进教育文化卫生体育事业发展，不断增强人民群众获得感幸福感安全感，王沪宁韩正出席》，载新华网，http://www.xinhuanet.com/politics/leaders/2020−09/22/c_1126527276.htm，访问时间：2021 年 2 月 22 日。

⑤ 国办发〔2019〕40 号。

展体育国家战略，继续推进由《国务院关于加快发展体育产业促进体育消费的若干意见》①（简称 46 号文）等国务院体育政策确立的体育改革方向，特别强调要创新竞技体育人才培养、选拔、激励保障机制和国家队管理体制。② 在疫情背景下，国务院办公厅于 2020 年 9 月 21 日发布《关于以新业态新模式引领新型消费加快发展的意见》，提倡"大力发展智能体育，培育在线健身等体育消费新业态"。③

2.《体育赛事活动管理办法》

国家体育总局于 2020 年 1 月 17 日颁布《体育赛事活动管理办法》（以下简称《办法》），④ 持续推进体育赛事领域"放改服"改革，简政放权，发挥市场作用。《办法》在第 7、8 条规定了需按程序报批的体育赛事（如国际体育赛事和健身气功、航空体育、登山等项目赛事）；以及第 9 条规定境外非政府组织在中国境内举办体育赛事应经省级人民政府体育部门同意，并报同级公安机关备案。除此之外，体育总局对体育赛事活动"一律不做审批"，⑤ 与 46 号文政策一致，将政府职能从赛前审批转变为赛事监管。

《办法》第 46 条执行了《体育强国建设纲要》等国务院体育政策有关建立体育行业信用体系的倡议，规定"体育部门应当建立体育领域信用制度体系，将信用承诺履行情况纳入信用记录，开展信用评价"，并实施体育市场黑名单管理制度，将举办体育赛事活动中严重违反法律、法规、规章的体育经营主体及其从业人员列入体育市场黑名单，并在一定期限内向社会公布，实施信用约束、联合惩戒。

3.《关于深化体教融合，促进青少年健康发展的意见》（以下简称《体教融合意见》）等促进校园体育、⑥ 大众体育相关政策

2020 年 8 月 31 日，经国务院同意，国家体育总局与教育部联合印发了《体

---

① 国发〔2014〕46 号。

② 《习近平主持召开教育文化卫生体育领域专家代表座谈会强调，全面推进教育文化卫生体育事业发展，不断增强人民群众获得感幸福感安全感，王沪宁韩正出席》，载新华网，http://www.xinhuanet.com/politics/leaders/2020-09/22/c_1126527276.htm，访问时间：2021 年 2 月 22 日。

③ 国办发〔2020〕32 号，载中华人民共和国中央人民政府网，http://www.gov.cn/zhengce/content/2020-09/21/content_5545394.htm，访问时间：2021 年 2 月 22 日。

④ 国家体育总局令第 25 号，2020 年 5 月 1 日实施。全文见中华人民共和国中央人民政府网，http://www.gov.cn/zhengce/zhengceku/2020-03/24/content_5494966.htm，访问时间：2021 年 2 月 22 日。

⑤ 《办法》第 10 条规定地方体育部门应"减少体育赛事活动审批；对保留的审批事项，不断优化服务"，并要求地方体育部门"积极协调推动地方人民政府，根据实际需要建立体育、公安、卫生等多部门对商业性、群众性大型体育赛事活动联合'一站式'服务机制或服务协同工作机制"。

⑥ 体发〔2020〕1 号，载中华人民共和国中央人民政府网，http://www.gov.cn/zhengce/zhengceku/2020-09/21/content_5545112.htm，访问时间：2021 年 2 月 22 日。

教融合意见》，大力推进学校体育工作，包括支持学校成立青少年体育俱乐部、健全学校体育相关法律体系等措施。《体教融合意见》将体育科目纳入中考计分科目，在社会上引起广泛热议。值得注意的是，《体教融合意见》特别提及"加快推动体育行业协会与行政机关脱钩"，以充分发挥单项协会的专业性和权威性，在学校体育中发挥积极的引领作用。

长期以来，"体教分离"被诟病为中国体育的顽疾之一。《体教融合意见》尝试克服桎梏，但现实作用还需视执行情况具体评估。[①]

在促进大众体育方面，国务院办公厅于 2020 年 10 月 10 日发布了《关于加强全民健身场地设施建设发展群众体育的意见》，[②] 旨在激活政府的公共服务职能，为方便大众体育活动创造硬件条件。具体要求包括各级人民政府梳理空间资源，[③] 建设社区健身中心、多功能运动场体育公园、健身步道、健身广场、小型足球场等健身设施，并统筹考虑增加应急避难（险）功能设置。对确有必要建设的大型体育场馆，从严审批、合理布局，兼顾社区使用。

（四）对体育无形资产加大知识产权保护力度

《体育赛事活动管理办法》第 18 条响应了 46 号文等国务院体育政策确立的保护赛事无形资产原则，[④] 确认"体育赛事活动的名称、标志、举办权、赛事转播权和其他无形资产权利受法律保护"，并确定有权进行市场开发的权利人为"主办方和承办方"。

2020 年 9 月 14 日，最高人民法院印发《关于依法加大知识产权侵权行为惩治

---

① 2020 年 10 月 15 日，中共中央办公厅、国务院办公厅印发了《关于全面加强和改进新时代学校体育工作的意见》，载中华人民共和国教育部网站，http://www.moe.gov.cn/jyb_xxgk/moe_1777/moe_1778/202010/t20201015_494794.html，访问时间：2021 年 2 月 22 日。

② 国办发〔2020〕36 号，载中华人民共和国中央人民政府网，http://www.gov.cn/zhengce/content/2020-10/10/content_5550053.htm，访问时间：2021 年 2 月 22 日。

③ 可用空间资源包括城市空闲地、边角地、公园绿地、城市路桥附属用地、厂房、建筑屋顶等。

④ 见蔡果、Jeffrey Benz：《中国体育争议解决年度观察（2020）》，载北京仲裁委员会 / 北京国际仲裁中心编：《中国商事争议解决年度观察（2020）》，中国法制出版社 2020 年版，第二部分，第（三）项第 5 点（确立体育无形资产的商业价值，推动相关权利市场化运营），第 255—256 页。《中国体育争议解决年度观察（2020）》导语及全文见载北京仲裁委员会 / 北京国际仲裁中心官方网站，https://www.bjac.org.cn/news/view?id=3855。

力度的意见》（以下简称《最高法知产意见》），① 系深入贯彻中共中央办公厅、国务院办公厅《关于强化知识产权保护的意见》② 之重要举措。《最高法知产意见》的宗旨系"营造良好的法治化营商环境"，③ 明确针对"知名品牌、热播节目"等侵权行为，人民法院应及时审查行为保全申请；此外，人民法院将依法加大知识产权赔偿力度。④

《最高法知产意见》发布后，北京市高级人民法院对包括美商 NBA 产物股份有限公司（以下简称 NBA 公司）诉上海众源网络有限公司（以下简称上海众源）等知名体育赛事直播侵权案件⑤ 作出重要判决或改判，承认了此前不受我国法院认可的、该类节目所具备的类似电影作品之独创性，⑥ 确立了体育赛事网络直播节目依法受《中华人民共和国著作权法》保护的重要原则，改善了此类节目在我国定性不明、法律保护力度弱、权利人斥巨资购买的赛事版权面临盗播猖獗却束手无策的窘境。⑦ 在加大赔偿力度方面，美国新平衡运动鞋公司（New Balance Athletics Shoes, Inc.）于 2021 年 2 月获赔中国法院在商标侵权案件中迄今判予外资企业的最高金额——上海市黄浦区人民法院判决福建 New Barlun 公司及其上海分销商向新平衡运动鞋公司赔偿因侵犯后者标志性的"N"字商标所造成的损

---

① 法发〔2020〕33 号，载最高人民法院网，http://www.court.gov.cn/zixun-xiangqing-255591.html，访问时间：2021 年 2 月 22 日。

② 载中华人民共和国中央人民政府网，http://www.gov.cn/zhengce/2019-11/24/content_5455070.htm，访问时间：2021 年 2 月 22 日。

③ 在 Michael Jordan 诉乔丹体育的（2012）沪二中民一（民）初字第 1 号民事判决书中，上海市第二中级人民法院判令乔丹体育改名也强调了"切实维护权利人和消费者的合法权益，优化营商环境，促进社会信用体系建设"的宗旨。

④ 2021 年 3 月 3 日，最高人民法院正式施行《关于审理侵害知识产权民事案件适用惩罚性赔偿的解释》（法释〔2021〕4 号），对知识产权民事案件适用惩罚性赔偿的范围、情节严重认定、计算基数等作了具体解释，旨在"依法惩处严重侵害知识产权行为，全面加强知识产权保护"。

⑤ 见本报告第三部分对案例 4（北京新浪互联信息服务有限公司诉北京天盈九州网络技术有限公司）的讨论，以及第四部分（热点问题观察）第（二）项，有关"人民法院与实务界共同推动解决前沿法律问题：以体育赛事网络直播系列案件为例"。

⑥ 2020 年以前，中国法院往往适用《中华人民共和国反不正当竞争法》作为惩罚盗播行为的法律依据，但赔偿金额较低，缺乏威慑作用。见蔡果、Jeffrey Benz：《中国体育争议解决年度观察（2020）》，载北京仲裁委员会 / 北京国际仲裁中心编：《中国商事争议解决年度观察（2020）》，中国法制出版社 2020 年版，第 256 页。《中国体育争议解决年度观察（2020）》导读及全文见载北京仲裁委员会 / 北京国际仲裁中心官方网站，https://www.bjac.org.cn/news/view?id=3855。

⑦ 《2017 年国内赛事侵权点播链接超 62 万条，838 封预警函也挡不住亚冠联赛盗播》，载搜狐网，https://www.sohu.com/a/231121071_99923264，访问时间：2021 年 3 月 3 日。

失计 2500 万元人民币。^①

三、典型案例

【案例1】孙杨诉 WADA 与 FINA（向瑞士联邦最高法院申请撤销 CAS 2019/A/6148 号仲裁裁决）

【基本案情】

2020 年 12 月 22 日，瑞士联邦最高法院（Swiss Federal Tribunal，以下简称 SFT）公告作出编号为 4A_318/2020 号裁定（以下简称 SFT 裁定），同意支持孙杨针对 CAS 2019/A/6148 号仲裁裁决（以下简称 CAS 裁决）的 Revision 请求，理由是其中一位仲裁员存在偏见。^② 由此，CAS 必须对仲裁庭成员作出调整，并对孙杨案重新作出裁决。2021 年 1 月 15 日，SFT 公布了附理由的裁定全文。

根据代理孙杨的瑞士 Bonnard Lawson 律师事务所新闻稿，^③ 针对 CAS 裁决，孙杨向 SFT 提出过两项申请：

（1）2020 年 4 月 28 日提出的撤裁（Annulment）程序；

（2）2020 年 6 月 15 日提出的"Revision"程序。

第（1）项为撤裁（Annulment）申请，法律依据是《瑞士联邦国际私法典》（Swiss Private International Law Act，以下简称 PILA）第 12 章（国际仲裁）第 190 条，申请时效是收到仲裁裁决后 30 天——今年因为疫情导致延期，2020 年 4 月 28 日正好为孙杨案撤裁（annulment）申请截止期限前一天。

---

① "New Balance Wins \$3.9m in damages from China Logo Copycats"，载 Financial Times，https://www.ft.com/content/f639bcd4-7b09-4f34-b517-95398d07d7bf，访问时间：2021 年 2 月 22 日。

② SFT 公告原文为" *In its decision of 22 December 2020, the Swiss Federal Supreme Court approved the request by the Chinese swimmer Sun Yang for revision of the arbitral award of the Court of Arbitration for Sport（CAS）in Lausanne dated 28 February 2020...on the grounds of bias of one of the arbitrators of the CAS. The award of the CAS is set aside. The CAS will have to render a new award in the case of Sun Yang in a different composition of the panel.*" 见 https://www.bger.ch/files/live/sites/bger/files/pdf/en/4a_0318_2020_yyyy_mm_dd_T_e_08_43_21.pdf，访问时间：2021 年 2 月 22 日。

③ "Press Release on behalf of Mr. Sun Yang"，载瑞士 Bonnard Lawson 律师事务所网站，https://www.bonnard-lawson.com/press-release-on-behalf-of-mr-sun-yang-2/，访问时间：2021 年 2 月 28 日。

第（2）项为 Revision 申请，[①]（在孙杨案中）的法律依据是《瑞士联邦最高法院法》（Federal Tribunal Act，以下简称 FTA）[②] 及瑞士案例法，申请时效是发现新事实或新证据后的 30 天。[③]2020 年 5 月 15 日，署名为 Rick Sterling 的作者在网络上发表了题为《为什么孙杨案裁决应被推翻》（"Why the Sun Yang Decision Should be Overturned"）的文章。[④] 该文章列举了孙杨案仲裁庭主席 Franco Frattini 一系列针对中国人的推特言论。该文章发表约 30 天后，孙杨一方基于上述公开可见的推特言论，于 2020 年 6 月 15 日提出 Revision 申请。

【争议焦点】

孙杨申请撤销 CAS 仲裁裁决是否应被准予？具体来讲，SFT 需要回答以下几个问题：

1. 仲裁员存有偏见是否构成准予 Revision 的法律依据？

2. Franco Frattini 仲裁员相关推特言论是否构成客观标准下的偏见？

3. 孙杨方未能在仲裁程序进行时、裁决发布前发现相关推特，是否怠于合理的勤勉义务，构成对偏见的豁免？

【裁判观点】

根据 SFT 裁定，孙杨的第（1）项撤裁（Annulment）申请也挑战了仲裁员的中立性，但挑战对象为 WADA 指定的仲裁员 Romano Subiotto QC；且援引的撤裁事由较多，不限于仲裁员的中立问题。[⑤] 从程序经济角度出发，SFT 首先审查挑战事项单一（仅与 Franco Frattini 中立问题有关）的 Revision 申请，[⑥] 并最终认同了孙杨方的申诉，撤销 CAS 2019/A/6148 号裁决，将案件发回 CAS 重新组庭，重新裁决。由此，孙杨的第（1）项撤裁申请失去了意义，SFT 不再就孙杨方在撤裁（Annulment）申请中罗列的多项理由单独裁判；SFT 4A_318/2020 号裁定仅限于分析孙杨的第（2）项 Revision 申请。

---

① 2021 年 1 月 1 日，修订后的 PILA 第十二章（国际仲裁）生效，可直接依据 PILA 新增的第 190 条（a）项，基于仲裁员的中立性问题，就仲裁地在瑞士的国际仲裁裁决向 SFT 提出 Revision 申请。

② SFT 裁定，Considérant en droit（法律分析），第 4.3 段。又见 Nathalie Voser, Anya George, Revision of Arbitral Awards, *Post Award Issues – ASA Special Series No. 38*, p. 60.

③ 2021 年 1 月 1 日，修订后的 PILA 第十二章（国际仲裁）生效后，直接依据 PILA 新增的第 190 条（a）项，就仲裁员中立问题申请 Revision 的期限是发现相关事实或证据的 90 天以内。

④ 文章链接见 https://www.sportsintegrityinitiative.com/why-the-sun-yang-decision-should-be-overturned/，访问时间：2021 年 2 月 28 日。

⑤ SFT 裁定，第 C 项。

⑥ SFT 裁定，Considérant en droit（法律分析），第 2.1 段。

1. 仲裁员存有偏见是否构成准予 Revision 的法律依据？

仲裁员存有偏见是 PILA 第 190 条项下撤裁（Annulment）的依据之一；但是否构成准予 Revision 的法律依据，此前 SFT 案例持肯定意见，但并未以裁判的方式确定下来；另外，PILA 彼时正在修订过程中，SFT 选择将该问题留待瑞士立法者确认。①

2020 年 6 月获瑞士立法机关通过、2021 年 1 月 1 日生效的 PILA 修正案确定：当事人有权以撤裁期限过后发现仲裁员存有偏见为由，在发现相关事实 90 天内向 SFT 申请 Revision，但前提是，申请人需证明其已竭尽勤勉义务但仍未能在仲裁程序结束前发现仲裁员存有偏见的事实或证据，并且该 Revision 申请需在仲裁裁决生效后十年内作出。②

本案中，SFT 认可了孙杨方主张，即其通过一名自称退休自由记者发表的文章发现了 Franco Frattini 的问题推特，并且在发现问题推特的 30 日内提出了 Revision 申请。尽管该文章发表的时间很"特别"（CAS 裁决作出两个半月后，且距离最后一条问题推特发出的时间约为一年），SFT 认为，WADA 与 CAS 未能证明孙杨方在仲裁程序结束前已发现问题推特。③ 即使一名"退休自由记者"都能发现问题推特，不能以此推导出孙杨方一定能够自主发现问题推特。④

2. Franco Frattini 的相关推特言论是否构成客观标准下的偏见？

SFT 强调仲裁员需类比法官保持中立与独立。因此，审查仲裁员是否满足中立标准应参照宪法原则对法官的要求，但同时兼顾仲裁尤其是国际仲裁的特性。⑤

根据瑞士宪法，若法官有行为导致其中立性存疑，当事人有权挑战该法官并要求其回避。当事人无需证明法官事实上不够中立；仅仅是导致其中立性存疑的客观情形即构成挑战理由。⑥ 在 *Mutu&Pechstein v. Switzerland* 一案中，欧洲人权法院认为：（判断仲裁员中立性是否存疑）关键因素需从客观、表面情形审查。SFT 在此引用了欧洲人权法院强调的"正义应当被看见"。⑦

SFT 认为，从涉事推特看来，Franco Frattini 对中国某些习俗发表评论系就特定事件，在特定情形下作出，不能推断其对所有中国人都存有偏见。涉事推特的

---

① SFT 裁定，Considérant en droit（法律分析），第 4.2 段。
② SFT 裁定，Considérant en droit（法律分析），第 4.2 段。
③ SFT 裁定，Considérant en droit（法律分析），第 6.5 段。
④ SFT 裁定，Considérant en droit（法律分析），第 6.3 段。
⑤ SFT 裁定，Considérant en droit（法律分析），第 7.1 段。
⑥ SFT 裁定，Considérant en droit（法律分析），第 7.2 段。
⑦ SFT 裁定，Considérant en droit（法律分析），第 7.3 段。

问题并不在于他批评了中国的某些习俗——问题在于他使用的词汇"充满暴力"，并将肤色问题单列出来。更致命的是，他在被任命为孙杨案 CAS 仲裁庭主席后且程序尚在进行过程中，仍发表了包括针对肤色的问题言论，这是不可接受的。SFT 强调，涉事仲裁员本人是否意识到其言论折射出偏见并不在考量范围内，关键在于对其言论的客观评估，即在合理第三方看来涉事言论是否令该仲裁员中立性存疑，或予人有偏见的印象。[①]

SFT 基于 Franco Frattini 对中国人肤色的评论及语言的暴力性，以及某些推特是在他参与孙杨案后发表，认定其在客观标准下中立性存疑。

3. 孙杨方是否尽到了勤勉义务？

根据 SFT 案例，Revision 申请成功的前提是：申请人能证明，即使尽到了勤勉义务也无法在仲裁程序结束前发现相关证据或事实。[②] 孙杨方声称，在 Franco Frattini 被指定为仲裁庭主席后，孙杨方律师曾谷歌搜索 Franco Frattini 全名，以及"Franco Frattini +sport""Franco Frattini + Court of Arbitration for Sport"等关键词组合，均未发现问题推特。[③]

CAS 则认为，孙杨方未尽到勤勉义务——仅仅是搜索 Franco Frattini 的全名是不够的，应当搜索"Franco Frattini +China"。CAS 还指出，孙杨方（在仲裁程序结束前）对待 Franco Frattini 中立性问题的轻率态度与其对 WADA 指定的仲裁员无微不至的审查形成鲜明对比。[④]WADA 则主张，孙杨方有义务对相关仲裁员的"主流社交媒体"诸如 Facebook、Twitter 及 Instagram 账号进行审查——"该运动员没有借口解释其为什么没能搜索仲裁员的主流社交媒体，因为面临如此严重的处罚，他（对仲裁员背景调查）应尽到与其案件重要性成比例的勤勉义务"。[⑤]

SFT 承认当事人确应对挑战（仲裁员）事由竭尽勤勉调查义务，而不能止步于仲裁员签署的形式"中立声明"。但是，当事人勤勉义务的具体范围是很难界定

---

① SFT 裁定，Considérant en droit（法律分析），第 7.9 段。

② SFT 裁定，Considérant en droit（法律分析），第 6.1 段。

③ SFT 裁定，Considérant en droit（法律分析），第 6.2 段。

④ SFT 裁定，Considérant en droit（法律分析），第 6.3 段。

⑤ SFT 裁定，Considérant en droit（法律分析），第 6.4 段。尽管本案中的运动员有能力聘请国际体育仲裁经验丰富、可以被合理期待在"主流社交媒体"进行勤勉调查检索的瑞士律师，但 WADA 等国际体育组织不能想当然地认为所有被卷入国际程序的当事人均必须熟悉或容易接触到 WADA 提及的"主流社交媒体"。此外，来自欠发达地区的当事人有可能不熟悉或不习惯使用网络社交媒体。正如 SFT 强调，个案情况是需要具体考量的。

的，也从未被界定过，因此只能个案分析。[①] 但有一点是确定的：当事人的勤勉调查义务并非漫无边际；不能要求当事人系统且事无巨细地审查所有与涉事仲裁员相关的信息。即使相关推特是公开可见的，亦不能因为当事人没有发现该推特即论断其没有尽到勤勉义务。每个案件的特定情形均需被具体审查。[②] SFT 认为不应要求孙杨方搜索"Franco Frattini +China"，因为若课以该要求，则是假定了孙杨方提前预知 Franco Frattini 对中国有偏见，这在没有其他证据显示该偏见的情形下显然是不合理的。[③]

针对孙杨方是否有义务对仲裁员的"主流社交媒体"进行审查，SFT 对该问题持开放态度，但倾向于认为——由于社交媒体的种类、数量在不断增加，所谓对"主流社交媒体"的审查范围也会不断地被重新定义。SFT 认为不应对当事人课以过于严苛的义务，要求他们投入大量时间在社交媒体上搜索调查，或者在仲裁程序进行时持续不间断地监控仲裁员的社交媒体。[④] 由于 SFT 已认定孙杨方尽到了勤勉义务，因此就本案而言，不再有必要就当事人是否应审查仲裁员"主流社交媒体"，以及哪些平台构成"主流社交媒体"作出裁定。

【纠纷观察】

1. Revision 与撤裁（Annulment）的异同

Revision 的法律依据与撤裁（Annulment）不同。2021 年 1 月 1 日前，Revision 的依据是《瑞士联邦最高法院法》（FTA）及瑞士案例法，而撤裁（Annulment）的依据是 PILA。两者的申请时限不同：撤裁（Annulment）申请的期限是仲裁裁决作出后三十日；而 Revision 的申请期限是发现对案件有决定意义的新事实或导致仲裁员中立性存疑的事实后九十日，但不能晚于仲裁裁决作出后十年。[⑤] 可见，Revision 制度突破了仲裁裁决标志性的"终局"特征，给仲裁裁决造成了不确定性。因此，Revision 是瑞士仲裁法项下谓为特殊的救济，[⑥] 是基于

---

① SFT 裁定，Considérant en droit（法律分析），第 6.5 段。

② SFT 裁定，Considérant en droit（法律分析），第 6.5 段。

③ SFT 裁定，Considérant en droit（法律分析），第 6.5 段。

④ SFT 裁定，Considérant en droit（法律分析），第 6.5 段。

⑤ 例外是仲裁裁决受到犯罪行为影响的情形，Revision 申请不受十年时效限制。

⑥ Antonio Rigozzi, Challenging Awards of the Court of Arbitration for Sport, *Journal of International Dispute Settlement*, Vol. 1, No. 1（2010），p. 255.（"In Swiss legal terminology, révision（Revision, revisione）constitutes an extraordinary legal remedy which allows for the reconsideration of an award, whose substance has already become res iudicata, for very specific and limited reasons."）

正义与公平价值，[①] 在法律确定性与程序正义之间寻找的"微妙但必要"平衡。[②]

Revision 制度并不常见，中国仲裁法项下没有此救济渠道，因而研究得不多，也没有对应的翻译术语。许多国家仅设置有与原 PILA 第 190 条相对应的撤裁（Annulment）程序，如中国、奥地利等；也有一些国家存在与瑞士相类似的 Revision 制度设计，如法国。[③] 另外，国际投资争端解决中心（ICSID）的投资者——东道国仲裁程序也设有针对新事实的 Revision 机制。

Revision 与撤裁（Annulment）的法律依据、申请时限虽不同，但法律后果一致：均会导致仲裁裁决既判力丧失，案件被发回原仲裁机构重新裁决。但是，因 Revision 导致仲裁裁决失效，与撤裁（Annulment）传达的信息是不同的。

上文提及，SFT 因准予了孙杨方的 Revision 申请，故未对撤裁（Annulment）申请作出裁定。因此，SFT 裁定仅能说明 SFT 认可 Franco Frattini 客观中立性存疑，而未认定 CAS 裁决存在 PILA 第 190 条项下的情形，如超出或遗漏当事人请求［PILA 第 190（2）（c）条］、未平等对待双方当事人或侵害当事人陈述其案情的权利［PILA 第 190（2）（d）条］等。

因此，基于 SFT 裁定准予 Revision 推断 CAS 裁决认定事实不公正、适用规则不正确，甚至重新质疑检查人员的资质等实体问题，笔者认为是不正确的。一些评论甚至从 CAS 裁决字里行间（如对当事人个性进行评价）解读出"偏见"与"不公"，系对国际仲裁基本原理不熟悉。SFT 裁定明确指出，孙杨案 CAS 裁决的行文表述不能作为挑战仲裁员中立性的依据。[④]

---

① Catharine A. Kunz, Revision of Arbitral Awards in Switzerland: An Extraordinary Tool or Simply a Popular Chimera: A Review of Decisions Rendered by the Swiss Supreme Court on Revision Requests over the Period 2009−2019, 38 ASA Bulletin（2020）, p. 6.

② Franz XaverStirnimann Fuentes, Chapter 13: Revision of Awards, in Manuel Arroyo（ed）, Arbitration in Switzerland: The Practitioner's Guide（Second Edition）, Kluwer Law International 2018, p. 1347.

③ 《法国民事诉讼法典》第 1502、1606 条，参考 Laurence Franc-Menget& Peter Archer: "Paris Court of Appeal Orders the Retraction of an Award Made Where One Arbitrator Lacked Independence: the OngoingTapie Saga"，载 Herbert Smith Freehills LLP 网站，https://hsfnotes.com/arbitration/2015/03/04/paris-court-of-appeal-orders-the-retraction-of-an-award-made-where-one-arbitrator-lacked-independence-the-ongoing-tapie-saga/，访问时间：2021 年 3 月 1 日。

④ SFT 裁定，Considérant en droit（法律分析），第 7.9 段。（"With respect to the ground for challenge based on the allegedly derogatory and inappropriate remarks made in the contested award…which cannot ,in any case, justify the challenge of the challenged arbitrator."）

2.SFT 对面临纪律处罚的运动员降低了调查仲裁员背景的勤勉义务标准

正如 SFT 裁定写道，当事人有责任对任何有关撤裁或 Revision 的相关事实做尽职调查，包括仲裁员的背景、资质、中立度、独立性等。该标准通常很难满足：SFT 曾在 2008 年两起案件裁定中表示，（撤裁期限过后）新发现的仲裁庭中立性问题可以作为申请 Revision 的新事实。[①] 这两起案件（其中一案系针对 CAS 裁决的 Revision 申请）均涉及地位平等的当事人，SFT 要求 Revision 申请方证明其在仲裁程序进行时无法提交可能导致 Revision 的重要事实或证据。在上述两案中，SFT 认为申请方没能达到证明标准。

基于体育仲裁（相对商事仲裁）的特殊性，以及 SFT 在一些案例中发表的意见，瑞士仲裁学者和实务界认为 SFT 可能会对面临纪律处罚的运动员，尤其是在仲裁程序中对抗国际体育组织的运动员，降低其对仲裁员尽职调查的义务标准。[②]2007年，SFT 曾撤销涉阿根廷网球运动员 Guillermo Cañas 的 CAS 裁决（后由同一仲裁庭重新作出裁决，但裁决结果不变）。SFT 在 Cañas 案中详细阐释了体育仲裁与一般商事仲裁的区别："竞技体育的治理是高度层级化的（highly hierarchical），与平等主体间的合同关系有所不同……大多数情况下，运动员在面对所属的体育协会时缺乏话语权——不管他们是否愿意，都需要接受体育协会的要求……包括接受仲裁。"[③]

孙杨案是 SFT 第一次在涉运动员纪律处罚的体育仲裁程序中，对撤裁期限过后提出的仲裁员中立问题进行 Revision 审查。SFT 准予孙杨的 Revision 申请呼应了此前它在其他案例中表达的态度，亦应证了瑞士学者观点——即对面临纪律处罚的运动员，可以降低其对仲裁员背景调查的义务。一方面，这反映 SFT 注重运动员权利保护的价值取向，倾向于就运动员与国际体育组织之间不对等地位施以必要救济；另一方面，SFT 亦考虑了（审查孙杨案 Revision 申请之时）即将生效的（PILA）修正案，以及该修正案表明的瑞士立法者态度。

此外，ICSID 案例（*Eiser Infrastructure Limited &Energia Solar Luxembourg Sarl*

---

① Nathalie Voser, Anya George, Revision of Arbitral Awards, Post Award Issues – ASA Special Series No. 38, pp. 60-61, 引用案例为 2008 年 4 月 4 日作出的 SFT 4A_528/2007 号裁定，以及 2008 年 8 月 14 日作出的 SFT 4A_234/2008 号裁定。

② Antonio Rigozzi, Challenging Awards of the Court of Arbitration for Sport, Journal of International Dispute Settlement, Vol. 1, No. 1（2010）, pp. 236, 240, 引用案例为 2008 年 3 月 20 日作出的 SFT 4A_506/2007 号裁定，以及 2008 年 4 月 4 日作出的 4A_528/2007 号裁定。

③ Antonio Rigozzi, Challenging Awards of the Court of Arbitration for Sport, Journal of International Dispute Settlement, Vol. 1, No. 1（2010）, p. 227, 引用 SFT 就 Ca?as 案作出的裁定。

v Kingdom of Spain, ICSID Case No. ARB/13/36）裁决被撤销表明：即使影响仲裁员中立性的因素是公开可发现的，只要予以第三人／独立观察员印象（相关仲裁员）中立性存疑，仲裁裁决即面临被撤销的风险。[①] 在对仲裁员的中立与独立要求上，可观察到体育仲裁与投资仲裁有类似之处，均具备公法性质，对仲裁员的中立要求趋向于比平等主体之间的商事仲裁更高、更严格。

3. Revision 申请获准后，CAS 重审程序应怎样进行

在国际体育仲裁领域，颇受关注的是孙杨案 CAS 裁决被准予"Revision"的法律后果，如是需要替换所有仲裁庭成员，抑或只需替换被挑战成功的原仲裁庭主席；[②] CAS 程序需要从 WADA 的上诉申请（Statement of Appeal）开始重新组织公开听证，抑或新的仲裁庭（无论是全部或部分替换原仲裁庭成员）有较大自主权确认此前仲裁庭的某些程序决定，以使重审程序高效进行。由于此前（即使是在商事仲裁领域）Revision 申请被准予的案例稀少，[③] 上述问题几乎无先例可循，各种理论、观点皆有被采纳的可能，CAS 在根据 SFT 指引撤换原仲裁庭主席、重新组庭后，有较大的自由裁量权决定重审程序如何进行。

CAS《体育仲裁规则》（适用本案的 2019 年版）第 36 条规定："如有仲裁员辞职、去世、被去职、被成功挑战的情形，相关仲裁员将根据他被任命的相关规则，由他人取代……除非当事人各方达成一致或由仲裁庭决定，仲裁程序将继续进行，不用重复相关仲裁员被替换前已进行的程序。"[④]

[①] "Undisclosed Expert Ties Prove Fatal to ICSID Award"， 载 Global Arbitration Review, https://globalarbitrationreview.com/undisclosed-expert-ties-prove-fatal-icsid-award, 访问时间：2021 年 5 月 26 日。

[②] CAS 最终选择以全新仲裁庭组成重审孙杨案件。

[③] 据瑞士律师 Catherine A. Kunz 的统计，自 1992 年至 2019 年，共有 39 例案件就国际仲裁裁决向瑞士联邦法院提出 Revision 申请；但瑞士联邦法院仅准予了 3 例 Revision 申请。孙杨案系瑞士联邦法院第一次针对体育仲裁裁决准予 Revision 申请。见 Catherine A. Kunz, "Revision of Arbitral Awards in Switzerland: An Extraordinary Tool or Simply a Popular Chimera? A Review of Decisions Rendered by the Swiss Supreme Court on Revision Requests over the Period 2009-2019"，38 ASA Bulletin 1/2020（March）。

[④] CAS《体育仲裁规则》第 36 条原文为："In the event of resignation, death, removal or successful challenge of an arbitrator, such arbitrator shall be replaced in accordance with the provisions applicable to her/his appointment. If, within the time limit fixed by the CAS Court Office, the Claimant/Appellant does not appoint an arbitrator to replace the arbitrator it had initially appointed, the arbitration shall not be initiated or, in the event it has been already initiated, shall be terminated. Unless otherwise agreed by the parties or otherwise decided by the Panel, the proceedings shall continue without repetition of any aspect thereof prior to the replacement."

孙杨方曾以 WADA 在 CAS 程序中第一次指定的仲裁员 Michael Beloff QC 不够中立为由，向 SFT 上诉 Michael Beloff QC 参与作出的某些重要决定（如仲裁庭决定受理 WADA 的上诉）。就孙杨方的这项上诉，SFT 在 2020 年 1 月 6 日作出的 4A_287/2019 号裁定中表示，重新组成的仲裁庭有权确认此前被挑战的仲裁员参与作出的决定，而无需重复每一项已经完成的程序。①

尽管孙杨案重审案卷在本篇定稿之时尚未公开，但基于孙杨方此前在仲裁程序中的表现，包括三次向 SFT 上诉 CAS 的程序决定并不懈挑战 WADA 指定的仲裁员的行为，可以预见孙杨方很有可能会以 Franco Frattini 已因中立性问题被成功挑战，要求新的仲裁庭对 Franco Frattini 参与作出的所有决定（如拒绝尿检官在开庭前三天提出的出庭请求）或程序事项（如 Franco Frattini 曾作为仲裁员主席主持主检官于 2019 年 9 月 5 日在瑞典斯德哥尔摩作出的庭外证言）推倒重来。

但是，当事人公平受审与仲裁程序高效经济地进行均是值得保护的价值，两者之间需要取得平衡；不能因为当事人的意愿（并且其有足够的资源和能力）无休止拖延程序。根据 CAS《体育仲裁规则》和 SFT 案例，新组成的仲裁庭有权确认原仲裁庭作出的决定，包括上述涉及证人证言的决定，因而无需全盘重复所有 CAS 程序步骤。

此外，就第一次 CAS 程序中已提交的书证与证人证言，瑞士主流学者观点认为重审案件不能改变这些证据已构建的事实，否则这将与 Revision 制度设计背道而驰。② 但是当事人有权在重审时援引第一次程序完结后发现或发生的"任何相关事实及证据"，就裁决的事实基础进行重构。③Revision 制度导致的重审不应被视作给予案件结果不理想的当事人"重来一次"的机会，因为当事人不能在"重审"中倚仗第一次程序进行时已知或已掌握的事实与证据。④

---

① SFT 于 2020 年 1 月 6 日作出的 4A_287/2019 号裁定。

② Antonio Rigozzi, Challenging Awards of the Court of Arbitration for Sport, Journal of International Dispute Settlement, Vol. 1, No. 1（2010）, p. 260.

③ Franz XaverStirnimann Fuentes, Chapter 13: Revision of Awards, in Manuel Arroyo（ed）, Arbitration in Switzerland: The Practitioner's Guide（Second Edition）, Kluwer Law International 2018, p. 1365.

④ Gabrielle Kaufmann–Kohler, Antonio Rigozzi, International Arbitration: Law and Practice in Switzerland, Oxford University Press 2015, p. 509, 8.222（"any new circumstance on which the parties seek to rely must be one that could not have been invoked in the previous proceedings"）.

【案例 2】北京市朝阳区人民法院调解结案球员转会被诉高额违约金案，并向国家体育总局、中国足协发送司法建议

【基本案情】

2012 年 8 月，1999 年出生、时年 13 岁的王球员通过其父与北京万达足球俱乐部（以下简称俱乐部）签署了为期三年的培训协议书（以下简称《协议》）。根据《协议》，俱乐部资助王球员赴西班牙马德里竞技足球俱乐部接受培训；自协议签署之日起，俱乐部即拥有王球员注册所有权与处置权，且王球员必须经俱乐部书面同意后方可转会。如王球员违约，则必须赔偿俱乐部因履行《协议》已支出的所有费用（包括出国培训前及培训期间俱乐部为王球员参加该培训支付的所有费用），外加等同于上述费用总额 15% 的违约金。

《协议》的争议解决条款为，因本协议而发生的纠纷，应友好协商解决，协商不成：如因转会发生的争议，任何一方可向中国足协仲裁委员会申请仲裁，中国足协仲裁委员会的裁决为最终裁决；如因其他原因发生的争议，任何一方均可向甲方（俱乐部）所在地有管辖权的人民法院提起诉讼。

上述《协议》于 2015 年、2016 年续签，并增加条款禁止王球员未经俱乐部书面同意擅自与其他境内外俱乐部签约；若王球员违反此条款，《协议》约定其应向俱乐部赔偿"不低于人民币 1700 万元的违约金"。

2017 年 6 月，当《协议》即将到期，王球员将年满 18 岁，俱乐部希望与王球员签署《职业球员合同》，却未能得到配合。2017 年 9 月，俱乐部声称已完全与王球员及其父失去联系。两个月后，俱乐部终于得知王球员去向——2017 年 11 月，丹麦瓦埃勒足球俱乐部（以下简称瓦埃勒）来函要求俱乐部出具证明文件以使王球员得以与瓦埃勒签约。俱乐部断然拒绝了该请求，并于 2017 年 12 月向王球员及其父发函告知其已严重违约，但王球员仍然在 2018 年 1 月与瓦埃勒完成了职业合同的签署。

2018 年 5 月，俱乐部以王球员及其父为被告，向北京市朝阳区人民法院（以下简称朝阳法院）提起民事诉讼，诉请判令被告严重违反《协议》，并向俱乐部赔偿王球员的培训支出另加《协议》项下 1700 万元违约金，共计 2002.7 万元人民币。朝阳法院以"教育培训合同纠纷"受理该案。

双方对俱乐部"拥有王球员注册所有权"及 1700 万元"天价违约金"条款的有效性有争议。更令朝阳法院为难的是，被告提出本案不属于人民法院受理案件范围，主张根据《协议》的争议解决条款及《中国足球协会章程》第 52 条与第

54 条，由"中国足协仲裁委员会"审理本案。

正如作者在《中国体育争议解决年度观察（2020）》（以下简称《体育年度观察（2020）》）中指出，在中国发生的足球类争议一向面临管辖权难点。[①]多数情况下，人民法院以现行《体育法》第 32 条为由拒绝管辖。本案虽成功立案，但朝阳法院仍然不得不直面《体育法》第 32 条、《中国足球协会章程》以及《协议》争议解决条款之间的协调解释问题。为此，朝阳法院于 2018 年 11 月、2019 年 1 月及 2019 年 10 月组织了三次开庭，并邀请体育法学者代表及中国足协参加法院牵头组织的专题研讨会。

【争议焦点】

《协议》约定"因转会发生的争议，任何一方可向中国足协仲裁委员会申请仲裁，中国足协仲裁委员会的裁决为最终裁决"是否有效？类似约定是否能排除人民法院的司法管辖权？

【司法建议】

朝阳法院不仅没有拒绝对本案行使管辖权，还就实体问题组织了多次开庭，这说明朝阳法院认为人民法院应当对足球类争议行使管辖权；当事人在《协议》中约定"向中国足协仲裁委员会申请仲裁，中国足协仲裁委员会的裁决为最终裁决"是无效的，不能排除人民法院行使司法管辖。当然，法院亦意识到，足球类争议有其特殊性，如果不结合该体育项目的特殊性考量，裁判结果很可能不正确，或与现实脱节。这也许是朝阳法院努力促成调解结案，而不是直接裁判结案的动因之一。

尽管俱乐部与王球员通过调解达成的方案未公开，朝阳法院鉴于此案的典型性，于 2020 年 9 月通过"中国法院网"[②]、"人民法院报"[③]等平台发表官方意见，指出：

1. 实体方面，中国足协有关青训补偿和联合机制补偿制度，对当事人违约的

[①] 蔡果、Jeffrey Benz：《中国体育争议解决年度观察（2020）》，载北京仲裁委员会 / 北京国际仲裁中心编：《中国商事争议解决年度观察（2020）》，中国法制出版社 2020 年版，第 270—276 页。《中国体育争议解决年度观察（2020）》导语及全文见载北京仲裁委员会 / 北京国际仲裁中心官方网站，https://www.bjac.org.cn/news/view?id=3855。

[②] 《大连万达球员转会被诉高额违约金案调解，体育总局：配合设立体育仲裁制度》，载腾讯网，https://new.qq.com/omn/20200914/20200914A0AB9100.html，访问时间：2021 年 7 月 31 日。

[③] 《球员擅自转会被大连万达索赔 1700 万元违约金！国家体育总局、足协这样回应……》，载微信公众号"人民法院报"，2020 年 9 月 15 日。

情形规定不明；

2. 程序方面，由于现行《体育法》第 32 条项下"体育仲裁机构"尚未建立，"部分体育纠纷既无法寻求体育仲裁解决，亦无法通过司法途径解决"；

3. 此外，"部分体育协会在相关文件（如《中国足球协会章程（2019 年 8 月）》和《中国足球协会仲裁委员会工作规则》）中规定了'不得将争议诉诸法院'和'一裁终局'的原则，而体育协会下设的仲裁委员会并非《体育法》规定的体育仲裁机构，也非《中华人民共和国仲裁法》（以下简称《仲裁法》）第 10 条规定的仲裁机构，而系该协会下设的争议解决机构，无法依据体育法和仲裁法的规定享有'一裁终局'的权力"。

朝阳法院直指《中国足球协会章程》第 54 条禁止将争议诉诸法院的规定，"与诉权保护的法律原则存在冲突，可能损害当事人诉权，并容易招致合法性质疑，存在一定的法律风险；如当事人将争议诉至法院，上述规定对法院并无约束力，法院仍需对相关争议进行审查并在符合受理条件下予以审理，将导致上述规定实际难以执行"。

为助力解决上述难点，朝阳法院迈出了为人称道的一步，于 2020 年 5 月 19 日分别向中国足协和国家体育总局发送了司法建议。

朝阳法院建议中国足协：[①]

1. 将《中国足球协会章程（2019 年 8 月）》第 54 条第 1 款规定修改为："除本章程和国际足联另有规定外，本会及本会管辖范围内的足球组织和足球从业人员应将有关争议提交本会或国际足联的有关机构解决。"

2. 删除《中国足球协会仲裁委员会工作规则》第 4 条有关该机构实行"一裁终局"之规定。

3. 进一步完善青少年球员的培训补偿和联合机制补偿制度，规定在球员违约的情况下青训机构的损失赔偿计算方法，以及在法院判决球员承担违约赔偿之后，球员能否自由地与其他单位签订工作合同，其他单位是否还需向原青训单位支付培训补偿或联合机制补偿费用。

朝阳法院建议国家体育总局指导中国足协完成上述规则修订工作，并对国家体育总局提出以下建议：[②]

---

① 《球员擅自转会被大连万达索赔 1700 万元违约金！国家体育总局、足协这样回应……》，载微信公众号"人民法院报"，2020 年 9 月 15 日。

② 《球员擅自转会被大连万达索赔 1700 万元违约金！国家体育总局、足协这样回应……》，载微信公众号"人民法院报"，2020 年 9 月 15 日。

1. 加快推进《体育法》修改准备工作，积极建议全国人民代表大会及其常委会尽快审议修订《体育法》，尽早建立符合我国国情的体育仲裁制度。

2. 在我国体育仲裁制度建立之前，加强对各体育协会的监督指导，要求各体育协会不得限制会员单位或运动员就体育纠纷向人民法院起诉的权利。

司法建议发送后，朝阳法院收到了国家体育总局与中国足协的分别复函。国家体育总局表示将加快推动修法进程，从立法上彻底解决体育仲裁制度设立问题；中国足协则表示将根据法院的司法建议，提请下一届中国足协会员大会就《中国足球协会章程（2019 年 8 月）》第 54 条第 1 款的修改进行审议表决。

【纠纷观察】

1. 中国法院首次对中国足协仲裁委员会的法律性质作出认定

朝阳法院公开发表的意见虽不是司法文书，但却是我国法院第一次正式、公开表态：体育协会内部争议解决机构，无论其名称是否提及"仲裁"（如中国足协仲裁委员会），不构成《仲裁法》项下的仲裁机构，因此无权行使仲裁"一裁终局"职能。

在《中国体育争议解决年度观察（2020）》中，作者通过剖析案例 3（中国籍球员诉大连超越足球俱乐部系列案件），反映了中国基层法院普遍将"中国足协仲裁委员会"混淆为排除法院管辖权的"仲裁机构"或《体育法》第 32 条项下规定但迄今尚不存在的中国"体育仲裁机构"，因此建议"中国足协仲裁委员会"改名，将"仲裁"二字以"争议解决"替代以避免混淆。[1] 朝阳法院不仅正式认定了混淆的存在，也向媒体、公众释明了该混淆的后果，即"部分体育纠纷既无法寻求体育仲裁解决，亦无法通过司法途径解决"的管辖真空。

由于足球等体育类争议的高度专业性和现阶段司法案例的稀缺性，人民法院对相关争议呈现的新型问题不甚熟悉，往往倾向于寻求"既往判例"作为依据。朝阳法院的公开意见即能起到近似"类案"的作用，[2] 向其他法院提供权威参考，

---

① 蔡果、Jeffrey Benz：《中国体育争议解决年度观察（2020）》，载北京仲裁委员会／北京国际仲裁中心编：《中国商事争议解决年度观察（2020）》，中国法制出版社 2020 年版，第 270—273 页。《中国体育争议解决年度观察（2020）》导语及全文见载北京仲裁委员会／北京国际仲裁中心官方网站，https://www.bjac.org.cn/news/view?id=3855。

② 近年来，最高人民法院致力于推行既判案例的审判指导作用，以统一裁判标准。2020 年 7 月，最高人民法院发布《关于统一法律适用加强类案检索的指导意见（试行）》。该意见规定，案件有缺乏明确裁判规则或者尚未形成统一裁判规则等情形的，应当进行类案检索。类案是指与待决案件在基本事实、争议焦点、法律适用问题等方面具有相似性，且已经人民法院裁判生效的案件。

证明"中国足协仲裁委员会"并非真正的"仲裁"机构。实践中，当人民法院需要确认 FIFA 内部争议解决机构（如球员身份委员会与争议解决庭）的性质，即是否为符合《纽约公约》的"国际仲裁机构"（以决定在中国境内的执行路径），除学理分析外，也会向代理人询问是否有外国法院或仲裁机构的判例支持。朝阳法院没有将本职工作止于调解结案，而是更进一步公开发表意见，是有担当、为公益的贡献。

2. 朝阳法院的司法建议促成司法机关与体育管理机构互动

朝阳法院在本案中的作为远不止于公开发表意见——它还罕见地向相关体育行业管理机构（国家体育总局与中国足协）发送了司法建议，要求中国足协修改章程中易造成实务困扰与管辖权漏洞的条款——这实际上是我国司法机构基于审判实践，就我国体育（特别是足球）治理机制提供指导和建议。作为基层法院，朝阳法院主动向国家级体育协会及国家体育总局发送建议，体现了司法机关的责任感以及积极与其他相关机构对话、交流的作为。建议的接收方——国家体育总局与中国足协——亦积极响应了法院的建议并简要列明了相关工作方案。虽然现阶段尚未知具体执行该建议的前景，但朝阳法院与体育管理机构的"跨界"互动是有益的尝试，引发了参与度较高的公共讨论。

此前，"建立中国体育仲裁机构"似乎仅限于小范围学术讨论，但此类讨论往往囿于"体育仲裁是国际趋势，因此应该建立中国体育仲裁机构"，却未能深入分析"为什么"中国需要顺应该趋势构建国内体育仲裁制度。朝阳法院司法建议尤为可贵体现在它是基于审判实务提出的现实解决方案（而非纸上谈兵），并主动邀请作为利益攸关方的体育管理者参与论证过程（而非闭门造车）。

3. 朝阳法院司法建议的局限性

称赞朝阳法院的担当和创举的同时，作者也观察到，朝阳法院有关修改《中国足球协会章程（2019 年 8 月）》第 54 条第 1 款规定，即建议删去该条规定"本会及本会管辖范围内的足球组织和足球从业人员不得将争议诉诸法院"，体现了体育类特别是足球类争议的特殊性，要求从业者、裁判者熟悉相关行业运行机制与规则。如果不熟悉足球争议解决机制，可能很难意识到，中国足协在章程中禁止其管辖范围内的足球组织和足球从业人员将争议诉诸法院，是在履行其 FIFA 会员协会义务。因此，尽管朝阳法院提出修改中国足协章程的立意是进取的，但没有考虑到足球法律体系中更复杂的国际国内规则及争议解决机制的衔接问题。

《中国足球协会章程（2019 年 8 月）》第 54 条事实上是在履行 FIFA 章程 59 条第 3 款规定的会员义务，即："会员协会需要在各自的章程或规则中规定，除非

FIFA 规则或有强制效力的法律条文特别规定向国内法院寻求救济，协会管辖范围内的争议或有关职业联盟、联盟成员、俱乐部、俱乐部会员、球员、官员以及其他协会官员的争议不得诉诸国内法院。"①"不得将足球类争议诉诸法院"是 FIFA 一以贯之的原则，其目的是为保障足球类争议在全球范围内得到统一标准的裁判；如果将管辖权让渡给各国法院，则外国球员或教练向一国法院寻求有效救济可能面临（例如法院不熟悉足球争议造成的）阻碍，并且各国司法裁判的标准不一，有悖于 FIFA 致力推动的足球规则在全球范围统一适用原则。

但是，FIFA 也考虑到，其章程要求各会员协会执行"不得将足球类争议诉诸法院"可能与一国对当事人诉权的保护相悖，甚至将会员协会置于违反其国内强行法的境地。因此，在《球员身份与转会规则》（Regulations on the Status and Transfer of Players，简称 RSTP）第 22 条中，FIFA 认可许多国家立法规定法院对劳动类争议有强制管辖权，"选择由法官裁判争议是不可被剥夺的基本权利"。②因此，根据 FIFA 和 CAS 判例确立的原则，若球员和教练在劳动合同中"清晰、毫无疑义"地选择由一国法院裁判争议，则相关劳动类争议由该国法院管辖，并排除 FIFA 和 CAS 管辖。

因此，中国足协在章程中规定其管辖范围内的足球组织和足球从业人员"不得将争议诉诸法院"是 FIFA 章程对中国足协（作为 FIFA 会员协会）的要求；若

---

① FIFA 章程第 59 条第 3 款的英文原文为："The associations shall insert a clause in their statutes or regulations, stipulating that it is prohibited to take disputes in the association or disputes affecting leagues, members of leagues, clubs, members of clubs, players, officials and other association officials to ordinary courts of law, unless the FIFA regulations or binding legal provisions specifically provide for or stipulate recourse to ordinary courts of law. Instead of recourse to ordinary courts of law, provision shall be made for arbitration. Such disputes shall be taken to an independent and duly constituted arbitration tribunal recognised under the rules of the association or confederation or to CAS."

② FIFA 对 RSTP 第 22 条的评述为："由于许多国家立法规定由该国法院对劳动争议行使强制管辖权，作为 FIFA 禁止将足球争议诉诸法院原则的例外，球员与俱乐部有权选择由一国法院解决劳动争议。选择由法官裁判争议是不可被剥夺的基本权利（Since the legislation of many countries provides for the compulsory jurisdiction of ordinary courts for employment-related disputes, players and clubs are entitled to seek redress before a civil court as an exception to the above-mentioned statutory principles. Parties can therefore decide to bring a labour dispute in front of a competent ordinary court. The choice of judge is a fundamental right that cannot be denied）。"见 "FIFA Commentary on Regulations for the Status and Transfer of Players"，第 65 页，载 FIFA 官方网站，https://resources.fifa.com/image/upload/fifa-rstp-commentary-2006.pdf?cloudid=eeorr2eogoidxzlbwhr8，访问时间：2021 年 2 月 24 日。

直接删去，则将中国足协置于懈怠履行 FIFA 会员协会义务的尴尬境地。此外，即使删去《中国足协章程》第 54 条第 1 款"不得将争议诉诸法院"的表述，保留"应将有关争议提交本会或国际足联的有关机构解决"，在实务中也很难起到保障诉权的效果。

一方面，人民法院仍然可能根据该条款拒绝行使管辖权，认为依据该条表述，正应由中国足协或国际足联（而非人民法院）解决相关争议；另一方面，当涉及中国俱乐部或协会的足球类争议被诉至 FIFA 或 CAS，外籍球员或教练可以依据《中国足协章程》"应将有关争议提交本会或国际足联"的表述，主张 FIFA 和 CAS 行使管辖权（即使当事人在合同中明确选择了中国法院）。从下文案例 3 可见，FIFA 和 CAS 一旦行使管辖权，中国俱乐部的败诉率高，赔偿责任重。简言之，无论在国内还是国际层面，朝阳法院的司法建议均无法起到保护中国当事人诉诸国内法院权利、排除 FIFA 或 CAS 管辖的作用。

4. 本年度观察报告对《中国足协章程》的修改建议

如既要厘清足球类案件的管辖权混淆，又要确保中国足协合规（FIFA 章程），建议在中国国内体育仲裁机构建立前，将《中国足协章程》第 54 条（争议管辖权）修改为：

（1）除本条第 2 项规定外，本会及本会管辖范围内的足球组织和足球从业人员不得将争议诉诸法院；不涉及国际因素的争议应提交本会相关机构；涉及国际因素的争议应提交国际足联。

（2）劳动类争议属于《中华人民共和国劳动法》《中华人民共和国劳动合同法》等劳动法律法规强制调整的对象，无论是否涉外，均应依法通过劳动仲裁前置程序并由人民法院终局裁判。

当然，如果我国设立了体育仲裁机构，《中国足协章程》可相应修改，规定由中国体育仲裁机构管辖并通过仲裁解决除劳动争议外的所有足球争议；（由于劳动法律的强制适用）足球领域的劳动争议仍由人民法院保留最终司法裁判权。考虑到体育争议（尤其足球争议）解决的高度专业性，在与人民法院充分探讨并达成一致后，建议将足球领域的劳动争议也纳入未来的中国体育仲裁机构管辖范围，以减轻法院负荷并保障所有足球争议得到专业、高效、一致的处理。[①]

需注意，未来的中国体育仲裁机构若要获得 FIFA 承认其对足球类争议的管辖权并排除 FIFA 及 CAS 管辖，必须满足 FIFA 章程第 58 条第 3（c）款的要求，

---

① 体育仲裁相比法院审判体育类案件更有灵活、保密的优势。

确保"独立"且"合法设立"。FIFA 在《第 1010 号通告》（Circular 1010）^①进一步阐释了"独立"且"合法设立"需满足的程序公平（fair hearing）国际最低标准，即争议双方均享有平等任命仲裁员、获得法律代理、陈述意见并就对方意见进行反驳的权利；仲裁庭必须独立公正审理案件，确保双方得到公平对待。

在本案（北京万达足球俱乐部青训违约案）中，如果该俱乐部在中国足协注册，则有义务遵守《中国足球协会章程》以及《协议》约定，将转会类争议提交中国足协解决，而不能提交人民法院解决。如果该俱乐部并未在中国足协注册，则没有义务遵守《中国足球协会章程》排除法院的规定，又由于《协议》中约定的"中国足球协会仲裁委员会"并非真正的、能排除法院管辖的仲裁机构，因此人民法院对《协议》项下的争议享有终局管辖权。

【案例 3】外籍教练与中国俱乐部因解约纠纷诉至 FIFA 系列案件

【基本案情】

2020 年，FIFA 球员身份委员会（Players' Status Committee，以下简称 PSC）作出了一系列外籍教练诉中国俱乐部案件的裁定。这类案件的基本事实类似，均有关俱乐部提前解除外籍教练合同；外籍教练认为解约缺乏正当理由，遂按照 RSTP 第 22 条 c 款规定，诉至 FIFA，要求按照 RSTP 第 17 条或瑞士法规定，由被诉俱乐部赔偿其教练合同剩余期限对应的薪酬价值。

被诉的俱乐部答辩理由往往为"FIFA 缺乏管辖权""适用法律应为中国法律，而非 FIFA 规则或瑞士法"，以及相关教练合同条款对违法解除合同的赔偿金额作了封顶限制。

第 1 个案例涉及一名西班牙教练将中国俱乐部 A 诉至 FIFA。相关合同的争议解决条款为："如果双方无法通过协商解决争议，且由于本合同的国际属性，所有相关争议应首先提交至 FIFA PSC 解决，并有权向 CAS 上诉。双方明确放弃将争议提交给除 FIFA 和 CAS 以外机构的权利。"有关违法解除的后果，合同中约定"如果俱乐部或教练无正当理由解除合同，或教练因正当理由解除合同，根据 FIFA RSTP 第 17 条，守约方将有权获偿合同项下所有欠薪以及合同剩余期限对应的薪酬价值"。

---

① 2005 年 12 月 20 日，FIFA 发布《第 1010 号通告》（Circular 1010），阐释了"独立"且"合法设立"仲裁庭需满足的最低国际程序标准。原文为：（1）principle of parity when constituting the arbitration tribunal；（2）right to an independent and impartial tribunal；（3）principle of a fair hearing；（4）right to contentious proceedings；（5）principle of equal treatment.

第 2 个案例涉及一名德国教练将中国俱乐部 B 诉至 FIFA。相关合同的争议解决条款为："本合同适用中国足协和 FIFA 相关规则；任何有关争议应根据中国足协规则提交至中国足协有权机构解决；如一方对中国足协有权机构的裁定不满，任何一方有权根据 FIFA 规则将争议提交至 FIFA 有权机构解决；如中国足协与 FIFA 的裁定有冲突之处，以 FIFA 裁定为准。"

第 3 个案例涉及一名意大利教练将中国俱乐部 C 诉至 FIFA。相关合同的解约条款为："如果教练提前解约且有合法理由，他有权获得等同于三个月薪水（或相关费用）的金额；如果俱乐部提前解约且有合法理由，教练有权获得等同于三个月薪水（或相关费用）的金额。"

在第 3 个案件中，俱乐部 C 没有对 FIFA 管辖权提出异议。在第 1 个案件和第 2 个案件中，中国俱乐部均对 FIFA 的管辖权提出异议。

【争议焦点】

1. 外籍教练与中国俱乐部之间发生争议，对 FIFA 的管辖权异议于何种情形有效？

2. 若 FIFA 行使管辖权，应适用什么法律、规则或标准判定违法解除教练合同的赔偿标准？

【裁判观点】

1. FIFA 管辖权

由于第 3 个案件中的中国俱乐部 C 没有就 FIFA 管辖权问题提起异议，FIFA 根据 RSTP 第 22 条 c 款，认为其有权管辖外籍教练针对中国俱乐部提起的申诉，因为相关争议具备"国际要素"。

在第 1 个案例中，虽然中国俱乐部 A 对 FIFA 管辖权提出了异议，但由于中国俱乐部 A 同时在 FIFA 程序中对外国教练提起反诉，FIFA 认为提起反诉的行为表明俱乐部 A 已承认了 FIFA 对该争议行使管辖权。

在第 2 个案例中，中国俱乐部 B 根据合同中规定"任何有关争议应根据中国足协规则提交至中国足协有权机构解决"，反对 FIFA 行使管辖权。FIFA 驳回了该管辖权异议，认为该条款提及了"如一方对中国足协有权机构的裁定不满，任何一方有权根据 FIFA 规则将争议提交至 FIFA 有权机构解决"，并且最终以 FIFA 裁定为准，应视作当事人对 FIFA 管辖权的认可。

2. 违法解除教练合同的赔偿计算标准

在第 1 个案例中，中国俱乐部 A 认为，违法解除教练劳动合同的赔偿标准应按照中国劳动法律相关标准计算。但由于该案教练合同中已经约定如一方违法解除合同，需按照 RSTP 第 17 条赔偿守约方（等同于合同剩余期限的）所有薪水及奖金。FIFA 认为基于"有约必守"（*pactasuntservanda*）的基本法律原则，合同中约定的赔偿计算方式应适用，裁定俱乐部 A 除需向该西班牙教练支付拖欠的薪金、奖金和签字费外，还需向其赔偿合同剩余期限对应的薪金，共计 380 万欧元（税后），外加利息。

在第 2 个案例中，中国俱乐部 B 认为，违法解除教练劳动合同的赔偿标准已在合同第 7 条有约定，即"如教练单方面违法解除合同，教练应向俱乐部赔偿406 万欧元（净额）；如俱乐部单方面违法解除合同，俱乐部应向教练赔偿自解约当日到赛季末对应的薪金"。FIFA 裁判者认为该约定无效，因为俱乐部和教练在违法解约的情形下所负赔偿义务明显不对等，没能满足有效违约金条款应满足的"清楚、对等、公平，且毫无疑义"的条件。最终，FIFA 适用了 RSTP 第 17 条及瑞士法项下赔偿标准，裁定俱乐部 B 除需向德国教练支付拖欠的薪金外，还需向其赔偿合同剩余期限对应的薪酬，共计 912 万欧元（税后），外加利息。

在第 3 个案例中，由于中国俱乐部 C 欠薪多达五个月，教练率先解除了合同。FIFA 裁定教练因被长时间欠薪解约合法，即俱乐部的欠薪行为违法。由此，俱乐部不仅需要补足欠薪，还需要就其违法行为造成合同提前解除承担赔偿责任。俱乐部 C 抗辩，合同第 5 条已经对"教练提前解约且有合法理由"的赔偿标准作出限定，即俱乐部应向教练赔偿"等同于三个月薪水（或相关费用）的金额"。

针对上述抗辩，FIFA 重申了职业足球合同中约定的违约金必须"清楚、对等、公平，毫无疑义"；由于第 5 条将违约金限定为"三个月薪水"的同时还加上了"或相关费用"的表述，FIFA 认为合同第 5 条的约定并不清晰。更重要的是，FIFA认为该条款只约定了教练合法提前解除合同的赔偿后果，而没有约定教练违法提前解除合同的赔偿后果——如果第 5 条的约定有效，则教练合法解除合同（即俱乐部违法），赔偿标准是教练三个月薪金；但教练违法解除合同的赔偿标准则是合同剩余期限对应的薪金。FIFA 认为这样的约定不对等，从而无效，不应被适用。

最终，在第 3 个案例中，FIFA 适用了 RSTP 第 17 条及瑞士法项下标准，裁定中国俱乐部应向意大利教练赔偿合同剩余期限对应的薪金，共计 613.75 万欧元（税后）外加利息。

【纠纷观察】

1. 中国足球俱乐部在 FIFA 或 CAS 程序中败诉率高的主要原因

从上述 2020 年裁定的 FIFA 案例（及往年案例）可见，中国俱乐部与外籍教练（或球员）发生解约争议，一旦诉至 FIFA（甚至其后再向 CAS 上诉），中国俱乐部败诉的概率相当大。除对国际规则（特别是国际足球法）不熟悉、争议解决策略欠妥当的原因外，更重要的因素是合同条款对己方不利，以及解约过程缺乏正当程序。一旦争议由国际层面的裁判者（FIFA 及 CAS）管辖，中国俱乐部的解约流程无法通过国际标准的审查。

此外，中国俱乐部签订的合同文本不够严谨，俱乐部认为能保障己方提前解约并限制赔偿责任的条款在国际层面多被认定为无效。这是因为：无论合同是否约定中国法或限定俱乐部赔偿责任，不够严谨的合同文本为 FIFA 与 CAS 留出较大解释空间排除中国法或合同约定，转而适用国际通行的 RSTP 或与 RSTP 一致的瑞士法律，判罚俱乐部向外籍教练（或球员）赔偿等同于合同剩余期限的薪酬。例如，在俱乐部 C 的案例中，合同第 5 条违约金条款文本表面看似对等，但 FIFA 采取了令其不对等的解释角度，以摒弃该条款对赔偿金额的限制。

由于顶级外教（或外援）年薪动辄数百万欧元，FIFA 及 CAS 适用 RSTP 或瑞士法律判罚的赔偿金额无疑给涉诉中国俱乐部造成沉重的经济负担，该问题在疫情大背景下尤为突出。

2. 外籍教练或球员解约争议排除 FIFA 或 CAS 管辖权的注意事项

外教（或外援）的解约争议，是有可能留在国内层面解决的。外籍人士在中国就业（包括从事职业足球）需取得外国人就业证。我国法院与劳动仲裁委员会认可取得外国人就业证的外籍人士合法在中国成立劳动关系。由于我国劳动法律规定了有关劳动关系的解除、欠薪等相关争议需经劳动仲裁前置，并由我国法院行使最终的裁判权，外教（或外援）与中国俱乐部的解约争议作为涉外劳动争议，应由人民法院行使最终裁判权。

上述劳动争议解决路径是我国法律规定必须遵守的，外籍人士没有例外。FIFA 章程及 RSTP 也认可一国法律可能对劳动类争议存在强行法调整，从而留出由国内法院管辖、排除 FIFA 管辖的可能性——但是，FIFA 及 CAS 一以贯之的案例显示，只有当相关教练（或球员）合同中清晰且毫无疑义地选择了一国法院，FIFA 和 CAS 才会将管辖权让渡予一国法院。这也正是 FIFA 裁判者在上述俱乐部 A 与俱乐部 B 的案例中强调的。

上述 FIFA 裁判管辖权的标准是在实务中逐渐形成的，代表了 FIFA 对保护教练及球员权利、统一全球裁判标准与尊重一国司法主权的小心平衡。由此，从中国雇主（如俱乐部）的角度，若意欲将外教或外援解约争议留予中国法院解决，相关争议解决条款必须非常明确地选择一个具体中国法院，不能留下一丝能作其他解释、选择其他管辖机构的可能性。

尽管中国律师倾向于辩论"中国劳动法律对在中国成立的劳动关系强制适用"，FIFA 与 CAS 的着眼点却在合同相关条款是否清晰地选择了中国法院，而不会讨论中国劳动法律的强制性问题；或者，即使有所讨论，FIFA 与 CAS 作为国际裁判者，全盘采信律师对中国法律的论证难度很大。此外，出于对在异国工作的教练及球员的保护倾向，FIFA 及 CAS 对相关条款的审查标准往往相当苛刻。合同的起草者、解约的处理者，均需对合同条款字斟句酌，深思熟虑解约程序以及争议解决的每个步骤。

俱乐部 A 案例显示，一旦被申请人提起反诉，则 FIFA 将理解为对 FIFA 管辖权的认可，管辖权异议将不获支持。因此，如果当事人主张案件不应由 FIFA 或 CAS 审理，则在国际程序的任一阶段不能提起反诉。

俱乐部 A 与俱乐部 B 案例均显示，一旦合同中提及适用中国足协或 FIFA 规则，或者争议提交中国足协或 FIFA 相关机构解决，FIFA 将理解为当事人选择将争议提交 FIFA（及 CAS）体系解决，适用 FIFA 规则，而不问当事人是否选择了人民法院或中国法以及该选择是否有效。

3. 违法解除合同的赔偿限制条款有效性分析

自 2021 年 1 月 1 日起，FIFA RSTP 新增附件八生效，明确将教练纳入 RSTP 调整和保护的范畴。因此，如果系 2021 年 1 月 1 日附件八生效后诉至 FIFA 的教练类争议，即使合同中明确约定适用中国法，FIFA 与 CAS 也将援引《CAS 仲裁规则》第 58 条规定（"仲裁庭应首先适用相关规则；在相关规则没有规定的情形下再适用当事人选择的法律……"），[①] 优先适用 RSTP 裁判教练类争议。有关违法解除合同的后果，RSTP 规定的赔偿标准与瑞士法律一致，即违约方需赔偿守约方合同剩余价值对应的薪酬。

本部分讨论的三个外籍教练相关案例均早于 2021 年 1 月 1 日诉至 FIFA，彼时 RSTP 附件八尚未生效，教练尚未被纳入 RSTP 调整的范畴——如果合同中明确约定了适用法律，根据 CAS 案例，大概率是会被适用的。然而，这三个案例无一在合同中明确约定适用法律。此情形下，FIFA 将首先审查合同中是否存在有效的

---

① 《CAS 仲裁规则》第 58 条原文为："The Panel shall decide the dispute according to the applicable regulations and, subsidiarily, to the rules of law chosen by the parties or, in the absence of such a choice, according to the law of the country in which the federation, association or sports-related body which has issued the challenged decision is domiciled or according to the rules of law that the Panel deems appropriate. In the latter case, the Panel shall give reasons for its decision."

违约金条款；如果答案为"否"，或者违约金条款按 FIFA 或 CAS 法理 ① 被认定为无效，FIFA 将援引《CAS 仲裁规则》第 58 条规定（"……如果当事人未选择适用法律，则适用作出裁定的国际体育组织所在地法律"），适用 FIFA 所在地瑞士法律计算违法解约的赔偿金额。

在俱乐部 A 的案例中，中国俱乐部虽主张赔偿金的计算应适用中国劳动法，但未提供充分的证明。需注意，合同中要求外籍教练在中国执教需遵守中国法律法规，在 FIFA 或 CAS 层面并不能构成对适用法律的明确选择。并且，该案例合同中已约定了如一方违法解除合同，赔偿金额等同于合同剩余期限的所有薪水及奖金，事实上与 RSTP 或瑞士法原则一致。FIFA 因此毫不犹豫地执行了合同中约定的赔偿计算方式。

在俱乐部 B 的案例中，中国俱乐部也许在签约时认为自己受到了合同条款的良好保护：即通过不对等的单方解约赔偿条款，以高额违约金排除了教练方提前解约；同时以己方可控的计算方式（自解约当日到赛季末对应的薪金）享有随时解除教练合约的权利。如前所述，双方权利义务不对等的违约金条款不会被 FIFA 及 CAS 认可，将被判无效；同时，FIFA 及 CAS 将适用对雇主要求很高的 RSTP 或瑞士法计算违约损害赔偿。因此，如计划以违约金条款限定赔偿责任，需确保条款的清晰、严谨无疑义，且双方权利义务对等。

4. 对中国足球俱乐部与中国足协的合同起草建议

与英文、法文相比，中文存在天然的模糊性：双关语、无具体含义的语气助词相当常见。然而，如将该等双关语或助词译为英文，并由不识中文的外国裁判者审查，则这些双关语或助词的意义将被深究，且通常会被认为语义模糊并作不利于中国当事人的解释。例如，在俱乐部 C 的案例中，相关解约条款为"如果教练提前解约且有合法理由，他有权获得等同于三个月薪水（或相关费用）的金额"。熟悉中文习惯的读者很容易理解，该条款中"或相关费用"的表述也许在起草时并无具体含义，系对常见的"等费用"表述的英文（"or certain fees"）直译。但在国际层面的裁判者看来，"或相关费用"的表述既然存在，定有其含义：如果该条款没有"或相关费用"表述，裁判者可以理解当事人合意将违约赔偿限定为三个月薪水；但既然该表述存在，则可理解为赔偿或许并不限于三个月薪水。

在一起诉至 CAS 的足球案例中，相关条款为"双方可将争议提交有管辖权的人民法院"。在中文语境中，该条款中的"可"字仅为语气助词，并非指双方可

---

① 例如，是否"清楚、对等、公平，毫无疑义"。

以不服从人民法院的管辖权；在中文语境中理解，该条款对中国法院的选择十分明确，英文意译应为"shall"（必须）。然而，在该案的 CAS 阶段，申请人（外籍教练）认为"可"字应直译为"could"（可以）；同为外籍的仲裁员也对"可"字译为"could"进行了深究，倾向于认为该条款没有表现出对中国法院的"必须"选择。由此可见，在足球争议解决领域，国内、国际层面的管辖权博弈可谓失之毫厘，差之千里。一字之差，即可能导致管辖层面、适用法律乃至赔偿责任的巨大不同。

为确保限制赔偿责任的条款有效，当事人应注意条款创设的双方权利义务对等，并克服中文的模糊性及中式法律思维的概括性。[①] 由于涉外足球争议的最终裁判者多为不识中文的欧美法律人士，为避免在合同文本解释的问题上陷入无必要的争论（且争论的结果往往不利于中方当事人），建议直接以英文和英美法系思维起草涉外籍教练/球员合同，注重文本精确性，中文作为翻译参考；中英文本不一致之处，以英文为准。

【案例 4】人民法院认定体育赛事网络直播节目构成作品，受《著作权法》保护

本案例在不同阶段的判决集中体现了我国法院面对日新月异的技术进步，从机械套用规则到与时俱进，从初期观点分歧到逐步统一的演进。2020 年 11 月，经第三次修订后的《中华人民共和国著作权法》公布（2021 年 6 月 1 日生效），将"电影作品和以类似摄制电影的方法创作的作品"修改为"视听作品"，从而扫除了体育赛事节目此前定性难、依法保护难等障碍，体现了我国司法实践与立法层面有建设意义的互动。

【基本案情】

2012 年，原告北京新浪互联信息服务有限公司（以下简称新浪公司）与中超联赛有限责任公司（以下简称中超公司）签订协议，由权利人中超公司授予新浪公司在门户网站独家播放中超联赛视频的权利，包括但不限于比赛的直播、录播、点播、延播等。根据该协议，凤凰网（www.ifeng.com）属于上述定义的"门户网站"范畴。

新浪公司诉称，凤凰网于 2013 年 8 月 1 日提供了鲁能 vs 富力、申鑫 vs 舜天

---

① 相比欧美法律文本，中国合同文本精确度欠佳，这可能与中国当事人习惯通过谈判沟通解决争议的文化有关；但此类习惯在重视精确与细节的国际环境中无法为当事人提供有力保障。

两场中超联赛（以下简称涉案赛事）的视频直播，且直播页面存在大量广告；被告北京天盈九州网络技术有限公司（以下简称天盈九州）作为凤凰网的所有者和运营者，未经合法授权即实时转播涉案比赛视频，侵犯了新浪公司根据《中华人民共和国著作权法》（以下简称《著作权法》）享有的权利，亦违反了《中华人民共和国反不正当竞争法》（以下简称《反不正当竞争法》）。由此，新浪公司诉至朝阳法院，要求天盈九州赔偿经济损失 1000 万元人民币。

天盈九州的主要辩护理由为，足球赛事节目不是著作权保护对象，"新浪公司诉求不明"。

【争议焦点】

涉案中超联赛直播节目是否构成《著作权法》保护的作品；如果是，该节目构成哪一类作品？

【裁判观点】

1. 朝阳法院一审判决

朝阳法院于 2015 年 6 月 30 日作出判决，[①] 认为应以"独创性"的有无，以及是否能以某种有形形式复制（即通称的"固定性"），判定涉案赛事直播节目是否属于《著作权法》保护的作品。

朝阳法院通过审查涉案中超联赛呈现的画面，认为"不同的机位设置、不同的画面取舍、编排、剪切等多种手段会导致不同的最终画面"；不同的编导也会呈现不同的赛事画面。朝阳法院认为对赛事镜头的选择、编排、剪切等"无疑是一种创作性劳动"，具备独创性，应当被认定为受《著作权法》保护的作品。

由于第三次修订前的《著作权法》将"信息网络传播权"限定在"交互式传播"（即用户通过任意的时间、地点获得作品），无法涵盖本案的网络直播行为，朝阳法院遂援引该法的兜底条款，认定天盈九州未经授权直播涉案赛事侵犯了"应当由著作权人享有的其他权利"，判令其赔偿新浪公司经济损失 50 万元，并停止播放涉案视频、登报消除相关影响。朝阳法院认为，同一侵权行为不能既受《著作权法》调整，又受《反不正当竞争法》调整，故由于新浪公司已获得《著作权法》救济，无须再以《反不正当竞争法》裁判。

2. 北京知识产权法院二审判决

天盈九州不服一审判决，上诉至北京知识产权法院（以下简称北京知产法院）；

---

① （2014）朝民（知）初字第 40334 号。

新浪公司未上诉。2018 年 3 月 30 日，北京知产法院做出二审判决，[①] 经详细的学理分析，综合考虑我国著作权法逻辑体系、著作权与邻接权制度历史发展及司法实践，认为根据现行法律及作品类型法定的原则，直播赛事连续画面或者属于类电影作品，或者属于录像制品；区别类电影作品与录像制品的关键在于独创性的高低，而非有无。

北京知产法院通过研究《中超联赛公用信号制作手册》（以下简称《制作手册》），认为涉案赛事节目的直播受若干客观因素所限：如赛事本身的时间安排、客观进程等，因此涉案赛事的连续画面在素材选择方面基本无个性化选择；而在对素材拍摄、对拍摄画面的选择及编排等方面的个性选择空间亦受到《制作手册》相当大的限制，且同一水平的直播导演呈现出的画面并无实质差别。综上，北京知产法院认为涉案赛事直播公用信号承载的画面在独创性高度上难以符合类电影作品的要求。此外，由于被诉行为系网络直播行为，"随摄随播"，说明没有被稳定地固定在有形载体上，北京知产法院认为赛事直播公用信号承载的画面未能满足固定性的要求，因此也不能以"录像制品"受到《著作权法》的保护。

由于新浪公司未在法定期限内上诉，根据《民事诉讼法》第 168 条及《最高人民法院关于适用〈中华人民共和国民事诉讼法〉的解释》第 323 条，二审法院原则上不能对当事人没有提出的上诉请求进行审理。因此，北京知产法院在驳回新浪公司基于《著作权法》的诉讼请求后，不能对其基于《反不正当竞争法》的诉讼请求进行审理。北京知识产权法院遂驳回了新浪公司的全部诉讼请求，并撤销了朝阳法院的一审判决。

3. 北京市高级人民法院再审判决

二审败诉后，新浪公司向北京市高级人民法院（以下简称北京高院）申请再审。2020 年 7 月 30 日，北京高院裁定[②] 提审该案，并于当年 8 月 24 日公开开庭。2020 年 9 月 23 日，北京高院作出再审民事判决，[③] 从"独创性"和"固定性"对涉案视频是否属于作品加以认定。

有关"独创性"，北京高院认同一审法院（朝阳法院）观点，即认为应以独创性的有无作为判定作品的标准，而非二审法院（北京知产法院）所认为的独创性高低。"只要具有独创性，即满足了构成作品的独创性条件。"由此，北京

---

① （2015）京知民终字第 1818 号。
② （2018）京民申 4678 号。
③ （2020）京民再 128 号。

高院认可涉案视频（中超联赛直播节目）"极具观赏性和对抗性……制作过程必然要求主创人员根据创作意图和对赛事节目制作播出要求的理解作出一系列个性化的选择和安排"。由此，北京高院认定涉案中超联赛直播节目构成作品，并纠正了二审法院的认定，确认应以独创性的有无判断涉案视频是否符合类电影类作品的独创性要求。涉案视频体现了摄像、编导等创作者的个性选择和安排，故具有独创性。

有关"固定性"，北京高院认为该要求来源于《著作权法实施条例》第4条"类电影作品"定义中规定的"摄制在一定介质上"。结合《著作权法实施条例》第2条"作品"定义中规定的"能以某种有形形式复制"，北京高院认为不能将作品的"摄制在一定介质上"要求理解为"固定"甚至"稳定地固定"；只要"可复制"，即满足了现行法律对作品所谓"固定性"的要求。北京高院认为二审法院将"可复制"要求解释为"已稳定地固定在有形载体上"，系"过度限缩了该类作品的内涵和外延"，应予以纠正。具体到涉案视频，北京高院认为赛事画面由不同摄像机采集拍摄后选择、加工、剪辑以及对外实时传送的过程实质即为"在相关介质上加以固定并进行复制和传播"。

综上，北京高院再审认可了朝阳法院一审判决的观点，并进一步确认新浪公司主张的、涉案节目构成以类似摄制电影的方法创作的作品。再审结果为撤销北京知产法院二审判决，维持朝阳法院一审判决。

【纠纷观察】

本案为媒体广泛报道的"体育赛事直播第一案"。朝阳法院的一审判决和北京知产法院的二审判决均被视作标志性典型案例。在朝阳法院判决以前（甚至之后，直到2020年4月由上海市浦东新区人民法院就央视国际网络有限公司诉上海聚力传媒技术有限公司案作出判决），中国法院往往受限于"作品类型法定"原则，以及赛事授权文件中提及的"转播权"在《著作权法》中有相同词条，定义却仅涵盖无线传播方式，（法院）一般避免依据《著作权法》对网络直播的体育赛事节目予以保护。通行的做法是，法院通过《反不正当竞争法》给予权利人一定补偿，但金额往往与权利人主张相去甚远。

2015年，朝阳法院创造性地通过"连续画面"分析涉案比赛视频的独创性，并肯定了直播足球赛事节目的独创性，首次认可其构成受《著作权法》保护的作品，在中国具有开先河的意义。虽然朝阳法院的判决一度被北京知产法院作出的二审判决推翻，导致我国对体育赛事网络直播权益的保护存在不确定性；北京高院对二审判决的纠正、对朝阳法院一审判决的肯定，传达了我国加大知识产权保

护力度的决心。^①

本案再审判决宣布后不到两个月，全国人大常委会通过了《关于修改〈中华人民共和国著作权法〉的决定》。修改后的《著作权法》于 2021 年 6 月 1 日起施行，将作品类型进一步扩大，以"视听作品"代替"电影作品和以类似摄制电影的方法创作的作品"，并且突破了"作品类型法定"桎梏，也不再要求作品"能以某种有形形式复制"。只要是符合作品特征，并能以一定形式表现的智力成果，均构成受我国《著作权法》保护的作品。

《著作权法》的修改与"新浪诉天盈九州"（案例 4）、央视国际网络有限公司（以下简称央视）诉暴风集团股份有限公司（以下简称暴风影音）、央视诉 PPTV 等一系列体育赛事直播权案件所引发的广泛讨论、司法界与学术界及实务界等达成的共识密切相关。上述案件集中体现了我国《著作权法》最近一次修订前所存在的漏洞，突出显示了法律滞后于社会进步与科技发展所带来的问题。我国法院通常恪守法律明文规定，对待开放解释、扩大解释以及任何可能突破立法者本意的解释非常谨慎。但也有诸如朝阳法院、上海市浦东新区人民法院（以下简称浦东法院）等基层法院，因地属新业态、新经济繁荣的区域，在实务中处理新问题屡见不鲜；一些法官以自身扎实的法学功底为基础，创造性地对一些新兴问题作超前于立法的尝试，并最终影响了立法。

特别值得一提的是，"新浪诉天盈九州"（案例 4）的一审主办法官林子英研究员^②在作出该判决后，积极与学界、实务界交流，著书立说阐述判决思路、研讨体育赛事网络直播的法律保护路径。2015 年 9 月，林子英研究员在《中国知识产权》期刊（总第 103 期）发表题为《体育赛事网络转播画面的知识产权保护》的论文，明确"体育赛事画面版权是体育产业市场化运作的核心权益，是一项投资高、能够催生巨大经济价值的商业成果"；指出我国（于该文章发表当时）的立法空白、司法审判执法不统一等保护困境，而司法不统一的根源，又在于法律的不明确，导致权利定性困难。

在梳理各主要法域对体育赛事转播的保护模式，以及我国存在的判例和学理争议后，该论文提出了三点建议：其一为完善立法，其二为规范体育赛事播放授权环节，其三为加强网络行业自律，皆精准指向问题核心。其中，这篇发表于

---

① 见本报告第二部分，第（四）项（对体育无形资产加大知识产权保护力度）。

② 林子英法官为作出该案一审判决的审判长，2015 年至今任最高人民法院知识产权司法保护研究中心研究员。

2015 年的文章建议"应以《著作权法》第三次修订为契机，将'视听作品'的形式予以确定"，最终于 2020 年末在立法层面得以实现。

四、热点问题观察

（一）《体育法》第 32 条项下的"体育仲裁机构"

在《体育年度观察 2020》中，作者指出：

"未能与时俱进的《体育法》存在感不强，唯一的例外是现行第 32 条，即'在竞技体育活动中发生纠纷，由体育仲裁机构负责调解、仲裁。体育仲裁机构的设立办法和仲裁范围由国务院另行规定'。《体育法》第 32 条时常被提及和引用，是因为该条中的'体育仲裁机构'从未被设立，从而例证现行《体育法》亟待修订。"[①]

上述观察同样适用于本报告。自《体育年度观察（2020）》出版至本篇付印，《体育法》修改尚无实质进展。现行《体育法》第 32 条项下的"体育仲裁机构"仍未成立，仍是实务界的一大困扰，继续导致球员、教练在俱乐部不再参与职业联赛或停止运营后申诉无门。例如，2020 年 12 月，辽宁宏运足球俱乐部（以下简称辽足）20 余名球员和教练为追讨数千万欠薪，将已被取消中国足协会员资格的辽足诉至人民法院，但被沈阳市和平区法院驳回，理由似曾相识，与大连超越足球俱乐部系列案件[②] 如出一辙，即法院认为此类纠纷应由《体育法》项下的"体育仲裁机构"负责解决。[③] 球员与教练的职业合同持续受困于法院、劳动仲裁委员会以及中国足协"三不管"窘境。

尽管该问题一波三折，但随着体育类（特别是足球类）案件逐年增多，作者

---

① 蔡果、Jeffrey Benz：《中国体育争议解决年度观察（2020）》，载北京仲裁委员会 / 北京国际仲裁中心编：《中国商事争议解决年度观察（2020）》，中国法制出版社 2020 年版，第 250 页。《中国体育争议解决年度观察（2020）》导语及全文见载北京仲裁委员会 / 北京国际仲裁中心官方网站，https://www.bjac.org.cn/news/view?id=3855。

② 蔡果、Jeffrey Benz：《中国体育争议解决年度观察（2020）》案例 3（中国籍球员诉大连超越足球俱乐部系列案件），载北京仲裁委员会 / 北京国际仲裁中心编：《中国商事争议解决年度观察（2020）》，中国法制出版社 2020 年版，第 270—273 页。《中国体育争议解决年度观察（2020）》导语及全文见载北京仲裁委员会 / 北京国际仲裁中心官方网站，https://www.bjac.org.cn/news/view?id=3855。

③ 《足协拒绝仲裁，法院驳回诉讼！前辽足人讨薪，路在何方？》，载微信公众号"足球报"，https://mp.weixin.qq.com/s/kMWGYlOc2ZbwgnZbxpnHRA，访问时间：2021 年 2 月 22 日。

在《体育年度观察（2020）》以及相关行业论坛中反复普及的、由于《体育法》第32条造成的困扰及解决方案为越来越多的从业者接受。处理相关案件的裁判者，如上海市高级人民法院、上海市第一中级人民法院及朝阳法院均认可了"中国足协仲裁委员会"并非《体育法》第32条提及的"体育仲裁机构"，且相关机构尚未成立；国际足联内部争议解决机构（如PSC）并非《仲裁法》《纽约公约》项下的"仲裁"机构。

目前，已解散或退出职业联赛俱乐部的前球员、教练申诉索薪无门最大的障碍在于法院立案难。出于对当事人诉权保护的同情，一些法院（如上海市徐汇区人民法院）对事实较为特别的个案予以立案。一旦案件进入法院管辖系统，代理人即有机会就上述足球行业规则延展论述，充分解答法官的疑虑并展开交流。在此过程中，中国法官们通过仔细研究FIFA章程、RSTP及学者学说，参考FIFA与CAS相关案例，并就上述国际规则与中国法律的衔接问题详细询问代理人，最终确认不能仅因《体育法》第32条规定（"竞技体育活动中发生纠纷，由体育仲裁机构负责调解、仲裁"），人民法院即一律拒绝管辖任何体育类争议；也不能因为涉案合同约定"任何一方可向中国足协仲裁委员会申请仲裁，中国足协仲裁委员会的裁决为最终裁决"，即认为该案一定排除法院的管辖。问题的关键在于——"中国足协仲裁委员会"或FIFA内部争议解决机构不是能够排除法院管辖的仲裁机构；真正意义上的中国体育仲裁机构并不存在。

朝阳法院在本报告评析的案例2中已公开阐述了上述原理，对其他法院具备较高的参考价值；但因为该案例以调解结案，朝阳法院的观点只能通过新闻报道以及向相关机构发送司法意见广而告知，但上述意见并不是具备法律约束力的司法文书。朝阳法院的意见于2020年9月公布后，沈阳市和平区人民法院、沈阳市中级人民法院仍作出不予受理前球员、教练员起诉辽足的裁定。[①] 这说明，职业球员与教练员"申索难"的管辖权真空问题，亟待人民法院作出有法律约束力的判决或裁定，或由最高人民法院统一出具司法解释或者通过对个案公开复函予以解决。

---

① 《足协拒绝仲裁，法院驳回诉讼！前辽足人讨薪，路在何方？》，载微信公众号"足球报"，https://mp.weixin.qq.com/s/kMWGYlOc2ZbwgnZbxpnHRA，访问时间：2021年2月22日。又见李家赫与辽宁足球俱乐部有限公司劳动争议，辽宁省沈阳市中级人民法院于2020年10月21日作出的（2020）辽01民终11100号民事裁定书，认为"职业球员与职业足球俱乐部之间工作合同纠纷亦不宜由法院管辖"。

（二）人民法院与实务界共同推动解决前沿法律问题：以体育赛事网络直播系列案件为例

1. 人民法院积极研究解决前沿问题

大连超越案、辽足案等足球类系列纠纷"解决难"，一部分原因在于具备司法权力和执行力的人民法院对体育类纠纷的特殊行业规则不熟悉；若将一般民商事争议解决原则（如"仲裁排除诉讼管辖"）套用于体育类争议，则可能导致"不合时宜"的结果。① 现状是新兴行业的前沿问题较难通过法院诉讼得到高效、适宜的解决，但人民法院也在努力了解和学习新行业与新问题：前述上海法院积极研究FIFA章程及规则、参考CAS案例，即是例证。

在此过程中，代理人实际上承担起协助法官厘清前沿问题及相关规则的责任；代理人和法官之间的互动是交流和共同学习，而非简单的审理与被审理。代理人的阐释越清晰，则法官越易理解，也就越可能对新兴问题作出与时俱进的裁判。当然，新兴问题诉讼难，从另一角度也说明了仲裁、调解等多元化纠纷解决机制在前沿领域存在与繁荣的必然性。

2. 人民法院对体育赛事直播"作品"属性的认识演进

由于体育类争议是随体育行业繁荣（即46号文于2014年发布后）逐渐增多，类型亦愈加丰富，体育类争议堪称观察人民法院对新兴问题解决方式演进的一扇窗户。除足球类争议外，体育赛事直播权益保护相关案例亦启迪颇丰。通过梳理历年案例，可见网络盗播体育赛事案件始于2011年左右，并于2014年后趋于频繁，这与我国企业于2014年后成为全球体育赛事版权主要购买方以及（主要通过网络播出的）电竞运动崛起趋势密不可分。46号文促成了体育赛事版权交易"松绑"，② 中国观众有机会欣赏到世界五大职业足球联赛及洲际联赛的每一场比赛，以及许

---

① 作者在《中国体育争议解决年度观察（2020）》指出："如果不将体育相关争议置于体育这个大背景中进行理解和处理，极有可能会得出错误或不可行的解决方案。"见北京仲裁委员会/北京国际仲裁中心编：《中国商事争议解决年度观察（2020）》，中国法制出版社2020年版，第279页。《中国体育争议解决年度观察（2020）》导语及全文见载北京仲裁委员会/北京国际仲裁中心官方网站，https://www.bjac.org.cn/news/view?id=3855。

② 46号文发布前，根据国家广播电影电视总局《关于加强体育比赛电视报道和转播管理工作的通知》（广发办字〔2000〕42号），重大国际体育比赛在中国境内的转播权益统一由中国中央电视台负责谈判与购买，其他各电视台（包括有限广播电视台）不得直接购买。46号文发布后，国家新闻出版广电总局发布《关于改进体育比赛广播电视报道和转播工作的通知》（新广发〔2015〕125号），规定除了奥运会、亚运会和世界杯足球赛（包括预选赛）以外的其他国内外各类体育赛事，各电台、电视台可以直接购买转让，实现体育赛事转播权有序竞争。

多此前鲜见的体育赛事（如 ONE 冠军联赛等），播放的方式也由主要通过电视台播放过渡为网络直播，网络盗播不仅技术上容易实现，且容易获得观众。由于取得受欢迎的体育赛事网络直播权益需付出高昂对价，权利人有足够的动力积极维权起诉，打击网络盗播。

2020 年 9 月，随着北京高院对新浪诉天盈九州、央视诉暴风影音两个标志性案件再审作出改判，对 NBA 诉爱奇艺及上海众源案作出判决；立法层面，《著作权法》确认了体育赛事节目的"作品"性质，在我国长期处于性质不明、法律保护不确定且不足够的体育赛事网络直播权问题终于尘埃落定。这是来之不易的成果。本报告案例 4 呈现了新浪诉天盈九州典型案例一审、二审、再审判决的一波三折。该案再审判决出炉前，上海浦东新区人民法院（以下简称浦东法院）于 2020 年 4 月就央视诉 PPTV 一案作出民事判决。① 该案系有关 2016 年欧洲足球锦标赛"法国 vs 罗马尼亚""瑞士 vs 阿尔巴尼亚"两场赛事的网络直播。原告央视诉称被告未经许可侵犯了央视对涉案比赛的独家网络直播权并非法获利。

浦东法院对该案的处理亦颇具主见、前瞻和创新。首先，浦东法院"舍易求难"，摒弃了此前人民法院多采用的、以《反不正当竞争法》裁判盗播问题的"捷径"。浦东法院基于足球赛事版权交易市场以授权、许可为核心的特点，认为以《反不正当竞争法》规制赛事节目版权问题是极不稳定的。"体育赛事直播节目的法律问题可以也应当在《著作权法》的框架内予以解决"。其次，浦东法院没有采纳此前人民法院恪守的"作品类型法定"原则，而是遵循"尽量保护"原则，认为著作权保护的权利内容"相对开放"且具有一定解释空间，"人民法院完全可以运用著作权权利的兜底性规定和独创性裁量标准，对于确有保护必要、有利于产业发展的客体或者客体使用方式，根据最相类似的作品类型或者运用兜底性权利给予保护，保护新兴产业发展壮大"。

更令人钦佩的是，浦东法院（基层法院）敢于与级别更高的北京知产法院（中级人民法院层级）持不同意见，认为作品的定性应基于独创性的有无，而非独创性的高低；直播赛事"随摄随播"已经满足了我国《著作权法》对类电影作品"摄制在一定介质上"的要求，因为直播的赛事节目始终处于可复制的状态。"各方当事人对系争对象即足球赛事节目本身均无异议的情况下，如果仍以其缺乏固定性要件排除作品著作权保护的话，这将违背基本的经验常识，也不符合立法目的。"

浦东法院宣布该判决的方式（在中国的环境下）也令人耳目一新。也许是意

---

① （2017）沪 0115 民初 88829 号。

识到该判决的典型意义，特别考虑到该案判决与北京知产法院对新浪诉天盈九州、央视诉暴风影音两个标志性案例的裁判思路不一，浦东法院在宣判时邀请了媒体到场，并由审判长金民珍法官面向记者答疑解惑。① 人民法院主动就典型案件与媒体交流并提高审判活动的透明度，更有利于案件结果的传播，提高影响力与公信力，值得鼓励与推广。浦东法院在本案中所表现出的进取与朝阳法院在凤凰诉天盈九州案（案例4）以及青训案（案例2）做法类似，但又更进一步：相比于朝阳法院就两场中超比赛判令侵权人赔偿权利人的50万元人民币，浦东法院基于原告购买同类足球赛事节目的价格，判令PPTV赔偿央视因盗播所遭受的经济损失、合理开支共计215万元。②

也许，浦东法院就央视诉PPTV作出的判决以及高调的传播方式影响了北京高院就新浪诉天盈九州、央视诉暴风影音的再审思路及判决。当然，也可能浦东法院作出判决时，《著作权法》第三次修改已经确定了全面、灵活保护体育赛事直播版权的原则；浦东法院、朝阳法院及北京高院的裁判思路是大势所趋。

3. 法官、学界及实务界共同推动体育赛事直播节目的立法、司法保护

上文已提及，新浪诉天盈九州案一审主办法官林子英研究员积极与学界、实务界交流裁判思路，并亲自撰文提倡立法层面的修改。2016年至2018年，实务界与学术界多次组织研讨会聚焦体育赛事节目的直播保护问题；苏宁集团③（2018—2020年中国主要的体育赛事版权权利人之一）董事长张近东以全国人大代表的身份，提交了题为《建立体育赛事直播权利法律保护，促进体育产业健康发展》的建议。④ 由于央视一直是打击网络盗播"大户"，中央电视台版权和法律事务室副主任严波博士积极发声，甚至于2016年通过出版《现场直播节目版权问题研究》一书，⑤ 基于他多年的版权交易及管理一线实务，详细阐述了赛事直播的实际操作过程。值得一提的是，该书在央视诉暴风影音一案中被作为证据提交给了北京高院，

---

① 《央视国际起诉聚力侵权，一审判赔215万元》，载人民网，http://ip.people.com.cn/n1/2020/0409/c136655-31667077.html，访问时间：2021年3月4日。

② 当然，金额的不同也与赛事品类、许可类别以及（疫情前）逐年上涨的版权价格有关。

③ 2018—2020年，苏宁集团通过控股的PPTV成为中国主要的体育赛事版权权利人，所持转播权益一度涵盖五大职业足球联赛、欧足联欧洲冠军联赛、欧足联欧洲联赛的中国大陆地区播放权益。

④ 《全国人大代表张近东：建立体育赛事直播权利法律保护制度》，载人民网，http://ip.people.com.cn/n1/2018/0307/c179663-29852588.html，访问时间：2021年3月4日。

⑤ 该书是严波主任在上海华东政法大学攻读知识产权专业法学博士的学位论文，入选了2016年华东政法大学博士精品文库，由法律出版社出版。

以佐证"随播"系被同步录制在 VTR 设备上（即直播节目满足"可复制"的要件）。

北京知产法院就"新浪诉天盈九州""央视诉暴风影音"两个案件作出的二审判决透露出法官在审理体育赛事节目版权相关事项时重学理而轻实践；判决虽细致梳理各家学说，却忽略了赛事直播实践。对"可复制性"和"独创性"的理解，完全可以通过增进法官对赛事直播实践予以解决。为准确理解"可复制性""独创性"等关键概念及赛事信号制作过程，北京高院成立了调研组，主动请体育赛事版权"大户"央视支持调研。央视亦积极配合协调法官们走进国际田联世锦赛、NBA 中国赛、全运会、北美国家冰球联盟（NHL）赛事转播车，为法官们提供最先进 4k 转播车实际操作讲解，并由赛事节目制作导演进行答疑座谈。上述努力的成果，体现在了北京高院于 2020 年 9 月作出的两份沉甸甸的再审判决书。

4. 体育法律实务必须与时俱进并推动多元化、专业化争议解决方式

通过对足球系列案件及体育赛事直播权系列案件在我国的争议解决实务，以及人民法院对上述问题认识的演进、变迁，可总结：

第一，体育法律实务必须随体育产业的发展与时俱进，需要立法者、司法者与实务界和学术界形成积极良好的互动——因为，体育类法律事务既具有高度的实践性，脱离实践容易导致错误的或行不通的解决方案；同时又兼具学术性，脱离学理则可能导致分析问题的视角较短浅或欠缺国际视野。若国内理解、适用规则的方式与国际层面脱节，在某些情形下（如在足球和反兴奋剂领域）将会导致不合规、受处罚的严重后果，在某些情形下甚至有损害国家形象的风险。因此，仅仅是囿于特定"圈子"的纸上谈兵无益于体育法的发展。体育法的特性决定了它"破圈"的属性以及公开、广泛、透明讨论的必要性。

第二，我国法院愿意直面并有能力解决新兴问题。北京、上海等经济发达地区法院相对更倾向于也更善于尝试疑难问题的解决，并且就关键问题积极参与教育公众、影响公共意见并推动立法改进。但是，人民法院因恪守司法者职能，在立法尚未改变之前，对新兴问题进行开拓性、创造性的处理受限较多。作为代理人，也可以有意地选择一些具备特定要素并由北京、上海人民法院管辖的案件作为典型案例。要通过转变法院的态度影响立法甚至进一步影响社会进步，"选择战场"至关重要。①

第三，尽管新浪诉天盈九州、央视诉暴风集团最终收获了保护体育赛事网络

---

① 援引自美国最高法院大法官露丝·巴德·金斯伯格（Ruth Bader Ginsburg），原话为"Work for what you believe in, but pick your battles, and don't burn the bridges. Don't be afraid to take charge, think about what you what, and then do your work, but then enjoy what makes you happy, bring along your crew, have a sense of humor"。

直播的判决结果，但耗时冗长——两个案件均耗时约六年方尘埃落定。此外，新浪诉天盈九州虽最终获法院支持，但获赔偿仅 50 万元人民币；NBA 公司诉上海众源终审获赔 380 万元人民币，[①]与权利人主张的价值以及为制作、采购涉案赛事网络直播权益付出的对价差距显著。[②]在肯定我国人民法院为解决新型、前沿问题所作出的努力之外，亦从侧面证明仲裁、调解等多元纠纷解决方式更适合新兴问题频出的体育产业，以及由具备体育专业领域知识的仲裁员对口解决相关体育争议的必要性。

五、总结与展望

疫情对体育产业的影响是直接且显著的。尽管中国足协继倡议降薪后又出台史上最严"限薪令"，[③]多家中国足球俱乐部仍因入不敷出宣告（或濒临）解散，留下大量追索希望渺茫的欠薪或其他债务。曾经风光无限的"三年 50 亿元（人民币）"英超版权、[④]"五年 80 亿元（人民币）"[⑤]中超版权在合约期尚未过半时以解约、诉讼黯然离场。"泡沫破灭"，似乎是 2021 年初中国体育产业的定义词。

---

① NBA 公司在该案中主张赔偿损失 3600 万元人民币，以及合理诉讼费用计 20 万元人民币。

② NBA 公司诉上海众源案的获赔金额远低于 NBA 主张的数额，部分原因是人民法院缺乏以权利许可费作为赔偿计算基数的法律依据。但是，在最高人民法院印发《关于依法加大知识产权侵权行为惩治力度的意见》以及正式施行《关于审理侵害知识产权民事案件适用惩罚性赔偿的解释》（法释〔2021〕4 号）后，盗播体育赛事可能触发惩罚性赔偿，并明确人民法院可以参照权利许可使用费的倍数作为惩罚性赔偿数额的计算基数。

③ 2020 年 12 月 14 日，中国足协发布《2021—2023 赛季中超联赛俱乐部财务约定指标》，表达了"坚决抑制'金元足球'和投资泡沫"的决心，规定中超俱乐部单个财政年度总支出不得超过 6 亿元人民币（包括青训和女足费用），一线队国内球员单赛季个人薪酬不得超过税前 500 万元人民币，外籍球员单赛季个人薪酬不得超过税前 300 万欧元。不符合上述规定的俱乐部及球员将以扣分、停赛等方式处罚。中甲、中乙联赛也设有相应的限薪、限制支出规定。

④ 2016 年，PPTV 以 5.64 亿英镑（约 50 亿人民币）购得英超 2019—2022 三个赛季中国大陆地区独家播放权益。

⑤ 2015 年，体奥动力（北京）体育传播有限公司（以下简称体奥动力）以 80 亿元人民币购得中超 2016—2020 五个赛季版权，但在 2018 年变更为 110 亿元人民币购买中超 2016—2025 十个赛季版权。见《从"5 年 80 亿"到"10 年 110 亿"，中超版权费"缩水"影响几何？》，载新华网，http://sports.xinhuanet.com/c/2018-01/30/c_1122337439.htm，访问时间：2021 年 3 月 5 日。2021 年初，据多家媒体报道，2020 年体奥动力仅向中超支付 1.5 亿人民币，中超已向体奥动力发出解约函。见《中超"天价版权"时代落幕》，载人民网，http://ent.people.com.cn/n1/2021/0305/c1012-32043262.html，访问时间：2021 年 3 月 5 日。

疫情是泡沫破灭的催化剂，却并非始作俑者。疫情发生前，乘着 46 号文释放的政策红利，在资本的加持下，中外体育交流加速：众多国际赛事在华落地运营；"天价"引进赛事版权屡见不鲜；[①] 中国资本掀起对海外体育资产（如足球俱乐部）的收购热潮；众多外援、名外教与中国俱乐部签约，中超进入"金元时代"。在中外体育飞速交融的过程中，文化差异、国际国内层面法律规则碰撞势必导致争议频发——疫情前，外籍教练或球员与中国俱乐部争议凸显中国足球治理机制与国际体系脱节已时有发生；疫情只是更加突出地暴露了中国俱乐部运营模式落后，盈利能力羸弱等问题。俱乐部财务困难，举步维艰在疫情大环境下再无喘息空间，多家老牌甚至曾经的"豪门"俱乐部结束运营，为"金元足球"时代画上了句号。

中外体育的交流、交易甚至交手无疑促进了中国体育产业的专业化和相关人才的成熟，但频发的争议以及 FIFA 与 CAS 公布的裁决结果亦揭示了我国本土制度建设（如体育仲裁制度的缺失）、体育自治能力等方面与国际层面有不容忽视的差距。应该说，在国内体育制度建设尚不完善的情形下，我国积极参与全球体育产业遭受挫折是必然的。疫情虽加剧、放大了我国体育产业国际化进程中的挫折，但也促使管理者、从业者更加理性和审慎，并从挫折中反思学习建立现代化、法治化的体育管理机制；更有意识将重大体育纠纷交予熟悉国际体育规则与中国法的专业人士处理；此外，纠纷预防意识应深入人心，在合同谈判及撰写阶段即应确保条款的准确度并从国际视角下审视条款有效性。

由于体育产业天然的跨国属性，中国体育不可能因为遭受挫折从此固步自封，拒绝国际交流。今后几年，中国是唯一不间断举办大型国际体育赛事的东道国，包括 2022 年北京冬奥会、杭州亚运会以及计划于 2023 年举办的亚足联亚洲杯足球赛事等。从"金元足球"和"天价版权"时代吸取教训，修改《体育法》，构建中国体育仲裁机制，完善俱乐部及行业协会法律专业团队建设，重视国际规则理解与运用，以及熟练、妥当处理国际规则与中国法律衔接问题，已是刻不容缓——这将决定中国体育的未来。

---

① PPTV 以高于上一周期英超中国大陆地区版权价值约 12 倍的高价竞购得英超版权，大背景即是中资收购国际体育资产热潮。

中国民用航空争议解决年度观察（2021）

高 峰 金 喆 李志宏[①]

一、概述

2020 年，新型冠状病毒所导致的肺炎疫情（以下简称新冠疫情）肆虐全球，对各国航空运输业产生了明显冲击。国际航空运输协会（以下简称 IATA）发布的 2020 年度报告显示，截至 2020 年 11 月，全球航班数总计为 1640 万，较上一年减少 2250 万，全年全球的旅客周转量比 2019 年同期下降 66.3%，航空公司整体运营收入下降超过 60%，净亏损总额高达 1185 亿美元。[②] 新冠疫情之下，全球航空货邮运输表现明显好于客运，货运收入使各国航空公司能够维持其基本的国际网络，航空货运吨公里数较上一年仅下降 11.5%。

由于我国对于新冠疫情的防控措施得力有效，国内航空运输市场逐渐回暖并呈现平稳复苏态势，成为全球恢复最快、运行最好的航空市场。根据 2021 年全国民航工作会议公布数据，2020 年中国民航全年完成运输总周转量 798.5 亿吨公里、旅客运输量 4.2 亿人次、货邮运输量 676.6 万吨，相当于 2019 年的 61.7%、63.3%、89.8%，旅客运输量连续十五年稳居世界第二。[③]

"十三五"期间，中国民航保持了较快的增长速度，航线网络日趋完善，运输服务品质稳步提升。全国新建、迁建运输机场 43 个，全国颁证运输机场数量增加

[①]　高峰，独立仲裁员。金喆，国浩律师（北京）事务所合伙人。李志宏，北京仁人德赛（上海）律师事务所合伙人。

[②]　IATA Annual Review, https://www.iata.org/contentassets/c81222d96c9a4e0bb4ff6ced0126f0bb/iata-annual-review-2020.pdf，访问时间：2021 年 1 月 14 日。

[③]　《2021 年全国民航工作会议》，http://www.caacnews.com.cn/2021live/0103/，访问时间：2021 年 1 月 13 日。

至 241 个，新增跑道 41 条、航站楼 588 万平方米、机位 2300 个，新增航油储备能力 5.3 万立方米。全国千万级机场达到 39 个，机场新增设计容量约 4 亿人次，总容量达 14 亿人次，区域枢纽机场发展迅猛，支线机场旅客吞吐量增长 123.7%。民航机队规模达 6747 架，国产民机在支线机队中的比例达 33%。全国新增航路航线 263 条，航路航线总里程达到 23.7 万公里，比"十二五"增加 3.8 万公里。在空域资源紧张、运行环境复杂、极端天气频发的情况下，2020 年全国航班正常率达 88.52%，比"十二五"末提升 20%。截至 2020 年底，我国已与 128 个国家或地区签署了双边航空运输协定，其中"一带一路"沿线国家 100 个，与 64 个国家保持定期客货运通航。

航空制造业继续稳步推进。以大型民用航空器、发动机为代表的现代航空制造业是一个国家工业生产水平和综合国力的标志。截至 2020 年 12 月 31 日，中国商用飞机有限责任公司累计向 8 家客户交付 46 架 ARJ21 喷气式新支线客机，并首次入列国际主流航空公司及民营航空公司机队，安全载客近 160 万人次；C919 试验试飞和型号取证工作稳步推进，11 月 27 日获得型号检查核准书（TIA），正式进入局方审定试飞阶段；CR929 项目稳中求进，不断夯实中俄合作。[1] 航空工业民机项目完成 9 型航空器研制任务，3 型首飞，1 型取得生产许可证，各类民机交付 476 架。[2] 国产大涵道比涡轮风扇商用发动机目前已完成验证机全部设计工作，正在开展零部件试制和试验工作。

受益于各地通用航空综合管理改革的推进，行业治理体系不断完善，通用航空产业整体呈现稳步发展的态势，近五年来业务量年均增长 13.7%。截至 2020 年底，我国现有通用机场数量总计 340 个，超过国内运输机场总数。通航运行类企业已达 443 家，相较上一年底增加了 17 家。内地运营中的通用航空器总量达 2930 架，相较上一年增长 6%，其中涡桨和活塞固定翼飞机总计 1472 架，前者主要应用于农林作业、通勤运输、航拍航摄等领域，后者主要应用于飞行培训；直升机 1070 架，主要应用于海上石油服务、空中巡警、电力巡线、农林植保、空中游览等；

---

[1] 《乘风破浪开新局——2021 年中国商飞公司新年贺词》，载中国商用飞机有限责任公司网站，http://www.comac.cc/xwzx/gsxw/202012/31/t20201231_7301117.shtml，访问时间：2021 年 1 月 24 日。

[2] 《把握历史机遇 保持战略定力！实现"十四五"改革发展高质量开局》，载中国航空新闻网，http://www.cannews.com.cn/2021/01/22/99319469.html，访问时间：2021 年 1 月 24 日。《走进中国心"——"产品介绍"》，载中国航发商用航空发动机有限责任公司网站，http://www.acae.com.cn/portal/Engine/Index.aspx，访问时间：2021 年 1 月 24 日。

公务机 326 架，占机队总数的 11%。① 截至 2020 年第三季度的通用航空飞行小时已高于同期水平，预计全年整体通航飞行小时仅比去年略微下滑 3%。各通航作业类型中，执照培训占比超过五成，其余依次是工业、农业、消费、交通运输和应急等。然而新冠疫情期间，通航企业开展业务阻力重重，直升机商务出行、空中游览、航空应急救援、飞机降雨和航空摄影等业务均受到不同程度影响，加之通用航空市场需求仍未完全释放，2019 年和 2020 年暂停或终止运营的通航企业数量远超往年。

无人机产业在政策指导下快速有序发展。截至 2020 年末，全行业注册无人机共计 52.36 万架，全年无人机经营性飞行活动达到 159.4 万飞行小时，同比增长 36.4%。自 2020 年 5 月实施《轻小型民用无人机飞行数据报送及管理规定》以来，全国轻小型无人机飞行动态数据已初步接入无人驾驶航空器空管信息服务系统（以下简称 UTMISS）。目前，UTMISS 已完成 8 个无人机制造商的 54 种机型飞行动态数据接入后台技术互通，初步具备远程监视全国合规用户飞行动态能力，②并为民用无人驾驶航空器综合管理平台建设打好基础，未来将形成统一的民用无人机监管和服务窗口，实现无人机数据收集、共享和交换。

2020 年 5 月，中国航空运输协会联合上海国际航空仲裁院、中国海事仲裁委员会和深圳国际仲裁院开展"高效解决民航商务纠纷助力复工复产"活动，为航空公司之间、航空公司与机场之间、航空公司与飞机租赁公司之间、航空公司与销售代理人之间、航空公司与飞机或发动机制造企业之间、航空公司与航油、航信、航材、航食等企业之间发生商事合同纠纷在北京、上海和深圳提供调解、仲裁服务以及高效的纠纷解决机制，保障民航企业顺利复工复产，并对在 2020 年 5 月 19 日至 2020 年 12 月 31 日提交的上述纠纷案件提供调解、仲裁费用减免的优惠政策。

随着多元化纠纷解决机制在航空领域的不断探索，2020 年 10 月 28 日，由中国航空运输协会和上海市长宁区人民法院合作成立的我国首个"航空争议调解中心"在上海揭牌，共建双方制定了《关于设立"航空争议调解中心"的实施意见》，明确了各项工作机制，以保证调解中心顺畅有效运行。该调解中心是航空领域争议解决机制继 2014 年"上海国际航空仲裁院"之后的又一个创举，成效值得期待。

---

① 《亚翔航空 2020 中国通航报告》，载未来智库，https://www.vzkoo.com/doc/23436.html，访问时间：2021 年 1 月 13 日。

② 《无人机管理的中国特色探索》，载中国民航网，http://www.caacnews.com.cn/1/1/202101/t20210105_1317208_wap.html，访问时间：2021 年 1 月 15 日。

随着民航产业蓬勃发展，相关领域的民事纠纷案件也在不断发生。通过我们从公开渠道查询的数据显示，2020 年国内发生公共运输航空公司相关一审民事纠纷案件 753 件、通用航空相关一审民事纠纷案件 736 件、无人机相关一审民事纠纷案件 439 件。具体统计数据详见下表：

	合同、无因管理、不当得利纠纷	侵权责任纠纷	知识产权纠纷	其他纠纷（劳动争议、物权、人格权等）	合计
公共运输航空公司相关案件	576	25	8	144	753
通用航空相关案件	373	14	6	343	736
无人机相关案件	235	36	30	138	439

最新公布的《中国民航发展阶段评估报告》显示，我国制定的 2020 年完成单一航空运输强国目标已经实现。尽管新冠疫情严重影响了全球所有的航空客运市场，但我国民航市场的增长驱动力依旧坚韧强劲，未来我国将进一步开启多领域、全方位的民航强国建设新征程。

二、新出台的法律法规及政策

（一）一般性民航规定及政策

1. 中欧航空安全协定生效，适航技术实施程序完成签署

经过中欧双方共同努力和多年的合作，《中华人民共和国政府与欧洲联盟民用航空安全协定》（以下简称安全协定）及附件《适航和环保审定》于 2020 年 9 月 1 日正式生效，标志着中欧航空安全领域合作进入新的阶段。2020 年 9 月，中欧双方进一步签署《中国民用航空局与欧盟航空安全局关于适航和环保审定的技术实施程序》及其附件《民用航空产品运行／维修实施程序》，从适航审定和航空器评审合作方面细化了安全协定及其附件的内容，为中欧民用航空产品互认创造了良好环境，安全协定及附件的内容将更好地得以实施。

2. 多项民航法规、规章颁布或修订

2020 年 1 月，交通运输部发布了新修订的《民用航空器事件调查规定》（CCAR-395-R2），取代原《民用航空器事故和飞行事故征候调查规定》。该规定参考国际标准，在原规定基础上进行了完善，从调查主体、事件报告、调查程序等方面对民用航空器事件调查工作进行了规定。

2020年5月，交通运输部公布了关于修改《大型飞机公共航空运输承运人运行合格审定规则》的决定（CCAR-121-R6），增加机组疲劳管理的限制等修订。同月，交通运输部公布了《民用航空器维修人员执照管理规则》（CCAR-66-R3），对航空器维修人员执照的申请、颁发与管理活动予以明确规范。

2020年10月，交通运输部发布了《国际航空运输价格管理规定》（CCAR-221），明确规定国际航空运价按照我国政府与外国政府签订的航空运输协定、协议，分别实行核准管理或备案管理。对于协定、协议未要求核准或备案的国际运价，交由航空运输企业自主决定。

2020年12月，根据《国务院关于修改和废止部分行政法规的决定》（2020年国务院令第732号）第12条规定，《中华人民共和国民用航空器国籍登记条例》删去了民用航空器国籍登记企业涉及外资的特别要求。

3. 民航局出台一系列疫情防控政策

为积极应对新冠疫情的影响，中国民用航空局（以下简称民航局）陆续出台了有关支持政策，在防范疫情境外输入风险的同时持续为民航企业的发展排忧纾困。

2020年3月，财政部和民航局颁布《关于民航运输企业新冠肺炎疫情防控期间资金支持政策的通知》，对航空公司执行重大运输飞行任务给予资金补偿，并陆续发布了相关财税金融优惠政策，如免征航空公司缴纳民航发展基金，每月减轻民航企业负担约6亿元；对航空器客舱内装货改装项目以及对航空公司自2020年4月1日起使用客运航权执飞不载客国际货运航班给予资金支持等。

2020年3月26日起，民航局实施国际航班"五个一"政策，即国内每家航空公司经营至任一国家的航线只能保留1条，外国每家航空公司经营至我国的航线只能保留1条，且每条航线每周运营班次不得超过1班。2020年6月，民航局、外交部、国家卫健委、海关总署等部门共同建立专班机制，以入境航班落地后旅客核酸检测结果为依据，对航班实施熔断和奖励措施。上述民航疫情防控政策有效调减了国际客运航班量，在确保通航国家不断航的同时切实防范了疫情境外输入风险。

（二）通用航空法规体系重构

1. 一系列通航领域规范性文件实施或公开征求意见

2020年8月，民航局发布《通用航空短途运输管理暂行办法》，11月发布《通用航空包机飞行管理暂行办法》。2020年9月，民航局空管办发布对《通用航空预先飞行计划管理规定》征求意见建议的通知，民航局拟采用负面清单管理模式，通航营运人对未涉及负面清单所列情形的飞行活动无需办理预先飞行计划审批手续，只需办理备案手续。

2. 进一步完善通航经营许可管理

继 2018 年、2019 年修订之后，2020 年 8 月，交通运输部颁布新修订的《通用航空经营许可管理规定》（交通运输部令 2020 年第 18 号）。新规定将经营性通用航空活动的分类由原先按照通航企业注册资本金规模划分为四类经营性活动，修改为按照飞行活动性质划分为"载客类""载人类"以及"其他类"三类通用航空活动，由于不同性质的飞行活动对应的飞行安全要求和所涉公共利益不同，因此突出了分类监管的原则。此外，新规定降低了通航企业申请经营许可证的门槛，对从事载客类经营活动的通航企业提出了更高的监管要求。

3. 通航团体标准不断推出

中国航空运输协会先后发布《通用航空应急救援术语》《森林航空消防应急救援装备配备指南》《直升机城市消防应急装备配备指南》《直升机山区搜救设施设备配备指南》《通用航空企业短途运输旅客服务规范》《通用机场空域监视系统建设通用要求》等团体标准。

（三）无人机管理规定

2020 年 3 月，民航局就《民用无人驾驶航空器系统适航审定管理程序》《民用无人驾驶航空器系统实名登记管理程序》《民用无人驾驶航空器系统适航审定项目风险评估指南》三份政策性文件征求意见。2020 年 5 月，民航局制定并公布了《民用无人驾驶航空试验基地（试验区）建设工作指引》，引导民用无人驾驶航空试点示范工作有序开展。

综观这一年，民航重点领域立法不断加强，通航法规体系正在稳步建设，无人机监管与试点工作持续推进，完善的民航法律法规体系及民航政策已成为推进我国民航领域高质量发展的重要动力引擎。

三、典型案例

【案例 1】通用航空合资购买飞机纠纷

【基本案情】

申请人（自然人）与被申请人（法人）于 2017 年 5 月 19 日签订《第三期合

资飞机协议书》（以下简称《飞机协议书》），该协议约定申请人投资 450000 元用于合资购买飞机，并保证申请人年投资回报率不低于 8%。协议签订后，申请人按照协议约定指定的账号汇款总计 450000 元，但被申请人并未按照协议约定及时支付固定收益。双方经协商，于 2019 年 6 月 3 日签订《还款协议书（第三期合资飞机协议书补充协议）》（以下简称补充协议），被申请人承诺在 2019 年 7 月 30 日之前全部还清所欠款项 205000 元，若未按时支付款项，则承担一切维权费用以及所欠借款 10% 的违约金。被申请人未履行补充协议，申请人据此请求支付借款本金 205000 元、违约金 20500 元及维权费用 20000 元。

【争议焦点】

合同性质属于投资合同还是借款合同。

【裁判观点】

仲裁庭认为，虽然双方的债权债务产生于之前的《飞机协议书》，但是之后被申请人签署的补充协议第 1 条就申请人投资款项的性质及金额作出明确界定，即："甲、乙双方经对账，确认截至 2019 年 7 月 30 日乙方尚欠甲方借款人民币 205000.00（大写：贰拾万伍仟元整）。"根据该条约定，双方在《飞机协议书》项下的权利义务已被补充协议变更为金钱借贷关系。鉴于申请人在补充协议项下已经履行了其交付借款的主要义务，被申请人通过在补充协议上加盖公章的方式向申请人明确作出还本的允诺，但未遵循诚实信用原则，全面履行约定之义务，应偿还全额借款并支付违约金。

【纠纷观察】

通用航空投资中存在一类特殊的"共有产权"模式，即交通运输部发布的《一般运行和飞行规则》（CCAR-91-R3）K 章所规定的"最低部分产权份额"，允许个人或法人通过签署相应项目协议的方式，拥有代管航空器至少一个最低部分产权份额，其中固定翼亚音速飞机须等于或大于飞机价值的十六分之一，旋翼机须等于或大于旋翼机价值的三十二分之一。这样一来，单个投资者的资金投入压力将大大减轻，有利于吸收社会资本进入通用航空领域。

本案的《飞机协议书》表面看属于这种共有产权性质的飞机投资合同，但由于其约定了最低年投资回报率，并不符合共担风险的投资原则；加之双方在之后的补充协议中明确为"借款"关系，因此本案当事人之间属于名为投资、实为民间借贷的法律关系，约定的利息或违约金不得超过相关司法解释规定的上限。

实践中，通用航空共有产权项目还存在其他方面的不规范之处，如 2020 年 8 月 21 日，某通用航空企业高调举办"中国首款共享专机新闻发布会"，宣传"采用大共享模式，每架专机由 40 位企业家平摊，每个人只要花 2.5% 的钱就能享受 100% 的服务，算下来只需要 20 万元（共享直升机）或 200 万元（共享公务机）就可以拥有一架属于自己的共享专机"，此方案明显不符合规章要求的最低部分产权份额，将无法获得运行许可。

【案例 2】航空公司常旅客会员权益纠纷

【基本案情】

申请人（自然人）于 2005 年成为 A 航空公司（以下简称 A 航）常旅客会员，享受金卡待遇。2018 年 2 月，申请人发现会员账户无法实现里程兑换机票的会员权利，电话询问被申请人得到回复：会员卡累积里程中有虚假航段，故强行关停会员账户。事后，申请人多次向 A 航反馈，表示从未在会员账户中充入虚假里程，并怀疑会员账户被第三方非法入侵或 A 航的 App 系统出现账号串联漏洞。双方交涉过程中，申请人的会员账户一直处于无法使用状态。申请人认为 A 航擅自单方面关停会员账户，造成账户中累计约 400000 里程无法兑换，经济价值约 40000 元，严重侵犯了申请人的合法权益。申请恢复金卡会员权限，会员卡查封冻结期间不计入会员卡有效期；恢复暂计 400000 里程兑换机票的权利；A 航支付申请人为本案支出的律师费 17000 元并承担本案仲裁费。

【争议焦点】

1. 常旅客会员卡是否存在不当积累里程的情况；

2. 会员手册中对会员权利予以相应的限制的格式条款能否适用。

【裁判观点】

对于申请人账户中存在第三人里程的情况，申请人并未否认，申请人怀疑其会员账户被第三方非法入侵或 A 航的 App 系统出现账号串联漏洞，致使他人里程进入其账户，对此，申请人仅提供了律师函中所载的网页报道，无其他证据佐证，对此仲裁庭不予采信。更为重要的是，A 航提交的证据证明，申请人曾多次修改密码，可以证明申请人完全掌握其账户密码，而从里程补登的程序来看，补登里程必须进入会员账户，而进入会员账户的前提是拥有会员账户的密码，因此，在无其他证据证明的情况下，仲裁庭认定，申请人并未证明账户中补登的里程，系第三方非法入侵或 A 航的 App 系统出现系统漏洞所致。

A 航的会员手册中就会员滥用里程奖励有如下约定："会员如滥用里程奖励，包括倒卖里程，呈报不实之资料（如飞行记录）等任何违反本计划条款或规则的行为，A 航视情节不同，有权采取如下措施：要求赔偿损失；终止会员资格；取消已累积的里程；会员须缴付已搭乘航班的全额经济舱、公务舱、头等舱之票价及相关的律师费、诉讼费等。此外，任何违反本手册所列的任意条款及规则的会员，A 航都将有权采取法律行动，要求赔偿并禁止该会员继续参加常旅客计划。"申请人认为该格式条款排除 A 航自己的责任，加重会员的责任，且 A 航未尽到告知义务，应判定无效。仲裁庭认为上述条款 A 航在其官网上进行了公示，内容明确，一般人均可理解其含义；从权利义务的对等性而言，并未加重申请人的责任，排除被申请人的责任，因此对于申请人的主张不予认可。

【纠纷观察】

航空公司常旅客计划是培养旅客忠诚度、提升市场占有率的重要营销手段，会员通过乘坐航班以及在签约合作伙伴处消费，可累积里程，从而换取奖励客票、奖励升舱、商城产品等多种奖励。航空公司通过其官网和 App 系统公布《会员手册》，明确会员资格、入会流程、会员权利、里程积累及兑换等内容，并不定期更新。

由于会员里程的有价属性，实践中出现了不当累积、倒卖里程甚至盗用他人账户里程等情形，航空公司在《会员手册》中对此有相应的规定。本案中申请人的会员账户在 2017 年多次通过自助方式补登与其英文姓名相同的旅客里程至其账户中，累积入账 9 个航段，共 24286 里程。A 航经调查，确认上述飞行记录与申请人的订票、旅行经历明显不符，属于第三人的里程，依据《会员手册》采取了相应的措施。申请人虽然否认上述补登里程系其所为，但基于会员账户的私密性，其推责理由显然无法成立。

值得注意的是，本案所涉及的《会员手册》明确约定"本手册在执行过程中发生的法律纠纷，由北京仲裁委员会按其现行有效的仲裁规则仲裁解决"，据此 A 航可以避免其与广大常旅客会员之间因《会员手册》产生的争议进入法院的诉讼程序，响应国家实施多元化纠纷解决机制的号召，充分发挥调解、仲裁专家的优势，值得在行业内推广。

【案例 3】直升机买卖合同纠纷

【基本案情】

申请人 A 航空工业有限责任公司（以下简称 A 公司）与被申请人 B 通用航空有限公司（以下简称 B 公司）于 2015 年 3 月 28 日签订《H425 医疗救护型直升机购销合同》（以下简称购销合同），约定 B 公司向 A 公司订购 3 架 H425 医疗救护型直升机，B 公司应当于合同签署后 20 天内以电汇方式支付 A 公司合同总金额

40%的预付款，余款在交付时结清。合同经双方签字盖章生效后，A公司安排投产计划并产生了相关费用，但是，B公司自合同生效起一直未支付预付款。A公司于2016年3月11日、2016年7月21日、2017年2月8日及2018年4月13日向被申请人发出4份关于预付款的催告函，B公司仍不予支付。2019年5月13日，A公司向B公司发出《合同终止函》，后提起仲裁，请求裁定B公司按合同约定的标准支付违约金10293000元，并承担仲裁费用。

B公司认为A公司并未取得该型直升机的生产许可，不具备生产资格，且在签订合同过程中，隐瞒了这一事实，使B公司对其具备生产许可认识错误，缺乏订立合同真实意思基础，因此双方之间的合同是不能成立的，也不产生法律效力，自然不应承担违约责任。

【争议焦点】

购销合同是否为无效合同。

【裁判观点】

购销合同签署时，A公司有权生产涉案的H425型直升机，持有有效的生产许可证，B公司的抗辩意见与事实不符，不予支持。退一步讲，即使A公司在补充协议签署之时并不具备有效的生产许可证，也不违反我国法律、行政法规的强制性规定，包括B公司所援引的航空器适航相关规定，均不影响购销合同的有效性。由于B公司的严重违约，A公司已决定终止购销合同，B公司应依据合同约定承担违约责任。

【纠纷观察】

航空器的买卖从合同签署到实际交付，往往持续时间较长，其间卖方需要进行大量投入开展生产，因此买方需要在合同签署后支付预付款及进度款，尾款在航空器交付时结清。本案B公司出现了预付款即不予支付的严重违约情形，在实践中非常罕见，其提出的理由是事后发现A公司不具备生产资格，购销合同因违反适航有关的强制性规定而应认定为无效。

根据《合同法》第52条第5项的规定，违反法律、行政法规的强制性规定的合同无效。我国的确存在关于航空器适航的强制性法律规定。《民用航空法》第35条规定："生产、维修民用航空器及其发动机、螺旋桨和民用航空器上设备，应当向国务院民用航空主管部门申请领取生产许可证书、维修许可证书。经审查合格的，发给相应的证书。"《民用航空器适航管理条例》第7条规定："任何单位或者个人生产民用航空器，应当具有必要的生产能力，并应当持本条例第六条规定的型号合格证，经航空工业部同意后，向民航局申请生产许可证……"第8条规定："任何单位或者个人未取得生产许可证，但因特殊需要，申请生产民用航空器的，须经民航局批准。按照前款规定生产的民用航空器，须经民航局逐一审查合格后，颁发适航证。"仲裁庭查明本案存在生产许可证持证人变更的情况，合同签署时，该型直升机的生产许可证持证人为案外第三人；合同签署后，持证人变更为 A 公司。因此，A 公司在购销合同签署时应属于不具备生产资格，但关键是合同是否因此而无效。上述适航规定并未要求航空器买卖合同的卖方必须为生产者，只是要求生产者必须取得相应许可，因此该适航规定并不导致合同无效。《中华人民共和国民法典》（以下简称《民法典》）就此进行了完善，在第 153 条第 1 款规定："违反法律、行政法规的强制性规定的民事法律行为无效。但是，该强制性规定不导致该民事法律行为无效的除外。"

B 公司的另一个抗辩理由是缔约过失，即双方缔约过程中对于 A 公司的主体资格有明确要求，必须是直接生产者，而不能是生产者之外的其他主体，因实践中存在大量航空器生产者之外的卖方主体，有的同属于一个集团，有的只是接受生产者的委托从事销售。而购销合同只是在第 6.1 条约定交付的直升机应符合中国民航适航要求，并取得单机适航证书，对于 A 公司的主体资格未作出特别约定；B 公司也未能举证证明 A 公司在协商过程中做了不实陈述。即使 A 公司在合同协商过程中做了不实陈述，让 B 公司产生重大误解，根据《合同法》和《民法典》的规定，B 公司也只能在法律规定的期限内，主张撤销合同；逾期未提出的，撤销权消灭。

【案例 4】通用航空融资租赁合同纠纷 ①

【基本案情】

2016 年 3 月 1 日，某航空租赁有限公司（以下简称 A 公司）作为出租人与某通用航空有限公司（以下简称 B 公司）作为承租人签署《融资租赁合同》，约定 A 公司根据 B 公司的选择购买直升机并出租给 B 公司使用，约定租期为 60 个月，租金按季分 20 期连同关税、增值税一起支付。《融资租赁合同》约定如 B 公司发生违约，A 公司可以采取多种救济方式，其中包括：提前宣布终止合同；追索承租人应付的所有到期未付租金、罚息、损害赔偿金、全部未到期租金和其他应付款项；以及其他一切费用等，其中违约金的约定标准为日万分之五。为担保债权的履行，A 公司亦与其他法人和自然人（以下简称保证人）签署相关保证合同，约定保证

---

① （2020）津 0116 民初 142 号一审判决书。

人在一定比例范围内对 B 公司的债务承担连带保证责任。《融资租赁合同》在履行过程中，B 公司从 2019 年 7 月 15 日起不再支付租金，A 公司于 2019 年 11 月 26 日向 B 公司出具律师函，表明其主张 B 公司违约并且《融资租赁合同》加速到期。

【争议焦点】

A 公司能否主张《融资租赁合同》加速到期以及违约金的计算。

【裁判观点】

在各方对基本案件事实没有异议的情况下，法院判决 B 公司支付全部未付租金、关税和增值税，以及 2019 年 7 月 16 日、2019 年 10 月 16 日起所对应的当期租金按照日万分之五的标准计算违约金。A 公司主张的损害赔偿金以及截至加速到期日尚未到期的租金、增值税及关税的违约金法院并未支持。法院亦未支持 A 公司所主张的本案律师费和财产保全保险费。

【纠纷观察】

本案属于典型的飞机融资租赁合同纠纷，在承租人违约欠付租金时，出租人可以选择要求承租人支付剩余租金或者解除合同收回租赁物。

本案中，法院支持《融资租赁合同》加速到期的法律依据为《合同法》第 248 条或者《民法典》第 752 条的承租人经催告后在合理期限内仍不支付租金的，出租人可以请求支付全部租金，也可以解除合同，收回租赁物的规定。考虑到航空器的特殊属性，一般情况下出租人倾向于选择要求承租人支付全部剩余租金，以避免承租人返还飞机后的飞机处置、适航维护的成本费用以及在飞机价值高于剩余租金的情况下，出租人还需对承租人给予补偿。在本案《融资租赁合同》加速到期后，承租人支付全部剩余租金相当于其继续履行《融资租赁合同》时出租人所期待的合同价值；而针对逾期未付的 2019 年 7 月 16 日、2019 年 10 月 16 日起所对应的当期租金的违约金，亦是基于合同的明确约定所产生。而对于截至加速到期日承租人未到期的租金所产生的违约金，如果站在本案 A 公司的角度而言，《融资租赁合同》于 2019 年 11 月 26 日到期，该日之后承租人即应支付未到期租金所对应的违约金。在法院确认《融资租赁合同》于 2019 年 11 月 26 日到期后，A 公司对 B 公司未到期租金的债权即已形成，加速到期日至法院判决 B 公司实际支付全部租金的期间，该笔债权所对应的利息损失亦是实际发生的，即便该等损失的计算标准在《融资租赁合同》中未明确约定，笔者认为法院可按照全国银行间同业拆借中心公布的贷款市场报价利率的标准计算损失，而不是全部不予支持。

值得一提的是，本案判决书在法院查明部分并未详尽阐明《融资租赁合同》

对于租金安排的具体约定，但在一般的飞机融资租赁交易中，租金包括本金和利息两部分，如果本案《融资租赁合同》亦是如此安排，则 B 公司支付全部剩余租金的判决内容，即为 B 公司实际履行《融资租赁合同》时 A 公司可实际获得的全部合同利益，法院亦是可能基于该等考虑而未予支持未到期租金所对应的违约金。

此外，本案中 B 公司亦抗辩主张违约金利率过高以及 B 公司受新冠疫情影响而请求法院减免租金和违约金。由于本案中 B 公司违约时间为 2019 年 7 月和 10 月，当时新冠疫情并未爆发，B 公司的该等主张亦未被法院所支持。

四、热点问题观察

（一）新冠疫情对航空公司业务合同的影响

2020 年，受新冠疫情影响，各国航空运输业产生了明显冲击，航空公司客票收入和各运营效率指标呈断崖式下滑，面临着资金压力的巨大挑战，主要体现为在客流收入减少的情况下，航空公司是否仍需继续履行飞机租赁合同项下的主要义务（包括支付租金）成为行业关注的重点问题之一。

1. 新冠疫情是否构成不可抗力？

根据我国相关法律规定，以及全国人大法工委发言人在 2020 年 2 月的表态，[①]新冠疫情对于不能履行合同的当事人而言，一般应属于不能预见、不能避免并不能克服的不可抗力。

但是，很多飞机租赁协议约定适用英国法。在英国法项下，并没有不可抗力的规定，也不存在不可抗力的法定免责事由，但英国法律也并未禁止当事人在合同中约定不可抗力以及不可抗力发生后的法律后果。因此，如果适用英国法的飞机租赁合同中未约定不可抗力相关条款，在发生潜在的"不可抗力"事件时，当事人不能当然依据不可抗力主张免责。

2. 航空公司是否有权主张减免租金？

对于航空公司而言，即使其所签署的飞机租赁合同适用中国法律，航空公司基于不可抗力而主张部分或者全部免除租金支付义务仍存在不确定性。从《最高人民法院关于依法妥善审理涉新冠肺炎疫情民事案件若干问题的指导意见（一）》第 3 条的规定可以看出，在中国司法实践中，法院将受新冠疫情影响的合同分为

---

① 《公众关心的疫情防控相关法律问题，法工委权威解答来了！》，载全国人大网 2020 年 2 月 10 日，http://www.npc.gov.cn/npc/c30834/202002/23100ec6c65145eda26ad6dc288ff9c9.shtml。

不能履行的和履行困难的两类，对于不能履行的，当事人可以主张全部或者部分免除责任；而对于履行困难的，法院基于维持交易稳定的原则，倾向于引导当事人继续履行或者结合案件情况支持当事人请求合同变更。

一般而言，飞机租赁合同中会约定在各种情况下航空公司仍需支付租金，该等支付义务不会因为特殊情况而受到影响。另外，从国内航空公司在新冠疫情期间的经营情况来看，新冠疫情尚不足以直接、完全地导致航空公司无法履行租赁合同。当然，如果航空公司可以举证证明其公司经营收入受新冠疫情影响严重，或者完全没有任何经营收入，亦有可能使司法机关认为租赁合同受新冠疫情影响不能完全履行而支持当事人变更合同的请求。

而在英国法下，如果租赁合同并未约定不可抗力条款，当事人以新冠疫情为由主张不履行合同较难获得英国法院的支持。

3. 航空公司是否有权主张解除飞机租赁合同？

根据《民法典》第563条，在新冠疫情构成不可抗力的情况下，航空公司主张解除飞机租赁合同的前提是不可抗力致使不能实现合同目的。一般情况下，不可抗力并不必然导致飞机租赁合同的目的不能实现，而要综合考虑合同履行期限、履行内容、新冠疫情影响程度、因果关系等。出租人和承租人可以采取调整租金、延长租期或其他措施继续履行合同，从而保证合同目的可以实现。

4. 如果新冠疫情二次爆发是否还会被认定为不可抗力？

《民法典》第180条将不可抗力定义为不能预见、不能避免且不能克服的客观情况。然而新冠疫情自2020年初爆发以来，一直持续至今，全国各地也陆续出台针对新冠疫情常态化的防控措施。在常态化防控的情况下，以一般正常人的认知水平，可以预见新冠疫情再次爆发的可能性。因此，在新冠疫情期间达成的飞机租赁合同，很难以新冠疫情的二次爆发再主张不可抗力。

除对航空公司租赁合同的影响外，新冠疫情亦影响着民航企业其他类型合同的履行。例如，由于机场限制客流，机场与驻机场经营的零售、餐饮、广告等经营商之间的经营合同可能面临无法继续履行的风险；其他民航企业所签署的长期合作合同和以预估一定量为标的的采购、承揽合同亦可能面临变更甚至提前解除的风险。

（二）国内航空产品责任的风险及应对

航空器及其所载零部件经过严格的适航审查、投入商业运营后，面对广大的航空旅行者和使用者，即成为一般大众消费的"产品"，其生产者、销售者、相关零部件供应商应该依法履行有关产品质量、消费者保护的义务，并应对航空产品缺陷而引起的损害后果承担相应的法律责任。我国没有关于航空产品责任的特殊规定，因此目前我国航空产品的民事责任适用一般民事法律，主要是《民法典》，也包括《中华人民共和国产品质量法》（以下简称《产品质量法》）、《中华人民共和国消费者权益保护法》。

未来国内企业涉及航空产品责任的风险主要表现为：（1）旅客或乘客伤亡。由于航空运输承运人受到赔偿责任限额制度的保护，在一些涉及人身损害的诉讼中，原告往往在起诉承运人之外，将航空器主制造商和一些被怀疑提供了"缺陷"部件的供应商列为被告，涉案企业需要从产品侵权责任的角度进行艰难的免责抗辩。（2）不安全事件引发的纯粹精神损害。航空作为最安全的运输方式，发生灾难性事故的概率是极低的，但运行中出现不安全事件还是存在的，如2014年发生的某国产型号飞机执行航班，因飞行仪表显示起落架故障（事后调查为显示系统故障，起落架正常），在机场上空盘旋3小时后安全降落，机组人员和38名旅客均平安，但旅客在这个过程中无疑精神高度紧张，如造成严重精神损害后果的，被侵权人有权请求精神损害赔偿。（3）适航抗辩的有效性。我国建立了以《民用航空法》《民用航空器适航管理条例》为指引的适航法律体系，航空产品接受初始适航和持续适航审查并取得相应的适航批准，是生产者的法定义务，也意味着持续的资源和成本投入。航空产品获得适航批准，是否构成《产品质量法》第41条第2款第3项所规定的"产品投入流通时的科学技术水平尚不能发现缺陷"的有效抗辩，从而免除或减轻产品责任？法律对此未予明确，生产者的巨大投入仍面临不确定性风险。（4）法律纠纷的国际性特点。典型表现为国内航空产品在国内运营，也会产生国外诉讼。如2019年俄罗斯航空的一架俄制苏霍伊超级100型（SSJ100）客机在执行国内航班时，疑因遭雷击实施紧急降落而失事，造成至少41人死亡。部分遇难者亲属向巴黎法院起诉8家该飞机的设备生产商，要求赔偿精神损失和物质损失[①]。

针对上述风险，首先基于国家发展航空制造业并将通用航空定位于战略新兴产业，从立法层面对相应的航空产品责任做出特别规定，如借鉴航空运输承运人责任的规则，在《民用航空法》中建立航空产品责任的特殊归责原则，明确航空产品获得适航批准可以作为产品责任免责或减轻责任的初步证据，设立赔偿责任限额等。针对通用航空产品，继续建议借鉴美国《通用航空振兴法》，设立"失权

---

① 《俄SSJ100客机失事案：遇难者亲属起诉相关责任方》，载中国新闻网，http://www.chinanews.com/gj/2020/12-07/9355936.shtml，访问时间：2020年12月7日。

时效"制度，促进通航产业发展。

其次，进一步明确航空产品责任的法律冲突规则。在航空事故或不安全事件引发的产品责任诉讼中，涉及航空器设计和生产国、航空器运营国、事件发生国、原告国籍国等不同的法律环境。事件发生在我国境内，如果具有涉外因素，应对"侵权行为地"做狭义解释，避免扩大解释为"侵权结果发生地"而引至原告国籍国；事件如发生在境外，应将"航空器设计和制造国"作为适用法律选项之一。

最后，要完善航空产品保险。在已有的航空运营保险之外，根据我国航空制造业发展需要，充分考虑航空产品的产业链特征、风险回溯时间长、飞机生产的跨国性质等特点，设计有针对性的保险产品和有吸引力的保险费率；被保险人范围覆盖机体制造商、发动机制造商、部件或次级部件制造商、偶然卷入航空产品责任的其他实体如航空公司、机场、维修单位、销售单位等。

需要特别说明的是，2018—2019年波音737MAX机型连续发生两起机毁人亡的空难事故，其后的事态发展应引起我国监管机构对航空产品责任的制度设计及风险管理的思考。一方面，中国民航局在全球范围内率先停飞了国内航司运营的近100架737 MAX 8飞机，反映了我国在全球民航话语权的增强以及对民航安全隐患零容忍的原则。另一方面，本次空难与停飞事件使人们更关注民航发展过程中出现的一些深层问题，如适航管理体制、飞行安全相关方责任以及商业利益与安全底线等。我国民航业在持续稳健发展的过程中也应积极应对和妥善处理好上述问题，制定相关法规和行业规范，强化航空产品责任，完善航空产品保险，切实有效保障飞行安全。

五、总结与展望

2020年航空业受新冠疫情直接冲击，以航空运输领域为前端，传导至整个产业链，各类纠纷呈增长态势，除前述"典型案例"外，还有涉及机票退款、机票销售代理、调减国际客运航班量导致的拒载、货运取消或延迟、飞机订单取消或推迟交付等引发的纠纷。同时，随着国际范围内贸易保护主义抬头，影响我国航空业发展的航权限制、出口管制、知识产权歧视等现象时有发生，整个行业面临的不确定性因素增多，企业在投资和运营中需要持续加强风险应对能力。

从2021年开始，我国将实现从单一的航空运输强国向多领域的民航强国的跨越。展望未来，航空业仍是高速发展的新兴产业，以新能源、新材料、无人驾驶为方向的民用航空器技术在加速研发，国内航空运输市场仍有巨大潜力，"航空+"

的通用航空发展模式在各省市有序推进，航空领域的投资热潮仍将持续。

行业发展对民航法治建设提出新的要求。首先要继续完善民用航空法律体系，以《民用航空法》为牵引，加强空域管理、飞行标准管理、事故调查、无人驾驶航空器飞行管理等重点领域的立法；实施风险为基础的分类监管，持续推进通用航空法规体系重构，实现业务框架的立法转化；加快民航领域行业标准、团体标准、企业标准建设，为精准监管提供有效支撑；贯彻落实党的十九届四中全会关于加强涉外法治工作的有关要求，积极参与民航领域的国际立法和标准制定，向世界提供中国经验。加快推进调解、仲裁等多元化争议解决机制建设，继续在航空产业聚集地区设立"航空争议调解中心"，壮大调解员队伍；发挥北京仲裁委员会／北京国际仲裁中心、上海国际航空仲裁院、中国海事仲裁委员会等仲裁机构的作用；充分挖掘社会资源，探索建立面向普通消费者、小额争议的化解纠纷基层工作室，全方位提高通过非诉讼途径解决航空纠纷矛盾的能力。

民航强国和国际航运中心建设的不断推进，需要更加专业化、国际化的航空法治环境。为统一法律适用，提升司法公信力，自2020年7月31日起，《最高人民法院关于统一法律适用加强类案检索的指导意见》开始试行，确立人民法院办理案件应当进行类案检索的具体情形，鼓励案件当事人及其诉讼代理人提交类案作为诉辩理由。该制度有利于解决长期以来航空领域案件审理裁判尺度不统一的问题，而且由于部分涉外案件适用统一规则的国际公约，也有利用通过当事人提交参考案例的方式借鉴其他缔约国家适用公约的裁判思路，提升我国涉外航空案件审理的国际影响力。

图书在版编目（CIP）数据

中国商事争议解决年度观察 . 2021 / 北京仲裁委员会（北京国际仲裁中心）编 .
—北京：中国法制出版社，2021.8
ISBN 978-7-5216-2071-9

Ⅰ . ①中… Ⅱ . ①北… Ⅲ . ①商事仲裁—研究—中国— 2021
Ⅳ . ① D925.704

中国版本图书馆 CIP 数据核字（2021）第 145415 号

策划编辑：马　颖　　　　　　　责任编辑：侯　鹏　　　　　　　封面设计：李　宁

中国商事争议解决年度观察 . 2021
ZHONGGUO SHANGSHI ZHENGYI JIEJUE NIANDU GUANCHA. 2021
编者 / 北京仲裁委员会（北京国际仲裁中心）
经销 / 新华书店
印刷 / 三河市紫恒印装有限公司
开本 / 787 毫米 × 1092 毫米　16 开　　　　　　　　印张 / 21.75　字数 / 394 千
版次 / 2021 年 8 月第 1 版　　　　　　　　　　　　2021 年 8 月第 1 次印刷

中国法制出版社出版
书号 ISBN 978-7-5216-2071-9　　　　　　　　　　　　　　　　定价：86.00 元

北京市西城区西便门西里甲 16 号西便门办公区
邮政编码 100053　　　　　　　　　　　　　　　　传真：010-63141852
网址：http://www.zgfzs.com　　　　　　　　　　　编辑部电话：010-63141826
市场营销部电话：010-63141612　　　　　　　　　印务部电话：010-63141606
（如有印装质量问题，请与本社印务部联系。）